A EVOLUÇÃO E A QUEDA
IMPLICAÇÕES DA
CIÊNCIA MODERNA PARA
A TEOLOGIA CRISTÃ

JAMES K. A. SMITH
WILLIAM T. CAVANAUGH

COLEÇÃO FÉ, CIÊNCIA & CULTURA

A EVOLUÇÃO E A QUEDA
IMPLICAÇÕES DA
CIÊNCIA MODERNA PARA
A TEOLOGIA CRISTÃ

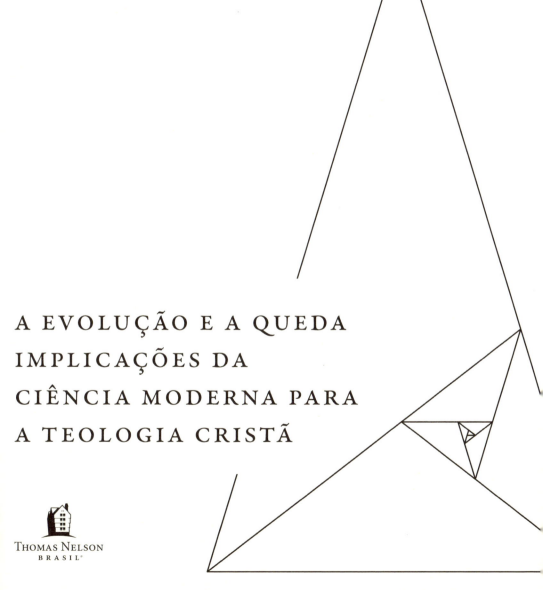

THOMAS NELSON
BRASIL

Título original: *Evolution and the Fall*
Copyright © 2017 por William T. Cavanaugh & James K. A. Smith. Todos os direitos reservados.
Copyright de tradução © Vida Melhor Editora Ltda., 2021.

Os pontos de vista desta obra são de responsabilidade de seus autores e colaboradores diretos, não refletindo necessariamente a posição da Thomas Nelson Brasil, da HarperCollins Christian Publishing ou de sua equipe editorial.

PUBLISHER	*Samuel Coto*
EDITORES	*André Lodos Tangerino e Bruna Gomes*
TRADUÇÃO	*Tiago Garros*
PRODUÇÃO EDITORIAL	*Marcelo Cabral*
PREPARAÇÃO	*Marcelo Cabral*
REVISÃO	*Bianca Reis Schmidt Simões e Francine Torres*
DIAGRAMAÇÃO	*Aldair Dutra de Assis*
CAPA	*Rafael Brum*

Dados Internacionais de Catalogação na Publicação (CIP)

E94 1.ed.	A evolução e a Queda: implicações da ciência moderna para a teologia cristã / organização James K. A. Smith, William T. Cavanaugh. – 1.ed. – Rio de Janeiro : Thomas Nelson Brasil, 2021. 320 p.; 15,5 x 23 cm. Título original : Evolution and the Fall ISBN : 978-65-56891-79-8 1. Ciência. 2. Evidências. 3. Filosofia. 4. Humanidade. 5. Religião. 6. Teologia cristã. I. Smith, James K. A. II. Cavanaugh, William T.
01-2021/29	CDD 230

Bibliotecária: Aline Graziele Benitez – CRB-1/3129

Thomas Nelson Brasil é uma marca licenciada à Vida Melhor Editora LTDA.
· Todos os direitos reservados . Vida Melhor Editora LTDA.
Rua da Quitanda, 86, sala 218 — Centro
Rio de Janeiro, RJ — CEP 20091-005
Tel.: (21) 3175-1030
www.thomasnelson.com.br

Sumário

Coleção Fé, Ciência e Cultura. 7
Prefácio à edição brasileira 9
Prefácio, por Michael Gulker 11
Agradecimentos 13
Lista de autores 15
Introdução: para além de Galileu até a Calcedônia. 21
Recursos para reimaginar a evolução, as origens humanas e a Queda
James K. A. Smith e William T. Cavanaugh

I. Mapeando as questões

1 Origens humanas. 43
O relato científico
Darrel R. Falk

2 Todos morrem em Adão?. 69
Perguntas na fronteira da construção de nichos, evolução
comunitária e pecado original
Celia Deane-Drummond

3 O que está em jogo na Queda? 99
Uma exploração filosófica
James K. A. Smith

II. Estudos bíblicos e implicações teológicas

4 Lendo Gênesis 3 atentos à evolução humana 121
Para além do concordismo e dos Magistérios Não-Interferentes
J. Richard Middleton

5 Adão, o que você fez? 157
Vozes do Novo Testamento sobre as origens do pecado
Joel B. Green

6 O mistério de Adão...................................... 181
Uma defesa poética em favor da doutrina tradicional
AARON RICHES

III. Para além das "Origens": implicações culturais

7 Sendo tudo o que deveríamos ter sido e ainda mais 207
A Queda e a busca pela perfeição
BRENT WATERS

8 Sobre aprender a ver uma criação caída e florescente 229
Maneiras alternativas de olhar o mundo
NORMAN WIRZBA

IV. Reimaginando a conversa: seguindo adiante com fidelidade

9 A queda da Queda na teoria política do Início da Modernidade.. 257
A política da ciência
WILLIAM T. CAVANAUGH

10 Conflito entre ciência e religião é sempre ruim?............... 285
Reflexões agostinianas sobre cristianismo e evolução
PETER HARRISON

Índice de nomes 313
Índice de assuntos 315

Coleção Fé, Ciência
e Cultura

Há pouco mais de sessenta anos, o cientista e romancista britânico C. P. Snow pronunciava na *Senate House*, em Cambridge, sua célebre conferência so- bre "As Duas Culturas" — mais tarde publicada como "As Duas Culturas e a Revolução Científica" —, em que, não só apresentava uma severa crítica ao sistema educacional britânico, mas ia muito além. Na sua visão, a vida intelectual de toda a sociedade ocidental estava dividida em *duas culturas*, a das ciências naturais e a das humanidades,[1] separadas por "um abismo de incompreensão mútua" para enorme prejuízo de toda a sociedade. Por um lado, os cientistas eram tidos como néscios no trato com a literatura e a cultura clássica, enquanto os literatos e humanistas — que furtivamente haviam passado a se autodenominar *intelectuais* — revelavam-se completos desconhecedores dos mais basilares princípios científicos. Esse conceito de *duas culturas* ganhou ampla notoriedade, tendo desencadeado intensa controvérsia nas décadas seguintes.

O próprio Snow retornou ao assunto alguns anos mais tarde no opúsculo traduzido para o português como "As Duas Culturas e Uma Segunda Leitura", em que buscou responder às críticas e questionamentos dirigidos à obra original. Nesta segunda abordagem, Snow amplia o escopo de sua análise ao reconhecer a emergência de uma *terceira cultura*, na qual envolveu um apanhado de disciplinas — história social, sociologia, demografia, ciência política, economia, governança, psicologia, medicina e arquitetura —, que, à exceção de uma ou outra, incluiríamos hoje nas chamadas ciências humanas.

O debate quanto ao distanciamento entre essas diferentes culturas e formas de saber é certamente relevante, mas nota-se nessa discussão a "presença de uma ausência". Em nenhum momento são mencionadas

---

[1] Entenda-se "humanidades" aqui como o campo dos estudos clássicos, literários e filosóficos.

áreas tais como teologia ou ciências da religião. É bem verdade que a discussão passa ao largo desses assuntos, sobretudo por se dar em ambiente em que laicidade é dado de partida. Por outro lado, se a ideia de fundo é diminuir distâncias entre diferentes formas de cultivar o saber e conhecer a realidade, faz sentido ignorar algo tão presente na história da humanidade — por arraigado no coração humano — quanto a busca por Deus e pelo transcendente?

Ao longo da história, testemunhamos a existência quase inacreditável de polímatas, pessoas com capacidade de dominar em profundidade várias ciências e saberes. Leonardo da Vinci talvez tenha sido o mais célebre dentre elas. Como esta não é a norma entre nós, a especialização do conhecimento tornou-se uma estratégia indispensável para o seu avanço. Se por um lado, isso é positivo do ponto de vista da eficácia na busca por conhecimento novo, é também algo que destoa profundamente da unicidade da realidade em que existimos.

Disciplinas, áreas de conhecimento e as *culturas* aqui referidas são especializações necessárias em uma era em que já não é mais possível — nem necessário — deter um repertório enciclopédico de todo o saber. Mas, como a realidade não é formada de compartimentos estanques, precisamos de autores com capacidade de traduzir e sintetizar diferentes áreas de conhe- cimento especializado, sobretudo nas regiões de interface em que essas se sobrepõem. Um exemplo disso é o que têm feito respeitados historiadores da ciência ao resgatar a influência da teologia cristã da criação no surgi- mento da ciência moderna. Há muitos outros.

Assim, é com grande satisfação que apresentamos a coleção *Fé, Ciência e Cultura*, através da qual a editora Thomas Nelson Brasil disponibilizará ao público leitor brasileiro um rico acervo de obras que cruzam os abismos entre as diferentes culturas e modos de saber, e que certamente permitirá um debate informado sobre grandes temas da atualidade, examinados a partir da perspectiva cristã.

Marcelo Cabral e Roberto Covolan
Editores

Prefácio à Edição Brasileira

O universo do diálogo entre as ciências e a fé cristã é amplo, variado e rico em abordagens. A física teórica e o *Big Bang*; a teleologia e o princípio antrópico; a história das relações entre religião e ciência; o papel da tecnologia no mundo contemporâneo; as leis naturais e a ação divina; a relação corpo e mente; as causas primárias e secundárias; os tipos de teologia natural e teologia da criação; e o meio ambiente, a fé, a ciência e as virtudes intelectuais… e a lista continua!

É indiscutível, entretanto, que o palco dos maiores conflitos e debates se dê em torno da temática "criação-evolução". Desde o lançamento de *A origem das espécies*, por Charles Darwin, em 1859, comunidades cristãs têm respondido e interagido à teoria de modos diversos: para alguns, não há conflito estrito entre a teoria científica e a teologia cristã ortodoxa; para outros, é impossível pensar em uma relação harmônica, sendo um dever moral e espiritual de cada cristão rejeitar a teoria evolutiva por completo.

Por trás de tal imbróglio, subjaz uma série de questões fundamentais, muito pouco exploradas. Em que sentido uma teoria científica pode disputar espaço com uma doutrina religiosa? Será que ambas competem pelo mesmo espaço epistêmico? Quais são exatamente os problemas com a teoria evolutiva: seriam de caráter científico (fraqueza dos argumentos de embasamento) ou teológico?

Evidentemente, são os problemas *teológicos* que se sobressaem. Como conciliar as narrativas do início de Gênesis com a história evolutiva? Onde ficam Adão e Eva? Se houve morte no mundo animal desde o início da vida na Terra, como diz a ciência, de que forma lidar com o problema do mal? E, talvez o ponto mais sensível de todos: como fica a doutrina do *Pecado Original*? Isto é, se há milhões e milhões de anos a vida vem evoluindo, e os seres humanos são mais um capítulo dessa história, onde, como e em que sentido houve uma Queda? Havia um paraíso perfeito que poderia ser *perdido*?

Entendemos que tais problematizações são mais do que legítimas e, portanto, precisam ser adequadamente investigadas. Em vez de nos fecharmos para o diálogo sobre o que é, exatamente, a teoria evolutiva e suas possíveis consequências para a fé cristã, por que não reunir o maior número de acadêmicos, devotos a Jesus, de disciplinas diversas, para orar, discutir e debater esses assuntos?

É exatamente desse ambiente que surgiu *A evolução e a Queda*. Por três anos, os autores do livro se reuniram em um contexto de adoração, oração e debate acadêmico, colocando cada um dos problemas na mesa, sem medo de olhar para eles. A partir de perspectivas variadas, como teologia sistemática, filosofia analítica, estudos bíblicos, teoria política, entre outras, procuraram engajar entre eles para lidar com tais questões.

O resultado não foi, como é de se esperar, unânime. Aliás, em assuntos complexos como esse, dificilmente todos irão concordar com cada vírgula. Mas o produto final — este livro — é esplêndido: uma análise cuidadosa, fiel ao texto e à narrativa bíblica, que procura oferecer luz a um dos debates mais quentes no meio cristão.

Por fim, entenda esse livro como um convite à fidelidade e à relevância. Como Gijsbert van den Brink coloca, pode ser que a teoria evolutiva seja falsa; mas, se ela tiver alguma chance de ser verdadeira (mesmo que, digamos, 1% de chance), vale a pena investigar se ela de fato conflita e anula a fé cristã. É, no mínimo, um esforço intelectual válido. E, claro, caso não haja uma divergência essencial, podemos ainda focar nossos esforços espirituais em outros objetivos para além de um conflito com a ciência contemporânea.

Marcelo Cabral e Roberto Covolan
Editores

PREFÁCIO

Uma coisa é clara: como cultura, não temos mais lugar ou a paciência necessária para lidar com assuntos e questões difíceis. Para onde devemos ir quando queremos considerar e discutir as questões prementes do dia, para explorar perguntas cujas respostas não são encontradas fácil ou prontamente?

No *Colossian Forum*, acreditamos que perguntas difíceis — como as discutidas neste livro — pertencem à (e assim merecem espaço dentro da) comunidade que é a igreja. Confessamos que nos foi dado, na igreja e em seus ensinamentos, tudo o que precisamos para lidarmos com questões culturais divisivas de maneira a estender fielmente a tradição e aprofundar o florescimento humano. Além disso, nas práticas de adoração da igreja, recebemos um espaço comum, de onde podemos abordar essas questões difíceis. Não precisamos nos apressar em encontrar uma resposta fácil, mas, enraizados no tempo litúrgico, podemos, com todos os santos, abordar questões criando ocasiões para manifestar amor a Deus e ao próximo.

O *Colossian Forum* existe para equipar líderes a fim de transformar conflitos culturais em oportunidades de crescimento espiritual e testemunho. Este livro é um exemplo do tipo de diálogo que temos em mente. Ao longo de três anos, dez estudiosos de várias disciplinas se reuniram com o *Colossian Forum* para considerar e abordar uma questão particularmente difícil: se a humanidade emergiu de primatas não humanos (como as evidências genéticas, biológicas e arqueológicas parecem sugerir), então quais são as implicações disso para o relato tradicional das origens da teologia cristã, incluindo tanto a origem da humanidade quanto a origem do pecado?

Ao considerarmos essa questão juntos, não o fizemos de dentro das práticas da academia secular, mas, sim, de dentro das confissões e práticas compartilhadas da fé cristã. Levamos em conta o senso dos fiéis e as pressões sobre os pastores locais, bem como a pesquisa acadêmica mais recente. Consideramos a capacidade de glorificar a Cristo e receber sua Palavra como critério central de avaliação da verdade; assim, conseguimos nos equipar para o engajamento nos desenvolvimentos da genética e paleoantropologia com novos olhos e renovada esperança.

Mais do que uma coleção de ensaios que ocupam o mesmo terreno velho e cansado, este livro representa uma conversa inovadora com algumas das mentes cristãs mais brilhantes da atualidade, buscando edificar a igreja tanto na verdade quanto no amor. É desse tipo de conversa que você está convidado a participar.

Agradecemos aos editores, Bill Cavanaugh e Jamie Smith, por habilmente guiarem um grupo tão diversificado de acadêmicos em uma aventura tão incomum, reunindo diversas linhas de pensamento em uma visão convincente para o futuro dessa conversa. Sua sabedoria, coração eclesial e, talvez o mais importante, senso de humor e prazer com a experiência fizeram com que fosse uma honra acompanhá-los e acompanhar a equipe por toda esta jornada.

Michael Gulker
Presidente do *Colossian Forum*
Setembro de 2016

AGRADECIMENTOS

Embora esperemos que este livro contribua para o futuro dos diálogos entre ciência e teologia, para os envolvidos, também será um lembrete de uma temporada que passamos juntos como amigos, colaboradores e co-peregrinos. Tudo isso foi possível graças à hospitalidade do *Colossian Forum*, cuja visão e missão fundamentam esse projeto, e cujas virtudes e práticas foram experimentadas por todos nós, envolvidos no projeto. Somos profundamente gratos a Michael Gulker, o Presidente; a Rob Barrett, Diretor de Fóruns e Estudos; e ao inexplicavelmente gentil e multicompetente Andy Saur pelo apoio, incentivo, paciência e inspiração.

Também agradecemos aos atarefados estudiosos que concordaram em fazer parte deste projeto. Pedimos-lhes muito. De modo especial, pedimos a eles o compromisso nada insignificante de passarmos tempo juntos, apesar das muitas outras demandas de seu tempo. Esperamos que a experiência deles nesta colaboração tenha sido tão revigorante para eles quanto o foi para nós.

Este projeto foi realizado com o apoio generoso do programa de bolsas "Evolução e Fé Cristã", da Fundação BioLogos (que, por sua vez, foi financiado pela John Templeton Foundation). Gostaríamos de expressar nosso agradecimento a Deborah Haarsma e Kathryn Applegate por seu apoio, sabedoria e flexibilidade.

LISTA DE AUTORES

WILLIAM T. CAVANAUGH é professor de estudos católicos e diretor do *Center for World Catholicism and Intercultural Theology* na DePaul University. Seus diplomas são das universidades de Notre Dame, Cambridge e Duke. Ele tem vários artigos e sete livros publicados, sendo o mais recente *Field Hospital: The Church's Engagement with a Wounded World* (Eerdmans, 2016) [Hospital de campanha: o engajamento da igreja com um mundo ferido]. Outros livros incluem *Torture and Eucharist: Theology, Politics, and the Body of Christ* (Blackwell, 1999) [Tortura e Eucaristia: teologia, política e o corpo de Cristo] e *The Myth of Religious Violence: Secular Ideology and the Roots of Modern Conflict* (Oxford, 2009) [O mito da violência religiosa: ideologia secular e as raízes do conflito moderno]. Seus livros foram publicados em francês, espanhol, polonês, norueguês, árabe e sueco.

CELIA DEANE-DRUMMOND é atualmente professora titular de teologia na Universidade de Notre Dame e diretora do *Center for Theology, Science, and Human Flourishing*. Seus interesses de pesquisa incluem o engajamento da teologia com as ciências naturais, especificamente ecologia, antropologia, genética e evolução. Ela publicou ou editou 25 livros e mais de duzentos artigos científicos e acadêmicos ou capítulos de livros. Seus livros mais recentes incluem *Future Perfect* [Futuro perfeito], organizado com Peter Scott (Continuum, 2006, 2.ed. 2010); *Ecotheology* (DLT/Novalis/St. Mary's, 2008) [Ecoteologia]; *Christ and Evolution* (Fortress/SCM, 2009) [Cristo e a evolução]; *Creaturely Theology*, org. com David Clough (SCM, 2009) [Teologia criatural]; *Religion and Ecology in the Public Sphere*, org. com Heinrich Bedford-Strohm (Continuum, 2011) [Religião e ecologia na esfera pública]; *Animals as Religious Subjects*, org. com Rebecca Artinian Kaiser e David Clough (T&T Clark/Bloomsbury, 2013) [Animais como sujeitos religiosos]; *The Wisdom of the Liminal: Human Nature, Evolution and Other Animals* (Eerdmans, 2014) [A sabedoria do liminal: natureza humana, evolução e outros animais]; e *Technofutures, Nature, and the*

Sacred: Transdisciplinary Perspectives, org. com Sigurd Bergmann e Bronislaw Szerszynski (Ashgate, 2015) [Tecnofuturos, natureza e o sagrado: perspectivas transdisciplinares]).

DARREL R. FALK é professor de biologia (emérito) na Point Loma Nazarene University em San Diego, Califórnia, onde está desde 1988. Ele é ex-presidente da Fundação BioLogos (de 2009 a 2012) e atualmente atua como Consultor Sênior para Diálogo dessa fundação. Ele obteve doutorado em genética pela Universidade de Alberta e fez um pós-doutorado na Universidade da Colúmbia Britânica (ambas no Canadá) e outro na Universidade da Califórnia, Irvine, antes de iniciar sua carreira no corpo docente da Universidade de Syracuse. Ele já deu inúmeras palestras sobre a relação entre ciência e fé e é o autor de *Come to Peace with Science: Bridging the Worlds Between Faith and Biology* (IVP, 2004) [Fazendo as pazes com a ciência: unindo os mundos entre a fé e a biologia].

JOEL B. GREEN é reitor e decano da Escola de Teologia e professor de interpretação do Novo Testamento no Fuller Theological Seminary. Ele escreveu ou editou mais de 45 livros, incluindo *Conversion in Luke-Acts: Divine Action, Human Cognition, and the People of God* (2015) [Conversão em Lucas-Atos: ação divina, cognição humana e o povo de Deus]; *Why Salvation?* (2013) [Por que salvação?]; *Ears that Hear: Explorations in Theological Interpretation of the Bible* (co-editor, 2013) [Ouvidos que ouvem: explorações em interpretação teológica da bíblia]; *Practicing Theological Interpretation* (2011) [Praticando interpretação teológica]; e *Body, Soul, and Human Life: The Nature of Humanity in the Bible* (2008) [Corpo, alma e vida humana: a natureza da humanidade na bíblia]. Ele é o editor do *New International Commentary on the New Testatment* [Novo Comentário Internacional sobre o Novo Testamento] e editor-chefe do periódico *Journal of Theological Interpretation*. Ele também atua nos conselhos editoriais das revistas *Theology and Science* e *Science and Christian Belief*. Green foi eleito membro do *Studiorum Novi Testamenti Societas* (SNTS) e da *International Society for Science and Religion* (ISSR) [Sociedade Internacional de Ciência e Religião].

MICHAEL GULKER é presidente do *Colossian Forum* em Grand Rapids, Michigan. Michael tem um interesse de longa data na interseção da fé com a cultura e em como ambas prosperam melhor quando arraigadas na adoração. Nascido em West Michigan, ele estudou filosofia e teologia no Calvin College, possui um diploma em divindade pela Escola de Teologia da Duke University e é pastor menonita ordenado. Antes de vir para o *Colossian Forum*, Michael serviu como pastor da *Christ Community Church* em Des Moines, Iowa, EUA. Ele e sua esposa Jodie têm dois filhos pequenos.

PETER HARRISON é um pesquisador laureado com o *Australian Laureate Fellowship* e diretor do Instituto de Estudos Avançados em Ciências Humanas (IASH) da Universidade de Queensland, na Austrália. Antes disso, ele foi o detentor da cátedra Andreas Idreos de Ciência e Religião e diretor do *Ian Ramsey Centre for Science and Religion* na Universidade de Oxford. Ele publicou extensivamente na área da história intelectual, concentrando-se no início do período moderno e nas relações históricas entre ciência e religião. Ele é autor de vários livros, incluindo *The Bible, Protestantism, and the Rise of Natural Science* (Cambridge, 1998) [A bíblia, o protestantismo e a ascensão da ciência moderna]; *The Fall of Man and the Foundations of Science* (Cambridge, 2007) [A Queda do homem e os fundamentos da ciência]; e, mais recentemente, *Os Territórios da Ciência e da Religião* (Ultimato, 2017), que é uma versão revisada de suas *Gifford Lectures* de 2011.

J. RICHARD MIDDLETON é professor de cosmovisão bíblica e exegese no Northeastern Seminary, em Rochester, Nova York. Também é Pesquisador em Teologia para a Fundação BioLogos e atua como professor adjunto de Antigo Testamento na Escola Superior de Teologia do Caribe (Kingston, Jamaica). Ele foi presidente da *Canadian Evangelical Theological Association* de 2011 a 2014. Os livros de Middleton incluem *A New Heaven and a New Earth: Reclaiming Biblical Eschatology* (Baker Academic, 2014) [Novos céus e nova terra: recuperando a escatologia bíblica]; *A Kairos Moment for Caribbean Theology*, org. com Garnett Roper (Pickwick, 2013) [Um momento Kairós para a teologia caribenha]; *The Liberating Image: The Imago Dei in Genesis 1* (Brazos, 2005) [A imagem libertadora: a *imago Dei* em Gênesis 1]; e dois volumes como coautor junto de Brian Walsh: *Truth Is*

Stranger Than It Used to Be: Biblical Faith in a Postmodern Age (IVP, 1995) [A verdade é mais estranha do que costumava ser: fé bíblica em uma era pós-moderna]; e *A Visão Transformadora: moldando uma cosmovisão cristã* (Cultura Cristã, 2010). Atualmente, ele está trabalhando em um livro para a editora Baker Academic, chamado *The Silence of Abraham, The Passion of Job: Explorations in the Theology of Lament* [O silêncio de Abraão, a paixão de Jó: explorações sobre a teologia do lamento]. Seus livros foram publicados em coreano, francês, indonésio, espanhol e português.

AARON RICHES é membro do corpo docente do Instituto de Filosofia Edith Stein e do Instituto de Teologia *Lumen Gentium* em Granada, Espanha, onde ensina teologia no *Seminário Mayor San Cecilio*. Ele obteve seu doutorado em Teologia Sistemática na Universidade de Nottingham. Ele é autor de *Ecce Homo: On the Divine Unity of Christ* (Eerdmans, 2016) [Ecce homo: sobre a unidade divina de Cristo] e publicou artigos em vários periódicos acadêmicos, incluindo *Modern Theology, Telos, Communio, The International Journal of Systematic Theology,* e *Nova et Vetera.*

JAMES K. A. SMITH é professor de filosofia no Calvin College, onde ocupa a cátedra Gary e Henrietta Byker em Teologia Reformada Aplicada e Cosmovisão. É autor dos premiados *Who's Afraid of Postmodernism?* [Quem tem medo do pós-modernismo?] e *Desejando o reino* (Vida Nova, 2019). Seus livros mais recentes incluem *Na Estrada com Agostinho* (Thomas Nelson Brasil, 2020); *Imaginando o Reino* (Vida Nova, 2019); *Discipleship in the Present Tense* (2013) [Discipulado no tempo presente]; *Who's Afraid of Relativism?* (2014) [Quem tem medo do relativismo?]; *Como (não) ser secular: lendo Charles Taylor* (Monergismo, 2020); e *Você é Aquilo que Ama: o poder espiritual do hábito* (Vida Nova 2017). Seus escritos populares foram publicados em revistas como *Christianity Today, Books and Culture* e *First Things,* e periódicos como *New York Times, Wall Street Journal* e *USA Today.* Smith também é Fellow Sênior da *Cardus* e atua como editor da revista *Image Journal.*

BRENT WATERS é o professor da cátedra Jerre e Mary Joy Stead de Ética Social Cristã e diretor do Centro de Ética e Valores Jerre L. e Mary Joy Stead no *Garrett Evangelical Theological Seminary*, em Illinois. Brent recebeu seu título de Doutor em Filosofia na Universidade de Oxford e de Doutor em Ministério e Mestre em Divindade na Escola de Teologia de Claremont. Algumas de suas publicações mais recentes incluem *Christian Moral Theology in the Emerging Technoculture: From Posthuman Back to Human* [Teologia moral cristã na tecnocultura emergente: de pós-humano de volta a humano]; *This Mortal Flesh: Incarnation and Bioethics* [Esta carne mortal: encarnação e bioética]; *The Family in Christian Social and Political Thought* [A família no pensamento político e social cristão]; *From Human to Posthuman: Christian Theology and Technology in a Postmodern World* [De humano a pós-humano: teologia cristã e tecnologia em um mundo pós-moderno]; e *Just Capitalism: A Christian Ethic of Globalization* [Apenas capitalismo: uma ética cristã da globalização].

NORMAN WIRZBA é professor de teologia e ecologia na *Duke Divinity School* e professor pesquisador na *Nicholas School of the Environment* da Duke University. Ele publicou *The Paradise of God: Renewing Religion in an Ecological Age* [O paraíso de Deus: renovando a religião em uma era ecológica]; *Living the Sabbath: Discovering the Rhythms of Rest and Delight* [Vivendo o sábado: descobrindo os ritmos de descanso e deleite]; *Food and Faith: A Theology of Eating* [Comida e fé: uma teologia do comer]; e *Making Peace with the Land* (como coautor, junto de Fred Bahnson) [Fazendo as pazes com a terra]. Seus livros mais recentes são: *From Nature to Creation: A Christian Vision for Understanding* e *Loving Our World* [Da natureza à criação: uma visão cristã para entender e amar nosso mundo] e *Way of Love: Recovering the Heart of Christianity* [Caminho do amor: recuperando o cerne do cristianismo]. Ele também editou *The Essential Agrarian Reader: The Future of Culture, Community, and the Land* [Leituras agrárias essenciais: o futuro da cultura, da comunidade e da terra] e *The Art of the Commonplace: The Agrarian Essays of Wendell Berry* [A arte do comum: os ensaios agrários de Wendell Berry]. O professor Wirzba é editor geral da série de livros *Culture of the Land: A Series in the New Agrarianism* [Cultura da terra: uma série sobre o novo agrarianismo], publicada pela University Press de Kentucky, e faz parte do Comitê Executivo da *Society for Continental Philosophy and Theology*.

Introdução

Para além de Galileu até a Calcedônia

Recursos para reimaginar a evolução, as origens humanas e a Queda

William T. Cavanaugh e James K. A. Smith

Este livro aborda um conjunto de problemas que surgem do encontro de visões bíblicas tradicionais sobre as origens humanas com teorias científicas contemporâneas sobre a origem da espécie humana. As teorias científicas são, é claro, um alvo em movimento; novas evidências são desenterradas e diferentes teorias são frequentemente propostas, atacadas, defendidas e descartadas. No entanto, existe um amplo consenso científico sobre algumas questões-chave que não se encaixam facilmente com a tradição bíblica e que não podem ser ignoradas pelos teólogos e pela igreja em geral. O consenso científico aponta que os seres humanos evoluiram a partir de primatas. Isso indica que os humanos emergiram em um grupo, e não em um par original. E o surgimento de humanos a partir de primatas aparentemente deixa pouco espaço para um estado histórico original de inocência do qual a humanidade sofreu uma "Queda". O que fazer, então, com os relatos bíblicos das origens humanas e as reflexões doutrinárias da tradição cristã sobre a Queda e o pecado original? Devemos relegar os relatos bíblicos à categoria de "mito" ou ignorar a ciência da evolução? Os capítulos deste volume abordam as questões das origens humanas em detalhes. Nesta introdução, tratamos da questão mais ampla e prévia de como os cristãos devem abordar a interseção das tradições doutrinárias cristãs com o conhecimento advindo de fora dessas tradições.

DE GALILEU A CALCEDÔNIA

As convicções cristãs podem gerar "bons" problemas. Por exemplo, são precisamente as convicções bíblicas sobre a bondade da criação e a confecção de cultura por parte dos seres humanos que impulsionaram a exploração científica do mundo de Deus, quando se viu corretamente a ciência como mais uma vocação capaz de honrar o Criador. Mas, ao seguirmos essa vocação, arraigada nessas convicções bíblicas, encontramos certos desafios: às vezes parece que o "livro da natureza" está nos dizendo algo diferente do que lemos no livro das Escrituras. E assim nos encontramos no que o filósofo Charles Taylor descreve como uma situação de "pressão cruzada": nosso duplo compromisso com a autoridade das Escrituras e com a afirmação da ciência nos coloca em um espaço em que parecemos encontrar dois relatos diferentes e concorrentes das origens da humanidade.

Alguns descrevem isso como outro momento "Galileu", um momento crítico da história em que novas descobertas nas ciências naturais ameaçam derrubar crenças cristãs fundamentais, assim como o heliocentrismo proposto por Galileu abalou o *establishment* eclesiástico de seus dias. Esse paralelo é normalmente invocado diante de evidências genéticas, evolutivas e arqueológicas sobre as origens e o desenvolvimento humano que combatem os entendimentos cristãos tradicionais das origens humanas. Como agora tendemos a considerar a resposta da Igreja a Galileu como equivocada, reacionária e retrógrada, essa visão "galileana" do novo debate sobre as origens faz duas coisas: primeiro, ela lança os cientistas — e os estudiosos cristãos que defendem essa ciência — como heróis e mártires dispostos a abraçar o progresso e a iluminação. Segundo, e como resultado, tal formulação do debate associa a preocupação com a ortodoxia cristã como retrógrada, tímida e fundamentalista.

Essa analogia de Galileu é carregada de significados; pressupõe um paradigma em que a ciência é considerada um "descritor" neutro de "como as coisas são", enquanto a teologia é uma espécie de viés, uma visão "suave" do mundo que precisa enfrentar as realidades frias e difíceis reveladas a nós pelas ciências naturais e pela pesquisa histórica. Os estudiosos e teólogos cristãos que (talvez involuntariamente) aderem a esse paradigma são frequentemente caracterizados por uma deferência ao "que a ciência diz" e ficam cada vez mais envergonhados pela tradição teológica e pela comunidade de cristãos que não estão tão ávidos para abraçar o "progresso" científico. O resultado é que a tradição teológica cristã é vista como um fardo, e não um presente que permite à comunidade cristã refletir bem sobre esses desafios e perguntas.

Este livro questiona essa interpretação da nossa situação. Concordamos que a igreja está em um momento crítico na história do pensamento cristão — que questões em torno da historicidade de Adão (e questões relacionadas sobre pecado original) são questões cruciais e difíceis que a igreja deve enfrentar. Mas, acreditamos que antes de podermos "resolver" as tensões da intersecção entre as Escrituras e a ciência quando se trata de origens humanas, precisamos primeiro "apertar o botão de pausa", por assim dizer, e considerar como a comunidade cristã pode trabalhar com tais questões. E acreditamos que a metáfora "galileana" não ajuda e é improdutiva a esse respeito, justamente porque já distorce a conversa de forma infrutífera. Em vez de fomentar a imaginação teológica, essa abordagem tende a assumir que as questões estão resolvidas e só precisamos "seguir com o programa" — o que geralmente requer a renúncia de algumas convicções teológicas fundamentais.

Em contraste com essa maneira "galileana" de enxergar as questões, acreditamos que os estudiosos cristãos podem encontrar um modelo e paradigma nos antigos recursos de Calcedônia. Como Mark Noll argumentou em *Jesus Christ and the Life of the Mind* [Jesus Cristo e a vida da mente], a intelectualidade cristã não está enraizada em meras alegações "teístas" — e certamente não deve estar arraigada em um deísmo funcional. Em vez disso, o local apropriado para os cristãos iniciarem um trabalho intelectual sério "é o mesmo lugar em que começamos todos os outros empreendimentos humanos sérios. Esse lugar é o cerne da nossa religião, que é a revelação de Deus em Cristo".[2] O ponto de Noll não é apenas a invocação piedosa de Jesus; mais do que isso, como ele mostra na sequência, o que é interessante em Calcedônia é a maneira como a igreja navegou os desafios contemporâneos com uma imaginação teológica que foi capaz de

---

[2] Mark Noll, *Jesus Christ and the Life of the Mind* [Jesus Cristo e a vida da mente]. Grand Rapids: Eerdmans, 2011, p. xii.

manter as convicções cristológicas essenciais e, ao mesmo tempo, levar a sério a "ciência" (então chamada filosofia natural) da época. Uma abordagem "galileana" poderia simplesmente dizer: "Veja, com base em nosso conhecimento filosófico atual, é impossível afirmar que alguém é humano e também divino. Então, vocês têm de resolver essa tensão em uma ou outra direção: *ou* Jesus é humano *ou* ele é divino. Ele não pode ser os dois". Mas é claro que essa é justamente a abordagem que Calcedônia recusou. Em vez disso, sentindo a tensão e o desafio, o Concílio de Calcedônia exibiu notável imaginação teológica e gerou o que é agora uma parte da herança da igreja: a doutrina da união hipostática — ideia de que na única pessoa de Cristo subsiste duas naturezas, divina e humana. Esse não é um desenvolvimento teológico que poderia ter sido antecipado antes que a igreja trabalhasse com tais questões.

E se pensássemos no nosso dilema não como um momento "galileano", mas como uma oportunidade "calcedoniana"? Para alguns — geralmente aqueles que colocam a questão em termos "galileanos" — a escolha parece clara: se a humanidade emergiu como resultado da evolução humana, então não poderia ter havido um Adão. E talvez ainda mais importante: se a humanidade emergiu dos primatas, parece que nunca poderia ter havido uma criação "boa" ou uma "justiça original" — o que também significaria que não houve "Queda" de uma inocência anterior. Se vamos afirmar um relato evolutivo das origens humanas, parece que precisamos desistir da doutrina da origem do pecado e do pecado original.

As coisas, no entanto, são assim tão claras? Já criamos o espaço para exercitar nossa imaginação teológica sobre essas questões, como fizeram em Calcedônia? Já apreciamos adequadamente o que está em jogo nessas questões — como os fios da teologia cristã ortodoxa estão entretecidos e como puxar um fio solto pode desfigurar toda a tapeçaria? Será que poderia haver modos de pensar sobre essa situação de "pressão cruzada" que, como em Calcedônia, afirmam os parâmetros da ortodoxia enquanto levam a sério os desafios contemporâneos? O objetivo não é resolver ou escapar das tensões e pressões cruzadas por meio de uma estratégia que simplesmente elimina um dos elementos do desafio (seja a ciência relevante ou a doutrina cristã tradicional). Em vez disso, adotamos a pressão cruzada como impulso para um genuíno, mas fiel, desenvolvimento teológico.

A IMAGINAÇÃO REQUER PRÁTICA (LITÚRGICA)

Trabalho teológico criativo e construtivo requer imaginação fiel. Mas isso requer duas coisas: tempo e adoração. Precisamos de *tempo* para treinar e esticar nossos músculos imaginativos; *tempo* para refletir sobre questões e oportunidades; *tempo* para ouvir e contemplar; e acima de tudo, *tempo* para orar. Portanto, o cultivo da imaginação *fiel* também requer banhar e batizar a imaginação nas cadências da história bíblica — que é precisamente o objetivo da adoração e do culto cristãos. Assim, o cultivo da imaginação teológica construtiva começa com a formação litúrgica.

Por trás deste livro não há apenas um conjunto de convicções teológicas; a matriz desse projeto também era uma comunidade de oração, adoração e amizade que proporcionava tempo e disciplina para que pudéssemos imaginar de outras formas. Este livro é fruto de um experimento de três anos — patrocinado pelo *Colossian Forum on Faith, Science, and Culture* [Fórum colossense sobre fé, ciência e cultura] — que reuniu uma equipe multidisciplinar e ecumênica de estudiosos renomados para buscar um programa de pesquisa comunitário sobre evolução, Queda e pecado original, abordando uma das questões mais prementes da atualidade: se a humanidade emergiu de primatas não humanos — como evidências genéticas, biológicas e arqueológicas parecem sugerir —, então quais são as implicações para o relato tradicional das origens adotado pela teologia cristã, incluindo tanto a origem de humanidade como a origem do pecado? A integridade do testemunho da igreja exige que tratemos construtivamente dessa difícil pergunta.

Contudo, nossa metodologia é tão central para o nosso projeto quanto o tópico. Seguindo a sugestão de Mark Noll em *Jesus Christ and the Life of the Mind* [Jesus Cristo e a vida da mente], adotamos a antiga sabedoria da igreja no Concílio de Calcedônia como modelo e padrão de como fielmente lidar com os desafios contemporâneos. Na ortodoxia cristológica que emergiu da igreja primitiva — o Credo dos Apóstolos, de Niceia e de Calcedônia —, vemos o corpo de Cristo levando a sério os desafios da época (da "filosofia natural", isto é, da ciência), mantendo ao mesmo tempo (de fato formulando) os parâmetros da cristologia. O resultado é uma façanha da imaginação guiada pelo Espírito, dando-nos as formulações que confessamos até hoje.

Também acreditamos que os recursos para essa imaginação teológica estão transportados na herança litúrgica da igreja — nas práticas de adoração e nas disciplinas espirituais que encenam a história bíblica de tal maneira que se infiltram em nossa imaginação. Pensamos que é crucial que os estudiosos que trabalham na vanguarda dessas questões estejam imersos nessas práticas como a "estação da imaginação" para a teorização criativa. Assim, nosso programa de pesquisa reuniu nossa equipe para momentos de retiro reflexivo. Essas práticas não eram apenas adornos piedosos de nosso trabalho intelectual, mas reservatórios para trabalho acadêmico cristão fiel. Hoje, a igreja precisa de uma façanha semelhante de imaginação, guiada pelo Espírito, para enfrentar essas questões sobre as origens humanas e a origem do pecado.

CRISTOLOGIA NA PRÁTICA

Ecoando as convicções animadoras do *Colossian Forum*, este projeto de pesquisa está firmado em duas convicções relacionadas: primeiro, acreditamos que a tradição intelectual cristã está "carregada" nas práticas de adoração e culto cristãs de forma ímpar. Assim, vemos a liturgia, a adoração e as práticas comuns de oração como um recurso formativo central para pensar bem como cristãos. É nas orações e na adoração da igreja que estamos imersos na Palavra, e nossa imaginação está localizada na história de Deus. Se precisamos que a imaginação teológica lide com questões difíceis, as práticas da adoração cristã (e disciplinas espirituais relacionadas) são combustível para esse trabalho teológico imaginativo e criativo. Assim, consideramos a formação litúrgica intencional como condição *sine qua non* para um trabalho acadêmico cristão rigoroso.[3]

Segundo, acreditamos que a herança teológica cristã, arraigada na Palavra e articulada nos credos e nas confissões da igreja, é um presente, não

---

[3] Essas afirmações e convicções são desdobrados em muito mais detalhe em James K. A. Smith, *Desiring the Kingdom: Worship, Worldview, and Cultural Formation*. Grand Rapids: Baker Academic, 2009 [Ed. bras. *Desejando o reino: Culto, cosmovisão e formação cultural*. São Paulo: Vida Nova, 2019], e em *Imagining the Kingdom: How Worship Works*, Grand Rapids: Baker Academic, 2013 [Ed. bras. *Imaginando o reino: A dinâmica do culto*. São Paulo, Vida Nova, 2019]. Veja também Nicholas Wolterstorff, "Christology, Christian Learning, and Christian Formation", *Books and Culture*, v. 18, n. 5 set. / out. 2012, pp. 22-23.

uma fraqueza. Isso não significa que o patrimônio teológico ortodoxo seja simplesmente um depósito a ser repetido e repristinado, ou seja, restaurado à condição pura original. Em vez disso, nossa herança teológica fornece uma base inestimável para a construção de novos modelos teológicos que abordam nosso crescente conhecimento sobre o mundo natural. De fato, enquanto alguns definem nossa situação como distintamente "moderna" — uma repetição daquele momento galileano — nós estamos convencidos de que a igreja "já esteve aqui antes", bem antes de Galileu. De fato, acreditamos que há muita sabedoria a ser encontrada indo para além de Galileu até a Calcedônia, e há outros recursos nos pais e nos doutores medievais da Igreja. Nossa sensibilidade, poder-se dizer, é a de um "futuro antigo": acreditamos que a igreja encontrará presentes para ajudá-la a pensar nos desafios contemporâneos recuperando a sabedoria dos cristãos antigos. O objetivo não é simplesmente repetir formulações antigas enquanto enfiamos a cabeça na areia em relação a esses desafios; ao contrário, acreditamos que a igreja contemporânea — e os estudiosos cristãos contemporâneos — podem aprender muito com os "hábitos da mente" que caracterizaram estudiosos antigos como Atanásio e Agostinho.[4]

Assim, nosso projeto de pesquisa é orientado não apenas pelas convicções cristológicas, mas pelo que poderíamos descrever como prática cristológica, centralizando nosso trabalho intelectual nas disciplinas espirituais e nas práticas de adoração da igreja como incubadoras de nossa imaginação teológica. É nessas práticas que absorvemos uma convicção central em nosso ser: que, em Cristo, todas as coisas subsistem (Colossenses 1:17). Se as virtudes são o resultado de disciplinas, a virtude intelectual também é fruto da disciplina e da prática. Assim, nossa equipe de pesquisa reuniu-se não apenas para troca intelectual, mas também para *formação* intelectual comum. É também por isso que o *tempo* foi tão central no nosso projeto. Nós nos reunimos ao longo de três anos, e passávamos uma semana juntos quando nos reuníamos, porque precisávamos de tempo juntos para buscar formação em comum, e precisávamos de tempo para

---

[4] Para sugestões que seguem essa linha, veja Peter J. Leithart, *Athanasius* [Atanásio] (Grand Rapids: Baker Academic, 2011), e Timothy George (Org.), *Evangelicals and Nicene Faith: Reclaiming Apostolic Witness* [Evangélicos e a fé de Niceia: recuperando o testemunho apostólico] (Grand Rapids: Baker Academic, 2011).

que nossa imaginação teológica penetrasse diante de questões tão difíceis na interseção das origens humanas e da fé cristã.

O resultado, esperamos, é um livro que reflete de modo único os aspectos *comunitários* e *eclesiais* de nosso projeto. Os capítulos a seguir não são simplesmente resultados de agendas de pesquisa distintas; eles refletem uma profunda comunalidade e unidade que borbulharam a partir de oração comunitária e de um "cânon" comum da sabedoria antiga. A voz comum desse livro reflete a oração comum que o nutriu. Também esperamos que o fruto de nossa pesquisa mostre uma maturidade que reflita os dons compartilhados de uma colaboração corporificada, comunal, forjando um senso comum de convicção, trazendo os dons de diversas expertises disciplinares para a mesa e, assim, bondosamente pressionando um ao outro a partir dessas perspectivas. Nós vemos essa amizade praticada como o caminho para a verdade.[5]

SEMPRE REFORMANDO: DESENVOLVIMENTO TEOLÓGICO EM UMA TRADIÇÃO CONFESSIONAL

Afirmações sobre ortodoxia confessional e reconhecimento de desenvolvimento teológico não são mutuamente excludentes. Portanto, não devemos nos apressar demais em supor que toda e qualquer afirmação da ortodoxia confessional necessariamente decorra de posturas defensivas e atrasadas que apenas repristinariam credos e confissões históricas. Ou, em outras palavras, afirmações de que certas propostas ou conclusões ficariam de fora dos parâmetros da ortodoxia confessional *não* querem dizer que não possa haver desenvolvimento teológico legítimo dentro de uma tradição confessional. Os debates sobre as origens humanas e a Queda precisam de algo como um "meta"-relato do desenvolvimento teológico dentro de uma tradição confessional que honre a natureza *dinâmica* de tal desenvolvimento, sem abandonar a função de *marcação de fronteiras* de uma tradição confessional. Para esboçar isso, vamos extrapolar a partir do relato de

---

[5] David Burrell, *Friendship and Ways to Truth* [Amizade e caminhos para a a verdade]. Notre Dame: University of Notre Dame Press, 2000; veja também seu resumo deste ponto em "Friendship in Virtue Ethics", disponível em <http://www.colossianforum.org/2012/07/12/glossary-friendship-in-virtue-ethics/>.

Alasdair MacIntyre sobre como as práticas de uma tradição são revisadas e estendidas.

Vamos considerar a tradição cristã como uma "tradição" no sentido dado por MacIntyre: "Uma tradição é uma argumentação desenvolvida ao longo do tempo na qual certos acordos fundamentais são definidos e redefinidos".[6] Por "tradição cristã", nos referimos a uma herança teológica católica, catalisada pelas Escrituras, exercida nas práticas da adoração cristã e articulada nos credos ecumênicos (Credo dos Apóstolos, Credo Niceno, etc). Essa já é uma tradição viva, com camadas expandidas de articulação, ampliação e revisão internas à tradição.

Agora, como uma "tradição" no sentido de MacIntyre, a tradição cristã é "exercida" em uma comunidade de prática que, grosso modo, é "a igreja" (não a academia). E o que caracteriza essa prática, segundo MacIntyre, é precisamente a extensão criativa da tradição pela comunidade que a pratica. Em outras palavras, uma tradição requer uma dinâmica de repetição criativa, em vez de mera repristinação. MacIntyre coloca desta forma:

> Estamos inclinados a nos deixar enganar pelos usos ideológicos que os teóricos políticos conservadores têm feito do conceito de tradição. Tais teóricos têm caracteristicamente concordado com Burke em contrastar tradição com razão, e a estabilidade da tradição com o conflito. Ambos os contrastes confundem, pois todo raciocínio acontece dentro do contexto de algum modo de pensamento tradicional, transcendendo, por intermédio da crítica e da invenção, as limitações do que até então se pensava dentro daquela tradição; isso é tão verdadeiro com relação à física moderna quanto com relação à lógica medieval. Ademais, quando uma tradição está em ordem, é sempre parcialmente constituída por uma argumentação sobre os bens cuja procura dá a essa tradição seu próprio sentido e finalidade.
>
> Assim, quando uma instituição — digamos, uma universidade, uma fazenda ou um hospital — é portadora de uma tradição de prática ou práticas, sua vida

---

[6] Alasdair MacIntyre, *Whose Justice? Which Rationality?* Notre Dame: University of Notre Dame Press, 1988, p. 12. [Ed. bras. *Justiça de quem? Qual Racionalidade?* Trad. Marcelo Pimenta Marques. São Paulo: 4. ed. Loyola, 1991, p. 23] No que se segue, trataremos "prática" e "tradição" como aproximadamente sinônimas. Não é exatamente assim que funciona em MacIntyre — uma tradição é exercida em uma comunidade de prática; no entanto, existe uma relação simbiótica entre os dois que permite tratá-los como aproximadamente sinônimos.

comum será parcialmente, porém de maneira importantíssima, constituída por uma argumentação contínua sobre o que é e deve ser uma universidade, ou o que é a boa agricultura ou o que é a boa medicina. Tradições, quando vivas, contêm uma continuidade de conflitos. De fato, quando a tradição se torna burkeana, está sempre morrendo ou já morreu.[7]

Às vezes, uma tradição precisa enfrentar suas próprias limitações, como seu próprio fracasso em articular uma resposta coerente a novas evidências e teorias científicas. A tradição "vive" apenas na medida em que a comunidade de prática se reapropria dela de forma *criativa*, mas também *fiel*, e essas duas dinâmicas não são mutuamente excludentes. Portanto, uma tradição não é meramente uma reafirmação de formulações passadas; como uma tradição — especialmente como uma tradição que aviva uma comunidade de prática —, novas "performances" visam "estender" a tradição. Essas (re)performances desenvolvem, refinam, melhoram e ampliam a tradição. E parte dessa extensão incluirá crítica interna. Em outras palavras, é da própria essência de uma tradição debater o que constitui "a tradição" — e especialmente o que constitui uma extensão "fiel" da tradição. Portanto, parte da tradição é debater e revisar os objetivos da tradição.

No entanto, como a improvisação no jazz, esse debate e essa crítica interna são normatizados pela tradição.[8] Existe uma dinâmica de autoridade que também atua neste processo de extensão. De fato, MacIntyre enfatiza que

[entrar] em uma prática é entrar em um relacionamento não apenas com seus praticantes contemporâneos, mas também com aqueles que nos precederam na prática, particularmente aqueles cujas realizações estenderam o alcance da prática até o presente ponto. É, portanto, a conquista, e, *a fortiori*, a autoridade de uma tradição que eu então confronto e da qual tenho que aprender.[9]

---

[7] Alasdair MacIntyre, *After Virtue*, 2. ed. Notre Dame: University of Notre Dame Press, 1984, p. 221. [Ed. bras. *Depois da virtude*. Trad. Jussara Simões. Bauru: EDUSC, 2001, pp. 372-73]

[8] Veja Samuel Wells, *Improvisation: The Drama of Christian Ethics* [Improvisação: o drama da ética cristã]. Grand Rapids: Brazos, 2004.

[9] Ibid., p. 194. Veja também Alasdair MacIntyre, "Epistemological Crises, Dramatic Narrative, and the Philosophy of Science" [Crise epistemológica, narrativa dramática e a filosofia da ciência]. In: Gary Gutting (Org.), *Paradigms and Revolutions: Applications and Appraisals of Thomas Kuhn's Philosophy of Science*. Notre Dame: University of Notre Dame Press, 1980, pp. 54-74.

Assim, fazer parte de uma tradição, estar envolvido na dinâmica de extensão e reforma, vem com um preço de admissão, qual seja, a submissão à autoridade da tradição.

As tradições não estão isoladas do resto do mundo. As tradições estão constantemente em conversa com outras tradições, e o que uma tradição aprende com pessoas de fora é vital para tornar uma tradição viva. Os cristãos, por exemplo, devem ser gratos pelos presentes que ciências como a biologia nos deram. Embora uma tradição deva estar sempre pronta a humildemente aprender com aqueles que estão fora dela mesma, é a própria tradição que produz os seus critérios internos para avaliar o que conta como uma extensão "fiel" da tradição. Em outras palavras, o que "vale" como uma razão, ou justificativa, ou evidência, ou uma "boa jogada" neste jogo, está amarrado à herança da tradição.[10] Isso não significa que não há espaço para inovação ou extensão criativa, mas significa que, para que um "movimento" conte como uma extensão, ele deve ser julgado como fiel à tradição.[11] E isso é um projeto de discernimento inerentemente social e comunitário: é a comunidade de praticantes — a comunidade daqueles que se submeteram à tradição — que julgam se um "novo" movimento é realmente uma extensão criativa da tradição ou se tal movimento quebrou as regras e na verdade está-se jogando um novo jogo.[12] "Os espíritos dos profetas estão sujeitos aos profetas" (1Coríntios 14:32).

Esta parece ser uma descrição adequada de como uma confissão estende fielmente a tradição: "reformada, mas sempre reformando".[13] Num sentido importante, o discernimento sobre "extensões fiéis" é (escandalosamente) confiado ao povo de Deus, ao sacerdócio de todos os crentes — o que, em muitas comunidades cristãs, é guiado por uma autoridade

---

[10] Compare com o relato de Robert Brandom sobre a "pragmática" da reflexão e seu relato quase etnográfico do discurso racional como um "toma-lá-dá-cá" de razões. Para uma discussão sobre isso, veja James K. A. Smith, *Who's Afraid of Relativism? Community, Contingency, Creaturehood* [Quem tem medo do relativismo? Comunidade, contingência, criaturidade]. Grand Rapids: Baker Academic, 2014, pp. 115-49.

[11] Assim, por exemplo, novos movimentos na tradição não se baseiam primariamente em sua "relevância" ou em sua "compatibilidade" com outros paradigmas reinantes.

[12] Imagine que o futebol se desenvolva como um jogo que exige que alguém toque a bola apenas com partes do corpo abaixo da cintura. Mas depois de um tempo, julga-se que ainda podemos jogar o mesmo jogo e talvez tocar a bola com a barriga ou até com a cabeça. No entanto, de algum modo, o grupo interno dos jogadores também discerne que tocar a bola com as mãos ou cotovelos é falta.

[13] Para uma apreciação disso como uma postura católica, veja George Weigel, *Evangelical Catholicism: Deep Reform in the 21st Century Church* [Catolicismo evangélico: reforma profunda na igreja do século 21]. Nova York: Basic Books, 2014.

episcopal, mas em todas inclui os leigos. Há uma afirmação e confiança profundas no "senso dos fiéis" (Newman) e na operação do Espírito em liderar a comunidade à verdade.[14] Isso *não* pretende ser uma receita para uma repristinação ou repetição teimosa; é mais uma dinâmica para discernir o que vale como uma "extensão fiel" da tradição.

É importante reconhecer essa dinâmica porque ela põe em evidência uma espécie de "choque de epistemologias" que caracteriza o debate atual, ou pelo menos uma tensão entre dois *epistemes* muito diferentes. Nossas associações tendem a ter uma abordagem "enciclopédica"[15] que vê o avanço do conhecimento como uma linha direta de progresso e desenvolvimento, na qual novos conhecimentos substituem o conhecimento antigo na marcha triunfante do avanço intelectual.[16] Nesse modelo, toda história é o que Charles Taylor chama de "história de subtração": ideias antigas são descartadas quando são *substituídas* por novas. Essa é a história que as disciplinas acadêmicas da modernidade gostam de contar sobre si mesmas. Na visão de MacIntyre, no entanto, o conhecimento de fato avança quando as disciplinas funcionam como tradições, nas quais os avanços no conhecimento e no entendimento são desenvolvimentos orgânicos de uma herança. Do ponto de vista de uma tradição como a tradição cristã, "razões" e "avanços" são entendidos de maneira diferente porque há um peso concedido à tradição *como* tradição; há um requisito para que qualquer avanço seja visto como uma extensão, não uma substituição, da tradição. Não há prêmios por novidade em uma tradição.

Qual é o resultado de toda essa "meta"-estruturação da questão? Duas coisas: por um lado, isso deve nos lembrar de que nenhuma tradição que se preza tem como objetivo "simplesmente repetir ou parafrasear a tradição".[17] Extensão, revisão, expansão e desenvolvimento são intrínsecos a uma tradição *qua* tradição. Devemos esperar algumas "modificações" na

---

[14] Deve-se notar também que essa comunidade de prática comprometida em discernir também precisaria das virtudes necessárias para alcançar este discernimento.

[15] Mais uma vez, estamos pensando em MacIntyre, *Three Rival Versions of Moral Enquiry: Encyclopaedia, Genealogy, Tradition* [Três versões rivais de investigação moral: enciclopédia, genealogia, tradição]. Notre Dame: University of Notre Dame Press, 1991.

[16] Uma vez que estamos contrastando a episteme "enciclopédica" dos grupos acadêmicos com o raciocínio "baseado na tradição" da igreja, também se poderia apontar como a episteme "enciclopédica" é a "tradição" da ciência. Mas não estamos explorando esse ponto aqui.

[17] Daniel C. Harlow, "After Adam: Reading Genesis in an Age of Evolutionary Science", *Perspectives on Science and Christian Faith*, v. 62, n. 3, set. 2010, p. 192.

herança de uma tradição e não devemos nos surpreender se algumas doutrinas forem "reformuladas".[18] Por outro lado, esse relato nos ajuda a ver que quaisquer modificações, revisões e reformulações precisam (a) fornecer uma descrição de como são extensões fiéis da tradição e (b) admitir que o discernimento daquilo que é válido como extensão fiel é determinado pela comunidade de prática, e não apenas pelo domínio da "expertise". Portanto, teremos de determinar se as reformulações violam os marcadores "fundamentais"[19] ou "essenciais" da tradição; e teremos de admitir que a determinação disso é confiada ao povo de Deus, que é mais amplo do que o campo de acadêmicos, estudiosos e cientistas (embora acadêmicos e cientistas que fazem parte dessa comunidade de prática também participem desse processo de discernimento).

Isso significa que vale tudo? Que tudo pode ser aceito? Que podemos revisar à vontade? Não, claramente não. Novamente, a igreja terá que discernir coletivamente o que constitui uma extensão fiel da tradição. Talvez possamos determinar que a imagem de um casal histórico falhando em um único episódio não é essencial. Mas também podemos discernir que tornar a condição caída basicamente um sinônimo de finitude viola o "núcleo" da doutrina tradicional.

ESTRUTURA DO LIVRO

Os problemas que as teorias científicas das origens humanas trazem para a tradição cristã abrangem os campos da biologia, teologia, história, interpretação bíblica, filosofia e política. Todas essas disciplinas estão representadas nos capítulos deste volume.

Na Parte I, mapeamos o território de perguntas e desafios e obtemos uma noção do "estado das coisas" na confluência da ciência e da teologia cristã, com respeito às origens humanas e à Queda. Abrindo o livro, o biólogo Darrel Falk nos oferece uma visão abrangente do "estado da questão" com relação às ciências. Ele primeiro fornece um relato claro, conciso, mas

---

[18] Ibid, p. 191, 192.
[19] John R. Schneider, "Recent Genetic Science and Christian Theology on Human Origins: An 'Aesthetic Supralapsarianism'", *Perspectives on Science and Christian Faith*, v. 62, n. 3, set. 2010, p. 197.

abrangente do registro arqueológico sobre o surgimento do *Homo sapiens* e as evidências para a ancestralidade comum. Isso é amplificado com uma explicação extraordinariamente clara da evidência genética para populações humanas primitivas, incluindo uma explicação útil de como os geneticistas chegam a essa conclusão. Contudo Falk, em seguida, conduz a conversa em duas direções. Por um lado, ele enfatiza por que os cristãos precisam levar essas evidências a sério, e mostra-nos como fazê-lo fielmente. Por outro lado, ele se opõe aos relatos naturalistas que muito rapidamente encontram implicações antiteístas nessas evidências.

No segundo capítulo, a teóloga e ecóloga Celia Deane-Drummond encena uma conversa entre ciência e teologia à luz do ensino católico romano sobre o pecado original. Examinando as várias posições das declarações papais e das propostas teológicas, ela argumenta que o engajamento entre teologia e ciência não precisa ser uma via de mão única, com a ciência ditando os termos a serem aceitos pela teologia. A teologia, segundo ela, também pode abrir novas questões para a teoria da evolução. Ela modela isso mostrando como as convicções teológicas tradicionais e ortodoxas sobre as origens humanas e o pecado original coincidem e até iluminam relatos evolutivos recentes de comportamento comunitário e "construção de nichos" — mesmo havendo aspectos da doutrina tradicional (como a propagação biológica do pecado original) que precisam ser reconsiderados.

O filósofo Jamie Smith, então, nos oferece um relato analítico do que está em jogo nos debates sobre a viabilidade da doutrina "tradicional" da Queda, à luz do tipo de evidência evolutiva resumida por Falk. Provocando as intuições do relato agostiniano da Queda —um relato afirmado pelas tradições católica e protestante —, ele argumenta que a doutrina do pecado original não é apenas um relato da pecaminosidade humana e da necessidade de redenção. Em vez disso, a doutrina da Queda é integralmente um relato da origem ou do início do pecado, e esse relato é crucial para manter a noção da bondade de Deus. Então, o que "está em jogo" na Queda não é, de fato, apenas uma questão de antropologia teológica, mas também da doutrina de Deus. Como tal, a natureza "histórica" ou de "referir-se a um evento" da Queda é crucial para a doutrina. Em um exercício de pensamento final, ele considera o quanto uma compreensão do pecado original como um evento pode ser imaginada, de forma consistente, com um relato evolutivo das origens humanas.

A segunda parte do livro mergulha nas fontes bíblicas e nos relatos teológicos tradicionais, extraindo-os como recursos para a imaginação teológica. No capítulo 4, o erudito do Antigo Testamento Richard Middleton oferece uma leitura atenta do relato de Gênesis à luz da teoria da evolução — não de forma a postular intenções evolutivas aos autores de Gênesis, mas sim montando um encontro de iluminação mútua. Sua atenção quase midráshica[20] às camadas de alusão e aos jogos de palavras no texto aprofunda nossa compreensão do relato tradicional do mal e do pecado, ao mesmo tempo que nos convida a reler Gênesis com um novo olhar.

No capítulo seguinte, Joel Green examina a contribuição do Novo Testamento para as doutrinas cristãs do pecado original e das origens do pecado. Green primeiro explora textos judaicos do período do Segundo Templo sobre Adão e, depois, analisa epístolas de Paulo e Tiago quanto ao caráter do pecado. Green descobre que nenhum conjunto de textos se refere a uma "Queda" como um evento nem indica que a pecaminosidade da humanidade é determinada pelo pecado de Adão. Green sugere que uma leitura cuidadosa de Paulo e Tiago seria receptível a uma descrição da Queda que fosse compatível com evidências científicas, ou seja, um relato da Queda sendo uma emergência gradual do pecado, como uma qualidade disseminada da experiência humana.

O teólogo Aaron Riches monta uma "defesa poética" em favor da visão tradicional do pecado como resultado de um evento histórico realizado por uma pessoa concreta. Riches tenta distanciar essa posição tanto da visão de que a teoria da evolução é uma certeza que relega Adão à condição de mito ou metáfora, quanto da visão oposta, de que a Bíblia consiste em fragmentos de dados que funcionam no mesmo plano que os dados da ciência. Riches sustenta que Adão só pode ser entendido dentro da *figura* de toda a Escritura, que é unida pela figura de Cristo. O velho Adão só pode ser entendido à luz do novo Adão, Jesus Cristo. Assim como Cristo é uma pessoa, não uma ideia ou metáfora abstrata, Adão deve ser uma pessoa concreta, embora

---

[20] Midrash, no judaísmo rabínico, são comentários anexos ao texto da bíblia hebraica que a interpretam e revelam significados, aplicações e ideias que não são óbvias e claras no texto da Escritura. [N. T.]

envolvida em mistério; o protagonista original de uma história marcada pelo pecado que recebe sua resposta no evento histórico de Jesus Cristo.

Na Parte III, olhamos para algumas das implicações culturais da Queda para além de uma consideração estreita sobre as "origens". O eticista Brent Waters vê no cerne das reflexões cristãs sobre a Queda a sensação de que a vida humana não é como deveria ser e uma crítica ao impulso humano de superá-la em nossos próprios termos, por meio de nossos próprios esforços. Waters então analisa o transumanismo — a tentativa de superar as limitações humanas como o envelhecimento e a morte por meio da tecnologia — como a tentativa mais recente e preocupante de aperfeiçoar a humanidade apenas por meio dos poderes humanos. Apesar de alegar ser puramente secular, o transumanismo é um tipo de religião, argumenta Waters, uma mutação herética da escatologia cristã. Waters critica a probabilidade de convulsão social e a marginalização daqueles que impedem o "progresso" transumanista, e recomenda o reconhecimento cristão do nosso estado caído e de nossa necessidade de perdoar e sermos perdoados.

Norman Wirzba argumenta que uma descrição cristã do mundo *como criação* tem implicações importantes para a maneira como entendemos o mundo e nossas responsabilidades dentro dele. Sem essa descrição, a condição caída e o florescimento do mundo se tornam ininteligíveis. Mais especificamente, Wirzba mostra que uma narração cristológica da criação — uma narração claramente iniciada nas Escrituras, mas depois desenvolvida poderosamente por teólogos como Irineu, Atanásio e Máximo, o Confessor — representa um sério desafio aos relatos contemporâneos da natureza como um domínio (às vezes bonito, às vezes sem sentido, dependendo de quem o descreve) de luta e concorrência incessantes. O ensino da criação não é simplesmente um ensino mais ou menos científico sobre as origens do mundo. É também um ensinamento sobre a salvação e reconciliação de todas as criaturas e do mundo com Deus. Entendida dessa maneira, a doutrina da criação traz consigo importantes *insights* que nos permitem abordar questões como a natureza do pecado, a missão da igreja e o significado e o propósito da vida humana. Quando a criação também é entendida sob sua luz escatológica, podemos descrever a Queda como a incapacidade de uma criatura (ou recusa, no caso dos humanos) de encontrar seu cumprimento em Deus.

Na seção final do livro, há dois estudos históricos que nos dão uma visão ampla a fim de reconsiderar algumas pressões e questões contemporâneas. O capítulo de Bill Cavanaugh argumenta que o declínio da narrativa da Queda no pensamento moderno ocorre primeiro por razões políticas, não científicas. A Queda foi crucial no pensamento político medieval para marcar a diferença entre a maneira como o mundo é e como ele deveria ser, uma visão escatológica que desestabilizava qualquer reivindicação humana de poder. A Queda desaparece na teoria política moderna, substituída por um "estado da natureza" des-escatologizado que justifica o poder político como uma resposta à maneira como as coisas simplesmente são. A partir das figuras de Hobbes, Filmer e Locke, Cavanaugh mostra como a "naturalização" da Queda na teoria política no início do período moderno contribuiu tanto para a ascensão do estado moderno quanto para o divórcio entre teologia e ciências políticas e entre teologia e ciências naturais. Tanto as ciências naturais quanto a política perdem referências teleológicas e escatológicas, mas Cavanaugh argumenta que isso não precisa ocorrer. Se pudermos ver que o divórcio entre teologia e ciência no Ocidente foi promovido por fatores não científicos, mas políticos, então talvez possamos ver que o antagonismo entre ciência e teologia não é de forma alguma inevitável.

A contribuição de Peter Harrison examina a maneira com que pensamos sobre o conflito entre religião e ciência. Por estarmos tão familiarizados com casos de "mau" conflito entre ciência e religião — como o julgamento de Galileu e a simples rejeição da evolução por alguns cristãos —, assumimos que o conflito entre religião e ciência deve sempre ser evitado. Harrison argumenta, no entanto, que existem casos de "bom" ou justificável conflito ou tensão entre ciência e religião, e que os cristãos não devem pressupor muito rapidamente que a doutrina cristã deve ser prontamente ajustada para se adequar ao que for o paradigma científico dominante. Harrison argumenta que o conflito entre ciência e religião nunca é inevitável, mas é sempre possível, dependendo de quais são as alegações atuais de cada um. Cada conflito potencial entre ciência e religião precisa ser considerado caso a caso, e as afirmações gerais de uma teoria científica — no caso da evolução, a descendência com modificação — precisam ser diferenciadas dos mecanismos e das implicações específicas da teoria, que tendem a ter um nível de certeza muito menor. Harrison baseia-se no pensamento de Agostinho para exemplificar uma abordagem cristã adequada e examina alguns casos históricos em que o conflito foi justificado, do ponto de vista cristão.

Nossa esperança é que, coletivamente, essas contribuições nos ajudem a pensar cuidadosamente sobre o que está em jogo e os parâmetros dessas conversas, além de modelar maneiras de confirmar que "todas as coisas subsistem" em Cristo [*in Christ, all things hold together*].

PARTE I
Mapeando as questões

CAPÍTULO 1

Origens humanas
O relato científico

Darrel R. Falk

A investigação científica retrata uma imagem da origem humana que é gradual, não instantânea, ocorrendo por meio de um processo evolutivo que é frequentemente descrito por gurus científicos como um processo ateístico. Os cristãos, no entanto, discordam unanimemente desse último ponto, mas expressam seu desacordo de maneiras diferentes. Alguns articulam seu desacordo ao declarar que a ciência está fundamentalmente errada. Esses cristãos buscam uma maneira totalmente nova de fazer ciência sobre as origens humanas. O problema dessa abordagem é que ela coloca o cristianismo em oposição a uma vasta extensão de dados científicos amplamente testados, e provavelmente o faz por razões que são teologicamente desnecessárias. Certamente, se o paradigma científico de nossa origem evolutiva estiver correto, ele levantará questões importantes sobre a natureza da Queda e a origem do pecado, questões abordadas neste volume. Podemos abordar essas questões com um espírito de otimismo, porque se a criação ocorreu a partir de um processo gradual, e não instantâneo, e se as proposições fundamentais do cristianismo são verdadeiras, o entendimento tradicional dos preceitos teológicos só será enriquecido conforme eles são explorados sob essa nova luz. Contudo, o que é essa nova luz? O que exatamente os dados científicos têm a dizer sobre como chegamos aqui? Responder a essa pergunta é o objetivo deste capítulo.

RASTREANDO FÓSSEIS

O registro fóssil de nossa emergência a partir da linhagem dos grandes primatas é encontrado na África. Nesse continente foi encontrada uma variedade de restos esqueléticos fossilizados de muitas espécies de transição que ilustram características de várias mudanças: de andar de quatro para duas pernas, de usar membros anteriores para balançar de uma árvore a outra para o seu uso na finamente ajustada manipulação de objetos, de pequenos cérebros para grandes, e da face de um símio[21] às características faciais de um ser humano.

Uma coisa, no entanto, é identificar características de transição no registro fóssil, mas outra é mostrar que a existência delas aconteceu em tempo e maneira consistentes com uma sequência progressiva de símio para humano. Em nenhum lugar a sequência temporal progressiva das transições é mais bem documentada do que no Grande Vale do Rift [Great Rift Valley], no nordeste da África, onde hoje estão Etiópia, Quênia e Tanzânia. Esse vale surgiu a partir da ação geológica causada por duas placas continentais que se afastam uma da outra há milhões de anos. O vale resultante ainda está sujeito a inundações, assim como ocorreu durante todo esse período, e os animais ainda hoje ficam presos nos sedimentos de lama, como há milhões de anos. Depois que seus corpos se decompõem nessa lama, os restos esqueléticos resultantes — se não forem perturbados — são cimentados no lugar. À medida que o sedimento continua endurecendo ao longo dos milênios, eles se tornam os fósseis de amanhã.

A idade dos fósseis pode ser facilmente determinada por causa de outra característica geológica única da região. A instabilidade geológica causada pelas placas continentais deslizantes resulta em frequentes erupções vulcânicas, e essa atividade esporádica produz camadas precisas de cinzas incorporadas no sedimento, assim como nos fósseis. Portanto, embora os fósseis não possam ser datados (eles são muito velhos para a datação por C14, que tem um limite de cerca de 50 mil anos), as cinzas podem.

---

[21] Orig. *Ape*. Este termo em inglês se refere aos macacos antropoides — tanto os pequenos como o gibão, mas especialmente aos grandes e mais conhecidos, como os chimpanzés, gorilas e orangotangos, chamados em inglês de "great apes". Há um equivalente em português que não é muito conhecido nem utilizado: "mono". Por isso, utilizaremos "macacos" ou "símios" para "apes" e "grandes primatas" para "great apes", embora cientes da imprecisão técnica destes termos. [N. T.]

O *Ardipithecus ramidus*, uma espécie de 4,4 milhões de anos, foi identificado dessa maneira. Em novembro de 1994, um único osso da mão foi encontrado, saindo de uma rocha sedimentar. A escavação cuidadosa do local resultou na recuperação de 45% dos restos esqueléticos de um indivíduo, uma fêmea que passou a ser conhecida como Ardi. É provável que Ardi tenha sido bípede como nós. Ela certamente não tinha os traços esqueléticos que lhe permitiriam ser uma andadora como chimpanzés e gorilas, que caminham sobre os nós (ou juntas) das mãos [*knuckle-walking* ou nodopedalia]. Em vez disso, ela tinha características que apontam para um estilo de vida adaptado tanto às árvores como ao solo.[22] Como os grandes símios de hoje, ela tinha o dedão do pé estendido para o lado, o que teria servido bem ao comportamento arborícola. Ela tinha mãos e braços que eram adequados para a vida nas árvores também. Não há sinal de ferramentas de pedra em nenhum dos muitos sítios arqueológicos dessa época ou até um milhão de anos mais jovem, por isso é improvável que membros de sua espécie usassem ferramentas.

À medida que os pesquisadores avançam no tempo, os achados fósseis se tornam caracteristicamente diferentes. O *Australopithecus afarensis*, a espécie da famosa Lucy, é um exemplo, mas também existem outros espécimes bastante completos identificados. A melhor evidência para seu bipedalismo é um conjunto de pegadas de 3,6 milhão de anos de dois indivíduos que se estendem por uma distância de cerca de 25 metros no que seriam cinzas vulcânicas úmidas. O dedão do pé vê-se paralelo aos outros dedos; não era estendido para fora como o de Ardi. A análise detalhada da marcha do par indica que eles caminhavam de uma maneira quase indistinguível de nós. As pegadas provavelmente pertenciam à espécie de Lucy; de fato, fósseis de *A. afarensis* foram encontrados nas proximidades, na mesma camada de cinzas vulcânicas. A análise detalhada das características anatômicas mostra que a canela, por exemplo, era estruturada de tal forma que se uniria ao tornozelo de uma maneira que se assemelha à forma como a nossa é unida, e não à maneira como é unida ao tornozelo no chimpanzé. Além disso, a estrutura do tornozelo em si é semelhante à

---

[22] C. Owen Lovejoy et al., "Combining Prehension and Propulsion: The Foot of *Ardipithecus ramidus*", *Science,* v. 326, 2009, p. 72.

humana. Por outro lado, o rosto era símio, com um nariz achatado e mandíbula inferior fortemente saliente. O cérebro tinha cerca de um terço do tamanho do nosso. A escápula não era humana; lembrava a de um gorila. Em resumo, *A. afarensis* tinha um corpo que seria bem adaptado para a vivência em árvores e também no solo. Curiosamente, o osso hioide, uma parte da caixa de voz, era estruturado de uma maneira muito mais próxima da de um gorila do que de um humano, e isso sugere que Lucy e seus parentes tinham habilidades vocais semelhantes a símios.[23] Múltiplas outras espécies do gênero *Australopithecus* foram encontradas nessa região e no sul da África em locais datados ainda há 2 milhões de anos — 1,5 milhão de anos após os primeiros membros do gênero. Alguns deles eram, sem dúvida, espécies de primos que não pertencem à linhagem direta do *Homo* — ramos laterais da árvore de espécies que morreram sem contribuir para a nossa própria linhagem.

A partir de sítios com cerca de 2 milhões de anos, fósseis que compartilham um número crescente de nossas características aparecem em cena. Os indivíduos de quem esses fósseis são derivados tinham um grande cérebro e uma forma corporal mais estreita e menos atarracada. Da mesma forma, seus braços eram mais curtos e as pernas mais longas. Nosso gênero, *Homo*, havia surgido. Várias espécies do gênero foram identificadas, mas uma em particular é especialmente disseminada no registro fóssil. Aparentemente, o *Homo erectus* habitava a região a partir de 1,9 milhão de anos atrás. Em um período de 100 mil anos, membros da espécie aparentemente viajaram para a Ásia. Restos fósseis de 1,8 milhão de anos foram encontrados em uma caverna na República da Geórgia, e restos de 1,6 milhão de anos foram encontrados perto de Pequim, na China, e também na Indonésia. De fato, a espécie persistiu em partes da Ásia até algumas centenas de milhares de anos atrás.[24] Durante a longa vida dessa espécie, o tamanho do cérebro estava aumentando. Os primeiros crânios encontrados teriam espaço para cérebros apenas um pouco maiores

---

[23] Ian Tattersall, *The Strange Case of the Rickety Cossack and Other Cautionary Tales from Human Evolution* [O estranho caso de Rickety Cossack e outras lições da evolução humana]. Nova York: Palgrave Macmillan, 2015.

[24] Daniel E. Lieberman, *The Story of the Human Body: Evolution, Health, and Disease*. Nova York: Pantheon, 2013. [Ed. bras. A história do corpo humano: evolução, saúde e doença, São Paulo: Zahar (Cia. das Letras), 2015.

que os dos símios. No entanto, ao longo do tempo, houve um aumento gradual no volume cerebral até atingir um tamanho próximo ao nosso.[25] Portanto, a distribuição geográfica do *Homo erectus* — de vários locais da África para muitas partes da Ásia — foi generalizada, embora conheçamos poucos outros detalhes.

Em setembro de 2015, foi anunciada a maior e mais completa descoberta de todas as espécies de hominínios,[26] o *Homo naledi*.[27] Essa espécie, encontrada em uma caverna sul-africana, tem alguma semelhança com o *Homo erectus*, com seu cérebro pequeno e sua pélvis, ombro e caixa torácica estruturados como os de espécies mais antigas. No entanto, sua mão, punho, pé e tornozelo são bastante semelhantes aos nossos. No momento da redação deste documento, os espécimes encontrados ainda não haviam sido datados.[28]

É no Vale do Rift que nossa própria espécie, *Homo sapiens*, aparece pela primeira vez no registro fóssil. Esses primeiros restos esqueléticos têm 195 mil anos. Antes disso, outra espécie, o *Homo heidelbergensis*, viveu entre 700 e 200 mil anos atrás, e muitos pesquisadores consideram que ela tenha sido uma espécie ancestral da nossa. O *H. heidelbergensis* está representado no registro fóssil de Norte (Inglaterra e Alemanha) a Sul (África do Sul), até a Leste (China). De fato, como resultado de um trabalho recém-publicado em 2015, agora temos uma quantidade significativa de informações de codificação do DNA de um conjunto de ossos de *H. heidelbergensis* com 300 mil anos de idade.[29]

Embora indícios dessa história tenham começado a surgir no final do século 19 e no início do século 20, a maioria dos aspectos de nossa história evolutiva só se tornou totalmente aparente nos últimos 45 anos. Assim, até as últimas décadas, o conhecimento detalhado de nossa história — de

---

[25] Para detalhes, veja P. Thomas Schoenemann, "Hominid Brain Evolution" [Evolução do cérebro de hominídeos]. In: D. R. Begun (Org.), *A Companion to Paleoanthropology*. Chichester, UK: Wiley-Blackwell, 2013, pp. 136-64.

[26] O termo "hominínio" refere-se a qualquer espécie dentro da linhagem que inclui a nossa espécie, *Homo sapiens*, mas que não seja a linhagem dos grandes primatas. Parte da literatura ainda usa o termo antigo, "hominídeo".

[27] L. Berger et al., *Homo naledi*, a new species of the genus Homo from the Dinaledi Chamber, South Africa", *eLife*, v. 4, 2015, p. e09560.

[28] Os fósseis do *Homo naledi* foram datados posteriormente à escrita deste capítulo como tendo de 236 a 335 mil anos de idade. Artigo original: Dirks, P.H., et al. *The age of* Homo naledi *and associated sediments in the Rising Star Cave*, South Africa, *Elife*, v. 6, 2017, p. e24231. [N. T.]

[29] Ann Gibbons, "Humanity's long, lonely road," *Science*, v. 349, 2015, p. 1270.

como nos tornamos quem somos — remontava a apenas alguns milhares de anos. De repente, como resultado dessa explosão de conhecimento, agora podemos voltar milhões de anos. Nós temos os ossos — os restos de esqueletos de nossos ancestrais. Podemos ver quando e como a anatomia deles mudou, ficando cada vez mais parecida com a nossa. E podemos ver que, finalmente, cerca de 200 mil anos atrás, seus traços anatômicos se tornaram indistinguíveis dos nossos.

Começando na mesma época em que os humanos modernos (*H. sapiens*) aparecem no registro fóssil da região do Grande Vale do Rift da África, os neandertais (*Homo neanderthalensis*) emergem no registro fóssil em vários locais da Europa e do oeste da Ásia. Com base nos muitos artefatos encontrados nos sítios arqueológicos neandertais, fica claro que eles eram caçadores habilidosos e inteligentes, equipados para sobreviver às condições frias do ártico da era glacial. No entanto, eles mostraram poucos sinais de atividade criativa. Suas ferramentas de trabalho em pedra não variaram muito ao longo dos mais de 150 mil anos de existência. Os neandertais às vezes adaptavam ferramentas antigas a novos usos, mas, ao contrário do *Homo sapiens* (veja abaixo), eles não se destacavam na invenção de novas tecnologias. Esta é uma grande diferença entre *H. sapiens* e *H. neanderthalensis*.[30] Os neandertais tinham um crânio longo e baixo, sem queixo, um rosto enorme, um nariz grande, e sulcos marcados na testa. O cérebro deles, talvez por causa de seu físico musculoso, era cerca de 10% maior que o nosso.[31] O registro fóssil neandertal cessa abruptamente 39 mil anos atrás. O que aconteceu com eles? A maioria dos pesquisadores acha que não é apenas coincidência que eles desapareceram da terra apenas alguns milhares de anos depois que nossa espécie apareceu na região que havia sido sua região. Temos uma longa história de causar extinções de outras espécies sempre que nos mudamos para uma nova área do planeta ou expandimos nossa tecnologia e influência. Esse padrão de destruição — a extinção de outras espécies — provavelmente começou dezenas de milênios atrás, quando conquistamos uma nova terra já ocupada por nossos primos, os neandertais. Parece que nossa própria espécie entrou na cena

---

[30] Tattersall, *The Strange Case of the Rickety Cossack*.
[31] Lieberman, *Story of the Human Body*.

dos neandertais e, de alguma maneira desconhecida, provocou sua morte, depois de viverem em harmonia em seu ambiente por dezenas de milhares de anos.

Resumindo, parece que nossa espécie ficou confinada à África por toda a sua história inicial. No entanto, a partir de mais ou menos 100 mil anos atrás, isso mudou. Recentes descobertas de fósseis no sudeste da China e Israel mostram que o H. sapiens havia saído da África, embora não possamos ter certeza de que suas linhagens nesses locais persistiram.[32] Os fósseis mais antigos do *Homo sapiens* na Austrália datam de cerca de 60 mil anos atrás, os da Europa têm cerca de 42 mil anos de idade,[33] e no Novo Mundo datam de pelo menos 12,5 mil anos,[34] embora ferramentas de pedra tenham sido encontradas recentemente em um assentamento no Chile datado de aproximadamente 18 mil anos atrás.[35]

RASTREANDO GENES

Embora os restos de esqueletos contenham de modo pungente uma parte da história da origem de nossa espécie, a história que eles contam é limitada pelo fato de serem inertes — cada conjunto de restos fossilizados é uma fotografia de um passado distante. Além dos ossos, porém, também temos outro componente físico — nossos genes — remanescente da existência de nossos ancestrais que não é inerte e ainda vive em cada um de nós. Em contraste com os fósseis, nossos genes fornecem não uma fotografia, mas uma história em movimento de seu passado. E a história deles é uma parte importante da nossa história.

A molécula que abriga nossos genes é o DNA. Herdado de cada um de nossos pais, o DNA carrega instruções para a construção do corpo humano. Serve como um código. Existem 6 bilhões de unidades (chamadas de

---

[32] Ann Gibbons, "First modern humans in China", *Science*, v. 350, 2015, p. 264; Chris Stringer, *Lone Survivors: How We Came to Be the Only Humans on Earth* [Únicos sobreviventes: como nos tornamos os únicos humanos na Terra]. Nova York: Times Books, 2012, p. 46.

[33] Stringer, *Lone Survivors*, p. 46.

[34] Morten Rasmussen et al., "The genome of a Late Pleistocene human from a Clovis burial site in western Montana", *Nature*, v. 506, 2014, pp. 225-29.

[35] Ann Gibbons, "Oldest stone tools in the Americas claimed in Chile", *Science*, nov. 2015. Para um relato detalhado do impacto de nossas incursões nestas novas terras, veja o importantíssimo livro de Elizabeth Kolbert, *The Sixth Extinction: An Unnatural History*, Nova York: Henry Holt, 2014. [Ed. bras. A Sexta Extinção: uma história não natural. Rio de Janeiro: Intrínseca, 2015.]

bases) no código — 3 bilhões de cada um dos pais. O DNA tem um código de quatro "letras", os bem caracterizados componentes moleculares A (adenina), G (guanina), C (citosina) e T (timina), organizados em uma sequência específica que é lida e interpretada pelo maquinário celular. O código sofre ligeiras mutações (ou seja, alterações) pontuais, de uma geração para outra. Podemos medir a taxa dessa mudança com precisão, e uma média de sessenta mutações (nas 6 bilhões de letras de código) ocorrem a cada geração. À medida que avançamos no tempo, isso significa que há cada vez mais diferenças de DNA acumuladas entre nossos ancestrais e nós. Por exemplo, da sequência de 6 bilhões de letras de código, haveria 120 alterações não encontradas em nenhum dos seus quatro avós e, voltando ainda mais, 180 encontradas em você, mas não em seus oito bisavôs. Se a descendência comum for verdadeira, então podemos calcular quantas mutações teriam ocorrido nos mais ou menos 7 milhões de anos desde que as espécies ancestrais comuns de ambos os chimpanzés e seres humanos existiram. Quando esse cálculo é feito, verifica-se que o número de mutações esperadas está entre a metade e o dobro do número de diferenças reais entre as espécies. Estar tão próximo do valor previsto, após 7 milhões de anos passando o DNA dos pais para os filhos (cerca de 350 mil gerações), é realmente incrível.

No entanto, seu significado na demonstração de nossa origem evolutiva é reforçado ainda mais examinando a frequência de um tipo particular de mutação. A letra C do código genético muda para um T cerca de dezoito vezes mais frequentemente se esse C for adjacente a um G do que se for adjacente a qualquer uma das outras três letras de código combinadas. Se a diferença genética entre humanos e chimpanzés foi causada por mutações em cada uma das duas linhagens, a sequência no código seria alterada dezoito vezes mais frequentemente nos casos em que um C estivesse adjacente a um G. Isso é exatamente o que é observado.[36] Como a solidez dessa evidência pode parecer um pouco obscura, aqui está uma ilustração do que isso significa. Digamos que há duas histórias semelhantes escritas em manuscritos que foram encontradas em duas comunidades

---

[36] Mark Jobling et al., *Human Evolutionary Genetics*, 2. ed. [Genética evolutiva humana]. Nova York: Garland Science, 2014, p. 54.

antigas vizinhas. Você está interessado em saber se cada história foi escrita independentemente ou se elas surgiram da cópia paralela de um único manuscrito. Você olha atentamente e descobre que os pontos em que os dois manuscritos diferem mais são as posições em que as letras do alfabeto são facilmente confundidas, se a escrita do escriba for desleixada. Para partes do alfabeto em que as letras são bastante distintas e raramente confusas, os dois manuscritos são quase idênticos. A observação de que as diferenças entre os manuscritos estão correlacionadas com a suscetibilidade ao erro no processo de cópia lhe convence, sem sombra de dúvida, de que havia um único manuscrito que foi copiado independentemente por escribas representando cada uma das duas comunidades.

O genoma do chimpanzé e o genoma humano são dois manuscritos que diferem ligeiramente. A partir de experimentos em tubos de ensaio, sabemos que nos lugares em que erros de cópia ocorrem com frequência, eles diferem dezoito vezes mais do que nos locais mais estáveis. Isso, quando associado aos dados gerais da taxa de mutação descritos acima, fornece evidências impressionantes em favor de uma única espécie ancestral entre humanos e chimpanzés. O "manuscrito" original único foi copiado por milhões de anos de forma independente por duas linhagens separadas.

Existem muitas outras maneiras pelas quais o rastreamento das alterações no DNA demonstra ancestralidade comum entre os seres humanos e os grandes primatas, e os resultados são totalmente consistentes com os dados fósseis que mostram as reais alterações anatômicas. Isso é discutido em detalhes em um excelente livro do geneticista cristão Graeme Finlay.[37]

Dado o conhecimento da frequência com que mutações acontecem, os geneticistas são capazes de examinar detalhes sobre muitos outros aspectos da história de nossa espécie. Por exemplo, a análise genética demonstra claramente que todos aqueles cuja ancestralidade rastreável não é africana descendem de cerca de mil pessoas que deixaram a África há aproximadamente 50 mil a 70 mil.[38] Embora não haja motivo para supor

---

[37] Graeme Finlay, *Human Evolution: Genes, Genealogies and Phylogenies* [Evolução humana: genes, genealogies e filogenias]. Cambridge: Cambridge University Press, 2013.

[38] Os dados fósseis indicam que nossa espécie pode ter migrado para fora da África há 100 mil anos, portanto, esses dados genéticos, embora sejam aproximadamente comparáveis, ainda são diferentes dos previstos pelo registro fóssil. É possível que as populações anteriores tenham morrido sem contribuir para nossa linhagem. Ou ainda, pode ser que um ou os dois conjuntos de mecanismos de datação não

que esses ancestrais migraram como um único grupo ou que saíram em uma única geração, o que está bem estabelecido é que todos os europeus, asiáticos e povos indígenas da Austrália, Ilhas do Pacífico e Novo Mundo descendem desse grupo relativamente pequeno na pré-história um tanto recente.

Como sabemos disso? Considere a seguinte analogia, na qual voltaremos a pensar no período anterior à invenção da imprensa. Naquela época, é claro, os escribas preparavam várias cópias dos manuscritos. Para fins de ilustração, digamos que um único escriba tenha a tarefa de copiar um manuscrito de uma página. Por meio de um processo longo e árduo, ele prepara mil cópias. Ele o faz, não usando o original como modelo para cada nova cópia, mas usando a cópia mais recente como modelo para a próxima, enquanto trabalha na tarefa de completar mil cópias. Nenhum escriba é perfeito, é claro. Digamos que a taxa de erro seja de uma por cem cópias, então, quando ele chegar ao número mil, haverá dez erros no manuscrito. Tendo terminado sua tarefa, o escriba envia todos, exceto o último, para um depósito para armazenamento, mas mantém o mais recente com ele. Infelizmente, há um incêndio no depósito, e os 999 anteriores são todos destruídos, sobrando apenas o último com seus dez erros. Nesse momento, ele recebe um pedido de 25 cópias. Ele copia rapidamente mais 24. Cada um dos 25 que ele transmite tem os mesmos dez erros. Há um total de dez "mutações"; cada um dos 25 manuscritos carrega as mesmas dez.

Agora vamos examinar outro cenário. Digamos que há vinte e cinco escribas fazendo a replicação — cada qual copiando a reprodução mais recente como modelo até que cada um chegue ao número mil. Todos os 25 enviam suas 999 cópias anteriores para o depósito, mantendo a última (a número mil) com eles. O armazém pega fogo e destrói todos os

---

sejam suficientemente precisos. O fato de que dois mecanismos totalmente diferentes (genética e datação por radioisótopos) estarem 1,5 a 2 vezes distantes um do outro é na verdade uma confirmação bastante forte da confiabilidade (dentro de uma margem de erro delimitada) dos mecanismos de datação. Veja Eugene E. Harris, *Ancestors in Our Genome: The New Science of Human Evolution* [Ancestrais em nosso genoma: a nova ciência da evolução humana]. Nova York: Oxford University Press, 2015.

[*Nota do Tradutor:*] Desde a escrita deste capítulo, vários novos achados indicam que a migração para fora da África aconteceu muito antes do que as datas que o autor aqui coloca. Fósseis humanos foram encontrados na China, que datam de 120 mil anos atrás (Christopher J. Bae et al., On the origin of modern humans: Asian perspectives, *Science*, v. 358, n. 6368, 2017.); e um fóssil de crânio encontrado na Grécia data de 210 mil anos atrás (Katerina Harvati et al., Apidima Cave fossils provide earliest evidence of *Homo sapiens* in Eurasia, *Nature*, v. 571, n. 7766, p. 500-4, 2019.)

manuscritos, exceto os 25 — aqueles que cada um dos 25 escribas mantiveram com eles. Quando chega o pedido de 25, cada um deles repassa sua cópia final. Cada um dos 25 manuscritos possui cerca de dez erros, mas neste caso, para a amostra de 25 manuscritos, os erros são diferentes, perfazendo um total de dez vezes 25 erros — duzentos e cinquenta no total. No primeiro cenário, a diversidade nos manuscritos é muito menor — apenas dez erros em todo o grupo de 25 manuscritos. A causa do aumento da "diversidade" no segundo grupo de manuscritos (250 erros *versus* 10) é o "tamanho da população" dos escribas.

Portanto, em resumo, se soubermos a taxa de erros (neste caso, um em cem), o número de eventos de cópia (mil) e o número de erros, poderemos determinar o número médio de escribas. Em essência, é assim que o tamanho médio da população histórica pode ser estimado a partir da quantidade de diversidade genética na população humana.

Isso, no entanto, é apenas metade do que precisamos considerar. Ao contrário do número constante de escribas ao longo do tempo no exemplo acima, o tamanho da população humana não é constante. No cenário "fora da África",[39] os geneticistas estimaram o tamanho da população em momentos específicos e determinaram que houve um período específico em que a população era especialmente pequena. Qual é a lógica por trás desse cálculo? Existe, em suma, um "relógio" incorporado nos cromossomos humanos o qual podemos usar para determinar o tamanho da população a qualquer momento da história antiga. O DNA consiste em longas extensões de versões contíguas de código que estão conectadas em longos blocos. Conforme o tempo passa, os blocos ficam mais curtos através de um processo conhecido como recombinação. A taxa desse encurtamento foi cuidadosamente calculada. Diante disso, é possível determinar quantas novas mutações ocorrem na população humana em momentos específicos no tempo. O número de mutações geradas em um determinado momento, como vimos com o "tamanho da população" dos copistas, está diretamente correlacionado ao número de indivíduos nos quais a replicação do DNA está ocorrendo. É dessa maneira que os geneticistas estimaram que

---

[39] Hipótese "Out-of-Africa", atualmente conhecida como "hipótese da origem única" ou ainda "hipótese da origem recente africana" é o modelo mais aceito entre paleoantropólogos para a origem humana, e opõe-se à "hipótese multirregional". [N. T.]

cerca de 50 a 70 mil anos atrás houve um "gargalo" na população e todos os não africanos de hoje são descendentes do número relativamente pequeno de indivíduos que deixaram a África naquela época.

Agora nos voltamos para a população humana como um todo. A diversidade genética da humanidade é muito maior quando consideramos tanto africanos como não africanos. Os geneticistas concordam que na África nunca houve um tempo em que o tamanho da população de indivíduos reprodutores fosse inferior a 10 mil. De fato, além disso, durante todos os 7 milhões de anos passados na história dos hominínios, nossa linhagem (aqueles que contribuíram para nosso pool genético) nunca foi muito maior que 10 mil.[40]

Em certos círculos cristãos, houve muito barulho quanto às evidências científicas sobre uma "Eva mitocondrial" e um "Adão do cromossomo Y", como se a ciência realmente apontasse para um único casal como progenitores genéticos de toda a raça humana. Este não é o caso, e os cientistas que escolheram esses nomes para o fenômeno que estavam descrevendo provavelmente já se arrependeram muito de sua escolha. É verdade que houve um tempo em que um certo indivíduo viveu e que o DNA de seu cromossomo Y é o ancestral daquele que é carregado por todos os machos humanos. Esse homem viveu cerca de 240 mil anos atrás. Isso não significa que não havia outros machos vivos na época; na verdade, como acabamos de mencionar, havia milhares. O que isso significa é que quaisquer outras versões do cromossomo Y presentes na população humana naquela época não estão presentes hoje. Da mesma forma, o DNA das mitocôndrias de todas as pessoas hoje em dia é derivado daquele que estava presente em uma única mulher que viveu cerca de 165 mil anos atrás. (As mitocôndrias são os compartimentos geradores de energia de uma célula. Elas contêm DNA, que é herdado exclusivamente pelos óvulos das mães.) Por várias razões, o DNA mitocondrial e o cromossomo Y eram os mais fáceis de estudar nos primórdios da pesquisa genômica, mas agora podemos estudar todo o genoma. A partir desses estudos, sabemos que cada um dos 21 mil genes humanos já esteve presente em uma pessoa em particular há muito tempo. No entanto, o indivíduo que

---

[40] Harris, *Ancestors in Our Genome*.

carregou essa versão para cada gene específico é diferente dos indivíduos que carregaram a versão dos outros 21 mil genes que todos nós possuímos. Cada gene na população humana já foi encontrado em apenas uma pessoa: 21 mil genes e 21 mil indivíduos diferentes. Não apenas isso, mas o tempo em que viveu cada um dos vários indivíduos que tiveram cada gene ancestral é muito diferente de gene para gene. Em alguns casos, foi há tão pouco tempo quanto 100 mil anos atrás; para outros genes, foi há vários milhões de anos. De forma alguma significa que não havia outras pessoas vivas na época; é simplesmente uma questão de algo que acontece por longos períodos de tempo quando há apenas 10 mil indivíduos contribuindo para o pool genético. Falando pessoalmente, até mesmo hoje, a versão específica do cromossomo Y que carrego comigo se perderá para sempre do pool genético da humanidade. Eu tenho duas filhas e nenhum filho. Meu cromossomo Y, com sua longa herança que remonta a milhões de anos, finalmente alcançou seu Waterloo.[41] O mesmo aconteceu ao longo da história com versões de genes que puderam ou não ser transmitidos — especialmente quando o tamanho da população é de apenas 10 mil indivíduos por centenas de milhares de anos.

RASTREANDO A ORIGEM DA SINGULARIDADE HUMANA

As evidências arqueológicas sugerem que cerca de 100 mil anos atrás houve uma mudança dramática na evolução humana — o *Homo sapiens* adquiriu a capacidade de pensar de uma maneira que incluía o uso de símbolos para descrever sua percepção da realidade. A linguagem é uma forma pela qual os objetos são representados simbolicamente. A arte e a expressão espiritual também exigem formas de pensamento abstrato (simbólico). Os pesquisadores não conhecem os detalhes anatômicos e fisiológicos específicos ou a sequência de eventos associados à forma como isso aconteceu, mas é claro que essa característica, a cognição simbólica, nos colocou em uma jornada que revolucionou nosso mundo. De fato, como Ian Tattersall resume, "parece perfeitamente razoável acreditar que

---

[41] Da Batalha de Waterloo, onde Napoleão Bonaparte foi finalmente derrotado na Guerra dos Cem Dias. [N. T.]

ORIGENS HUMANAS

[a cognição simbólica] foi adquirida como parte integrante da reorganização do desenvolvimento mais ampla que deu origem à forma distinta do corpo moderno".[42] Em sua avaliação da origem dessa mudança, Tattersall afirma:

> Uma vez que a evolução sempre se baseia no que existia antes, parece razoável concluir que os seres humanos modernos alcançaram sua singularidade cognitiva anexando a faculdade simbólica a uma alta inteligência preexistente do tipo intuitivo ancestral — possivelmente exemplificado pelo *H. neanderthalensis* — em vez de substituir o estilo antigo de inteligência por completo.[43]

Nos 99% anteriores da existência dos hominínios, aparentemente não existia pensamento simbólico. O mais significativo sobre o que surgiu após a origem de nossa espécie não foi o aumento da habilidade em realizar tarefas complexas — nossos predecessores executavam atividades complexas como a fabricação de ferramentas sofisticadas — o que se tornou cognitivamente único nos seres humanos foi a capacidade de simbolizar. Evidências para isso incluem esculturas com desenhos que transmitem significado, e o uso do ocre[44] de novas maneiras, que indicam pensamento abstrato. É isso que aparece quase instantaneamente quando aquele último 1% do tempo de existência de hominínios começa. De fato, é tão repentino esse surgimento que, como Tattersall coloca, "nossas incomuns capacidades cognitivas de maneira nenhuma podem ser produtos aperfeiçoados de pressões seletivas de longo prazo".[45] Com isso, Tattersall não quer dizer que ele acha que algo sobrenatural aconteceu na evolução humana. O que ele quer dizer é que nosso cérebro evoluiu por um longo período para algo que não era o uso de símbolos. No entanto, uma vez que esse "algo" aconteceu, nossa espécie adentrou em uma explosão de criatividade cada vez mais acelerada, que continua em ritmo cada vez maior no mundo de hoje.

---

[42] Tattersall, *The Strange Case of the Rickety Cossack* [O estranho caso de Rickety Cossack], posição Kindle 3634.

[43] Ibid., pos. 3652

[44] Pigmento terroso contendo óxido férrico, geralmente com argila, com coloração variando de amarelo claro a marrom ou vermelho. [N. T.]

[45] Ibid., pos. 3712.

E o que foi esse "algo" que mudou tudo? Tattersall argumenta que foi a linguagem:

> Como o pensamento simbólico, a linguagem envolve a criação mental de símbolos e a sua reorganização de acordo com regras; tão próximas são essas duas coisas que hoje é praticamente impossível imaginar uma na ausência da outra. Além disso, é relativamente fácil imaginar, pelo menos em princípio, como a invenção espontânea da linguagem, de alguma forma, poderia ter causado um processo em que esses símbolos encontrassem lugar em mentes humanas primitivas de maneira estruturada. Da mesma forma, não há problema em entender como a linguagem e seus correlatos cognitivos teriam se espalhado rapidamente entre os membros e, finalmente, as populações de uma espécie que já era biologicamente habilitada para tal.[46]

Yuval Harari resume a singularidade da linguagem humana da seguinte maneira:

> Um macaco-verde pode gritar para seus companheiros: "Cuidado! Um leão!", mas um humano moderno pode dizer a seus amigos que nesta manhã, perto da curva do rio, ele viu um leão seguindo uma manada de bisões. Ele pode descrever a localização exata, incluindo os diferentes caminhos que levam até a área. Com essa informação, os membros de seu bando podem se juntar e discutir se devem ou não se aproximar do rio, afugentar o leão e caçar o bisão.[47]

Alguns pesquisadores colocam pelo menos a mesma ênfase na importância de outra qualidade exclusivamente humana — o desenvolvimento de uma Teoria da Mente (TdM) completa. Ajit Varki e Danny Brower descrevem isso em seu livro *Denial: Self-Deception, False Beliefs, and the Origin of the Human Mind*[48] [Negação: autoengano, falsas crenças e a origem da mente humana]. Uma TdM completa é a percepção de que outro

---

[46] Ibid., pos. 3689
[47] Yuval Noah Harari, *Sapiens: A Brief History of Humankind*. Nova York: Harper, 2015, p. 22. [Ed. bras. *Sapiens: uma breve história da humanidade*. Trad. Janaína Marcoantonio. Porto Alegre: L&PM, 2015.]
[48] Ajit Varki e Danny Brower, *Denial: Self-Deception, False Beliefs, and the Origin of the Human Mind* [Negação: auto-engano, falsas crenças e a origem da mente humana]. Nova York: Twelve, 2014.

indivíduo tem uma mente independente como a sua. É a plena consciência da autoconsciência dos outros. Nenhuma outra espécie, eles e outros autores argumentam, tem essa capacidade.[49] Independentemente da discussão sobre se o desenvolvimento de uma TdM completa ocorreu repentinamente, como argumentam Varki e Brower, ou mais gradualmente para facilitar a cooperação nas sociedades de caçadores/coletores,[50] essa capacidade é claramente essencial para muitos dos atributos exclusivamente humanos. Varki e Brower listam toda uma série de características humanas que dependem de uma TdM completa: cuidados ativos para com os enfermos, preocupação com reputação póstuma, rituais de morte, preparação de alimentos para outros, os atos de "ser avó" (incluindo a afetuosidade "coruja"),[51] a cura de doentes, a hospitalidade, as regras de herança, o conceito de justiça e leis que a regem, a capacidade narrativa, a música multi-instrumental, a religiosidade, o ensino e o ato de tortura destinado a quebrar o espírito do outro.[52]

Independentemente dos fatores que contribuíram, é evidente que um tipo de *Big Bang* evolutivo de inovação cultural com muitas mudanças acompanhantes começou de modo exclusivo em nossa história cerca de 100 mil anos atrás, quando a maioria dos humanos, se não todos, ainda estavam na África.

"CONTINGÊNCIA HISTÓRICA" E A ORIGEM DE NOSSA ESPÉCIE

Ao longo deste livro, existe uma suposição clara de que a humanidade e toda a natureza estão aqui por decreto divino e continuam a existir por causa da presença contínua do Criador. "Ele é antes de todas as coisas, e nele tudo subsiste", nos diz Colossenses 1:17. Dado que esse é o pressuposto no qual o livro se baseia, é importante ressaltar que há discordância completa entre essa premissa e a suposição que permeia a escrita dos

---

[49] Michael S. Gazzaniga, *Who's in Charge? Free Will and the Science of the Brain* [Quem é que manda? Livre arbítrio e a ciência do cérebro]. Mt. Pleasant, TX: Echo, 2012, p. 160.
[50] Lieberman, *Story of the Human Body* [História do corpo humano], pos. 2388.
[51] No original: "grandmothering (including doting)". Este último termo refere-se ao que poderíamos chamar de "corujisse" dos avós – um carinho e amor demonstrado de forma excessiva e tola aos olhos de outros. [N. T.]
[52] Varki e Brower, *Denial*, p. 103.

porta-vozes mais renomados da biologia. O embate não está muito relacionado ao argumento dos especialistas de que a seleção natural é uma força impessoal que dá origem à diversidade da vida. Muitos cristãos argumentariam que a seleção natural é totalmente compatível com o teísmo. É o processo de Deus, posto em prática pela antevisão do Criador, eles diriam. Portanto, não é a seleção natural como uma força impessoal que está necessariamente em desacordo com as grandes passagens sobre a criação nas Escrituras. Pelo contrário, agora está bem estabelecido que a seleção natural por si só não pode explicar nossa presença aqui. O que a biologia mostrou com mais clareza nas últimas duas décadas é que a contingência histórica, que os especialistas definem como sorte pura e simples, é de longe o componente mais crucial no surgimento da espécie humana. Por exemplo, um dos biólogos mais respeitados dos últimos sessenta anos, E. O. Wilson, coloca desta maneira:

> O fato de a linhagem humana ter chegado até o *Homo sapiens* foi resultado de nossa oportunidade única combinada com extraordinária boa sorte. As chances de isso não acontecer eram imensas. Se qualquer uma das populações diretamente no caminho em direção à nossa espécie moderna tivesse sofrido extinção nos últimos 6 milhões de anos (...) outros 100 milhões de anos poderiam ter sido necessários para que uma segunda espécie como a humana aparecesse.[53]

Embora seja impossível calcular a probabilidade de um evento que aconteceu apenas uma vez na história da Terra, a visão de que estamos aqui por sorte e não por decreto divino é quase unânime nas mentes dos biólogos evolucionistas. Embora seja verdade — e os biólogos concordem — que, uma vez originados os sistemas vivos, certas vias bioquímicas, fisiológicas e até anatômicas se tornam quase inevitáveis,[54] isso não significa, entretanto, que uma espécie específica ou uma família específica de espécies seja inevitável. Considere, por exemplo, a radiação

---

[53] E. O. Wilson, *The Meaning of Human Existence*, Nova York: Liveright Publishing, 2014, pos. 944. [Ed. bras. *O sentido da existência humana*. Trad. Érico Assis. São Paulo: Cia. das Letras, 2018.]

[54] Andreas Wagner, *Arrival of the Fittest: Solving Evolution's Greatest Puzzle* [A chegada dos mais aptos: solucionando o maior quebra-cabeça da evolução]. Nova York: Current, 2014; Simon Conway Morris, *The Runes of Evolution: How the Universe Became Self-Aware* [As runas da evolução: como o universo se tornou autoconsciente]. West Conshohocken, PA: Templeton, 2015.

ORIGENS HUMANAS

adaptativa[55] da diversidade de mamíferos que começou a florescer 65 milhões de anos atrás, com o fim da era dos dinossauros. Embora os mamíferos estivessem presentes por cerca de 100 milhões de anos antes da extinção dos dinossauros, a explosão da diversidade de mamíferos não ocorreu até imediatamente após o evento.[56] Agora está bem estabelecido que a extinção dos dinossauros foi causada pela chegada de um asteroide de 10 quilômetros de diâmetro viajando cerca de 80.000 quilômetros por hora ao atingir a Terra, criando o terremoto mais poderoso de todos os tempos. A cratera foi encontrada; o irídio que ele carregava em grande abundância foi identificado como uma camada distinta nas rochas da Terra no exato tempo esperado; e uma camada de minerais formada somente por alto impacto está distribuída de modo particular na mesma camada. O impacto desencadeou um cataclismo de erupções vulcânicas, incêndios florestais, tsunamis, chuva ácida e poeira que bloqueava a luz solar. Ainda assim, isso provavelmente não teria sido suficiente para exterminar todos os dinossauros, se não fosse por outra coisa. Agora está claro que a linhagem dos dinossauros, especialmente a dos dinossauros herbívoros, estava no meio de uma crise ecológica que criou muita instabilidade na cadeia alimentar imediatamente antes da chegada do asteroide.[57] Ambos os eventos — extremamente improváveis de acontecerem em conjunto — forneceram a abertura necessária para a irradiação dos mamíferos que logo tomou conta do planeta. Sem esses eventos e provavelmente milhões de outros eventos menores (veja a seguir), a linhagem que deu origem a nós nunca teria acontecido.

De fato, o falecido Stephen Jay Gould colocou assim:

Chegamos tão perto (coloque o polegar a um milímetro de distância do indicador), milhares e milhares de vezes, de não estarmos aqui através de um desvio de rota da história por um outro canal possível. Repita a fita um milhão de vezes

---

[55] É a rápida evolução de um grupo de animais ou plantas em uma ampla variedade de tipos adaptados a modos de vida especializados, particularmente quando uma mudança no ambiente disponibiliza novos recursos, cria novos desafios ou abre novos nichos ecológicos. [N. T.]

[56] Mario dos Reis et al., "Phylogenomic datasets provide both precision and accuracy in estimating the timescale of placental mammal phylogeny", *Proceedings of the Royal Society of Londres*, v. B, n. 279, 2012, p. 3491-3500.

[57] Stephen L. Brusatte, "What Killed the Dinosaurs?" *Scientific American*, n. 313, 2015, p. 6.

a partir do começo de Burgess[58], e duvido que algo como o *Homo sapiens* possa acontecer novamente. É, de fato, uma vida maravilhosa.[59]

Embora Gould seja irredutível com relação a altíssima probabilidade de que adaptações semelhantes em nível bioquímico, fisiológico e anatômico vão ocorrer várias vezes em seres que ocupam nichos ecológicos similares (na verdade ele é famoso por defender essa ideia em seu clássico ensaio *O polegar do panda*[60]), quando se trata da origem de uma espécie específica como os seres humanos, ele é igualmente irredutível quanto à sua *im*probabilidade:

> A vida em evolução deve experimentar uma vasta gama de possibilidades, com base em histórias ambientais tão imprevisíveis, que nenhuma rota realizada — o caminho para a consciência na forma do *Homo sapiens* ou de algum extraterrestre, por exemplo — pode ser interpretada como uma estrada para o céu, mas deve ser visto como uma trilha tortuosa repleta de obstáculos incontáveis e enfeitada com inúmeros ramos alternativos. Portanto, qualquer repetição razoavelmente precisa de nossa rota terrestre em outro planeta torna-se extremamente improvável, mesmo em um trilhão de casos.[61]

Apesar do ceticismo do notável paleontólogo de Cambridge Simon Conway Morris sobre isso,[62] são Gould e Wilson que representam a visão de quase todos os biólogos evolutivos. De fato, suas conclusões — baseadas no que a evolução produziu e não produziu ao longo de milhões de anos — tem um alto status epistêmico. A contingência histórica e seu papel na história da vida foram testados repetidamente. Aqui estão alguns exemplos,

---

[58] Refere-se à fauna de Burgess Shale, um depósito fossilífero do período Cambriano no Canadá que exibe extraordinária preservação de corpos moles e se tornou famosa porque suas espécies apresentam imensa variedade de tipos anatômicos que acabaram não se preservando em linhagens evolutivas posteriores. [N. T.]

[59] Stephen Jay Gould, *Wonderful Life: The Burgess Shale and the Nature of History*. Nova York: W. W. Norton, 1989, p. 289. [Ed. bras. *Vida Maravilhosa*. Trad.: Paulo César de Oliveira. São Paulo: Cia. das Letras, 1990.]

[60] Idem, *The Panda's Thumb: More Reflections in Natural History*, Nova York: W. W. Norton, 1981. [Ed. bras. *O polegar do panda*. Trad. Carlos Brito e Jorge Branco. 2. ed., São Paulo: Martins Fontes, 2004.]

[61] Idem, "The War of the Worldviews" [A guerra de cosmovisões]. In: *Leonardo's Mountain of Clams and the Diet of Worms*, Nova York: Harmony Books, 1998, p. 351.

[62] Conway Morris, *Runes of Evolution*.

ORIGENS HUMANAS

que eu mostrarei porque é importante que teólogos, pastores e leigos informados — o público-alvo principal deste livro — entendam o significado do que a ciência diz e não diz sobre a origem de nossa espécie.[63]

As linhagens de macacos do velho e do novo mundo têm seguido caminhos separados por cerca de 35 a 38 milhões de anos. Hoje, existem 124 espécies de macacos do novo mundo, cada uma com propriedades distintas, como nariz achatado, narinas que apontam para o lado e, frequentemente, uma longa cauda preênsil que pode funcionar como uma espécie de quinto membro, usado para pular entre árvores. Os macacos do velho mundo, por outro lado, têm um focinho mais estreito e narinas que apontam para baixo. Muitos têm apenas uma cauda curta ou nenhuma cauda.

Os primeiros fósseis de macacos do novo mundo datam de cerca de 35 milhões de anos atrás, e apresentam características estruturais distintas também encontradas em uma espécie africana primitiva que viveu na mesma época. Os paleontólogos pensam que tanto os macacos do novo como do velho mundo estão intimamente relacionados e que emergiram como linhagens distintas de uma única espécie ancestral. Os espécimes de 35 milhões de anos de idade, na África e na América do Sul, são muito semelhantes porque, naquele momento, a separação entre as linhagens havia acabado de ocorrer. Mas como os dois grupos se separaram fisicamente? A África, é claro, foi uma vez fisicamente contígua à América do Sul. A divisão continental e a subsequente separação, no entanto, ocorreram 100 milhões de anos atrás — mais de 60 milhões de anos antes do ponto de ramificação da linhagem dos macacos. Então, como eles chegaram ao novo mundo? Atualmente existe um consenso quase unânime de que algo como o seguinte teria ocorrido: um pequeno número (talvez até uma única fêmea grávida) ficou à deriva em uma imensa árvore tropical enquanto flutuava rio abaixo (possivelmente em uma grande inundação) e então, ao ser transportada em uma corrente oceânica, a árvore com sua carga chegou algumas semanas depois às margens da América do Sul. Depois que isso aconteceu, o resto é história: os próximos 35 a 40 milhões de

---

[63] Veja Alan de Queiroz, *The Monkey's Voyage: How Improbable Journeys Shaped Life's History* [A viagem do macaco: como jornadas improváveis moldaram a história da vida] (Nova York: Basic Books, 2014) para uma excelente análise daquilo que se segue.

anos se tornaram um experimento interessante em biologia evolutiva. O que aconteceu com aquela linhagem, habitando a vasta paisagem, com milhões de quilômetros quadrados de habitats amplamente diversos e talvez dez milhões de gerações? Ela deu origem a mais espécies de macacos — muitas delas — mas nunca deu origem a algo remotamente parecido com a linhagem dos grandes primatas ou dos homininios. Com base nas descobertas fósseis semelhantes na América do Sul e na África, 35 milhões de anos atrás, em cada continente as espécies ancestrais no início eram quase a mesma, mas foi apenas na África que ela levou aos grandes primatas e aos homininios — além, é claro, da grande variedade de macacos do velho mundo que hoje inclui 78 espécies.

Assim como a deriva continental levou à ruptura da África e da América do Sul, a Austrália também se separou da América do Sul há cerca de 60 milhões de anos. Os primeiros mamíferos estavam "a bordo" e sua prole nos milênios seguintes — um grupo de mamíferos não placentários — tornou-se a linhagem de mamíferos na Austrália. Em essência, então, esse é outro experimento em biologia evolutiva. O que emergiu desse "teste" de 60 milhões de anos nesse continente insular? Nada como humanos, macacos, grandes primatas ou até mesmo um novo plano corporal para mamíferos placentários apareceu lá — apenas mais mamíferos com bolsas (marsúpios), cada um belamente adaptado de maneiras altamente específicas a todos os tipos de habitat, bem como um pequeno número de espécies que põem ovos.[64]

Outro experimento evolutivo ocorreu na massa terrestre que agora chamamos de Nova Zelândia. A Nova Zelândia se separou do grande supercontinente ainda antes da Austrália — cerca de 80 milhões de anos atrás. Ela não carregava mamíferos no momento da fuga e nenhum mamífero chegou a partir de árvores flutuantes. Portanto, os únicos animais grandes que já viveram na Nova Zelândia foram pássaros e répteis. Durante um período de 80 milhões de anos e uma área geográfica de quase 260 mil quilômetros quadrados com uma vasta gama de nichos ecológicos

---

[64] O ornitorrinco e o équidna têm características que são derivadas de uma forma ainda mais antiga de mamífero. Todos os outros mamíferos australianos são marsupiais e têm bolsas (marsúpios), exceto os morcegos. As espécies de morcegos australianos são uma exceção que prova a regra, uma vez que têm asas.

ORIGENS HUMANAS

e climáticos, nada surgiu lá que tivesse o plano corporal dos mamíferos e certamente nada como macacos, grandes primatas ou seres humanos.

Madagascar fornece mais dados a considerar. Com uma área terrestre duas vezes superior à da Nova Zelândia, a ilha se separou da África cerca de 130 milhões de anos atrás e também da Índia, perto de 80 milhões de anos atrás. Cerca de 54 milhões de anos atrás, um pequeno número de lêmures conseguiu atravessar os cerca de 400 quilômetros de mar a partir da África para desembarcar em Madagascar. Os lêmures são primatas como nós, e teríamos compartilhado um ancestral comum com eles cerca de 60 milhões de anos atrás. Em Madagascar, a evolução do lêmure prosperou e, por fim, deu origem a mais de 100 espécies diferentes de lêmures. Apesar de 54 milhões de anos e uma área de terra tropical muito substancial, com diversos ecossistemas e uma espécie ancestral de primatas, esse experimento também não produziu macacos, grandes primatas ou hominínios.

Mesmo na Ásia e na Europa, com sua vasta área terrestre e com abundância de primatas presentes nos últimos 65 milhões de anos, nada como os hominínios se originou lá. É verdade que o *Homo erectus* migrou para lá da África há 2 milhões de anos e muitas outras espécies de *Homo*, como os neandertais, provavelmente se originaram lá a partir da linhagem hominínia, mas a linhagem hominínia começou na África e nada como ela se originou em outro lugar, nem mesmo na Ásia ou na Europa.

De fato, com base em dados recentes, está começando a aparecer que a origem da linhagem antropoide (macacos, grandes primatas e hominínios) na África começou com um evento extremamente improvável por si só: a jornada de alguns indivíduos de espécies ancestrais da Ásia para a África a partir de um grande corpo de água antigo chamado Mar de Tétis. Naquela época, cerca de 40 milhões de anos atrás, o supercontinente ainda estava em processo de separação e o Mar de Tétis separava a Ásia e a África. Os restos fósseis de um primata primitivo com características que o tornam um provável ancestral[65] de todos os antropoides foram identificados no que é hoje o Egito. É interessante notar que essa espécie possuía um primo intimamente relacionado a milhares de quilômetros de distância, do outro

---

[65] Ou uma espécie intimamente relacionada com a que realmente fez a jornada.

lado do mar, em Mianmar (antiga Birmânia ou Burma). Ter duas espécies semelhantes presentes ao mesmo tempo e a milhares de quilômetros de distância, separadas por um grande mar, sugere um cenário não muito diferente do que vimos antes para os lêmures de Madagascar e os macacos do novo mundo. Há evidências de que a linhagem começou na Ásia; portanto, a direção dessa jornada marítima teria sido Ásia → Mar de Tétis → África. Se não fosse essa viagem improvável de alguns organismos (talvez apenas uma mulher grávida pelo que sabemos) à África, uma terra com todo um novo conjunto de nichos ecológicos, parece provável que nenhum macaco, grande primata ou a linhagem em direção a própria humanidade teria se concretizado. Esse "acidente" pode muito bem ter sido responsável por toda a nossa linhagem. Sem isso, Gould, Wilson e a maioria dos principais biólogos provavelmente diriam que os seres humanos não teriam surgido.

"CONTINGÊNCIA HISTÓRICA" E A PROVIDÊNCIA DE DEUS

Essa noção de que a seleção natural, se tivesse uma chance — na verdade, se tivesse milhões de oportunidades de repetir a fita da vida várias e várias vezes — quase certamente não produziria nada como nós, é provavelmente a proposta mais teologicamente significativa que emerge das ciências biológicas atualmente. No entanto, ela é baseada em uma premissa filosófica, não científica. Tal afirmação está firmemente fundamentada na proposição de que não existe providência divina.

Quando o biólogo Henry Gee resume nossa origem, afirmando: "Uma vez que a sorte é adicionada, toda a ideia de progresso impulsionada por algum esforço inato, ou superioridade, ou destino, se torna um absurdo",[66] ele deixou o domínio da biologia e emergiu como filósofo amador. Que teste científico já foi feito para demonstrar o que é "sem sentido"? Afinal, existem evidências razoáveis, mesmo do tipo científico,[67] de que a ressurreição

---

[66] Henry Gee, *The Accidental Species: Misunderstandings of Human Evolution* [A espécie acidental: más--compreensões da evolução humana]. Chicago: University of Chicago Press, 2013, p. 13.
[67] A ciência histórica do tipo descrito por N. T. Wright ou Larry Hurtado é uma maneira legítima de se obter conhecimento também. De fato, a biologia evolutiva é em grande parte uma ciência histórica. Veja N. T. Wright, *The Resurrection of the Son of God: Christian Origins and the Question of God*, Minneapolis: Fortress, 2003. [Ed. bras. *A Ressurreição do Filho de Deus*. Trad. Eliel Vieira, São Paulo: Paulus, 2013]. Veja também Larry Hurtado, *Lord Jesus Christ: Devotion to Jesus in Earliest Christianity*, Grand Rapids:

corporal de Jesus realmente ocorreu. Sendo assim, é também sensato pensar que estamos aqui por causa da providência divina. A hipótese "sem sentido" de Gee, a hipótese da "sorte" de Wilson e a hipótese da "repetição de fita" de Gould não foram testadas de maneira significativa, e o empreendimento científico deve permanecer em silêncio ou pelo menos admitir seu viés filosófico até que seja possível submeter suas hipóteses específicas sobre nossa origem a teste.

Em completo contraste com as conclusões de Gee, Wilson, Gould e muitos outros biólogos, têm surgido dados científicos que são altamente consoantes e maravilhosamente consistentes com o Cristo que é "antes de todas as coisas, e no qual tudo subsiste" (Colossenses 1:17 NVI) e o Verbo por meio do qual "todas as coisas foram feitas... e sem ele nada do que foi feito se fez" (João 1: 4 ACF). Francis Collins escreve em *A Linguagem de Deus*:

> Ao todo, existem quinze constantes físicas cujos valores a atual teoria não consegue predizer. São dadas: simplesmente têm o valor que têm. A lista inclui a velocidade da luz, a potência das forças nucleares forte e fraca, diversos parâmetros associados ao eletromagnetismo e a força da gravidade. A probabilidade de todas essas constantes terem os valores necessários para resultar em um universo estável, capaz de sustentar formas de vida complexas, quase tende ao ínfimo. E, no entanto, elas apresentam exatamente os parâmetros que observamos. Em resumo, nosso universo é extremamente improvável.[68]

Contra todas as probabilidades, ao que parece, as condições no universo que emergiram do *Big Bang* eram exatamente as necessárias para a vida. E agora, mais recentemente, a biologia mostrou que, mesmo com esses parâmetros intactos, a probabilidade de nossa existência como espécie pareceria ter sido próxima de zero. Mas os cientistas naturais são limitados pelas ferramentas de que dispõem para explorar a origem da humanidade. Essas ferramentas nos levam a uma fronteira que é maravilhosamente consoante com a teologia cristã e as Escrituras hebraicas. O conhecimento

---

Eerdmans, 2003. [Ed. bras. *Senhor Jesus Cristo: devoção a Jesus no cristianismo primitivo*. São Paulo: Paulus, 2012.]

[68] Francis S. Collins. *A Linguagem de Deus*. Trad. Giorgio Cappelli. São Paulo: Gente, 2007, p. 81.

adquirido da fronteira científica abre a oportunidade para todo um novo conjunto de ferramentas baseadas em uma suposição diferente: *existe* algo chamado providência divina. Dada essa suposição, as ferramentas para explorar suas ramificações são de natureza teológica e filosófica. As fronteiras que essas ferramentas abrem são tão empolgantes e provavelmente ainda mais importantes, uma vez que abordam questões fundamentais para o próprio significado da existência humana.

CAPÍTULO 2

Todos morrem em Adão?

Perguntas na fronteira da construção de nichos, evolução comunitária e pecado original

CELIA DEANE-DRUMMOND[1]

---

[1] Gostaria de agradecer a todos os meus colegas nos colóquios do *Collosian Forum* por seu feedback extremamente útil, junto aos editores Jamie Smith e Bill Cavanaugh. Gostaria também de agradecer ao meu assistente de pesquisas, Craig Iffland, que fez muitos comentários editoriais perspicazes nas etapas finais.

A relação entre a evolução e a tradição Católica Romana pode ser melhor descrita como tensa. Karl Rahner observa que, em alguns casos, a total rejeição da evolução desde o meio do século 19 até as primeiras décadas do século 20 chegou ao ponto de ela ser considerada uma heresia religiosa.[2] No relato histórico de Jack Mahoney sobre a recepção da evolução no ensino católico oficial, ele observa que a Pontifícia Comissão Bíblica emitiu uma declaração em 1909 que insistia na verdade literal e histórica dos três primeiros capítulos de Gênesis.[3] Até 1941, o papa Pio XII ainda não estava convencido de que a ciência evolutiva tivesse provado qualquer coisa definitiva sobre as origens humanas, mas em 1948 a Comissão Bíblica mudou para uma posição um pouco mais qualificada, resistindo à ideia de que seria enganoso rejeitar a história como relevante para os primeiros capítulos de Gênesis, com base no gênero literário. A encíclica *Humani generis*[4] do Papa Pio XII, lança-

---

[2] Karl Rahner, *Hominization: The Evolutionary Origin of Man as a Theological Problem* [A origem evolutiva do homem como um problema teológico]. Londres: Burns & Oates, 1965, p. 29. Veja também Celia Deane-Drummond, *The Wisdom of the Liminal: Human Nature, Evolution and Other Animals* [A sabedoria do liminal: natureza humana, evolução e outros animais]. Grand Rapids: Eerdmans, 2014.

[3] Sou grata à pesquisa de Mahoney por muitos aspectos do resumo da relação entre catolicismo e evolução. Jack Mahoney, *Christianity in Evolution: An Exploration* [Cristianismo em evolução: uma exploração]. Minneapolis: Fortress, 2011.

[4] Papa Pio XII, *Humani generis* (1950), <http://www.vatican.va/content/pius-xii/pt/encyclicals/documents/hf_p-xii_enc_12081950_humani-generis.html>. Ele também descreve a ideia de que o mundo

da alguns anos depois, em 1950, foi uma afirmação importante sobre a evolução, mas ele separou a teoria da evolução, que ele acreditava poder se aplicar ao corpo humano, e o ensino religioso sobre a alma, "pois a fé nos obriga a reter que as almas são diretamente criadas por Deus"(§36). Apesar disso, significativamente, ele também rejeitou a ideia de que Adão pudesse ser poligênico, um representante da comunidade. Essa insistência parece estar relacionada ao seu desejo de preservar os ensinamentos tradicionais da igreja sobre pecado original.[5] Vale a pena citar a *Humani generis* aqui, pois acredito que seja relevante para desenvolvimentos subsequentes na reflexão Católica:

> (...) pois os fiéis cristãos não podem abraçar a teoria de que depois de Adão tenha
> havido na terra verdadeiros homens não procedentes do mesmo protoparente
> [*sic*] por geração natural, ou, ainda, que Adão signifique o conjunto dos primei-
> ros pais; já que não se vê claro de que modo tal afirmação pode harmonizar-se
> com o que as fontes da verdade revelada e os documentos do magistério da Igreja
> ensinam acerca do pecado original, que procede do pecado verdadeiramente co-
> metido por um só Adão e que, transmitindo-se a todos os homens pela geração,
> é próprio de cada um deles.[6]

---

está em evolução contínua como uma noção "panteísta", acusando tais pontos de vista de serem "materialistas" e resistentes a "tudo o que é absoluto, firme e imutável", abrindo caminho para outros perigos "existencialistas" que resistem à crença em "essências imutáveis" (§5-6).

[5] É interessante notar que Karl Rahner também resiste à ideia de *poligênese*, alegando que "o poligenismo como objeto de ação divina é impossível" (Karl Rahner, "Theological Reflections on Monogenism" [Reflexões teológicas sobre o monogenismo]. In: *Theological Investigations, v. 1: God, Christ, Mary and Grace*. Trad. Cornelius Ernst, Londres: Darton, Longman & Todd, 1961, p. 291.) Ele consegue acomodar essa visão com sua recepção mais aberta à teoria da evolução, considerando os capítulos de Gênesis como história primordial ou pré-história, e, portanto, fora do que ele considera serem os limites apropriados à ciência. Seu argumento contra o poligenismo é complementado por três argumentos teológicos. Primeiro, ele defende que o primeiro homem é a instituição de uma causa principal, não a instituição de um efeito (p. 292). Segundo, que o tornar-se humano é um milagre que deve ter ocorrido apenas uma vez, e não várias, porque estabeleceu uma nova condição metafísica após a qual se multiplicaria por si mesma (p. 295). Terceiro, ele argumenta que não se pode provar que os seres humanos não seriam capazes de continuar se tivessem aparecido pela primeira vez como um único par (p. 298). Veja Rahner, *Theological Reflections on Monogenism*, pp. 229-97. O terceiro argumento agora está incorreto com base em evidências genéticas; veja outros capítulos neste volume. Seu segundo argumento supõe que Deus necessariamente age individualmente, e não a partir de um grupo. No entanto, isso pressupõe uma visão pós-iluminista do humano como um único indivíduo. Parece-me que não há razão para que uma nova condição metafísica não possa ter começado em um grupo. O primeiro argumento de que essa seria uma instituição de uma causa primordial pressupõe uma intervenção divina necessária e milagrosa no início da humanidade, que é metafisicamente diferente de qualquer outro ato de criação de Deus. Isso separa o tornar-se humano do resto da evolução e coloca Deus como que agindo nas lacunas do conhecimento científico; ou seja, o mistério da diferença entre humanos e outros tipos de animais.

[6] Pio XII, *Humani generis*, §37.

Em 1966, o papa Paulo VI estava preparado para chamar a evolução de "uma teoria", mas ainda em grande parte repetiu a mensagem de *Humani generis*. Em 1996, o Papa João Paulo II já estava pronto para reconhecer a evolução como "mais do que uma mera hipótese", mesmo insistindo no mistério do que chamou de "salto ontológico" entre animais e seres humanos. Essa diferença, ele acreditava, refere-se ao domínio espiritual que pode ser significado pelas ciências, mas cuja experiência se enquadra na tarefa própria da filosofia e, em última análise, da teologia.[7]

O que tem um significado especial aqui é o tom de prontidão de João Paulo II de levar a sério as ciências e reconhecer as diferentes teorias evolutivas, contribuindo de maneira válida para uma discussão sobre a pessoa humana. Dado isso, não surpreende que muitos teólogos tenham experimentado um tremendo choque ao ver que o Catecismo da Igreja Católica em 1994 não menciona a evolução em sua discussão sobre a criação e as origens humanas.[8] Daryl Domning descreve essa omissão como algo escandaloso.[9] Mahoney foi além de relatar o choque e tentou descobrir por que o catecismo se omitiu em mencionar a evolução. Ele rastreia essa omissão à influência do cardeal Christoph Schönborn, que acreditava que o ensino da criação havia sido esquecido demais por medo de conflito com a ciência, incluindo o tema do pecado original. Nesse assunto, Schönborn insistia que o catecismo não poderia apresentar "novas teses". No entanto sua falta de referência à evolução também precisa ser considerada à luz de sua aparente adesão ao design inteligente; uma visão profundamente irônica, haja vista sua recusa em permitir que a teologia Católica seja influenciada por novas ideias.[10]

---

[7] Isto foi enunciado em uma declaração para a Pontifícia Academia de Ciências. Para uma reprodução dessa declaração, e também da "Carta a George Coyne, S.J". (Diretor do Observatório do Vaticano) sobre a abordagem do Papa João Paulo II à teologia e à ciência, bem como meus comentários sobre as duas declarações, ver David Marshall (Org.), *Science and Religion: Christian and Muslim Perspectives* [Ciência e religião: perspectivas cristãs e muçulmanas]. Washington, DC: Georgetown University Press, 2012, pp. 152-72.

[8] Gabriel Daly descreve essa omissão como algo que desconsidera as dificuldades dos cristãos modernos, e comenta a descrição do documento sobre a criação dos seres humanos e a Queda como uma estranha mistura de literalismo histórico com a admissão do uso de linguagem simbólica. Gabriel Daly, "Creation and Original Sin" [Criação e pecado original]. In: Michael Walsh (Org.), *Commentary on the Catechism of the Catholic Church* (Londres: Geoffrey Chapman, 1994), pp. 82-111, ver especialmente pp. 94-104.

[9] Daryl Domning, "Evolution, Evil and Original Sin", *America* v. 185, n. 15, nov. 2001, pp. 14-21.

[10] Embora nem todos os defensores do design inteligente se oponham a todos os elementos da teoria da evolução, pelo menos aparentemente, Schönborn sustenta claramente essa opinião, descartando a carta de João Paulo II à Academia de Ciências como "bastante vaga e sem importância". Ver Christoph Schönborn, "Finding Design in Nature" [Encontrando design na natureza], *New York Times*, 7 jul. 2005.

O que esse breve resumo introdutório mostra é que, embora a porta para o diálogo com a teoria da evolução tenha se aberto no ensino Católico oficial, ela foi influenciada por uma reação mais conservadora. A pedra de tropeço parece estar localizada precisamente nas origens humanas de modo geral, mas com preocupações particulares quanto ao risco de se reduzir a humanidade à natureza material, juntamente com algumas preocupações sobre o pecado original.[11] Jack Mahoney reagiu às tentativas de sustentar uma interpretação conservadora do ensino católico sobre a evolução a partir de sua rejeição tanto do pecado original quanto da Queda.[12] Ele chega a tal conclusão por meio de uma nova cristologia: Cristo redime a raça humana da morte e do egoísmo, que é para ele o destino inevitável da evolução humana. A morte de Jesus foi, portanto, "uma conquista cósmica para a humanidade, tirando nossa espécie do beco sem saída evolutivo da extinção individual para entrar em uma nova forma de vida humana".[13] Ao rejeitar o pecado original, Mahoney rejeita duas coisas: "a ideia de um primitivo lapso coletivo de toda a humanidade da graça divina, a partir de um pecado original de seus proto-pais", e "que Deus se tornou homem a fim de restaurar, por meio de sua morte, a humanidade caída ao seu estado original de amizade com Deus".[14] Ele afirma que a interpretação do pecado original do Catecismo remonta principalmente a uma falha na exegese de Romanos 5:12, que então permitiu uma interpretação do pecado original por meio da propagação e, no caso de Agostinho, por meio do desejo sexual e da geração, e não pela imitação.

Mahoney está certo em levar a teoria da evolução a sério ao considerar as origens humanas. No entanto, ele pode não ter levado isso a sério o suficiente. Em primeiro lugar, embora ele reconheça que, dentro da teoria da evolução, também existam tendências altruístas em outras espécies que assumem uma forma moral distinta nos seres humanos, ele parece esquecer tal trajetória evolutiva quando ele discute a graça redentora de Cristo como

---

[11] Os círculos católicos romanos tradicionais provavelmente defendem mais veementemente a ideia da imaterialidade humana do que interpretações específicas do pecado original, em parte por causa da insistência de João Paulo II na "lacuna" entre seres humanos e outros animais, e também porque sem tal imaterialidade o pecado original desaparece de vista.

[12] Mahoney, *Christianity in Evolution* [Cristianismo em evolução], pp. 51-7 e 72-4.

[13] Ibid., p. 51

[14] Ibid., p. 52

um tipo de reversão cósmica da bandeira inevitavelmente egoísta da evolução. Embora o mito do egoísmo seja estridente nos relatos popularescos da teoria evolutiva, sustentar que Cristo é a resposta para a raça humana a tal destino é tão difícil de acreditar sob uma perspectiva científica quanto a ideia de que Adão originou o pecado humano. Ele está, no entanto, bastante correto, em minha opinião, ao resistir a uma visão estritamente agostiniana do pecado e da culpa como propagadas pelas relações sexuais e por geração direta, pois, se esse fosse o caso, Cristo teria sido infectado por uma linhagem pecaminosa, dada a confusão nas relações ancestrais que precederam seu nascimento.[15] Certamente é difícil provar a opinião de Mahoney de que o foco de Agostinho na sexualidade está relacionado à sua luta particularmente conturbada com a castidade e o desejo sexual. Contudo, o ponto em que Mahoney especialmente erra, me parece, não é apenas em simplificar o relato evolutivo, mas também em rejeitar expressamente qualquer crença de que o pecado humano teve um início na história. A dificuldade, é claro, é que tipo de história isso implica. Mahoney também erra ao considerar a evolução humana como se fosse a de uma espécie isolada.[16]

Será interessante observar até que ponto as reações à hesitação conservadora sobre a biologia evolutiva mudarão sob o papado de Francisco, uma vez que se sabe que ele afirma o conceito de evolução, em vez de adotar uma visão puramente literalista do relato de Gênesis. O Papa Francisco, portanto, afirmou em um discurso à Pontifícia Academia das Ciências:

---

[15] A tradição Católica da concepção imaculada de Maria, que ensina que ela evitou a mancha do pecado original, surge, talvez ironicamente, em 1854, na mesma época da teoria da evolução de Charles Darwin. Ela poderia ser percebida como uma tentativa de contornar as dificuldades em se chegar a um acordo com a noção biológica do pecado original e o receptáculo humano por meio do qual Cristo se encarnou. Contudo a questão pode ser levada ao absurdo, olhando-se para trás. Por exemplo: "Como os pais de Maria foram capazes de conceber imaculadamente?" E "Por que a linhagem de Jesus na história judaica é traçada por José, que é o pai adotivo de Jesus, em vez de seu pai biológico?" Tais questões não dão muitos frutos ao falar sobre o mistério da encarnação e parecem resultar de uma visão equivocada do pecado original por meio da propagação. Outras tradições que dão menos peso à importância da imaculada concepção de Maria conseguem evitar esse problema. Tomás de Aquino, por exemplo, acreditava que a maneira do nascimento de Cristo evitava o pecado original, embora ele assumiu a "carne" de Adão, uma vez que Aquino seguia a tradição de que não houve sêmen envolvido na encarnação de Cristo (ver Tomás de Aquino, *Summa theologiae*, III q. 15.1 ad. 2 e q. 31.1 ad. 3) e, portanto, a encarnação não era de forma alguma contingente ao estado imaculado de Maria. O conflito entre essa posição em relação à biologia contemporânea permanece, mas desta vez está associado ao que parece ser uma origem abiológica da humanidade de Cristo.

[16] Em termos puramente evolutivos, os seres humanos não estão realmente tão bem adaptados. A biologia molecular aponta para os seres humanos como uma espécie superespecializada, com muitas características mal-adaptadas, e não como um pináculo da conquista evolutiva. Mahoney tende a confiar na versão da evolução de meados do século 20, de acordo com a Síntese Moderna, que coloca o pan-adaptacionismo como seu veículo central para a evolução.

TODOS MORREM EM ADÃO?

Quando lemos em Gênesis a narração da Criação, corremos o risco de imaginar que Deus foi um mago, com uma varinha mágica capaz de fazer tudo. Mas não é assim! Ele criou os seres e deixou que se desenvolvessem segundo as leis internas que Ele mesmo inscreveu em cada um, para que progredissem e chegassem à própria plenitude. E deu a autonomia aos seres do universo, assegurando ao mesmo tempo a sua presença contínua, dando o ser a todas as realidades. E assim a criação foi em frente por séculos e milénios, até se tornar aquela que hoje conhecemos, precisamente porque Deus não é um demiurgo nem um mago, mas o Criador que dá a existência a todos os seres.[17]

Já se foi, então, a possibilidade de o design inteligente ser uma opção viável. Ainda existe uma novidade e uma diferença entre os seres humanos e o resto da ordem natural, a saber, a capacidade de liberdade; mais tarde, no mesmo discurso, o papa declara: "Deus confere ao ser humano outra autonomia, uma autonomia diferente daquela da natureza, que é a liberdade". Ele evita, no entanto, a questão mais complicada do pecado original, mas fala do empoderamento da humanidade por Deus para criar um mundo melhor e habitável. O pecado, nessa visão, parece ser uma autonomia colocada em um lugar errado, em vez da liberdade sob a direção de Deus. Ele também, na minha opinião, de modo significativo, fala da necessidade de um maior senso de responsabilidade humana pela mordomia do mundo natural, mostrando uma profunda consciência das questões urgentes relacionadas a problemas ambientais. *Laudato Si'*, uma encíclica papal lançada pelo Papa Francisco em 2015, reforça essa afirmação e está amplamente alinhada com a posição do Papa João Paulo II, de modo que ele mantém uma visão evolutiva do mundo biológico, resistindo a qualquer sugestão de que isso seja suficiente para explicar a singularidade humana. Assim, o Papa Francisco declara:

O ser humano, embora também pressuponha processos evolutivos, implica uma novidade que não pode ser totalmente explicada pela evolução de outros sistemas

---

[17] Papa Francisco, "Discurso de Sua Santidade o Papa Francisco por ocasião da inauguração do busto em homenagem ao Papa Bento XVI", 27 de outubro de 2014, <https://w2.vatican.va/content/francesco/pt/speeches/2014/october/documents/papa-francesco_20141027_plenaria-accademia-scienze.html>.

abertos. [...] A capacidade de reflexão, o raciocínio, a criatividade, a interpretação, a elaboração artística e outras capacidades originais manifestam uma singularidade que transcende o âmbito físico e biológico.[18]

Certamente, ele não está descartando aqui a contribuição das ciências sociais, especialmente a antropologia, que resistiria de maneira semelhante ao reducionismo ontológico. Portanto, é extremamente duvidoso que o Papa Francisco chegue tão longe quanto foi Mahoney e argumente que a evolução fornece uma explicação suficiente para as origens do sofrimento e da morte humana, de modo que agora não há necessidade de doutrinas como a da Queda e do pecado original. Vale notar que, nos pontos em que o papa fala sobre o pecado em *Laudato Si'*, é no contexto do colapso dos relacionamentos com Deus, entre si e com a Terra, dessa forma incluindo pecados contra a ordem criada.[19] Tais mitologias, na visão de Mahoney, refletem a obsessão da tradição judaica pelo pecado, nascida de séculos passados no exílio e na opressão.[20] Será, no entanto, que esse relato da origem do pecado pode ser dispensado tão prontamente com base na teoria da evolução ou mesmo na interpretação bíblica?

REVISITANDO A QUEDA

Tentativas de contestar o pecado original levantam questões mais amplas sobre metodologia: até que ponto os teólogos devem procurar responder a teorias científicas que podem se tornar, elas mesmas, obsoletas ao longo do tempo? Não me parece muito desejável usar teorias científicas como um tipo de peneira epistemológica pela qual ideias teológicas precisam passar para serem aceitáveis. Isso é ceder demais ao status dominante da ciência na academia. Ao mesmo tempo, ignorar completamente a ciência evolutiva em favor de uma pureza epistêmica é ingênuo, especialmente nos casos em que existem interesses convergentes e debate público sobre

---

[18] Papa Francisco, *Laudato Si': Sobre o cuidado da casa comum* (24 maio 2015), §81, <http://w2.vatican.va/content/francesco/pt/encyclicals/documents/papa-francesco_20150524_enciclica-laudato-si.html> [Trad. Adaptada].

[19] Ibid., §2; §8; §66; §239. Ele também fala do "pecado da indiferença" na oração que encerra a encíclica.

[20] Mahoney, *Christianity in Evolution*, pp. 62-63.

tópicos como a evolução humana. A questão crucial, claro, é quais critérios ajudam a julgar quais posturas teológicas devem ser mantidas e quais rejeitadas. O pensamento católico tradicional tendia a confiar no Magistério para esse processo, mas, como descrevi anteriormente, nem todos os teólogos estão dispostos a aceitar essa autoridade, e onde o Magistério é ambíguo, a confusão é abundante.

Ernan McMullin defende que critérios clássicos sejam usados na interpretação das Escrituras à luz da ciência, o primeiro dos quais é a prudência.[21] Seu segundo critério, o de prioridade de demonstração, afirma que em casos de conflito entre uma "comprovada verdade da natureza" e uma interpretação da Escritura, as Escrituras devem ser reinterpretadas. Certamente, é um pouco problemático usar suas diretrizes que se referem às "Escrituras" e fazer com que isso se aplique a declarações teológicas como o pecado original. Mesmo se confiarmos nesse critério da Escritura, isso significaria que a crença na ressurreição seria difícil. Em terceiro lugar, e talvez surpreendentemente para um teólogo católico, ele coloca a interpretação bíblica em alta prioridade, de modo que nos pontos em que existe um conflito com outros ensinamentos, é a interpretação literal das Escrituras que deve prevalecer, mas existem perguntas espinhosas sobre o que isso significa, dada a complexa história da hermenêutica. Seu quarto critério, de que a principal preocupação das Escrituras é a salvação, não a ciência, é um bom qualificador e define o tom de qualquer engajamento com o trabalho científico. Meu próprio pressuposto metodológico é que o envolvimento com ciências relevantes enriquece a teologia e, mais radicalmente, vice-versa. A extensão desse enriquecimento não será necessariamente a mesma e pode ser limitada a pressionar a ciência a fazer diferentes tipos de perguntas, mas a possibilidade de reciprocidade existe mesmo assim. McMullin não considera essa última possibilidade aqui, embora esteja muito sintonizado com exemplos históricos que mostram que as crenças teológicas eram importantes para avanços cruciais da ciência, Isaac Newton sendo um bom exemplo. Além disso, limitar a teologia à

---

[21] Ernan McMullin, "Galileo on Science and Scripture" [Galileu sobre a ciência e a escritura]. In: Peter Machamer (Org.), *The Cambridge Companion to Galileo*, Cambridge: Cambridge University Press, 1999, pp. 292-99.

salvação coloca muita ênfase na história da salvação às custas de uma devida consideração ao mundo criado como tal.

Por isso, sugiro que um relato teológico possa ajudar a abrir novas questões para a teoria evolutiva, especialmente em áreas em que essa teoria ainda está em desenvolvimento. Não acho que os teólogos precisam se intimidar pelo fato de que, no devido tempo, a ciência vai mudar. A teologia deve ser escrita de novo a cada geração, mesmo que isso signifique que ela precisa de constante revisão. O julgamento de quais aspectos manter e quais são ajustáveis não deve ser apenas de acordo com a prudência ou a sabedoria prática, conforme sugerido por McMullin, mas também de acordo com a virtude da sabedoria, que Tomás de Aquino acreditava ser a virtude intelectual da razão especulativa e, portanto, particularmente relevante para a teologia.[22] Dessa forma, o conhecimento da mais alta causa, como relevante para a teologia, está relacionado à capacidade da sabedoria como tal, e não apenas à prudência.[23]

A rejeição de Mahoney dos primeiros capítulos de Gênesis em nome da ciência mostra a tendência de confluir a distinção filosófica entre as origens da mortalidade e finitude com as origens do pecado. Edward Farley lidou com este último ponto em seu *Good and Evil: Interpreting a Human Condition* [Bem e mal: interpretando uma condição humana]. Como Mahoney, ele rejeita o relato tradicional do pecado original e da Queda, mas ainda mantém características da narrativa clássica. A primeira, e mais importante, é o que ele chama de uma das ideias seminais da tradição hebraica: diferenciar o pecado do trágico; um ponto também observado por Paul Ricoeur ao distinguir o Adâmico do mito trágico.[24] Assim, Farley aponta uma questão crucial no relato clássico que está completamente ausente no relato de Mahoney, a saber, que:

---

[22] Tomás de Aquino, *Summa Theologiae*: Consequences of Charity [Consequências da caridade], v. 35 (2a2ae 34-46). Trad. Thomas R. Heath, Londres: Blackfriars, 1972, 2a2ae q. 45 a. 1. [Em português há a coletânea completa em 5 volumes da Ed. Ecclesiae/Permanência, com tradução de Alexandre Correia, a coletânea em 9 volumes da ed. Paulus com a mesma tradução e a nova tradução coordenada por Carlos--Josaphat Pinto de Oliveira, em edição bilíngue latim-português das Edições Loyola, 2001-2006. (N. T.)]

[23] Tomás coloca sucintamente assim: "No homem, diferentes objetos de conhecimento implicam diferentes tipos de conhecimento: em saber princípios, diz-se que tem 'entendimento' em conhecer conclusões, 'ciência' em conhecer a causa mais elevada, 'sabedoria' em conhecer as ações humanas, 'conselho' ou 'prudência'". Tomás de Aquino, *Summa Theologiae*: Knowledge in God [Conhecimento em Deus], v. 4. Trad. Thomas Gornall, Cambridge: Blackfriars, 1964, 1a q. 14a 1.

[24] Paul Ricoeur, *The Symbolism of Evil*, trad. E. Buchanan, Nova York: Harper & Row, 1967. [Ed. port. *A Simbólica do Mal*. Trad. Hugo Barros e Gonçalo Marcelo. Lisboa: Edições 70, 2013.]

Pelo fato de que violações inter-humanas (maldade) não eram apenas inevitabilidades fatídicas, elas pediam não apenas por proteção ritual, mas por resistência e mudança. E, com essa diferenciação entre a trágica condição humana e o pecado humano, há um novo senso de salvação e a própria noção de história.[25]

Ele também aponta para a segunda característica da visão clássica, que se baseia no teocentrismo. Isso significa que a interpretação do que é o ímpeto dos atos de maldade humana é uma paixão que deu errado, de modo que "o pecado (corrupção moral, opressão, violação inter-humana) surge de uma paixão distorcida pelo eterno, em outras palavras, a idolatria".[26] A adoração do que é verdadeiramente eterno é o meio de romper a dinâmica do mal. O terceiro aspecto da visão clássica que Farley afirma, também corretamente, a meu ver, é que o pecado tem ramificações *ontológicas* e, assim, é uma alteração no *ser* de agentes humanos que modifica as estruturas do *self*. Portanto, não se trata apenas de comportamentos observáveis. Por "ser", ele quer dizer "as dimensões da autopresença, do biológico, das paixões, bem como da participação nas esferas do inter-humano e do social".[27]

Há duas características da visão clássica que Farley rejeita ferozmente: (a) a abrangente estrutura narrativa cosmológica e (b) a explicação quase biológica da universalidade do pecado. O ponto importante em (a) é que, quando o pecado é colocado nessa narrativa cósmica, ele tem uma origem pré-histórica a partir da rebelião e queda de Satanás, uma origem histórica, e a promessa de redenção futura. Karl Rahner aceita amplamente essa narrativa cosmológica e a usa para afirmar os relatos bíblicos da origem da humanidade, enquanto também conversa com a ciência evolutiva. Portanto, para Rahner, a história inicial da origem da humanidade é uma história primordial que, para ele, "está fora do escopo da ciência natural" e "tem uma certa transcendência histórica e não pode ser examinada como se fosse um elemento entre outros em nossa história. Por sua própria natureza, a realidade da história primordial e da escatologia está o mais

---

[25] Edward Farley, *Good and Evil: Interpreting a Human Condition* [Bem e mal: interpretando uma condição humana]. Minneapolis: Fortress, 1990, p. 126.
[26] Ibid., p. 126.
[27] Ibid., p. 127.

distante possível de nossa ideia sobre elas".[28] Embora Rahner pudesse fazer tais afirmações à luz da ignorância científica sobre as origens humanas, nos últimos 25 anos o campo da antropologia evolutiva cresceu exponencialmente. Não é mais suficiente evitar o engajamento com o assunto rotulando a origem inicial dos seres humanos como pré-história, mesmo que a base científica para algumas das reivindicações seja mais especulativa em comparação com as ciências naturais mais "duras". Rahner está, no entanto, preparado para ajustar a visão católica neoagostiniana tradicional, reconhecendo (como Farley) que o pecado não é simplesmente a introdução da mortalidade; antes, "pecado original significa simplesmente que o homem, porque ele é um descendente de Adão, pertencente a esta família humana histórica, deve possuir a graça divina, mas não o faz".[29]

A segunda área de preocupação de Farley é a crença neoagostiniana de que o pecado persiste na história a partir de uma natureza humana corrompida que é transmitida por meio da propagação biológica. Contudo, será que Farley é totalmente consistente em rejeitar *qualquer* noção de origem histórica em relação ao pecado? Pois ele admite que a própria ideia de história e a diferenciação entre as trágicas violações inter-humanas têm origem no tempo. Além disso, se a história evolutiva é usada como um pano de fundo mais proeminente para as histórias da origem do pecado, fica claro que há um despertar gradual para o religioso nos milênios da pré-história humana antes de ser registrado no livro de Gênesis. Como a evolução e a Queda poderiam se cruzar de uma maneira mais rica em comparação à apresentada no relato de Farley? Em particular, como Mahoney, ele dá atenção demais ao ser humano como espécie e não leva suficientemente a sério a condição e o contexto de criatura do ser humano.

EVOLUÇÃO E QUEDA

O primeiro ponto importante a ser observado sobre a história evolutiva das origens humanas é a necessidade de que ela seja entendida

---

[28] Karl Rahner, "Original Justice" [Justiça original]. In: *Concise Theological Dictionary*, 2 ed., orgs. Karl Rahner e Herbert Vorgrimler, Londres: Burns & Oates, 1983, pp. 354 (353-54).

[29] Em outras palavras, para Rahner, é a ausência de abertura à graça que leva ao pecado original. Veja Karl Rahner, "The Body in the Order of Salvation" [O corpo na ordem da salvação]. In: *Theological Investigations*, v. 17: *Jesus, Man and the Church*, trad. Margaret Kohl, Londres: Darton, Longman & Todd, 1981, p. 73.

principalmente no contexto de uma comunidade.[30] A questão aqui se refere a uma ênfase relativamente nova sobre a construção de nichos nas teorias de evolução humana.[31] As teorias neodarwinianas padrão que foram as mais influentes na recepção pública da teoria da evolução encaram os organismos como possuidores das características que são as mais adequadas ao seu ambiente externo. Os nichos ou as comunidades mais amplas nas quais os organismos estão localizados são de interesse puramente ecológico e não evolutivo, de acordo com essa visão. A ideia de que organismos habitam um mundo mais amplo ou Umwelt[32] é conhecida já há algum tempo. Portanto, nas teorias padrão, há um foco na seleção de determinadas características. Uma vez que a construção de nichos se torna parte da narrativa evolutiva, os organismos são vistos como influenciando ativamente seu ambiente, em vez de simplesmente passivos em resposta a ele de acordo com os critérios de filtragem da seleção natural.

Jeremy Kendal et al. resumem isso bem quando sugerem que "a característica definidora da construção de nichos não é a modificação dos ambientes em si, mas as mudanças induzidas pelo organismo nas pressões seletivas dos ambientes".[33] A teoria da construção de nichos (TCN) [*niche construction theory – NCT*] representa uma importante mudança filosófica na maneira como os processos evolutivos funcionam, de modo que as questões evolutivas são vistas sob o guarda-chuva da TCN, em vez de simplesmente serem adicionadas aos modelos anteriores.[34] A teoria da evo-

---

[30] Para uma explicação mais detalhada sobre a evolução dos homínios, veja Celia Deane-Drummond, "Evolutionary Perspectives on Inter-Morality and Inter-Species Relationships Interrogated in the Light of the Rise and Fall of *Homo sapiens sapiens*", *Journal of Moral Theology*, v. 3, n. 2, 2014, pp. 72-92.

[31] Veja Celia Deane-Drummond e Agustin Fuentes, "Human Being and Becoming: Situating Theological Anthropology in Interspecies Relationships in an Evolutionary Context", *Philosophy, Theology and the Sciences*, v. 1, 2014, pp. 251-75.

[32] Este termo em alemão se originou na biossemiótica, cunhado por Jacob Johann von Uexküll (1864-1944). Segundo o autor: "Tudo o que um sujeito percebe se torna seu mundo perceptivo e tudo o que ele faz, seu mundo efetor. Mundos perceptivos e efetores juntos formam uma unidade fechada, o Umwelt". (Jacob von Uexküll, *A Foray into the Worlds of Animals and Humans with a Theory of Meaning*. Minneapolis, MN: University of Minnesota Press., 1934/2010, p. 6). Ou seja, organismos em um mesmo ambiente podem viver de formas diferentes nele, pois sua relação com seu ambiente é parcialmente determinada por como o organismo o percebe dentro de si. O uso do termo tem se tornado cada vez mais comum em estudos ecológicos e evolutivos, veja p. ex. em Vaidurya Pratap Sahi; František Baluška, *Concepts in Cell Biology* - History and Evolution, Cham, Switzerland: Springer, 2018, p. 272. [N. T.]

[33] Jeremy Kendal, Jamshid J. Tehrani e F. John Odling-Smee, "Human Niche Construction in Interdisciplinary Focus", *Phil. Trans. Royal Society* B, v. 366, n. 1566, 2011, pp. 785-92.

[34] A expressão matemática da TCN é simples. A teoria evolutiva padrão assume que o estado de um organismo é uma função do organismo (O) e do meio ambiente (E). Assim, (dO / dt = f (O, E)) e as mudanças no ambiente são simplesmente uma função desse ambiente (dE / dt = g (E)). A TCN, por outro

lução padrão é "externalista", na medida em que o ambiente é visto como fatores externos que agem para selecionar as propriedades internas que são mais adaptadas a esse ambiente. Muitos comentaristas teológicos da evolução assumem o modelo externalista padrão da evolução humana, em que a morte é o fator decisivo na seleção natural, eliminando aqueles indivíduos que estão fragilmente adaptados ao meio ambiente. A seleção natural nessa visão é a categoria "definitiva" que explica o fenótipo, incluindo diferenças comportamentais e, portanto, desvaloriza causas mais "proximais". A teoria da evolução padrão ainda pode incluir a TCN, mas a explicação "última" ainda está enraizada na seleção natural.

Na nova abordagem da TCN, a ideia de algum tipo de "causação" evolutiva direta por meio da seleção natural é problematizada. Portanto, a "distinção dicotômica entre causação proximal e última" é substituída por "causação recíproca".[35] Dessa forma, a construção de nichos trabalha com a seleção natural no processo evolutivo em um intercâmbio dinâmico. Os nichos são, eles próprios, parte do processo de herança, de modo que uma teoria evolutiva interacionista substitui uma teoria externalista. A construção de nichos enfatiza não apenas a herança genética e cultural, mas também a herança ecológica, em interação dinâmica com as duas primeiras.[36] Contudo, mesmo nesse modelo, visualizar aspectos culturais como de alguma forma separados da herança ecológica parece muito limitante. A herança ecológica e cultural em uma categoria "ecológica" mais ampla traz a vantagem de perceber um contexto de desenvolvimento no qual o nicho físico não é separado do nicho social.[37]

Essa visão interacionista dinâmica é relevante para uma discussão teológica da origem do pecado. Remove, em primeiro lugar, o determinismo frequentemente característico dos relatos evolutivos externalistas. Em vez disso, as criaturas se tornam agentes ativos de sua própria evolução, mesmo que tal agência só possa ser percebida retrospectivamente por uma

---

lado, permite que o organismo seja capaz de mudar o ambiente e, portanto, pode ser expresso matematicamente como $dO / dt = f (O, E)$ e $dE / dt = g (O, E)$.

[35] Kendal et al., "Human Niche Construction", p. 786.

[36] Kevin N. Laland, F. John Odling-Smee, e Marc W. Feldman, "Cultural Niche Construction and Human Evolution", *Behavioral Brain Sciences*, v. 23, 2000, pp. 131-75.

[37] F. John Odling Smee, "Niche Inheritance" [Herança de nichos]. In: Massimo Pigliucci e Gerd B. Muller (Orgs.), *Evolution: The Extended Synthesis*. Cambridge, MA: MIT, 2010, pp. 175-207.

pequena fração de seres criativos, a saber, o *Homo sapiens sapiens*. Agustin Fuentes nota que, no curso da história dos hominínios, o nicho da comunidade *Homo* se alterou gradualmente.[38] Ele sugere que, em vez de simplesmente usar marcadores anatômicos, a função das comunidades na evolução do gênero *Homo* permite distinguir quatro nichos comunitários diferentes, a saber: (1) *Homo* inicial (2,3 a 1,5 milhões de anos atrás (= m.a.a.)), (2) *Homo erectus* (1,5- 0,7 m.a.a), (3) *Homo erectus / Homo arcaico* (0,7 - 0,3 m.a.a.), (4) seres humanos modernos. Nesse modelo, as comunidades mais antigas, características das espécies *Homo* existentes há mais de 1,5 milhão de anos, eram pequenas e estáticas e sofreram inúmeras extinções. Com o tempo, elas se tornaram grupos maiores, mais comunicativos, interativos e muito mais flexíveis. A inovação simbólica e cultural nesse modelo apareceu antes do desenvolvimento dos estágios avançados de linguagem simbólica na transição entre o nicho 3 e o nicho 4. A religião totalmente organizada não apareceu até muito mais tarde, 10 mil anos atrás, por isso não pôde ser responsável por essa transição. A capacidade de experiência imaginativa, incluindo formas latentes de experiência religiosa, apareceu muito antes da primeira evidência registrada de pinturas rupestres primitivas ou crenças religiosas organizadas. A visão padrão, de que a mudança mais significativa de humanos anatomicamente modernos para humanos comportamentalmente modernos foi restrita ao *Homo sapiens*, está começando a ser questionada devido às evidências arqueológicas de traços mais fracos de tais atividades em outros hominínios. Parece, portanto, equivocado supor que houve uma única transição nos humanos comportamentalmente modernos, mas que, de modo fascinante, vislumbres do que parece ter se tornado, por fim, característico de nossa espécie, apareceram muito mais cedo nos hominínios anteriores ao *Homo sapiens*, como o *Homo ergaster* e o *Homo erectus*.[39]

Se a Queda for entendida como uma simples disseminação de comportamento destrutivo, existem amplas evidências para sugerir que as

---

[38] Agustin Fuentes, "Human evolution, niche complexity, and the emergence of a distinctively human imagination", *Time and Mind*, v. 7, n. 3, 2014, pp. 241-57. Veja também Deane-Drummond e Fuentes, "Human Being and Becoming".

[39] Marc Kissel e Agustin Fuentes, "From Hominid to Human: The Role of Human Wisdom and Distinctiveness in the Evolution of Modern Humans", *Philosophy, Theology and the Sciences*, v. 3, n. 2, 2016, pp. 217–44.

comunidades humanas primitivas aprendiam imitando outras, de modo que esse comportamento poderia ir passando de uma comunidade para a outra, sendo, portanto, independente da linguagem como tal. No entanto, a Queda parece significar mais do que isso, a saber, um afastamento deliberado de Deus e uma afirmação orgulhosa de si como igual a Deus, *sicut deus*,[40] em seu lugar, o que Farley chama de idolatria. Alguns biólogos evolutivos tentaram até explicar o surgimento da religião por meio do que poderia ser chamado de modelo do "pecado original", no qual aqueles que não cooperam em uma comunidade ("pecadores") precisam de punição e, portanto, Deus é inventado por essa comunidade a fim de fornecer uma maneira conveniente e muito econômica de lidar com essa dificuldade.[41] Nesse caso, a tentação de fazer algo errado contra os outros em uma comunidade vem em primeiro lugar, o que é conhecido no jargão da teoria evolutiva de jogos como "*free riders*" [os aproveitadores ou trapaceiros] e, em seguida, a crença religiosa segue para suprimir essa tendência. O relato tradicional de Gênesis da Queda do primeiro par humano inverte completamente essa visão: o relacionamento com Deus é primário e se concretiza de modo correto com ele no Jardim do Éden. O erro dos biólogos evolutivos que adicionam Deus ao seu relato explicativo dos "*free riders*" é que, em suas deliberações, supõe-se que Deus seja percebido como sendo um agente entre outros. Isso não faz sentido teologicamente, já que Deus é o fundamento do ser, e não um Ser ao lado de outros seres. A comunicação consciente entre os seres humanos e Deus no alvorecer da experiência religiosa humana precisa ter precedido a possibilidade do pecado deliberado contra Deus.

Os clássicos relatos teológicos Católicos da Queda da humanidade que passaram a dominar a discussão popular exigem uma revisão radical para serem sustentáveis, na medida em que tendem a assumir algum tipo de herança biológica da culpa de Adão, que Agostinho acreditava ser transmitida pelo sêmen do homem.[42] Ironicamente, talvez, a biologia seja

---

[40] Por extensão, *eritis sicut dii*: "Sereis como deuses". Palavras que a serpente dirigiu a Eva no Jardim do Éden, a fim de induzi-la a comer o fruto da árvore da ciência do bem e do mal. (Gênesis 3:5 segundo a Vulgata.) [N. T.]

[41] Dominic Johnson, "Why God Is the Best Punisher", *Religion, Brain and Behavior* v. 1, n. 1, 2011, pp. 77-84.

[42] Santo Agostinho, *The City of God* [*De Civitate Dei*], Livro XIV, trad. Marcus Dods, acessado online em <http://www.newadvent.org/fathers/120114.htm> [Em português, Santo Agostinho, *A Cidade de Deus*. 8. ed. Trad. Oscar Paes Lemes, Petrópolis, RJ: Vozes, 2010.]

levada a sério demais nessa descrição do pecado original. Possivelmente, um uso instrutivo da biologia em uma interpretação contemporânea é recorrer à psicologia da maneira que Kierkegaard tentou, de modo que, na raiz do pecado original, exista uma ansiedade existencial que então se torna parte de toda decisão livre subsequente.[43] Karl Rahner, por outro lado, mesmo rejeitando o poligenismo, favorece uma interpretação socialmente mediada e argumenta que o pecado original se refere àquela situação de culpa *na qual* todas as decisões humanas são, então, tomadas.[44] Sugiro que é importante distinguir entre o pecado original entendido como uma *condição ontológica* contextual na qual os seres humanos se encontram, como Farley aponta, e o *pecado moral* como aqueles atos pelos quais todos os seres humanos são responsabilizados. O último ocorre no contexto do primeiro que torna humanamente impossível não pecar, mas, quando visto dessa maneira, evita a imputação inadequada de culpa nos recém-nascidos da maneira que Agostinho assumiu, ou uma adesão a um Jardim do Éden e Adão e Eva historicamente literais. Minha opinião é que o significado de Gênesis é "histórico", mas isso não implica figuras literais de Adão e Eva ou um estado paradisíaco literal antes da Queda. Em vez disso, Adão, como "da terra", e Eva, a "fonte da vida", *representam* o começo comunitário da raça humana e o que ela poderia ter se tornado, considerando figurativa a "imortalidade" que existia no relato do Éden. Nesse sentido, a história evolutiva ainda é relevante, mas sem a necessidade de postular um par ou díade literal por meio do qual a evolução seguiu seu curso.

REIMAGINANDO A QUEDA À LUZ DA TCN

Como o pecado original pode ser interpretado à luz da TCN? Na recepção de interpretações clássicas do texto de Gênesis, Adão e Eva são mais frequentemente vistos como um par isolado que ressoa na história literária

---

[43] Søren Kierkegaard, *The Concept of Anxiety: A Simple Psychologically Orientating Deliberation on the Dogmatic Issue of Hereditary Sin*. Orgs. Reidar Thomte e Albert B. Anderson. Princeton: Princeton University Press, 1980. [Ed. bras. *Conceito de angústia*. Trad. Torrieri Guimarães, 3. ed., Petrópolis, RJ: Vozes, 2013.]

[44] Karl Rahner, "Original Sin" [Pecado original]. In: *Sacramentum Mundi: An Encyclopedia of Theology*, v. 4, Orgs. Karl Rahner, Cornelius Ernst e Kevin Smyth. Londres: Burns & Oates, 1969, pp. 328-34.

86

e cultural.[45] Enquanto as comunidades cristãs posteriores entendiam esse mal como tendo a forma particular de Satanás, a aparência original do mal como a serpente tende a ser esquecida. Vale a pena considerar a exegese bíblica do texto de Gênesis com mais detalhes a esse respeito, uma vez que a cobra em Gênesis 3:1 é nomeada como um dos animais selvagens que Deus criou.[46] A cobra é uma das criaturas com as quais os humanos interagiram, mas, da mesma forma que a nomearam, eles exerceram domínio sobre ela. Contudo, é importante notar neste contexto que a cobra, como tal, não é intrinsecamente má, de acordo com o relato bíblico, mas sim *ārûm*, um animal "astucioso, engenhoso", que é traduzida de várias maneiras como astuto, esperto, sutil e inteligente.[47] A cobra ainda é uma das criaturas de Deus. Além disso, a palavra para descrever essa forma de inteligência também é algumas vezes associada à sabedoria, mas é uma sabedoria que pode ser direcionada para fins bons ou maus.[48] Tomás de Aquino denomina essa forma distorcida de sabedoria prática de "falsa prudência" quando exercida por seres humanos.[49] Antes da discussão sobre a Queda da humanidade, a cobra aparece como uma figura ambígua que pode usar sua astúcia para fins bons ou maus. Do ponto de vista literário, há também um jogo de palavras, de modo que existe uma associação entre a astúcia da cobra, *ārûm*, e a nudez humana, *ărûmîm*, mencionada no verso anterior.[50] Há uma diferença etimológica importante entre a maneira como o trocadilho funciona aqui e entre Adão e *ădāmâ* (solo) que Middleton destaca. Enquanto no caso de Adão há uma ressonância ontológica ente os elementos comparados, no caso da comparação homônima astúcia/nudez, é provável que o leitor fique chocado. Como aponta Middleton, "uma pessoa inteligente ou prudente *nunca* andaria por aí nua ou vulnerável".[51] A cobra, na medida em que pratica o engano, é o oposto de vulnerável ou inocente. A

---

[45]   Para uma pesquisa interpretativa dessa literatura, veja Brian Murdoch, *Adam's Grace: Fall and Redemption in Medieval Literature* [A graça de Adão: Queda e redenção na literatura medieval]. Cambridge: D. S. Brewer, 2000.

[46]   Veja Richard Middleton, "Lendo Gênesis 3 atentos à evolução humana", neste volume.

[47]   Nas versões em português, "astuto" é a escolha dominante, seguida por "esperto" na NTLH. No entanto em inglês, a autora se refere, neste trecho, às palavras "cunning", "crafty" e "shrewd" (correspondentes ao português "astuto"), mas também "subtle" (sutil) e "intelligent" (inteligente). [N. T.]

[48]   Middleton, "Lendo Gênesis 3".

[49]   Tomás de Aquino, *Summa Theologiae: Prudence* [Prudência], v. 36, trad. Thomas Gilby, Oxford: Blackfriars,1974, 2a2ae q. 55 a. 8.

[50]   Middleton, "Lendo Gênesis 3".

[51]   Ibdem.

dificuldade que Middleton levanta, a saber, como os humanos podem ser responsáveis e, *ainda assim, pecar*, um problema que também exigiu exercício de Paul Ricoeur, é pelo menos tornada mais coerente ao pensar que os seres humanos estão em relações profundamente entrelaçadas com outros animais, incluindo serpentes.

Middleton conclui que a serpente representa aquele aspecto da criação que medeia a escolha ética. Resta a questão de até que ponto essa representação é figurativa ou se animais específicos também podem ser considerados mais concretamente envolvidos. As teorias de evolução da construção de nichos incluem a importância de outras espécies, e esse argumento pode ser estendido para fazermos uma afirmação adicional, qual seja, que elas foram realmente fundamentais para o surgimento da moralidade/imoralidade humana.[52] O significado da interação humana com a cobra no início da consciência moral é pouco comentado na literatura.[53] No entanto, é exatamente isso que se esperaria se o tornar-se humano estivesse densamente entrelaçado com a vida de outras criaturas.

Os primeiros pais da igreja estavam mais intensamente atentos aos aspectos relacionais das comunidades humanas em comparação com a maioria dos relatos teológicos contemporâneos sobre a origem do pecado. Máximo, o Confessor, por exemplo, reconheceu a importância crucial do colapso nos relacionamentos comunitários, de modo que a Queda também foi associada à individualização e fragmentação.[54] O que é interessante nesse contexto, no entanto, é que até Máximo considerou que essa individualização representava um retorno a um estado bestial, de modo que "nos separamos como os animais selvagens".[55] Portanto, a unidade que representava o estado ideal entre os humanos pertencia apenas à humanidade. Nessa visão, a redenção representa a recuperação de uma unidade perdida. Agostinho também reconheceu o impacto do pecado como um rompimento das relações comunitárias, um aspecto que parece ter sido

---

[52] Eu defendi o papel dos relacionamentos interespécies na evolução da moralidade em Celia Deane-Drummond, "Deep History, Amnesia and Animal Ethics: A Case for Inter-Morality," *Perspectives on Science and Christian Faith*, v.67, n. 4, 2015, pp. 1-9.

[53] Para uma discussão mais aprofundada sobre o surgimento da moralidade na comunidade humana, veja Celia Deane-Drummond, "Evolutionary Perspectives".

[54] Henri de Lubac, *Catholicism*: Christ and the Common Destiny of Man [Catolicismo: Cristo e o destino comum do homem]. São Francisco: Ignatius, 1988, p. 33.

[55] Máximo, o Confessor, *Quaestiones ad Thalassium*, apud Lubac, *Catholicism*, p. 43.

esquecido silenciosamente nas discussões contemporâneas de seu trabalho, a partir de um foco quase obsessivo em sua associação negativa entre pecado e sexualidade. Assim afirma Agostinho: "Adão, por conseguinte, está por toda a terra. Viveu num só lugar, caiu, e de certo modo pulverizado encheu a terra inteira; mas a misericórdia de Deus reuniu os pedacinhos, fundiu-os no fogo da caridade e deles fez um só".[56]

O relato de Tomás de Aquino sobre o pecado também é interessante, pois enfatiza o aspecto comunitário do pensamento agostiniano que foi lamentavelmente negligenciado (embora fosse mais comum nos primórdios da igreja), a saber, o conceito de natureza humana fraturada *como tal*, que necessita da redenção de Cristo. Tomás de Aquino reconhece o valor da posição agostiniana, ou seja, que o pecado é transmitido por descendência física, negando a rejeição pelagiana dessa visão com base em que isso se oporia a Romanos 5:18.[57] No entanto, sua prova dessa transmissão é interessante, pois ele acha necessário considerar os seres humanos como indivíduos e como comunidade. Comparando a comunidade humana à unidade encontrada na igreja, ele sugere que:

> Devemos considerar toda a população de seres humanos que recebe sua natureza de nossos primeiros pais como uma comunidade, ou melhor, como o único corpo de um ser humano. E com relação a essa população, podemos de fato considerar cada ser humano, mesmo o próprio Adão, tanto como uma pessoa individual ou como um membro da população que se origina por descendência física de um ser humano.[58]

Embora Tomás pareça acreditar em um Adão e Eva históricos, sua posição ainda faz sentido, mesmo sem uma leitura literal de Gênesis.

E, em vez de enfatizar aspectos negativos do pecado original, Tomás fala em termos de uma *justiça original* concedida ao primeiro humano através de um dom sobrenatural de Deus, que não era apenas para Adão,

---

[56] Santo Agostinho, *On Psalm 95*, n. 15 (Patrologia Latina, v. 37, p. 1236), apud Lubac, *Catholicism*, p. 376. [Ed. bras. *Comentário aos Salmos (51-100)*, Coleção Patrística, v. 9/2, São Paulo: Paulus, 2014, Salmo 95.]

[57] Tomás de Aquino, *De Malo*. Trad. Richard Regan, Oxford: Oxford University Press, 2001, q. 4 a. 1.

[58] Ibid.

mas que foi concebido como uma fonte do todo da raça humana. Então, com base nisso, por meio da livre escolha do primeiro humano que pecou, o dom da justiça foi perdido, passando essa falta para as gerações futuras, de modo que "a privação lhes é transmitida da maneira como a natureza humana é transmitida".[59] Tomás de Aquino concordava com Agostinho que a transmissão do pecado original era biologicamente mediada, mas era baseada na visão de que a natureza humana tem uma alma unida à carne e, portanto, por meio dessa carne, o dom de Deus é potencialmente propagado tanto quanto o pecado original. Qualquer associação da sexualidade ao mal ou mesmo à culpa, da maneira que Agostinho pressupõe, não faz sentido no relato de Tomás.[60] Além disso, ele resiste a qualquer ideia de que aqueles que nasceram no pecado original carregam a culpa de Adão. Pelo contrário, é apenas considerando o todo da raça humana *como se fosse um corpo* em associação à falha moral voluntária original de Adão que a privação da justiça original se torna uma falha moral. O pecado consiste em uma desordem da vontade humana que dá as costas para Deus e é direcionada a um bem transitório, que por si só carrega uma impressão e semelhança com o primeiro pecado original.[61]

Ele também resistiu à ideia de que outros animais poderiam ter qualquer tipo de falha moral e, assim, escaparam do peso do pecado original e da potencialidade da justiça original. Portanto, "o pecado original é inerente à alma racional como sujeito do pecado".[62] E, assim como ele acreditava que foi o poder de volição da alma que levou ao pecado original, também algo da essência da alma é transmitido às gerações futuras.[63] No entanto, ele também deixou espaço para um compartilhar de atividade voluntária que é, pelo menos, um componente da vontade. Como Agostinho, ele admitiu que o resultado do pecado original era um desejo desordenado, de modo que a falta de justiça original equivale ao elemento quase formal, enquanto a concupiscência corresponde ao elemento

---

[59] Ibid.
[60] Ele afirma, por exemplo, em suas respostas às objeções, que "o ato reprodutivo serve adequadamente à natureza, uma vez que o ato é ordenado para a preservação das espécies e pertence à constituição de uma perspectiva humana de que a carne já está unida à alma". Aquino, *De Malo*, q. 4 a. 1
[61] Ele discute esse aspecto com mais detalhes no segundo artigo. Veja Aquino, *De Malo*, q. 4 a. 2.
[62] Aquino, *De Malo*, q. 4 a. 3.
[63] Ibid., q. 4 a. 4.

quase material. Ambos os elementos estão em pecados concretos reais, assim como de uma maneira que reflete o pecado original.[64] Como sugerirei abaixo, acredito que podemos alargar e ampliar seu argumento um pouco mais a esse respeito, à luz do que agora se sabe sobre o estreito emaranhado entre humanos e outros animais em comunidade e as capacidades cognitivas de outros animais.

Tomás poderia ser visto como alguém que resistiu a uma tendência medieval disseminada em relação ao tratamento de animais como se eles fossem moralmente culpados no mesmo sentido que os seres humanos o são. David Clough, inspirado em atas históricas de julgamentos em tribunais medievais contra outros animais, argumenta que o pecado deve ser estendido para incluir outras criaturas além de seres humanos.[65] Embora eu seja solidária à ideia de outros animais terem uma espécie de agência moral, a definição de pecado terá impacto na medida em que outros animais possam compartilhar de comportamentos pecaminosos. Outros animais podem contribuir para perturbações violentas na vida da comunidade, embora essa perturbação não seja deliberada nem faça referência consciente ao divino da maneira que pode se observar na comunidade humana. Em vez disso, o relacionamento adequado entre seres humanos e outras criaturas é encontrado na maneira como a humanidade é convidada a nomear outros animais antes da Queda. Tal nomeação fala da capacidade de se associar a outros animais e criar um mundo no qual eles tenham um lugar significativo, e não uma ocasião para a opressão humana.[66] No entanto, se a história da origem da humanidade e do pecado em Gênesis 1-2 é tomada como um retrato histórico literal, torna-se difícil enquadrar a biologia evolutiva moderna. Certamente, muitas afirmações teológicas não serão totalmente compatíveis com a evolução, e a tensão

---

[64] Ibid., q. 4 a. 2.

[65] David Clough, *On Animals*, v. 1 de sua *Systematic Theology* [Teologia Sistemática] (Londres: T&T Clark, 2012), pp. 104-21. Estou um pouco menos convencida do que Clough parece estar de que os julgamentos em tribunais com animais nos dizem muito mais do que o fato de que hábitos mentais antropogênicos persistiram nesse período, isto é, uma atribuição inadequada de transgressão em outros animais.

[66] O fato de que o ato de nomear coisas tenha sido historicamente uma forma de opressão não deve levar à suposição de que nomear precisa ser, inevitavelmente, assim. Para uma discussão mais aprofundada, consulte David Clough, "Putting Animals in Their Place: On the Theological Classification of Animals" [Colocando os animais em seus lugares: sobre a classificação teológica dos animais]. In: Celia Deane-Drummond, Rebecca Artinian-Kaiser e David Clough (Orgs.), *Animals as Religious Subjects: Transdisciplinary Perspectives*. Londres: T&T Clark/Bloomsbury, 2013, pp. 227-42.

permanece, mas é preciso discernimento teológico para julgar no que se deve insistir por razões teológicas e o que pode ser ajustado no interesse da coerência científica.

A antropologia secular também se afastou da percepção dos primeiros hominínios em termos de vínculo de pares isolados, em direção a um senso muito maior da coletividade, que é mais característico das tradições cristãs mais antigas. Os primeiros grupos de *Homo* certamente pareciam ser altamente cooperativos, e o genocídio era relativamente raro, aparecendo mais tarde na história de nossa espécie, à medida que o tamanho dos grupos comunitários aumentava exponencialmente. No entanto, talvez seja forçar por demais o relato associar a condição pré-violenta precoce do *Homo sapiens* a qualquer estado "paradisíaco".

O que é interessante, no entanto, é que os primeiros relatos do texto de Gênesis associam o paraíso com relacionamentos harmônicos com outras coespécies e outros tipos criados de uma maneira que, pelo menos, é coerente com a percepção dos mundos-de-vida[67] das primeiras espécies modernas de *Homo sapiens* como sendo entrelaçados entre si e com outras espécies, em pequenas comunidades cooperativas de apoio. Além disso, na medida em que aparentemente a comunicação verbal ocorreu entre Deus e esses primeiros seres humanos, alguma linguagem deve ter sido possível, o que limita o relato ao nicho da comunidade quatro e, portanto, ao *Homo sapiens* e, provavelmente, ao *Homo sapiens sapiens*. Portanto, é possível alinhar aspectos das interpretações tradicionais do texto bíblico com a teoria evolutiva contemporânea, mesmo reconhecendo que todos os relatos evolutivos e biológicos têm suas limitações, na medida em que se baseiam em interpretações particulares e talvez peculiarmente modernas sobre a natureza dos seres humanos. A objeção de que o texto de Gênesis não se destina a ser um relato histórico ou biológico das origens mantém-se na medida em que a linguagem usada em Gênesis é mitológica, e não literal, mas eu sugiro que uma interpretação desses textos à luz de um pano de fundo do conhecimento atual sobre o tornar-se humano ainda é esclarecedor. Não há necessidade de reduzir Gênesis a uma criptociência ou retirar o texto de

---

[67] Expressão original *lifeworld*, *lifeword* (inglês) e *lebeswelt* (alemão), o conjunto de experiências e atividades que compõem a vida coletiva de determinada espécie ou nicho ecológico. [N.E.]

Gênesis da consideração das origens do pecado e reduzi-lo à teoria evolutiva contemporânea.

O reconhecimento dessa dimensão religiosa em todas as coisas e, particularmente, da capacidade de perceber o divino como tal, teria surgido muito lentamente nos seres humanos, mas, quando isso aconteceu, trouxe consigo a tentação da autorreflexão narcísica e do orgulho nessa diferença, em vez de usá-la para construir relacionamentos com Deus e entre si. Meu ponto de vista é, portanto, que a Queda e o pecado original, em particular, aparecem na primeira ocasião em que a consciência do divino permitiu um modo autodestrutivo alternativo para os seres humanos, levando a um acúmulo reconhecido de hostilidade, tanto em direção a essa comunidade, quanto para além dela, em relação a outras pessoas e outros animais também. Os seres humanos são, em termos biológicos, o animal mais destrutivo do planeta Terra, em paralelo com as suas habilidades extremas de fazer o bem e se sacrificar pelo bem dos outros. É significativo, a meu ver, que a tarefa de carregar a imagem de Deus não esteja relacionada ao conhecimento do bem e do mal, mas sim com ter um domínio correto sobre a terra, domínio esse que a humanidade falhou em exercer. O Éden, nesse modelo, representa a possibilidade de que os seres humanos eram capazes de reconhecer o divino, mas não tinham tendências más autoconscientes. Antes disso, teria havido alguns atos que prejudicavam outras pessoas, mas eram mais parecidos com aqueles mais comumente encontrados em outros animais e, portanto, reativos e transacionais, em vez de deliberados e transcendentes. O que é particularmente interessante é que nas sociedades tribais contemporâneas, como o povo Runa, não apenas os outros animais com quem eles vivem em estreita associação na floresta são tratados como sujeitos, mas eles desenvolveram uma explicação transcendental do significado desses animais, especialmente o puma.[68] Tais explicações parecem estar parcialmente relacionadas ao fato de que essas comunidades precisam matar animais que acreditam compartilhar em um mundo subjetivo. Esses primeiros hominínios, antes da Queda, teriam construído relações sociais

---

[68] Eduardo Kohn, *How Forests Think* [Como florestas pensam]. Oakland: University of California Press, 2013.

transacionais, em vez da abordagem transcendental mais imaginativa e deliberativa da vida social.[69]

A tese que proponho aqui, que o estado ideal deve ser visto nas relações comunitárias, incluindo relações multiespécie com outras criaturas, e que a Queda resulta em distorção nessas relações, se encaixa com o forte senso da moral coletiva que é comum em sociedades menores de caçadores-coletores.[70] Embora a consciência do pecado individual estivesse presente, inicialmente era sempre filtrada por um forte senso comunitário. A noção de que o pecado original se refere principalmente a uma distorção nos relacionamentos comunitários não é, naturalmente, nova, e, como observei acima, aparece no início da história da igreja. De Lubac, assim, interpreta Máximo, o Confessor, defendendo "o pecado original como uma separação, uma individualização que pode ser chamada no sentido depreciativo da palavra".[71] A unidade, portanto, que Deus pretendeu, é destruída pelo pecado humano. Contudo, a destruição da possibilidade de unidade humana equivale, para Máximo, a se tornar "como bestas selvagens". Dado o que sabemos sobre a sociabilidade de outros animais, essa afirmação precisa de mais qualificação. O que se pode entender do que ele quer dizer é que os humanos não estavam mais no controle de suas ações, seus poderes autorreflexivos diminuíram de modo a representar os tipos de ações encontradas em outros animais. Isso significa que outros animais não tinham violência? Certamente que não, pois estou interpretando o pecado original em termos de violência autoconsciente, que está associada à possibilidade de graus mais altos de percepção e consciência religiosa, em vez de apenas violência bruta contra a comunidade. Também é possível interpretar, pelo menos, algumas tendências violentas em outros animais como fornecendo pré-requisitos para o que se torna a característica

---

[69] Maurice Bloch, "Why religion is nothing special but is central?" *Philosophical Transactions: Biological Sciences*, v. 363, n. 1499, 2008, pp. 2055-61. Bloch está enganado em reduzir e diminuir a religião para aquilo que simplesmente resulta de tais capacidades transcendentais, como se não houvesse possibilidade de revelação, pois não leva em conta suficientemente a experiência religiosa, mesmo que seja compreensível que ele sustente essa visão de uma perspectiva secular.

[70] Não temos espaço para discutir isto em qualquer detalhe aqui. Veja Celia Deane-Drummond, "A Case for Collective Conscience: Climategate, COP-15, and Climate Justice", *Studies in Christian Ethics*, v. 24, n. 1, 2011, pp. 1-18.

[71] De Lubac, *Catholicism*, p. 33. Ao fazer essas observações, De Lubac faz referência a Máximo, o Confessor, *Quaestiones ad Thalassium*, q. 2 (p. 90, 270); *De carit.*, século 1, n. 71 (p. 976) e século 2, n. 30 (p. 993). Ele ainda adiciona o comentário de que "[conquanto] Deus está trabalhando continuamente no mundo para o efeito de que todos devam se reunir na unidade", o pecado quebrou esta natureza una.

de autocompreensão mais deliberada dos seres humanos.[72] Portanto, nesse sentido amplo, a sombra da Queda é lançada em retrospecto na história evolutiva, bem como no futuro da cultura humana e no subsequente desenvolvimento de civilizações sofisticadas.

Essa sombra em outros animais é antecipatória do que acontece na Queda e, portanto, não deve ser vista como uma explicação do "mal natural", como se não houvesse mal antes de uma Queda humana, uma visão clássica que Michael Murray corretamente rejeitou por não ser mais coerente.[73] A ascensão e Queda da humanidade não devem ser vistas desconectadas de outras criaturas, mas em associação e até em emaranhamento com elas. A presença do mal natural é concomitante ao mundo natural como tal, e explorar esse problema levanta questões muito maiores sobre a teodiceia. Contudo, distinguir Criação e natureza por meio de causas secundárias fornece algum alívio, pois não é mais necessário culpar Deus ou a humanidade por tudo o que parece ser desordenado no mundo natural.

Por fim, vale ressaltar, com o teólogo ortodoxo Kallistos Ware, que segue pais da igreja como Atanásio de Alexandria (m. 373), que a Queda da humanidade deve, acima de tudo, ser vista como um *processo* de degeneração pecaminosa, de modo que os humanos nascem em um contexto em que é difícil fazer o bem e evitar o mal.[74] Embora possamos nos opor à suposição da igreja primitiva de que a Queda é também uma queda nas

---

[72] Portanto, estou preparada para argumentar que um tipo de moralidade é encontrado em outros animais, incluindo a possibilidade de mal. Prefiro não usar o termo "pecado" para outros animais, pois isso fala de uma característica mais deliberativa em relação ao divino. Também seria errado ver o que acontece em outros animais existentes hoje como necessariamente um simples precursor do que é encontrado em humanos, dado o tempo em que os chimpanzés e outros primatas divergiam dos humanos. Argumento enfatizando a possibilidade do que chamo de intermoralidade, a evolução da moralidade humana que é moldada de maneira significativa pelos elementos comuns em nível multiespécie. Para uma discussão mais aprofundada sobre moralidade animal, vício e virtude, consulte Celia Deane-Drummond, *The Wisdom of the Liminal* [A sabedoria do liminal], pp. 122-52, e Celia Deane-Drummond, Agustin Fuentes e Neil Arner, "Three Perspectives on the Evolution of Morality" [Três perspectivas sobre a evolução da moralidade]. In: *Philosophy, Theology and the Sciences*, v. 3, n. 2, 2016: pp. 115-51.

[73] Michael Murray, *Nature Red in Tooth and Claw* [Natureza vermelha em dentes e garras]. Oxford: Clarendon, 2008, pp. 73-106. Murray também inclui uma discussão sobre o que ele acredita serem os argumentos mais convincentes que se baseiam nas narrativas pré-cósmicas sobre Satanás em relação à dor e ao sofrimento dos animais, a fim de defender a bondade de Deus. Embora a cultura contemporânea e os cristãos mais conservadores possam adotar o realismo satânico como meio de explicar o mal no mundo, torna-se muito mais difícil para os teólogos aceitarem essa visão à luz da exegese de Gênesis e do pensamento pós-iluminista.

[74] Kallistos Ware, "The Understanding of Salvation in the Orthodox Tradition" [A compreensão da salvação na tradição ortodoxa]. In: Rienk Lanooy e Walter J. Hollenweger (Orgs.), *For Us and Our Salvation: Seven Perspectives on Christian Soteriology* (IIMO Research Publication 40). Leiden: Interuniversitair Instituut Voor Missiologie en Oecumenica, 1994, p. 113.

capacidades físicas e na morte, bem como nas capacidades morais, é difícil refutar a ideia de que os seres humanos herdam tendências para agir errado pelo contexto social danificado em que nascem. A igreja primitiva certamente não era unânime em que isso implicava, conforme Agostinho, a herança da *culpa* e a fraqueza moral. Ware conclui que, embora esse tema seja menos bem desenvolvido na igreja oriental, ele ainda está presente, ou seja, um reconhecimento de que, na medida em que compartilhamos um senso coletivo de humanidade, todos e cada um de nós são chamados a se arrepender do pecado de Adão e do nosso próximo. Contudo, sustentar uma visão particular do pecado original é o que poderia ser chamado de *teologoumena*, isto é, não algo que é exigido ou necessário para a fé cristã. Minha opinião é de que o pecado original pode ser reinterpretado para significar que uma pessoa, em cada geração, nasce em uma comunidade imperfeita de outros, incluindo outros tipos criados. Essa comunidade molda a complexidade específica do pecado, conforme expressa na vida de um pecador individual, em que o pecado representa um rompimento das relações com Deus e entre si, levando a atos ilícitos concretos pelos quais cada pessoa pode ser responsabilizada. Não se trata tanto de que a culpa seja herdada pelo pecado original, mas que esse pecado original cria o contexto social distorcido no qual é impossível não ser pecador. Na medida em que estamos cientes de uma profunda conexão com a culpa um do outro, incluindo a culpa de Adão (entendida em um sentido coletivo), também existe a possibilidade do pecado original.

ASSIM, EM CRISTO, TODOS SERÃO VIVIFICADOS

Um senso da natureza coletiva, bem como da individual, do pecado, também incide sobre como considerar a redenção e, em particular, as passagens difíceis em 1Coríntios 15:22 e Romanos 5:12, em que Paulo compara a morte em Adão com a nova vida em Cristo. Os primeiros pais da igreja viam a redenção como o retorno de uma unidade perdida pelo pecado. Assim, apesar da conhecida discussão de Agostinho sobre a distorção psicológica interna do pecador individual, ele também via o pecado e a redenção através de uma lente coletiva. Assim, "a misericórdia de Deus juntou os pedacinhos, fundiu-os no fogo da caridade e deles fez um só. [...]

Refez quem fez, reformou quem formou".[75] Esse tema de reparar e curar o que foi destruído parece ser um refrão constante no trabalho dos pais da igreja, assim, *Divisa uniuntur, discordantia pacantur*.[76] Há, no entanto, um aspecto problemático desses relatos clássicos, e essa é a suposição de que o sofrimento e o trágico decorrem da Queda no pecado, em vez de precedê-lo. A teoria da evolução exige, então, um ajuste em tal perspectiva, para que o pecado ocorra em um contexto trágico e a unidade esperada seja uma expectativa escatológica do fim, em vez de um retorno a um estado paradisíaco. Também existem perigos latentes no tema da unidade, se essa unidade se tornar uma forma fundamentalista de opressão ou uma maneira de excluir a diversidade. É por isso que as passagens comparativas de Adão/Cristo em 1Coríntios e Romanos 5 são tão significativas nesse contexto, pois a unidade experimentada é aquela que permite o florescimento de *todos os tipos* em Cristo, incluindo, ao que me parece, todos aqueles tipos criados que são animais de companhia de seres humanos. Os pais da igreja geralmente sustentavam uma visão do humano como ontológica e hierarquicamente distinta de outros animais. O pecado, nesse modelo, é um afundar na natureza animal a partir de uma posição elevada de suprarracionalidade. Alguns escritores resistiram a esse modelo, principalmente Irineu, Atanásio e Basílio de Cesareia, importantes teólogos da igreja primitiva que advogavam por um status ontológico equivalente em humanos e outros animais.[77] Em outras palavras, é uma unidade *libertadora*, e não opressiva. É também uma unidade que fala da graça de Deus capacitando o que pode parecer um impossível relacionamento pacífico. Assim, como em Isaías 11, o leão se deitará com o cordeiro e assim por diante. Essa passagem, assim como a passagem Adâmica em Gênesis, é um discurso antecipatório figurativo e poético para uma coexistência pacífica entre humanos e todas as criaturas, em vez de sugerir uma negação da teleologia básica

---

[75] Santo Agostinho, Comentário sobre o Salmo 95. [Orig. *On Psalm 95*, n. 15 (Patrologia Latina v. 37 p. 1236), apud Lubac, *Catholicism*, p. 376. [Tradução segundo a edição bras. da ed. Paulus. (N. T.)]

[76] O que foi dividido se torna unido, a discórdia se torna paz. De Lubac observa vários pais da igreja diferentes que compartilham essa perspectiva. Ver De Lubac, *Catholicism*, p. 37.

[77] O reconhecimento da insistência de Basílio de Cesareia no status ontológico de outros animais, bem como a importância de outras criaturas na tradição da igreja primitiva, foram pesquisadas em David Clough, *On Animals* [Sobre animais], pp. 26-27 e 45-49. Clough vê a tentativa de elevar os seres humanos acima de outros animais como um passo retrógrado na tradição, como mostra Agostinho, Tomás de Aquino, Máximo, o Confessor, e muitos outros escritores da Igreja antiga.

para diferentes criaturas. O leão ainda será o leão, mas a agressão que dificultou a vida na Terra não estará mais presente no futuro reino.

Agora, é bem possível, como muitos exegetas conservadores afirmam, que em Romanos 5:12 Paulo realmente pensava em Adão como um único indivíduo em cujo pecado toda a humanidade nas gerações subsequentes participou. Rahner, como indiquei anteriormente, adota essa visão por razões filosóficas, mas ele suaviza sua posição nomeando a origem de Adão como história primordial fora do alcance da ciência. O pressuposto para essa condição de graça em Adão também é a redenção por Jesus Cristo; em outras palavras, para Rahner, o plano para Adão era a graça santificadora, que só foi cumprida por meio da "comunidade corporal de descendência compartilhada" à luz da vinda de Cristo.[78] Rahner parece querer as duas formas aqui: histórica e metafísica, uma insistência em um homem, Adão, como um espelho da graça em Jesus Cristo.

O ponto importante aqui, no entanto, é a relação entre o indivíduo e o coletivo, de modo que, mesmo na posição de Rahner, Adão é figurativamente *representativo* da raça humana. Contudo, a analogia com Cristo se desfaz na medida em que a salvação realizada em Cristo por meio de sua divindade é eficaz para toda a humanidade de uma maneira que não é possível para um único ser humano pré-histórico. Rahner tenta tornar Adão tão significativo quanto Cristo, nomeando Adão em termos de uma causa principal.[79] Parece-me que a noção de Rahner da função de Adão como causa principal não faz muito sentido. Isso porque a ruptura da raça humana causada pelo pecado de Adão na quebra da unidade não é exatamente o mesmo que a cura da humanidade e o restabelecimento da unidade por meio da obra de Cristo. Caso contrário, Adão teria a qualidade de divindade. Uma figura pré-histórica não pode ser comparada facilmente com a figura histórica concreta de Cristo, e, na medida em que os efeitos de Cristo são trans-históricos, eles o são de uma maneira diferente em comparação com a pré-história de Adão. Cristo, por meio da obra da graça, eleva a humanidade à própria vida de Deus, enquanto Adão interrompe a possibilidade desse relacionamento. Embora seja verdade que na geração de

---

[78] Rahner, "*Body in the Order of Salvation*" [O corpo na ordem da salvação], p. 73.
[79] Veja uma discussão mais extensa na nota de rodapé 5, acima.

Rahner houvesse menos conhecimento sobre as origens humanas primitivas, isso não se aplica mais no contexto atual. Adão marca o que poderia ser chamado de uma mudança ontológica na história da raça humana, entendida como ocorrida em algum período da pré-história, mas provavelmente em um momento em que a população humana era pequena. O diálogo com a teoria da evolução abre mais uma vez um tópico reconhecido pelos pais da igreja primitiva, a saber, o significado das relações humanas entre si e o conjunto humano no contexto de outros tipos criados.

CAPÍTULO 3

O que está em jogo na Queda?
Uma exploração filosófica

James K. A. Smith

E m seu (relativamente) longo encontro com a ciência evolutiva, a teologia cristã demonstrou uma capacidade notável de absorver e acomodar novos consensos científicos sobre cosmologia, geologia e até origens humanas.[1] No entanto, a doutrina tradicional ou ortodoxa[2] da Queda se mostrou mais difícil de conciliar com o quadro das origens humanas que emerge com relatos evolutivos das origens humanas. Isso já foi

---

[1] Até mesmo o "criacionismo da Terra antiga" foi capaz de absorver os achados sobre a idade do planeta. Veja Davis A. Young e Ralph F. Stearley, *The Bible, Rocks, and Time: Geological Evidence for the Age of the Earth* [A bíblia, rochas e tempo: evidência geológica para a idade da Terra] (Downers Grove, IL: IVP, 2008), e até certo ponto, a evolução pré-humana. Veja Mark Noll, *The Princeton Theology, 1812–1921: Scripture, Science, and Theological Method from Archibald Alexander to Benjamin Breckenridge Warfield* [A teologia de Princeton, 1812-1921: escritura, ciência e método teológico] (Grand Rapids: Baker, 1983); e também *Jesus Christ and the Life of the Mind* [Jesus Cristo e a vida da mente]. Grand Rapids: Eerdmans, 2011, pp. 99-124.

[2] É verdade que o que descreverei como o entendimento "ortodoxo" da Queda é uma doutrina "ocidental" (agostiniana) da queda, mas ainda assim, eu diria, uma herança "católica" [no sentido de 'universal']. O que estou chamando de entendimento "tradicional" ou "ortodoxo" da Queda é um consenso teológico entre confissões históricas protestantes e católicas romanas (ver, por exemplo, Catecismo da Igreja Católica, 2. ed., Parte Um, Seção Dois, Cap. 1, parágrafo 7, §§385-421) [Disponível em: <http://www. vatican.va/archive/cathechism_po/index_new/p1s2c1_198-421_po.html>]. Como tal, o entendimento "ortodoxo" da Queda não está e não deve estar estreitamente ligado às modernas leituras "literalistas" de Gênesis, características do fundamentalismo protestante. Além disso, acho que devemos ter suspeitas saudáveis sobre as alegações que sugerem que o cristianismo oriental não tem uma doutrina da Queda (George Murphy certamente exagera a diferença em "Roads to Paradise and Perdition: Christ, Evolution, and Original Sin" [Caminhos para o paraíso e a perdição: Cristo, evolução e pecado original], *On Science and Christian Faith*, v. 58, 2006, pp. 109-18), ou que o relato "iriniano" [de Irineu de Lyon] das origens de alguma forma evita qualquer preocupação com uma Queda "histórica". Para uma crítica incisiva desse último tipo de afirmação, consulte Andrew M. McCoy, "Becoming Who We Are Supposed to Be: An Evaluation of Schneider's Use of Christian Theology in Conversation with Recent Genetic Science", *Calvin Theological Journal*, v. 49, 2014, pp. 63-84.

observado há 25 anos por John Polkinghorne.[3] Mais recentemente, estudiosos concluíram que, de fato, o entendimento tradicional da Queda e do pecado original é simplesmente incompatível. John Schneider, por exemplo, afirmou que

> questões de conflito entre a ciência evolutiva genômica e o ensino ocidental padrão do cristianismo sobre as origens [...] não podem ser resolvidas *hermeneuticamente*, mas apenas *teologicamente*, isto é, revisando o que se tornou a quase-ortodoxa teologia agostiniana das origens conforme consagrada nas confissões protestantes, incorporada na teologia sistemática protestante e empregada em pontos cruciais na importante teodiceia cristã. No centro desta teologia das origens está a doutrina de uma Queda histórica.[4]

Neste capítulo, argumentarei que tais afirmações são, na melhor das hipóteses, apressadas, e mais provavelmente equivocadas, resultantes de uma falta de imaginação teológica e de um fracasso em apreciar o que está em jogo na doutrina tradicional da Queda. Isso requer exploração em torno de dois grupos de perguntas.

Primeiro, o que está *em jogo* na doutrina da Queda? Seria a Queda apenas um mito para se chegar a um *insight* sobre "a condição humana", uma história recebida para se chegar até a pecaminosidade — "o pecado original" — em vez de um relato da origem *do* pecado? A reformulação "mítica" do pecado original tem sido uma posição dominante nas conversas atuais entre a teologia cristã e os relatos evolutivos; mas sugiro que isso falha em reconhecer outros compromissos teológicos que estão em jogo na doutrina do pecado original e na origem do pecado em uma Queda histórica. Em particular, argumentarei que o que existe na doutrina tradicional da Queda não é apenas um relato de nossa "pecaminosidade", mas também um relato

---

[3] A Queda, diz Polkinghorne, é "a principal doutrina cristã que acho mais difícil de conciliar com o pensamento científico". Veja John Polkinghorne, *Reason and Reality: The Relationship between Science and Theology*, Londres: SPCK,1991, p. 99.

[4] John R. Schneider, "Recent Genetic Science and Christian Theology on Human Origins: An 'Aesthetic Supralapsarianism'", *Perspectives on Science and Christian Faith*, v. 62, 2010, p. 201, ênfase original. Como fontes citadas na nota dois acima indicam, essa teologia das origens não é *apenas* "protestante". Schneider apela para uma alternativa "oriental" em Irineu, mas como outros demonstraram, o "Irineu" de Schneider parece mais com John Hick do que com este pai da igreja. Veja Andy M. McCoy, "Becoming Who We Are Supposed to Be," pp. 63-84, e Mark S. M. Scott, "Suffering and Soul-Making: Rethinking John Hick's Theodicy", *Journal of Religion*, v. 90, 2010, pp. 313-34.

da origem do pecado, particularmente quando associado à doutrina histórica da criação *ex nihilo* [a partir do nada]. A doutrina ortodoxa da Queda, em outras palavras, não é simplesmente um relato mitológico para explicar o que há de errado com a humanidade; é um relato de como isso poderia ter vindo a ser assim, dado o fato da criação *ex nihilo*, oferecendo um relato teológico das origens humanas que não compromete a bondade de Deus ou a responsabilidade humana. Vou sugerir que há também questões *escatológicas* em jogo aqui, na medida em que qualquer modelo que simplesmente torne o pecado sinônimo da nossa "natureza" terá problemas em explicar como será a redenção e a consumação no *eschaton* (ou seja, esses modelos estarão em risco de posicionar a ordem da redenção *em oposição* à ordem da criação).

Segundo, esse projeto também exige um pouco de reflexão sobre a natureza da "história" em qualquer noção de Queda "histórica". No entendimento tradicional da Queda, algo *acontece*, e qualquer "evento" desse tipo teria de ser algo que acontece no espaço e no tempo. Essa questão da historicidade — juntamente com o fato de a doutrina tradicional da Queda não se basear (inteiramente) em Gênesis 3 — sugere que a conversa entre evolução e teologia cristã precisa lidar com discussões em andamento sobre a interpretação teológica das Escrituras.[5]

Primeiramente irei mapear e esclarecer as questões que estão em jogo no entendimento tradicional da Queda e, em seguida, como parte da proposta de um modelo alternativo, abordarei questões relacionadas à natureza histórica da Queda e questões relacionadas à historicidade.

O QUE ESTÁ EM JOGO? O PECADO ORIGINAL E A BONDADE DE DEUS

Contexto narrativo: "enredo" da Criação, Pecado e Redenção

A doutrina do pecado original não é uma proposição distinta destilada de um único versículo ou texto-prova, nem a compreensão histórica da Queda é apenas o subproduto de uma leitura particular ("literalista") de Gênesis 3. A teologia cristã não é como um jogo de "Jenga",[6] uma mon-

---

[5]   Veja os capítulos de Richard Middleton e Joel Green neste volume.

[6]   Jogo muito popular do tipo "torre de equilíbrio" em que os jogadores equilibram peças retangulares que são retiradas das partes inferiores da torre para posicioná-las na parte de cima, tornando a torre cada vez mais alta e instável. [N. T.]

tagem de reivindicações proposicionais das quais tentamos ver quais podem ser removidas sem afetar a torre. Pelo contrário, a doutrina cristã é mais como a gramática de uma história mantida unida pelo drama de um enredo. Nesse sentido, a doutrina do pecado original e o entendimento histórico da Queda estão entrelaçados na trama de uma história que é, basicamente, o drama da interação graciosa de Deus com a humanidade.

Seguindo o exemplo de Alasdair MacIntyre e George Lindbeck, poderíamos dizer que a teologia cristã é o destilar da gramática da tradição cristã — que é ela própria o resultado de um relacionamento histórico e de aliança entre Deus e as pessoas, agora confiadas à igreja no cânon das Escrituras. A ação dramática de Deus na história se reflete no arco narrativo das Escrituras, que por sua vez é destilado no patrimônio católico [isto é, universal e compartilhado] da teologia cristã (em uma constelação de credos, confissões e autoridades doutrinárias orientadoras como Agostinho, Tomás de Aquino e João Calvino, juntamente com a herança litúrgica do culto e das disciplinas espirituais da igreja).[7] A gramática da teologia cristã encapsula a narrativa bíblica em um enredo que começa com a bondade da criação, uma queda no pecado, a redenção de todas as coisas em Cristo e a consumação escatológica de todas as coisas.[8] As especificidades ou mecanicidades dessa trama geral foram, e continuam a ser, entendidas de maneiras diferentes nas tradições cristãs, mas esse arco narrativo é, entendo eu, uma leitura "católica" das Escrituras. O criacionista da Terra jovem e o criacionista evolutivo podem entender as especificidades concretas de maneira diferente, mas ainda assim compartilham um senso desse enredo geral como um reflexo do testemunho bíblico e um encapsulamento do relacionamento de Deus com sua criação.

Ao trabalharmos com perguntas desafiadoras na interseção das origens humanas e da evolução, a igreja está lidando com novas perguntas sobre

---

[7] Estou tentando descrever isso de uma maneira que ressoe com o que Billy Abraham chama de "teísmo canônico". Veja William J. Abraham, *Crossing the Threshold of Divine Revelation* [Cruzando o limiar da revelação divina] (Grand Rapids: Eerdmans, 2006), pp. 14-18, mais aprofundado em William Abraham, Jason Vickers, e Natalie B. Van Kirk (orgs.), *Canonical Theism: A Proposal for Theology and Church* [Teísmo canônico: uma proposta para a teologia e a igreja] (Grand Rapids: Eerdmans, 2008). Para uma discussão, veja James K. A. Smith, "Epistemology for the Rest of Us: Hints of a Paradigm Shift in Abraham's Crossing the Threshold", *Philosophia Christi*, v. 10, 2008, pp. 353-61.

[8] Veja, por exemplo, J. Richard Middleton, *A New Heaven and a New Earth: Recovering Biblical Eschatology* [Novos céus e nova terra: recuperando a escatologia bíblica] (Grand Rapids: Baker Academic, 2014). Entendo que esse enredo é "católico" no melhor sentido do termo.

como articular essa história de modo coerente e responsável. Isso gerou o que o cardeal Newman nos ensinou a chamar de "desenvolvimentos" em teologia, novas propostas *dentro* da tradição cristã. Utilizando a estrutura conceitual de MacIntyre, sugiro que a principal maneira pela qual uma comunidade discerne se os desenvolvimentos teológicos são "extensões fiéis" da tradição é determinando se esses desenvolvimentos são consistentes com esse "enredo" central. Além disso, a "tessitura da intriga"[9] indica que existe um tipo de "lógica narrativa" — alguns movimentos "fazem sentido" dentro de uma trama; outros movimentos são confusos e contradizem o fio narrativo da história.[10] Portanto, se vamos avaliar desenvolvimentos e propostas sobre as origens humanas e o pecado original no sentido de serem ou não "extensões fiéis" da tradição, precisaremos avaliá-los em relação a esse enredo fundamental.[11]

Se nos aprofundarmos no relato arrebatador da narrativa bíblica sobre o pecado e sua origem, vemos certos aspectos desse enredo compartilhados pela tradição cristã histórica — uma herança agostiniana que você pode ouvir com diferentes sotaques no Catecismo da Igreja Católica, bem como no Catecismo de Heidelberg (CH). Reconhecendo minha própria localização no fluxo do cristianismo, permitam-me usar as fontes das confissões reformadas para extrair três características principais que são compartilhadas (ao mesmo tempo notando sobreposição com a tradição Católica Romana):

A bondade da Criação

A tradição ortodoxa enfatiza a bondade original da criação como um reflexo da bondade do Criador.[12] Mais especificamente, as confissões

---

[9] Em inglês: *emplotment*, termo que traduz a expressão em francês *mise em intrigue* cunhada por Paul Ricoeur (veja nota n. 10 logo abaixo). A tradução oficial do termo nas obras de Ricouer em português advém do francês original e é *"tessitura da intriga"*, apesar do termo intriga significar, aqui, trama, enredo. [N. T.]

[10] Veja a discussão de "tessitura da intriga" [*emplotment*] em Paul Ricoeur, *Time and Narrative*, v. 1, trad. Kathleen McLaughlin e David Pellauer, Chicago: University of Chicago Press, 1990, pp. 41-54. [Ed. bras. *Tempo e narrativa* (tomo 1). Trad. Constança Marcondes Cesar, Campinas, SP: Papirus, 1994, pp. 69-88.]

[11] E a razão para articular um "enredo" central é precisamente no intuito de ter um critério para determinar o que é essencial e o que é incidental. A ideia é que, se você discernir o enredo e depois mudar uma parte *dele*, estará contando uma história diferente. Pode-se contar a história de Davi e Bate-Seba, e os detalhes sobre se ela estava em um telhado, em um jardim ou em uma varanda não são essenciais. Mas se alguém recontar a história de tal maneira que não haja adultério, nem Urias, nem Natã declarando: "Você é o homem!" — bem, então estarão contando uma história diferente. Esta não é apenas uma nova versão da *mesma* história; é uma história diferente.

[12] Confissão Belga, artigo 13: "Cremos que o bom Deus, depois de ter criado todas as coisas, não as abandonou, nem as entregou ao acaso ou à sorte, mas que as dirige e governa conforme sua santa vontade

tendem a se concentrar na bondade original da humanidade. Portanto, quando o Catecismo de Heidelberg faz perguntas sobre a origem do pecado, ele enfatiza a bondade original dos seres humanos criados à imagem de Deus: "Deus criou o homem bom e à sua imagem, isto é, em verdadeira justiça e santidade".[13] Enquanto nós nos preocupamos com a doutrina do pecado original, nas confissões isso está na verdade ligado a uma imagem de justiça original: existe uma origem *para* o pecado precisamente porque a humanidade foi criada à imagem de Deus, "boa, justa e santa".[14]

As confissões consideram isso crucial por duas razões: primeiro, é essencial para o relato bíblico que a *bondade é anterior ao mal*, o que informa a doutrina da criação *ex nihilo*.[15] É precisamente essa afirmação que distingue a fé cristã bíblica de todos os tipos de concorrentes pagãos. Em segundo lugar, o ensino da bondade da criação visa preservar a bondade de Deus. Assim, na pergunta e resposta n. 6, o Catecismo rejeita explicitamente qualquer noção de que Deus criou uma humanidade corrupta, má e perversa. ("P. Mas Deus criou o homem tão mau e perverso? R. Não"). A Confissão Belga (CB) afirma o mesmo: se vamos afirmar que "esse bom Deus [...] depois de ter criado todas as coisas" e, ainda assim, afirmamos que "Deus não é o autor, nem tem culpa do pecado que se comete", deve-se afirmar que a criação é originalmente boa.[16] Assim, as confissões enfatizam não apenas a bondade do Criador (que precede e é independente da criação), mas também a bondade original da criação que vem de suas mãos, particularmente a bondade original da humanidade criada à imagem de Deus.

[...]. Isso é ecoado no catecismo da Igreja Católica Romana, no qual o ensino sobre a Queda abre com "Deus é infinitamente bom e todas as suas obras são boas". [Embora as traduções da Confissão Belga variem um pouco, usamos aqui a que está disponível em: <http://www.monergismo.com/textos/credos/confissao_belga.htm>. O catecismo oficial da Igreja Católica está disponível em <http://www.vatican.va/archive/cathechism_po/index_new/p1s2c1_198-421_po.html>. Acesso em 30 de maio de 2020. (N. T.)]

[13] Catecismo de Heildeberg, Pergunta 6. Disponível em: <http://www.monergismo.com/textos/catecismos/catecismo_heidelberg.htm> Acesso em 30 de maio de 2020.

[14] Confissão Belga, Artigo 14. Novamente, encontramos uma preocupação semelhante no Catecismo da Igreja Católica: "o pecado original [...] é a privação da santidade e justiça originais" (§405).

[15] Confissão Belga, Artigo 12.

[16] Confissão Belga, Artigo 13. Abaixo, falaremos que "bondade" não deve ser equalizada com "perfeição". Note Catecismo de Heildeberg, P&R 115: "até que, depois desta vida, alcancemos o objetivo, a saber: a perfeição".

A irrupção do Pecado

Então de onde vem o pecado? As confissões reformadas são unânimes em enfatizar que o pecado incide sobre uma boa criação — é uma irrupção na ordem de uma boa criação. O pecado não é "natural" ou alguma consequência natural da criação, nem foi destinado à criação — embora fosse claramente uma *possibilidade* que acompanhou a criação. Contudo, é uma queda *no* pecado, resultado da "queda e desobediência de nossos primeiros pais, Adão e Eva, no paraíso" (CH P&R 7). O homem[17] "submeteu-se por livre vontade ao pecado e assim à morte e à maldição" porque "transgrediu o mandamento da vida, que tinha recebido" (CB §14). Essa transgressão e rebelião têm consequências: separação de Deus (CB §14); a corrupção de nossa natureza, de modo que a humanidade não possa *não* pecar (CB §14-15); sujeição à morte física e espiritual (CB §14); e a perda de "dons excelentes", incluindo o livre-arbítrio e o conhecimento claro (BC §14).

O conjunto dessas duas reivindicações — a bondade original da criação a partir das mãos de um Deus bom e a corrupção da criação pela ação humana — parece ser o que está implicado no "caráter do evento"[18] da Queda. Em outras palavras, as confissões veem a queda no pecado e a irrupção de um estado caído como uma realidade histórica e temporal.[19]

Uma redenção graciosa e consumação escatológica

De certa forma, a dinâmica da criação e da Queda é o palco das boas novas do evangelho: a iniciativa divina da graça que resgata toda a criação

---

[17] Infelizmente, as confissões não usam a linguagem com gênero neutro, criando dificuldades gramaticais para citação se tentarmos formular como "humanidade" em vez de "homem". Estamos simplesmente usando a tradução do original das confissões nesta formulação.

[18] Essa é a linguagem usada nas decisões sinodais da Igreja Cristã Reformada. Cp. por exemplo, Relatório 28: "existem limitações estritas na medida em que o texto de Gênesis pode ser reinterpretado dentro da tradição Reformada. Por mais que as histórias de Gênesis possam ser estilizadas, literárias ou simbólicas, elas claramente se referem a eventos reais. Especialmente no caso dos atos de criação de Deus, Adão e Eva como primeiros pais, a queda da humanidade no pecado e a entrega da chamada 'promessa da mãe'" [ou proto-evangelho] (Gênesis 3:15), a realidade dos eventos descritos é de importância fundamental para toda a história da redenção". (Committee on Creation and Science, Christian Reformed Church in North America, Report 28, 1991, p. 403. Disponível em: <https://www.crcna.org/sites/default/files/creation%20and%20science%20agenda%201991.pdf>. Isso foi reafirmado pelo Sínodo 2010 (*Acts of Synod* 2010, pp. xx – xxi.) Disp. em: <http://crcna.org/sites/default/files/2010_acts.pdf>) [Acesso em 1 de junho de 2020).]

[19] Conforme também o Catecismo da Igreja Católica: "A narrativa da queda (Gênesis 3) utiliza uma linguagem feita de imagens, mas afirma um acontecimento primordial, um fato que teve lugar no princípio da história do homem" (§390). Como argumentarei na próxima seção, isso não precisa implicar uma leitura "literalista" de Gênesis 1-3, como se os primeiros capítulos de Gênesis oferecessem algum tipo de *cronologia documental*. No entanto, isso afirma que o ensino *teológico* é sobre uma realidade *histórica*.

de sua condição de quebrantamento e pecado. "Cremos que nosso bom Deus, vendo que o homem havia se lançado assim na morte corporal e espiritual e se havia feito totalmente miserável, foi pessoalmente em busca do homem, quando este, tremendo, fugia de sua presença" (CB §17). Essa graça e misericórdia se tornam carne no Filho, que vive o que a humanidade foi feita para viver (CB §18-21; CH P&R 12-19). Salvação é obra de Deus, por iniciativa graciosa de Deus, crescendo a partir do amor de Deus, em direção a uma restauração de toda a criação que encontra sua realização em uma consumação escatológica de todas as coisas.[20]

Esse enredo de criação, queda, redenção e consumação constitui a trama "central" da fé bíblica. Quaisquer desenvolvimentos e propostas para "estender" a tradição precisarão prestar contas a esse núcleo, a fim de se justificarem como extensões *fiéis* da tradição. Nessa perspectiva, considerarei alguns desafios e propostas específicos relacionados à compreensão evolutiva das origens humanas, a fim de considerar como (ou se) são desenvolvimentos "fiéis" dessa tradição confessional.

AVALIANDO PROPOSTAS E DESENVOLVIMENTOS: FIÉIS AO ENREDO?

Dados os parâmetros narrativos desse enredo central, vamos considerar algumas questões e propostas específicas que têm surgido no encontro da teologia cristã com os relatos evolutivos das origens humanas.

1. A fidelidade a esse enredo exige a afirmação de um casal histórico como a origem de todos os seres humanos hoje em dia?

É claro que as confissões cristãs históricas fazem referência a Adão e Eva e a seu ato de desobediência. E certamente os autores das confissões reformadas acreditavam sem rodeios na existência de um casal histórico.

---

[20] Novamente, isso ressoa com o Catecismo da Igreja Católica: "A doutrina do pecado original é, por assim dizer, 'o reverso' da Boa-Nova de que Jesus é o Salvador de todos os homens, de que todos têm necessidade da salvação e de que a salvação é oferecida a todos, graças a Cristo. A Igreja, que tem o sentido de Cristo, sabe bem que não pode tocar-se na revelação do pecado original sem atentar contra o mistério de Cristo" (§389).

Continuar afirmando isso é, em certo sentido, uma posição padrão compreensível para a fé cristã, e não estou defendendo que *a priori* excluamos essa visão em nome da respeitabilidade acadêmica. No entanto, a afirmação de um par histórico sofre significativamente com a "pressão-cruzada"[21] em nosso contexto atual. À luz da acumulação de evidências arqueológicas e genéticas, hoje em dia é difícil *simplesmente* afirmar a existência de um casal humano original, Adão e Eva. De fato, tal afirmação implica um desafio *teológico* único: se todos os humanos descendem de um único par, por que o Criador do universo parece indicar em sua criação (isto é, por revelação geral) que a humanidade tem uma longa origem evolutiva e é descendente de muitos mais indivíduos? Qualquer afirmação desse relato recebido de um casal histórico terá de lidar não apenas com as evidências científicas em contrário, mas também com o problema teológico gerado quando o "livro da natureza" parece dizer algo muito diferente. De fato, pode haver maneiras teologicamente convincentes de lidar com essa discrepância, mas é importante admitirmos que a imagem "tradicional" de um casal histórico, Adão e Eva, não é teologicamente isenta de problemas.

Dados os desafios teológicos para o que pode parecer o modelo simples ou "tradicional", podemos perguntar: a afirmação de um casal histórico é *necessária* para a fidelidade confessional? Ou isso poderia ser considerado incidental nos ensinamentos teológicos centrais sobre a criação da humanidade à imagem de Deus? Uma vez que os estudiosos cristãos são pressionados pelas evidências das ciências naturais sobre a história da espécie humana, poderíamos imaginar que o aspecto central da trama da Queda poderia ser preservado mesmo em cenários que consideram uma história evolutiva da raça humana?

Sem pré-julgar a questão de um casal histórico, meu projeto é mais um projeto de pensamento destinado a ampliar e estimular nossa imaginação teológica. Sugiro que possa haver cenários que reconheçam uma população inicial maior *e também* afirmem que Deus criou a humanidade à sua própria imagem, como destinatários da revelação, chamados a um

---

[21] Em *A Secular Age* (Cambridge, MA: Harvard University Press, 2007) [Ed. bras. *Uma Era Secular* (São Leopoldo, RS: Unisinos, 2010)] Charles Taylor fala no cap. 8 sobre as "pressões cruzadas" experimentadas por aqueles que habitam contextos pluralistas de estruturas de plausibilidade concorrentes (pp. 300-302 da versão em inglês).

relacionamento com Deus. São questões difíceis que exigirão uma geração de pesquisa interdisciplinar e desenvolvimentos em nossa imaginação teológica que sejam guiados pelo Espírito e fiéis à Escritura — e é importante criar um *espaço* para que a comunidade tenha *tempo* para realizar essa pesquisa. A restrição narrativa em tais pesquisas é dar conta do *ensino* das Escrituras sobre a bondade da criação, a singularidade da humanidade e a justiça original da humanidade seguida da rebelião em pecaminosidade. Contudo talvez seja possível dar conta dessas afirmações centrais sem exigir um casal histórico como a origem de todos os humanos de hoje.

2. A fidelidade a esse enredo exige que a humanidade seja originalmente "perfeita"?

Revisionistas que já concluíram que um relato evolutivo das origens humanas impede uma compreensão tradicional da Queda apontam para a ancestralidade predatória do *Homo sapiens* como evidência que demanda o abandono de qualquer noção de que a humanidade era "perfeita" antes da Queda.[22] Esse raciocínio geralmente parece assumir um tipo de determinismo genético: a humanidade herdou configurações de DNA de espécies pré-humanas violentas e predatórias; por conseguinte, a humanidade emerge inclinada a isso. Parece-me que isso pressupõe um erro de categoria, mas não vou insistir no assunto aqui.[23]

Em vez disso, eu simplesmente observaria que a afirmação das confissões sobre bondade e justiça original não é equivalente à *perfeição* moral. Se a humanidade antes da Queda era perfeita, como poderia ter havido uma queda? A esse respeito, o entendimento agostiniano da Queda já reconhece os limites da santidade da humanidade original. Embora a humanidade tenha

---

[22] Veja, por exemplo, Schneider, citado anteriormente. Devemos observar que essa questão em particular é distinta de uma questão mais ampla de como se explica a questão da morte e (portanto) da predação antes da Queda, especialmente se — segundo a tradição — a morte (e, portanto, o "mal" da predação) é considerada uma *consequência* da Queda. Essa questão está fora do escopo deste capítulo. Basta dizer que isso pode exigir uma redescrição do conceito de morte pré-queda e a reserva do termo "violência" para descrever as formas de predação humanas e pós-humanas. Veja Michael Murray, *Nature Red in Tooth and Claw*: Theism and the Problem of Animal Suffering [Natureza vermelha em dentes e garras: teísmo e o problema do sofrimento animal]. Oxford: Oxford University Press, 2011.

[23] Cf. Sarah Coakley, "Evolution, Cooperation, and Divine Providence" [Evolução, cooperação e providência divina]. In: Martin A. Nowak e Sarah Coakley (Orgs.), *Evolution, Games, and God*: The Principle of Cooperation. Cambridge, MA: Harvard University Press, 2013, pp. 375-386.

sido criada "boa, justa e santa", como diz a Confissão Belga, a humanidade "não compreendeu nem reconheceu a sua posição excelente".[24] A perfeição é apenas uma realidade escatológica à luz da graça de Cristo: devemos orar "a fim de que sejamos cada vez mais renovados segundo a imagem de Deus até que, depois desta vida, alcancemos o objetivo, a saber: a perfeição".[25]

Assim, o ensino histórico sobre a Queda e o pecado original já reconhece certas limitações mesmo de uma humanidade originalmente "boa". Isso deixa espaço para uma apreciação de um tipo de imaturidade moral na humanidade original — algo que Agostinho já reconheceu ao notar a diferença entre o estado da humanidade criada (*posse non peccare et mori*, capaz de não pecar e morrer) *versus* a humanidade redimida no eschaton (*non posse peccare et mori*, incapaz de pecar e morrer). Portanto, afirmar a compreensão histórica da bondade original da humanidade não é equivalente a afirmar uma *perfeição* original da humanidade. Além disso, uma afirmação da bondade original de nossos antepassados humanos não é inconsistente com o reconhecimento da necessidade de crescimento e amadurecimento moral.

3. A fidelidade a esse enredo exige que a Queda seja um "evento" histórico e temporal?

A maioria dos relatos tradicionais da Queda descreve um "evento"[26] em que Adão e Eva tomaram *uma* decisão e caíram no pecado. Seria esse entendimento pontual[27] da Queda um *ensinamento* essencial da doutrina histórica ou pode ser considerado como uma espécie de formulação incidental? De fato, deveríamos nos subscrever a uma noção histórica temporal da Queda como um "evento"[28] — como uma mudança *no tempo*?

---

[24] Confissão Belga, artigo 14. [Trad. conforme disponível em <https://ipreformada.com/confissao-belga.html>, acesso em 31 de maio de 2020. (N. T.)]

[25] Catecismo de Heilderberg, P&R 115.

[26] Embora se possa apontar que há questões aqui, mesmo para a visão literalista mais "tradicional". *Quando* exatamente a Queda "aconteceu"? Quando *Eva* comeu a fruta? Quando Adão assim o fez? Quando Deus deu a punição? Quanto *tempo* decorreu entre esses atos? Isso não é para incentivar especulações irrestritas; é apenas salientar que mesmo o que parece ser o relato mais "conservador" precisaria lidar com questões de temporalidade.

[27] Ou seja, acontecendo em um *ponto* no tempo.

[28] Na minha própria tradição eclesiástica, por exemplo, o já citado Relatório 28 (1991) reconhece o gênero único de Gênesis 1 a 11 como "altamente estilizado e comprimido"; o relato "não segue necessariamente

Aqui, nos deparamos com uma das questões mais difíceis nas discussões atuais. Certamente, a doutrina histórica e ortodoxa da Queda como *origem* do pecado inclui a imagem de uma Queda temporal como um ato discreto — uma queda *no tempo* de uma bondade original para um estado pecaminoso, com repercussões para toda a criação, tudo como resultado das escolhas de um par original, Adão e Eva (Romanos 8:20-21). No entanto, essa imagem simples e direta de um evento pontual enfrenta sérios desafios dos cenários evolutivos. E qualquer tentativa de manutenção desse modelo tradicional terá que lidar com o problema teológico da aparente falsa história. Em outras palavras, enquanto um certo ônus da prova é carregado pelos desenvolvimentos teológicos que se afastam desse quadro tradicional, este não deve ter um "passe livre", por assim dizer: a afirmação de um casal histórico e uma Queda pontual enfrentam desafios teológicos se nós — por razões *teológicas* — levarmos a ciência a sério.

Para entender e avaliar essas propostas, precisamos analisar cuidadosamente o que está em jogo na doutrina da Queda conforme recebida pela tradição (ocidental). Isso requer o reconhecimento da herança agostiniana de tais entendimentos da Queda e do pecado original.[29] As doutrinas agostinianas da Queda e do pecado original sofreram elas próprias "pressão cruzada", tendo sido formuladas como uma resposta a pelo menos duas tentações heréticas: primeiro e mais importante, Agostinho estava resistindo às tendências pelagianas que minimizariam a graça imerecida de Deus por sugerir algum tipo de habilidade humana "inerente" em relação à salvação. Para Agostinho, a necessidade absoluta da graça de Deus para

---

a ordem cronológica" (p. 403, recomendação I). No entanto, o Relatório observa imediatamente: "existem limitações estritas na medida em que o texto de Gênesis pode ser reinterpretado dentro da tradição Reformada. Por mais estilizadas, literárias ou simbólicas que essas histórias do Gênesis possam ser, elas claramente se referem a eventos reais. [...] Qualquer interpretação que ponha em questão o caráter de evento da história contada nesses primeiros e fundamentais capítulos da Bíblia deve ser firmemente rejeitada, quaisquer que sejam as dificuldades que isso possa causar em relação às evidências científicas" (p. 403-404, recomendação J). Deve-se notar que o Sínodo de 2010 reafirmou explicitamente a recomendação J (*Acts of Synod* 2010, pp. 872-873).

[29] Embora formuladas pela primeira vez por Santo Agostinho, as doutrinas da Queda e do pecado original não eram entendidas como *inventadas* por ele. Antes, são o fruto sistemático de uma articulação com as Escrituras e visto como requeridas por outros compromissos doutrinários centrais. Agostinho, Lutero e Calvino todos entendiam que a doutrina "agostiniana" era na verdade uma doutrina paulina e era ensinada pelas Escrituras. Também não estou convencido de que tradições que se orgulham de serem anti- ou não agostinianas (Igreja Ortodoxa, e igrejas wesleyanas) escapem dos mesmos problemas, já que a maioria das "saídas" acaba "ontologizando" a Queda, tornando a natureza caída *por natureza*, o que gera o problema teológico da bondade de Deus.

a salvação era primordial. Segundo, Agostinho contestou qualquer ensinamento que maculasse a bondade da criação (como os maniqueístas faziam) ou atribuísse o mal a um Deus bom. O que estava em jogo nessa frente era a própria natureza de Deus. Como resultado, a doutrina agostiniana da Queda e do pecado original tem pelo menos estes dois aspectos:

(a) Uma afirmação de que o bem precede o mal — e, mais especificamente, que a humanidade era originalmente justa antes de se rebelar e cair no pecado. A prioridade dessa "bondade" não é apenas lógica e teológica, mas também cronológica: a humanidade é criada como "boa" e depois temporalmente "cai".[30] Vamos chamar isso de tese da "prioridade do bem".

(b) Uma descrição radical da humanidade como pecadora, incapaz de desejar o bem e, portanto, a necessidade de uma graça igualmente radical e imerecida como uma ação da iniciativa divina para a redenção. Vamos chamar isso de tese da "necessidade da graça".

É a tese da prioridade do bem que parece ser contestada pelas evidências evolutivas a respeito das disposições herdadas. Assim, alguns tentaram sugerir que eles poderiam manter uma visão agostiniana ou reformada simplesmente mantendo a tese da necessidade da graça.

No entanto, para Agostinho, e para a tradição cristã católica [universal], esses aspectos eram (e são) um "pacote completo". Portanto, as perguntas são: pode-se levar a sério o quadro das origens humanas que emerge das evidências evolutivas e ainda afirmar esse *pacote* agostiniano? Ou, inversamente: a tese da prioridade do bem pode ser considerada não essencial? Ou puxar esse fio iria desfiar todo o tecido da narrativa?

Minha sugestão é dupla: que o *pacote* agostiniano é essencial precisamente porque é parte integrante da trama das Escrituras revelada na gramática da teologia cristã, *e* que poderíamos imaginar a afirmação do quadro evolutivo de uma população humana maior na origem e ainda

---

[30] Esta não é apenas uma afirmação ontológica de que o bem precede o mal, no sentido de que a bondade de Deus é anterior e mais fundamental que o mal; é sim a afirmação mais forte de que a humanidade era originalmente boa.

afirmar ambas as teses. Isso se afastaria do aspecto *pontual* do modelo tradicional, mas ainda manteria uma compreensão *histórica temporal* da Queda. Poderia haver diferentes maneiras de se imaginar isso. Por exemplo, algumas propostas imaginam um grupo de indivíduos, selecionados por Deus para representar o resto da humanidade, recebendo uma revelação e comissão especiais, sendo "bons" (embora não "perfeitos") e capazes de obedecer aos justos requisitos de Deus, e que por meio de atos de desobediência durante um período especificado de tempo (com um claro "antes" e "depois") caíram em um estado de rebelião pecaminosa contra Deus.

Além disso, há uma incoerência teológica (e talvez simplesmente lógica) em qualquer proposta que queira reter a tese da necessidade da graça sem a tese da prioridade do bem. Por exemplo, se alguém rejeita a (cronológica) prioridade do bem, parece que Deus é o culpado pela pecaminosidade humana, uma vez que a humanidade teria emergido já *como* pecaminosa. Nesse caso, não fica claro que a atividade redentora de Deus seja "imerecida". De fato, em tais modelos, às vezes parece que Deus é *obrigado* a salvar — o que enfraquece a gratuidade da graça de Deus. Além disso, esses modelos parecem colocar em conflito a ordem da redenção *contra* a ordem da criação; isto é, a redenção (e a consumação escatológica) pareceria exigir mais um *desfazer* do que um *restaurar* a criação. A graça acaba indo *contra* a natureza.

É por isso, acredito eu, que o entendimento herdado, tradicional da Queda e do pecado original, parece exigir a *temporalidade* da Queda — que o pecado é o resultado da rebelião humana, resultando na queda de uma boa criação para um estado pecaminoso. No entanto, não parece que seja necessário um modelo pontual com efeitos cósmicos para manter a doutrina essencial de que a Queda é temporal, histórica e resultado da rebelião humana. O ensino de que a Queda é histórica e temporal (tem um "caráter de evento", como as declarações sinódicas de minha denominação colocaram) não parece exigir que ela seja necessariamente pontual. Assim, quaisquer modelos ou cenários que honrem essa natureza temporal e histórica da Queda, mesmo que discordem da imagem de um evento específico, podem ser considerados consistentes com o ensino básico das confissões cristãs.

É importante notar que isso *não* exige uma leitura *literal* de Gênesis 1-3 — se, por isso, queremos dizer, por exemplo, que "dia" se refere a um período de 24 horas.[31] Nossas opções não são a dicotomia "afirmações 'teológicas' a-históricas" *ou* "afirmações 'históricas' literalistas". Não devemos confundir ou reduzir "histórico" para algo como uma cronologia nos mínimos detalhes registrada por jornalistas da CNN. Precisamos desenvolver relatos mais matizados do que seja história para fazer justiça ao que é teológico, e é exatamente por isso que as discussões na interseção da teologia e das ciências evolutivas precisam abordar questões hermenêuticas que estão em jogo nos debates contemporâneos sobre a interpretação teológica das Escrituras.[32]

CONCLUSÃO: UMA MODESTA PROPOSTA

Em conclusão, deixe-me tentar um pequeno exercício mental. A pergunta que tentei fazer é a seguinte: acaso levar a evidência genética e evolutiva a sério *exige* que revisemos e reformulemos as doutrinas do pecado original e da Queda a ponto de eliminar qualquer aspecto histórico e episódico da Queda? Ou podemos imaginar modelos que honrem a acumulação de evidências da evolução ancestral *e também* levem a sério o entendimento da tradição da Queda e do pecado original? Eu acho que podemos. Então, para efeito de argumento, deixe-me sugerir um modelo provisório como uma espécie de experimento imaginativo. Permita-me desenhar um modelo possível para mostrar como a evidência genética e evolutiva da ancestralidade comum não implica necessariamente o abandono de uma compreensão histórica da Queda. Eu acho que esse modelo navega por vários dos desafios que observei acima. No entanto, não quero defender esse esboço como a última palavra. Em vez disso, sugiro o cenário estando aberto à correção e ao refinamento.

---

[31] Este, é claro, não é o entendimento histórico de "literal". Para uma útil discussão, veja Henri de Lubac, *Medieval Exegesis, vol. 2:* The Four Senses of Scripture [Exegese medieval v. 2: os quatro sentidos da Escritura]. Trad. E. M. Macierowski, Grand Rapids: Eerdmans, 2000.

[32] Isso está além do escopo do presente capítulo. Para uma discussão seminal, consulte Joel B. Green, "Rethinking 'History' for Theological Interpretation", *Journal of Theological Interpretation*, v. 5, 2011, pp. 159-74. Veja também os pontos incisivos de Richard Hays em "Knowing Jesus: Story, History, and the Question of Truth" [Conhecendo Jesus: narrativa, história e a questão da verdade]. In: *Jesus, Paul, and the People of God: A Theological Dialogue with N. T. Wright*, Downers Grove, IL: IVP, 2011, pp. 41-61.

E se imaginássemos um cenário mais ou menos assim:

No princípio, Deus criou os céus e a terra. Pelo que ele parece nos dizer a partir do livro da natureza, a mecânica do desdobramento criacional foi um processo evolutivo: o surgimento de nova vida foi governado pela sobrevivência do mais apto, de modo que a morte biológica e a predação animal fazem parte desse processo, mesmo parte do que pode ser aclamado como uma criação "boa". Portanto, alguns dos fenômenos que tradicionalmente descrevemos como "resultados" da Queda parecem fazer parte do tecido de uma criação boa e emergente.

Desse processo, surge uma população de hominídeos que evoluíram como animais culturais com sistemas sociais emergentes, e é essa população inicial (de, talvez, 10 mil) que constitui nossos ancestrais. Quando essa população evoluiu a ponto de exibir características de consciência emergente, aptidão relacional e mecanismos de vontade — em suma, quando esses hominídeos evoluíram a ponto de exibir capacidades morais — nosso Deus criador "elege" essa população como seu povo da aliança. A "criação" da humanidade, nessa imagem, é a primeira eleição — a primeira de muitas (Noé, Abraão, Jacó et al.). E naquela eleição pactual de uma população, Yahweh estabeleceu um relacionamento com a humanidade que envolvia sua autorrevelação a eles, e lhes estabelecia parâmetros morais para seu florescimento. Ao serem eleitas, essas criaturas, que são o ápice da criação, também são delegadas e comissionadas como "portadoras da imagem" de Deus — os representantes do Criador para o cuidado e o florescimento da criação. Eles são encarregados de desenvolver o potencial latente contido na criação. E, até certo ponto, a criação agora depende de seu cuidado e cultivo, de modo que, se essa humanidade emergente falhar em cumprir sua missão e obrigações conforme articuladas pela "lei" de Deus, haverá consequências "cósmicas".

Essa humanidade original não é perfeita (a tradição teológica católica [universal] nunca afirmou isso). Eles são capazes de cumprir essa missão — a lei de Deus não seria estabelecida onde a obediência não é possível — mas também se caracterizam pela imaturidade moral, uma vez que a virtude moral requer habituação e formação, requer tempo. Portanto, embora eles sejam capazes de cumprir essa missão, não há garantias nem surpresas quando falham. Como estamos lidando com uma população maior neste "jardim", por assim dizer, não há um evento isolado no momento T1 em que "a transgressão" ocorre. No entanto, ainda existe uma natureza episódica, temporal, de uma Queda. Podemos imaginar um processo de

Queda, uma espécie de período probatório em que Deus está observando (não muito diferente da dinâmica da narrativa do dilúvio em Gênesis 6, um tipo de segunda narrativa de Queda na Torá). Portanto, a Queda pode ocorrer ao longo do tempo T1-T3. Contudo há uma importante sensação de antes e depois nesse cenário.

E as coisas mudam no "depois": há efeitos cósmicos que podem ser discerníveis (compare com Colossenses 1–2); há também as consequências cósmicas do fracasso da humanidade em cultivar e cuidar da criação; e há também algum tipo de mudança (quase?) ontológica na natureza humana, ou pelo menos uma certa solidificação do caráter humano em uma certa direção e tendência que exigirão que a iniciativa regeneradora de Deus torne possível a virtude corretamente ordenada. Essa regeneração e santificação, entretanto, não constituirão uma ruína de suas tendências e capacidades criadas, mas sim uma restauração[33] de possibilidades criacionais e um empoderamento/formação para poder realizar esse chamado. A redenção também exigirá uma graça de alcance cósmico, uma graça que é o resultado da cruz (Colossenses 1:20).

Agora, para alguns, isso já pode parecer uma reformulação que abandonou a tradição; alguns podem julgar isso não como uma extensão fiel da tradição, mas como uma concessão comprometedora à "ciência" — uma concessão que desistiu de um casal histórico e de uma Queda numa fração de segundo em resultado de uma única decisão etc. Contudo, também consigo imaginar como alguém poderia considerar esses aspectos particulares da doutrina recebida como não essenciais.

No entanto, esse cenário permanece, sim, comprometido com outras características da doutrina tradicional. Deixe-me destacar apenas dois:

Primeiro, nesse cenário, a Queda ainda é histórica, temporal e até "eventual",[34] embora seja algo como um episódio em processo.[35] Isso tam-

---

[33] Na verdade, a redenção terá de ser *mais* do que mera restauração, caso contrário, a Queda ainda seria uma possibilidade. É exatamente por isso que Agostinho enfatizou que a humanidade original "no jardim" era *posse non peccare* (capaz de não pecar), enquanto a humanidade escatológica "no reino" será *non posse peccare* (incapaz de pecar). Portanto, redenção é restauração, mas também *mais* que restauração. Jon Stanley apontou cuidadosamente como Herman Bavinck honra essa dinâmica do "algo mais" da redenção de maneiras que Kuyper não faz; assim, Stanley descreve o relato de redenção de Bavinck como "Restauração *plus*". Ver Stanley, "Grace Restores and Renews Nature", *Kuyper Center Review, v. 2: Revelation and Common Grace* [Revelação e graça comum]. Org. John Bowlin, Grand Rapids: Eerdmans, 2011.

[34] Orig. "evental". O autor vale-se de um neologismo para enfatizar o ponto de que a Queda na sua formulação pode ainda ter um caráter de evento. [N. T.]

[35] Acho que abrimos espaço para algo assim em outros contextos. Por exemplo, quando foi que eu "ganhei" um certo GP de Fórmula 1? Somente na bandeira quadriculada? E se eu estivesse liderando com grande

bém mantém um senso de efeitos cósmicos como parte de um "depois". Essa imagem histórica parece ser necessária para manter uma ideia de pecado como "não é do jeito que deveria ser". E *isso* me parece essencial para a tradição, de modo que qualquer extensão fiel terá que articular uma continuidade com essa sensibilidade.

Segundo, esse modelo resiste à "ontologização" da Queda. Eu acho que um ponto importante de preocupação com algumas propostas recentes de reformulação é a maneira como elas acabam "naturalizando" o pecado — inscrevendo a ruína dentro do tecido da criação (de modo que descrever isso como uma "queda simbólica" é na verdade um truque ardiloso, já que realmente não há uma queda *de* um lugar ou estado). Há importantes preocupações teológicas em jogo aqui, preocupações que os cristãos frequentemente discutem em termos da relação entre natureza e graça. Enquanto protestantes e católicos às vezes discordam de sua relação (a graça "restaura" a natureza *vs.* a graça "aperfeiçoa" a natureza), todos concordam no que toca à oposição a qualquer noção de que a graça se *oponha* à natureza, ou "anule" a natureza, ou "desfaça" a natureza. Em outras palavras, a tradição cristã sempre julgou que qualquer interpretação da graça/redenção que vê a redenção como, de alguma forma, antinatureza seria *ipso facto* anticriação e, portanto, postularia uma inconsistência fundamental à narrativa bíblica. Tornar o pecado algo original não é a doutrina do pecado original; é uma versão do gnosticismo.[36]

Meu objetivo aqui foi mapear o terreno de perguntas e desafios, traçando onde e por que eu acho que existem limites para essa conversa — e o que está em jogo quando os cruzamos. Contudo espero ter indicado também o lugar espaçoso que permanece nesses parâmetros para respostas criativas, construtivas e fiéis aos desafios contemporâneos. Os capítulos a seguir estenderão e aprofundarão essas possibilidades.

---

folga as últimas 12 voltas? Ou, quando é que ganhei a medalha de ouro na maratona? Somente quando cruzei a linha de chegada? O "evento" da minha "vitória" não parece ser simplesmente pontual. Todo treinador sabe disso quando aponta que, mesmo que o outro time tenha vencido quando marcou um ponto ou gol ao soar do apito final, nós "perdemos" o jogo mais cedo por perder chances de gol, cestas etc. O ponto aqui é que nossa noção popular de um "episódio" é bastante elástica.

[36] Eu critiquei exatamente este ponto na obra de Stephen Mulhall, *Philosophical Myths of the Fall* [Mitos filosóficos da Queda]: ele ontologiza ou naturaliza a Queda, de modo que a criação é sempre já caída. Ver James K. Smith, *The Devil Reads Derrida—and Other Essays on the University, the Church, Politics, and the Arts* [O diabo lê Derrida – e outros ensaios sobre a universidade, a igreja, a política e as artes]. Grand Rapids: Eerdmans, 2009, cap. 12.

PARTE II
Estudos bíblicos e implicações teológicas

CAPÍTULO 4

Lendo Gênesis 3 atentos à evolução humana

Para além do concordismo e dos Magistérios Não-Interferentes

J. Richard Middleton

Vamos começar repensando a conversa entre Escritura/ciência. Embora existam divergências de opinião sobre os detalhes (uma vez que a ciência está sempre sendo refinada), a maioria dos paleoantropólogos data os primeiros fósseis de hominínios como sendo de cerca de 6 ou 7 milhões de anos atrás, com os Australopithecines aparecendo há cerca de 4 milhões de anos e o gênero *Homo* há aproximadamente 2 milhões de anos (*Homo habilis*).[1] A hipótese atual mais provável para a evolução do *Homo sapiens* anatomicamente moderno coloca sua origem há cerca de 200 mil anos, com uma população mínima entre 2 mil e 10 mil indivíduos.[2]

Muitos céticos, bem como cristãos comprometidos, consideram esse relato científico incompatível com a versão bíblica da origem da humanidade relatada nos primeiros capítulos de Gênesis. Do lado dos céticos, a Bíblia tem sido frequentemente descartada porque se pensa que seu relato mítico ou pré-científico das origens (tanto cósmicas quanto humanas) contradiz o que sabemos da ciência moderna. Essa abordagem cética

---

[1] Antropólogos contemporâneos passaram a usar o termo hominínio (em vez de hominídeo) para se referir ao agrupamento de seres humanos com seus parentes pré-humanos (isso inclui o gênero *Homo*, bem como parentes distantes, como os *Australopithecines*). O termo hominídeo agora se refere ao grupo maior, incluindo todos os grandes primatas.

[2] Nada no que se segue é determinado por essas estimativas particulares; a ciência é um projeto falível e em constante mudança, e é de se esperar que detalhes dessas estimativas sejam contestados e, de fato, mudem com o tempo.

é mais evidente no modelo de "guerra" entre ciência e religião, tornado famoso por John W. Draper e Andrew Dickson White no século 19, e perpetuado pelos novos ateus como Christopher Hitchens e Richard Dawkins nos séculos 20 e 21.[3]

Muitos cristãos (especialmente evangélicos e fundamentalistas na América do Norte) aderiram ao modelo da guerra, com a diferença de que assumem a verdade "literal" do relato bíblico — entendendo "literal" no sentido de exigir uma correspondência exata entre detalhes desse relato e eventos e realidades no mundo empírico.[4] Essa abordagem, que geralmente recebe o nome de "criacionismo científico" ou "ciência da criação" (ou, mais recentemente, "ciência das origens") assume que a Bíblia tem a intenção de ensinar um verdadeiro relato científico das origens cósmicas — incluindo uma Terra jovem e a descontinuidade das espécies (particularmente a descontinuidade entre humanos e outros primatas).[5]

Como essa maneira de ler os relatos bíblicos da criação contradiz claramente o entendimento das origens fornecidas pela ciência moderna (tanto na cosmologia quanto na biologia evolutiva), os defensores da "ciência da criação" geralmente descartam as pretensas alegações da ciência moderna (pelo menos no caso das origens cósmicas e biológicas) dizendo que são ideologicamente contaminadas. O resultado é uma tentativa concordista de forçar a ciência a se encaixar no que se pensa que a Bíblia diz sobre esses tópicos.[6]

---

[3] John W. Draper, *History of the Conflict between Religion and Science* (1874) [História do conflito entre religião e ciência]; Andrew Dickson White, *A History of the Warfare of Science with Theology in Christendom* (1896) [Uma história da guerra da ciência com a teologia na cristandade]; este último é uma expansão de um trabalho anterior e mais curto de White, chamado *The Warfare of Science* (1876) [A batalha da ciência]. Christopher Hitchens, *God Is Not Great: How Religion Poisons Everything*. Nova York: Twelve Books, 2007 [Ed. bras. *Deus Não é Grande: como a religião envenena tudo*. Trad. Alexandre Martins, Rio de Janeiro: Ediouro, 2007]; Richard Dawkins, *The God Delusion*. Boston: Houghton Mifflin, 2006 [Ed. bras. *Deus, um delírio*. Trad. Fernanda Ravagnani, São Paulo: Cia. das Letras, 2007.]

[4] Existe um outro sentido de "literal", do latim *ad literatum*, equivalente à leitura de acordo com o gênero pretendido da obra.

[5] Tanto a suposição cética quanto a cristã de um modelo de "guerra" podem ser entendidas como versões do modelo de "conflito" de relacionar religião e ciência, proposto por Ian Barbour em sua famosa tipologia quádrupla de possíveis relacionamentos entre ciência e religião (Barbour, *Issues in Science and Religion*, publicado pela primeira vez em 1966). [Em português, a tipologia se encontra em Ian Barbour, *Quando a Ciência Encontra a Religião: Inimigas, Estranhas ou Parceiras?* Trad. Paulo Salles. São Paulo: Ed. Cultrix. 2004. (N. T.)]

[6] Uma abordagem concordista mais recente funciona na direção oposta, tentando harmonizar a Bíblia com as conclusões da ciência moderna. Essa abordagem, liderada por Hugh Ross e a organização chamada "Reasons to Believe" [Razões para acreditar], tenta fazer a Bíblia concordar com a cosmologia moderna (o site é: http://www.reasons.org/). Nesta abordagem, as declarações da Bíblia sobre a natureza e a

Uma das dimensões mais problemáticas em se afirmar o relato das origens bíblicas e também a evolução biológica é a doutrina da "Queda", pois a Bíblia parece ensinar (em Gênesis 3) sobre um evento pontual no qual um casal original transgrediu o mandamento de Deus após um período paradisíaco inicial. Se a doutrina clássica do "pecado original" é de fato necessária para a ortodoxia credal (em toda a sua especificidade) é uma questão em aberto. No entanto, a própria Bíblia certamente parece, à primeira vista, vincular a origem do mal a uma compreensão do início da humanidade que é bem diferente do que encontramos na biologia evolutiva.

Dada a suposta contradição entre as reivindicações bíblico-teológicas e a ciência evolutiva, o que um cristão honesto deve fazer? Suponha que alguém queira fazer justiça tanto à evolução biológica quanto à fé cristã histórica (que foi "de uma vez por todas confiada aos santos"; Judas 3), como alguém poderia afirmar ambas com integridade?[7]

A abordagem mais comum tem sido utilizar alguma versão da proposta de Stephen Jay Gould dos Magistérios Não-Interferentes (MNI),[8] que separara a verdade bíblica e teológica da verdade científica como pertencentes a domínios conceituais distintos, o que, portanto, garante não haver contradição entre eles.[9]

---

origem da criação não são entendidas em seu antigo contexto conceitual, mas interpretadas de modo a harmonizá-las (anacronicamente) com as reivindicações científicas modernas (incluindo um universo de galáxias com bilhões de anos). No entanto, a certa altura, esse projeto concordista se encontra com o da "ciência da criação" — a evolução biológica (especialmente a evolução humana) é inaceitável. Veja, por exemplo, Fazale e Hugh Ross, *Who Was Adam? A Creation Model Approach to the Origin of Man* [Quem foi Adão? Um modelo de criação para a origem do homem] (Colorado Springs: NavPress, 2005). Entre os muitos livros de Ross, é visível essa posição em um dos seus primeiros, *The Fingerprint of God* [A impressão digital de Deus], (Orange, CA: Promise Publishing, 1989; 3. ed., 2005). Para a tentativa mais recente de Ross de harmonizar a ciência e a Bíblia, consulte *Hidden Treasures in the Book of Job: How the Oldest Book of the Bible Answers Today's Scientific Questions* [Tesouros escondidos no livro de Jó: como o livro mais antigo da bíblia responde as perguntas científicas da atualidade] (Grand Rapids: Baker, 2011). A publicidade deste livro afirma que "[o livro de] Jó está repleto de valiosos insights sobre questões antigas e modernas a respeito de assuntos como a formação do mundo, a diferença entre animais e humanos, cosmologia, dinossauros e o registro fóssil, como cuidar da criação e muito mais".

[7] A partir daqui, todas as citações bíblicas serão da NRSV (Nova Versão Padrão Revisada), a menos que de outra forma assinalado. [Como essa versão não existe em português, usaremos a NVI como padrão, embora em vários momentos indicaremos outras traduções no próprio corpo do texto, a fim de nos aproximarmos das traduções que o autor prefere usar. (N. T.)]

[8] No original, NOMA – *Non-Overlapping Magisteria*. Como Gould introduziu este conceito em artigos prévios ao livro que consolidou sua abordagem (veja nota logo abaixo), às vezes a tradução em português aparece como "Magistérios-Não-Sobrepostos". No entanto, o livro que aprofunda e consagra a abordagem traz a tradução como MNI. Cf. Stephen Jay Gould, *Pilares Do Tempo: ciência e religião na plenitude da vida*, trad. F. Rangel, Rio de Janeiro: Rocco, 2002. (Orig. *Rocks of Ages: science and religion in the fullness of life*, Nova York: Random House, 1999.) [N. T.]

[9] Stephen Jay Gould, "Non-Overlapping Magisteria," *Natural History*, v. 106, Março de 1997, pp. 16-22. Gould propôs essa maneira de conceber a relação de teologia e ciência após o discurso do Papa João

Variantes da abordagem dos MNI podem ser encontradas, com ou sem a terminologia explícita, entre muitos escritores que trabalham o assunto do cristianismo e da evolução, uma vez que elas fornecem uma alternativa metodológica útil ao modelo do conflito.[10] Em contraste com a suposição de muitos cristãos evangélicos ou fundamentalistas de que um relato evolutivo das origens humanas é incompatível com o relato bíblico de "Adão", um número crescente de cientistas e teólogos hoje está tentando afirmar positivamente uma fé cristã ortodoxa juntamente com as descobertas científicas sobre a evolução biológica. Seja descrita como "evolução teísta" (o termo mais antigo) ou "criação evolutiva/evolucionária" (o termo mais recente, usado, por exemplo, pela Fundação BioLogos), essa tentativa de honrar a inegociável autoridade das Escrituras e também a pesquisa cumulativa de mais de um século de paleontologia, juntamente com a recente contribuição da genética, é louvável.

Como alternativa a uma tentativa ingênua e concordista de reconciliar as Escrituras com a ciência, a aceitação dos MNI pelos cristãos contemporâneos é totalmente compreensível. Essa abordagem permite que os cientistas evolutivos continuem seu trabalho, sem ter que comprometer suas descobertas com as supostas verdades da teologia. E os teólogos também podem refletir sobre o papel de Deus nos processos biológicos do desenvolvimento da vida, sem serem vetados pela ciência.

Contudo, isso é tudo o que há para ser dito? Como estudioso da Bíblia, devo simplesmente colocar entre colchetes o relato científico das origens humanas (e ignorar o que sei da evolução dos hominínios) quando interpreto Gênesis 3? Certamente, as suposições e os pressupostos do intérprete devem afetar — de alguma maneira — o que ele vê (e não vê) nas Escrituras. Será que a Bíblia não teria nenhuma relevância ao se pensar sobre

---

Paulo II sobre evolução e fé para a Pontifícia Academia das Ciências em 1996, embora ele remeta suas reflexões sobre o assunto a uma viagem de 1984 ao Vaticano (patrocinado pela mesma Academia), durante a qual ele discutiu a evolução e a teologia cristã com um grupo de cientistas jesuítas. Gould argumenta que ele não está inventando a abordagem dos MNI, apenas a terminologia. Gould explica que essa tem sido a abordagem de fato da Igreja Católica desde, pelo menos, a encíclica do Papa Pio XII, *Humani generis*, de 1950, e que o discurso João Paulo II em 1996 foi uma tentativa constrangida de abordar uma certa reticência por parte de Pio em relação a factualidade da evolução (mesmo que ele tenha afirmado que não havia, em princípio, nenhuma contradição entre evolução e fé).

[10] O conceito de MNI parece corresponder ao modelo de "independência" de Ian Barbour sobre a relação entre religião e ciência. Ou seja, não há conflito entre elas, mas a natureza do relacionamento não está claramente especificada.

evolução? No que se segue, pretendo pensar a evolução *juntamente* com o relato bíblico da origem do mal em Gênesis 3.

Aqui sou encorajado pelo trabalho do estudioso do Antigo Testamento, William Brown, especialmente em sua tentativa de ir além do concordismo e dos MNI em direção a uma exploração de possíveis "ressonâncias" que possam surgir de uma "conversa interdisciplinar" entre a Bíblia e a ciência.[11]

Em seu brilhante e inspirador trabalho *The Seven Pillars of Creation* [Os sete pilares da criação], Brown explora os principais textos de criação no Antigo Testamento (incluindo Gênesis 2–3) em conexão com a ciência contemporânea, utilizando um método de três etapas. Começando com uma *elucidação* de cada texto, Brown *associa* os temas teológicos do texto em questão ao que ele discerne que podem ser aspectos relevantes do mundo que conhecemos através da ciência, que ele então explora. Finalmente, ele volta ao texto bíblico com as ideias obtidas da ciência, a fim de se *apropriar* do texto por sua sabedoria e relevância para a vida de hoje. Brown concebe esse processo como "um ciclo de *feedback* hermenêutico"[12] entre o texto bíblico e a ciência contemporânea, segundo o qual uma variedade de "consonâncias", "correlações", "conexões", "pontos de contato" ou "paralelos" entre o texto e nosso conhecimento científico podem ser explorados.[13]

O que impede que isso seja simplesmente uma nova tentativa de concordismo ou harmonização?[14] Primeiro, Brown é claro ao afirmar que essas conexões são "paralelos virtuais", "pontos de contato *análogos* ou associações *imaginativas*" — em outras palavras, há aqui um elemento inescapável de subjetividade interpretativa.[15] Segundo, Brown trata as Escrituras como um texto antigo, sem conhecimento da ciência contemporânea, e reconhece que, portanto, precisamos estar cientes de "afirmações feitas pelo texto bíblico sobre o mundo que *conflitam* com os achados da ciência"; ele sugere, portanto, que prestemos atenção às "disjunções" e "colisões" tanto

---

[11] William P. Brown, *The Seven Pillars of Creation: The Bible, Science, and the Ecology of Wonder* [Os sete pilares da criação: a bíblia, a ciência e a ecologia do maravilhamento]. Oxford: Oxford University Press, 2010, p. 8.

[12] Ibid., p. 16

[13] Ibid., p. 9-10.

[14] Em uma conversa, Brown fez uma brincadeira dizendo que magistérios completamente interferentes ou sobrepostos resultaria num COMA! [Trocadilho com o original em inglês, NOMA. (N. T.)]

[15] Brown, *Seven Pillars of Creation*, p. 10 (ênfase minha).

quanto às ressonâncias.[16] É claro que isso também é diferente dos MNI, pois, nesse modelo, nem o discurso bíblico-teológico nem o científico podem informar um ao outro. Assim, Brown sugere (em tom jocoso) que podemos pensar em sua abordagem como "MTI"[17] (Magistérios Tangencialmente Interferentes [ou sobrepostos]).[18]

Brown está então sugerindo que a ciência contemporânea deve moldar nossa teologia ou nossa interpretação das Escrituras? Não é bem assim. Sua sugestão é que, embora a ciência não deva ditar a direção da interpretação bíblica, ela pode "sutilmente empurrar o trabalho da teologia bíblica em direções em que ainda não se aventurou e, ao fazê-lo, pode adicionar outra camada à 'espessura' interpretativa das Escrituras [...] ou à sua profundidade maravilhosa".[19]

Minha abordagem ao relacionamento das Escrituras com a ciência neste capítulo é semelhante à de Brown, com três ressalvas ou diferenças. Primeiro, enquanto Brown se concentra na relação entre os textos de criação e a ciência contemporânea, tentarei ler a narrativa da "Queda" em Gênesis 2–3 em relação ao que sabemos da história evolutiva do *Homo sapiens*. Segundo, embora existam muitas dimensões da compreensão científica do mundo às quais Brown é capaz de recorrer em sua interpretação dos relatos bíblicos da criação, há muito pouco conhecimento por parte dos cientistas sobre a origem da religião, moralidade e ética entre os *Homo sapiens*. Por fim, enquanto Brown, devido ao grande escopo de seu livro, é capaz de se mover do texto bíblico para a ciência contemporânea e depois voltar para o texto bíblico, as limitações de espaço deste capítulo impedem qualquer longa exposição em três partes como aquela.

Minha abordagem será a de percorrer vários temas ou motivos importantes na história do jardim de Gênesis 2–3, explorando a importância desses temas para a evolução humana e, alternativamente, como um entendimento da evolução pode nos ajudar a interpretar tais temas

---

[16] Ibid., p. 10 (ênfase minha).

[17] Orig. "TOMA": Tangentially Overlapping Magisteria, em contraste irônico com o NOMA de Stephen Jay Gould [N. T.]

[18] Brown, *Seven Pillars of Creation*, p. 17. Devemos notar que o próprio Gould admitiu que os dois domínios da ciência e da teologia frequentemente friccionam um no outro de maneiras interessantes, o que exige negociação.

[19] Brown, *Seven Pillars of Creation*, p. 16.

ou motivos nos textos (embora às vezes eu possa simplesmente levantar questões para as quais não tenho respostas claras no momento). Assim, concebo este capítulo como uma sonda experimental em duas direções — para ver se o texto bíblico pode nos ajudar a pensar sobre a origem da consciência moral entre o *Homo sapiens*, e se nosso conhecimento atual da evolução de nossa espécie pode iluminar aspectos do texto que os leitores não tenham percebido anteriormente. No percurso, minha leitura do texto bíblico e da evolução do *Homo sapiens* se basearão em uma abordagem de ética da virtude para o desenvolvimento da consciência moral. Meu palpite é que uma leitura atenta de Gênesis 2–3 em conexão com a evolução humana pode lançar luz sobre a conceptualização da origem do mal moral, incluindo a noção de uma Queda "histórica" ou "com caráter de evento".[20]

A CONEXÃO *'ĀDĀM – 'ĂDĀMÂ*

Embora meu foco no que se segue seja Gênesis 3, este capítulo faz parte de uma unidade literária maior e coerente que começa com Gênesis 2:4b. Portanto, não é inapropriado começar com a origem da humanidade, conforme retratada em Gênesis 2.[21]

Vamos começar com o nome Adão. Acaso é significativo que esse nome (como muitos dos nomes dos primeiros capítulos de Gênesis) seja claramente simbólico? Adão (*'ādām*) significa "humano". De fato, Adão se torna um nome próprio apenas em Gênesis 4 e 5; antes disso, ele é *hā'ādām* (o humano).[22] Assim, parece que estamos justificados em vê-lo

---

[20] Portanto, estou trabalhando com a tese articulada por James K. A. Smith (em seu capítulo neste volume). Essa noção de uma origem histórica do mal humano é consistente com a fé cristã ortodoxa (e talvez até exigida por ela).

[21] Muito mais poderia ser dito sobre a relação entre a representação bíblica das origens humanas e o que sabemos do estado da atual ciência evolutiva. Trabalhos recentes (com perspectivas ligeiramente diferentes) incluem Peter Enns, *The Evolution of Adam: What the Bible Does and Doesn't Say about Human Origins* [A evolução de Adão: o que a bíblia diz e não diz sobre as origens humanas] (Grand Rapids: Brazos, 2012); e John H. Walton, *The Lost World of Adam and Eve: Genesis 2–3 and the Human Origins Debate* (Downers Grove, IL: IVP Academic, 2015) [Ed. bras. O Mundo Perdido de Adão e Eva. Trad. Rodolfo Amorim de Souza, Viçosa, MG: Ultimato, 2016].

[22] Existem quatro lugares na narrativa de Gênesis 2-3 em que *'ādām* aparece sem o artigo definido, mas nenhum deles é um nome próprio. De acordo com 2:5, "não havia ninguém [lit. não havia *'ādām*] para cultivar o solo". Em Gênesis 2:20, 3:37 e 3:21, temos *lĕ'ādām* (para o humano); aqui a preposição *lĕ* (para) é anexada a *'ādām* sem a alteração de vogal que geralmente indica um artigo definido (*lā'ādām*). No entanto, no primeiro caso (2:20), o mesmo versículo também usa *hā'ādām* (o humano); e deve-se lembrar

como o primeiro humano e também arquetipicamente como todo homem ou todo mundo.

Também devemos observar que a palavra para o primeiro humano (ʾādām) funciona como parte de um trocadilho ou jogo de palavras em hebraico em Gênesis 2 e 3, onde o termo soa como (ou ressoa auditivamente como) a palavra para solo ou chão/terra (ʾădāmâ). Os estudiosos biblistas sugeriram vários trocadilhos em inglês equivalentes, como a *criatura terrestre* da *terra*, o *terráqueo* da *terra*, o *humano* do *húmus*.[23][24] O ponto é que a ressonância auditiva de ʾādām e ʾădāmâ sugere uma ressonância ontológica primária entre o humano e seu contexto terrestre. Não apenas o ser humano é retirado do solo (uma questão de derivação ou origem), mas o propósito humano é trabalhar a terra (uma questão de vocação ou chamado). Devido ao pecado humano, o solo é amaldiçoado, no sentido de que a relação do humano com o solo se torna difícil (o trabalho se torna árduo); a ressonância primária se torna dissonância. E a morte é descrita como o retorno à terra de onde o humano foi tirado.[25]

Durante toda essa linha narrativa, a ressonância auditiva do ser humano e do solo (ʾādām e ʾădāmâ), juntamente com os contornos narrados de sua interdependência, sugere que os humanos são fundamentalmente criaturas terrestres ou terrícolas. Isso — juntamente com o fato de que os animais também são retirados do solo (Gênesis 2:19) — pode ser útil para se pensar em como a figura da humanidade em Gênesis 2 pode se relacionar com o que sabemos das origens humanas e dos animais a partir da história evolutiva. Poderia esta continuidade do humano com a terra até mesmo nos ajudar a pensar na semelhança entre muitas características e habilidades encontradas em vários animais que antes eram consideradas únicas da humanidade?

---

que não haveria distinção no texto consonantal hebraico (portanto, a indicação da vogal do texto massorético pode ser idiossincrática). Gênesis 4:25 é o primeiro uso claro de ʾādām sem o artigo definido ("Adão conheceu sua esposa novamente"). No entanto, Gênesis 4:2, que menciona a primeira vez que o homem "conheceu" sua esposa, traz hāʾādām. Em Gênesis 5:1, que inicia uma genealogia, finalmente temos o nome próprio Adão claramente intencionado.

[23] Original: "earth creature from the earth, groundling from the ground, human from the humus". [N. T.]

[24] Por exemplo, Phyllis Trible sugere a tradução "criatura terrestre", retirada da "terra" ["earth creature" taken from the "earth"] no livro *God and the Rhetoric of Sexuality* [Deus e a retórica da sexualidade] *Overtures to Biblical Theology* (Philadelphia: Fortress, 1978), pp. 76-8; Brown, *Seven Pillars of Creation*, pp. 81-8.

[25] Para uma exploração mais completa da centralidade da conexão ʾādām – ʾādāmâ na história primeva, consulte Patrick D. Miller Jr., *Genesis 1–11: Studies in Structure and Theme*, Sheffield: JSOT, 1978, Cap. 3: "The ʾădāmāh Motif".

O JARDIM DO ÉDEN E O SOPRO DA VIDA

Em Gênesis 2, o local da humanidade primordial é um jardim. Este jardim, com suas árvores, rios e menção a pedras preciosas e semipreciosas, lembra um jardim da realeza ou bosque sagrado no antigo Oriente Próximo, um local repleto de presença divina.[26] Considerando que Gênesis 1 se baseia na concepção do céu e da terra como um templo cósmico, com a humanidade como "imagem" de Deus ou estátua de culto dentro do templo, destinada a mediar a presença divina e governar do céu para a terra (o céu funcionando como o Santo dos Santos cósmico), o jardim em Gênesis 2 é o *locus* da presença divina na Terra, onde Deus "caminha" em proximidade da humanidade.[27]

Também é significativo que um bosque sagrado ao lado de um rio primitivo seja o cenário típico do ritual chamado *mīs pî* (lavagem da boca) ou *pīt pî* (abertura da boca), conhecido a partir de textos da Mesopotâmia. Esse era o processo ritual pelo qual uma imagem de culto humanamente construída era vivificada e transformada ("transubstanciada", segundo um estudioso[28]) de uma estátua de madeira inerte para uma "imagem" viva de um deus.[29] Então, quando Deus YHWH forma o ser humano do pó da ter-

---

[26] Veja Gordon J. Wenham, "Sanctuary Symbolism in the Garden of Eden Story", *Proceedings of the World Congress of Jewish Studies*, v. 9, 1986, pp. 19-25. Reimpresso em Richard S. Hess e David Toshio Tsumura (Orgs.), *I Studied Inscriptions from Before the Flood: Ancient Near Eastern, Literary, and Linguistic Approaches to Genesis 1–11* [Eu estudei inscrições de antes do dilúvio: abordagens literárias, linguísticas e do antigo oriente próximo a Gênesis 1-11]. Sources for Biblical and Theological Study, v.4, Winona Lake, IN: Eisenbrauns, 1994, pp. 399-404.

[27] Além do trabalho pioneiro de Wenham, veja Gregory K. Beale, *The Temple and the Church's Mission: A Biblical Theology of the Dwelling Place of God* [O templo e a missão da igreja: uma teologia bíblica da habitação de Deus], New Studies in Biblical Theology, v. 17 (Downers Grove, IL: IVP Academic, 2004); T. Desmond Alexander, *From Eden to the New Jerusalem: An Introduction to Biblical Theology* [Do Éden à Nova Jerusalém: uma introdução a teologia bíblica] (Grand Rapids: Kregel, 2009); e os ensaios contidos em T. Desmond Alexander e Simon J. Gathercole (Orgs.), *Heaven on Earth: The Temple in Biblical Theology* [Céu e terra: o templo na teologia bíblica] (Carlisle, UK: Paternoster, 2004). Eu discuti o motivo do cosmos como templo em *The Liberating Image: The Imago Dei in Genesis 1* [A imagem libertadora: a imago Dei em Gênesis 1] (Grand Rapids: Brazos, 2005) cap. 2; e também em "The Role of Human Beings in the Cosmic Temple: The Intersection of Worldviews in Psalms 8 and 104" (*Canadian Theological Review*, v. 2, n. 1, 2013, pp. 44-58); e *A New Heaven and a New Earth: Reclaiming Biblical Eschatology* [Um novo céu e uma nova terra: recuperando a escatologia bíblica] (Grand Rapids: Baker Academic, 2014), caps. 2 e 8.

[28] Para "transubstanciação", veja Thorkild Jacobsen, "The Graven Image" [A imagem esculpida]. In: Patrick D. Miller Jr., Paul D. Hanson, e S. Dean McBride (Orgs.), *Ancient Israelite Religion: Essays in Honor of Frank Moore Cross.* (Philadelphia: Fortress, 1987), pp. 15-32. Stephen L. Herring aplicou a análise de Jacobsen do ritual mesopotâmio em Gênesis 1 em "A 'Transubstantiated' Humanity: The Relationship between Divine Image and the Presence of God in Genesis i 26f.," *Vetus Testamentum*, v. 58, 2008, pp. 480-94.

[29] Para um estudo detalhado de Gênesis 2-3 e do ritual mesopotâmio (e seu equivalente egípcio), veja Catherine McDowell, *The "Image of God" in Eden: The Creation of Mankind in Genesis 2:5–3:24 in Light of the mīs pî, pīt pî and wpt-r Rituals of Mesopotamia and Ancient Egypt* [A "imagem de Deus" no Éden: a

ra e sopra na criatura terrestre o sopro da vida (Gênesis 2:7), isso não tem nada a ver com infundir uma alma platônica na matéria (de fato, o humano torna-se uma "alma vivente" [versão King James] ou organismo).[30] Em vez disso, o texto narra Deus consagrando a humanidade para carregar a imagem divina, ou — sendo mais enfático — para se tornar a imagem-de--culto de Deus na terra, um local distinto da presença divina. Esse motivo mostra a profunda unidade-na-diversidade de Gênesis 1 e 2, uma vez que os dois textos são capazes de transmitir a mesma conceptualização teológica através de motivos literários bem diferentes.

Quais são as implicações dessa figura, de Deus consagrando e vivificando um pedaço de terra em Gênesis 2:7 para se tornar a *imago Dei*? Seria essa imagem sugestiva para a compreensão da evolução do *Homo sapiens*, seja sua evolução a partir de ancestrais hominínios anteriores ou a partir do desenvolvimento da consciência religiosa e moral (que parece ter ocorrido muito depois da evolução dos humanos anatomicamente modernos)?[31]

No entanto, não está claro que a *imago Dei* seja equivalente a ter uma consciência religiosa ou moral. De fato, devemos ter cuidado em entender a *imago Dei* em termos de quaisquer qualidades humanas distintas, uma vez que quase toda qualidade humana tem algo análogo a outras espécies animais. Ao contrário da ideia clássica de que a imagem de Deus pode ser reduzida a certas faculdades inatas da "alma" humana (como racionalidade, imortalidade, consciência, criatividade ou um *sensus divinitatus*), que nos distingue de outros animais, a maioria dos estudiosos do Antigo Testamento agora entendem a *imago Dei* em termos do que pode ser chamado de interpretação *funcional*. Ou seja, a humanidade como imagem de Deus se refere principalmente ao chamado ou vocação humana para representar Deus no mundo; podemos até chamar isso de interpretação missional.[32]

---

criação da humanidade em Gênesis 2:5-3:24 à luz dos rituais *mīs pî, pīt pî and wpt-r* da Mesopotâmia e Egito Antigo]. Série Siphrut: Literature and Theology of the Hebrew Scriptures, v. 15, Winona Lake, IN: Eisenbrauns, 2015.

[30] O mesmo termo (*nepeš ḥayyâ*) é usado tanto para humanos (Gênesis 2:7) quanto para animais (Gênesis 2:19), traduzido pela NSRV como "ser vivo" e "criatura viva", respectivamente. [Na NVI, "ser vivente" e "ser vivo", respectivamente. (N. T.)]

[31] É particularmente difícil estimar quando o *Homo sapiens* começou a mostrar evidências de consciência religiosa ou moral. Alguns sugerem que a religião pode estar correlacionada com certos tipos de práticas funerárias, mas não há amplo consenso sobre esse ponto. Evidências claras de relíquias e altares religiosos não aparecem no registro arqueológico até muito mais tarde.

[32] Este é o principal argumento em Middleton, *The Liberating Image* [A imagem libertadora]. Para algo mais recente, veja Middleton, "Image of God" [Imagem de Deus]. In: Samuel E. Balentine et al. (Orgs.),

Podemos, assim, pensar na *imago Dei* como análoga à noção bíblica de *eleição*. Note que antes da eleição com uma vocação única, Israel não tinha nenhuma distinção particular em relação a outros povos.[33] Desse modo, quaisquer espécies de hominínios que existissem antes ou com o *Homo sapiens* poderia ser o caso de que, em algum momento, Deus elegeu o *Homo sapiens* (ou talvez alguma população deles em particular) para portar a imagem divina?[34]

O JARDIM COMO UM PROJETO CULTURAL LOCALIZADO

Há outra dimensão significativa do jardim em Gênesis 2–3 que pode ser importante para os nossos propósitos. Aqui devemos observar que o jardim não é simplesmente equivalente a um lugar onde a vida vegetal cresce, mas refere-se a uma área cultivada. É por isso que Deus demorou a plantar o jardim até que houvesse água e um ser humano para trabalhar o solo (Gênesis 2:5). O jardim não é, portanto, "natureza" pura e simples, mas um projeto cultural. A descrição da vocação humana em Gênesis 2 sobre como cuidar (*trabalhar* e *proteger*) o jardim (Gênesis 2:15) é, portanto, paralela à tarefa dada à humanidade em Gênesis 1, de subjugar a terra (Gênesis 1:26–28).[35] De fato, uma vez que foi Deus quem plantou o jardim

---

The Oxford Encyclopedia of the Bible and Theology, v. 2, Oxford e Nova York: Oxford University Press, 2015, pp. 516-23.

[33] Para o paralelo entre o chamado real-sacerdotal da humanidade criada como *imago Dei* para governar a terra e a eleição de Israel para trazer bênção às nações, veja Middleton: "A New Heaven and a New Earth: The Case for a Holistic Reading of the Biblical Story of Redemption", *Journal for Christian Theological Research*, v. 11, 2006, pp. 73-97.

[34] Para uma versão dessa interpretação (que, no entanto, tenta uma nova harmonização ou concordância entre a Bíblia e a evolução), consulte Joshua M. Moritz, "Evolution, the End of Human Uniqueness, and the Election of the Imago Dei", *Theology and Science*, v. 9, n. 3, 2011, pp. 307-339. Este texto é baseado na tese de doutorado de Moritz: *Chosen from among the Animals: The End of Human Uniqueness and the Election of the Image of God* [Escolhidos entre os animais: o fim da singularidade humana e a eleição da imagem de Deus]. Tese de Doutorado, Graduate Theological Union, 2011.

[35] É ainda mais significativo que os dois verbos que descrevem a tarefa humana no jardim, ou seja, "trabalhar/cultivar" (*'ābad*) e "guardar/proteger/manter/cuidar" (*šāmar*), sejam frequentemente usados em outras partes do Antigo Testamento para atividades tipicamente "religiosas". O fato de o primeiro verbo poder significar "servir" e ser aplicável ao serviço sacerdotal no templo às vezes levou os intérpretes à noção falaciosa de que os humanos devem "servir" ao jardim (ou ao solo). Contudo o que devemos pensar do fato de que o último verbo é frequentemente usado para "guardar" a Torá de Deus? Devemos obedecer ao jardim? Em vez de importar os significados dessas palavras de outros contextos (praticando o que James Barr chamou de "transferência ilegítima de totalidade"), devemos permitir que os verbos sejam traduzidos de acordo com o contexto em questão, enquanto estamos atentos às possíveis *conotações* (e não significados) cúlticas. Ou seja, esses verbos podem transmitir a importância religiosa da vocação humana comum no desenvolvimento cultural.

(Gênesis 2:8), isso significa que ele iniciou o primeiro projeto cultural, o qual os humanos — à imagem divina — devem continuar.[36]

Além disso, uma vez que a narrativa de Gênesis 2-3 retrata o jardim como um fenômeno localizado (de modo que os humanos pudessem ser posteriormente exilados dele; Gênesis 3:24), faz sentido pensar que a humanidade deveria estender a terra cultivada para o resto do mundo, assim "enchendo" a terra (Gênesis 1:28) não apenas com sua descendência, mas com a presença divina manifestada em sua cultura, a qual glorifica a Deus (e assim eles cumpririam seu papel de estátua de culto de Deus no templo cósmico). No entanto, em vez de cumprir essa soberana vocação, encontramos a declaração irônica em Gênesis 6 de que os humanos realmente "encheram" a terra, mas com violência (Gênesis 6:11,13), que resultou na corrupção da própria terra a partir da qual eles foram feitos (Gênesis 6:11-12).

Uma possível implicação dessa imagem de um jardim localizado é que pode haver justificativa ao se pensar que o mundo fora do jardim nunca foi idílico, mas já possuía os espinhos e ervas daninhas mencionados como parte da dor ou do sofrimento (*'iṣābôn*) que acompanhará o trabalho na terra após o pecado humano (Gênesis 3:18). Talvez o texto não pretenda dizer que a "maldição" na terra (Gênesis 3:17) é a origem de uma vida vegetal tão problemática; antes, é a origem da dor ou do sofrimento que, a partir de agora, caracterizará o trabalho humano fora do jardim. A "maldição" não é, portanto, uma mudança ontológica no *ădāmâ*, mas sim uma relação alterada entre o *'ādām* e a *ădāmâ*.

Da mesma forma, acaso é possível que outros assuntos que muitas vezes são desagradáveis para o retrato de um mundo primevo ideal por parte dos cristãos — como a predação animal e a morte biológica em geral — não tenham nada a ver com a "maldição", mas são simplesmente as realidades da vida além do jardim? No mínimo, o chamado para "cuidar" e

---

[36] O fato de Deus ter adiado o plantio do jardim até formar e vivificar o ser humano sugere que esse quadro não é simplesmente equivalente aos rituais da Mesopotâmia, pois, no caso de Gênesis 2, o local da presença divina (o ser humano) *precede* o jardim. Essa priorização da humanidade como agente da cultura é consistente com a ênfase na ação humana encontrada ao longo da história primeva, em contraste com um papel mais passivo da humanidade nos mitos e lendas da Mesopotâmia. Veja Middleton, *The Liberating Image* [A imagem libertadora], cap. 5: "Genesis 1-11 as Ideology Critique" [Gênesis 1-11 como crítica ideológica].

"cultivar" o jardim (Gênesis 2:15) ou "subjugar" a terra (Gênesis 1:28) sugere que, embora o mundo tenha sido "muito bom", ele nunca foi perfeito, no sentido de que não poderia ser melhorado.[37] Enquanto o uso do forte verbo "subjugar" (*kābaš*) sugere que haveria um esforço significativo na tarefa agrícola, o verbo "cuidar" [NVI] (*šāmar*) [em várias traduções inglesas "proteger" ou "guardar"] não poderia indicar que havia algo contra o que se proteger? O mundo primitivo não estava isento de perigo.

A ÁRVORE DA VIDA E O AVISO SOBRE A MORTE

No fim das contas, o jardim precisava ser protegido e vigiado contra os próprios seres humanos (algo que veremos em breve).[38] Contudo, primeiro, devemos observar o severo alerta que Deus dá sobre a possibilidade de morte. É dito ao homem que no "dia" em que comer da "árvore do conhecimento do bem e do mal", ele "certamente morrerá" (Gênesis 2:17).[39] Esse aviso torna-se pungente quando em contraste com a presença da árvore da *vida* no meio do jardim (Gênesis 2:9). O jardim, evidentemente, pretende ser um local de vida, que inclui beleza e alimento; as árvores no jardim são descritas como "agradáveis à vista e boas para comer" (Gênesis 2: 9) e — com exceção de uma árvore — seus frutos são explicitamente dados aos humanos para comerem (Gênesis 2:16) , algo que a mulher mais tarde afirma (Gênesis 3:2).

Aqui temos de discernir o que a *árvore da vida* simboliza e como isso se relaciona com o tipo de *morte* mencionado no alerta de Deus. Um possível significado da *morte* é simplesmente o fim da vida biológica, de modo que, quando os humanos comem da árvore proibida, literalmente caem mortos. O fato de eles não morrerem nesse sentido sugeriu a

---

[37] Sobre a importante distinção entre a bondade da criação e sua perfeição, ver Terence E. Fretheim, *God and World in the Old Testament: A Relational Theology of Creation* [Deus e mundo no Antigo Testamento: uma teologia relacional da criação]. Nashville: Abingdon, 2005, pp. 41, 125.

[38] Talvez, inicialmente, os humanos precisassem se proteger e vigiar contra a astuta cobra. Falaremos dela mais adiante.

[39] Esta tradução é minha própria. A NRSV traz apenas "você morrerá [you shall die]". O hebraico para "você certamente morrerá" em Gênesis 2:17 é uma formulação verbal distinta que repete a raiz verbal de um infinitivo seguido por uma forma finita do verbo ("morrer você morrerá"). O resultado é enfático. Assim, Robert Alter traduz isso como "condenado a morrer", em Alter, *Genesis: Translation and Commentary* (Nova York e Londres: Norton, 1996), p. 8. [As traduções em português trazem "certamente morrerás", conforme a tradução própria do autor. (N. T.)]

LENDO GÊNESIS 3 ATENTOS À EVOLUÇÃO HUMANA

alguns intérpretes que a cobra estava certa ao dizer "você não vai morrer" (Gênesis 3:4).[40] Como alternativa, *morte* poderia se referir à introdução da mortalidade, assumindo que os seres humanos foram criados imortais. No entanto, essa interpretação contradiz tudo o que sabemos sobre a evolução dos organismos biológicos, uma vez que a mortalidade parece ser intrínseca à vida biológica. Até Gênesis contradiz essa interpretação quando retrata Deus formando o ser humano a partir do pó da terra, que é uma metáfora da mortalidade — "você é pó, e ao pó voltará" (Gênesis 3:17). Até Paulo chama Adão de "homem do pó", referindo-se ao fato de ele ter sido criado como mortal (1Coríntios 15:42-49).[41]

É possível, no entanto, que a *morte* possa ser entendida como uma *reversão* para a mortalidade, assumindo que a árvore da vida simbolize a imortalidade e que os humanos tenham comido de seus frutos antes da desobediência. No entanto, a árvore da vida deve ser entendida mais propriamente como um símbolo do florescimento terrestre, de acordo com a literatura de sabedoria do Antigo Testamento, que descreve a sabedoria como uma "árvore da vida" para quem a encontra (Provérbios 3:18). Essa conexão da sabedoria com a vida (viver de acordo com a sabedoria leva ao florescimento) não é apenas um tema difundido em Provérbios, mas pode dar sentido à história do jardim com suas duas árvores, uma de conhecimento/sabedoria e outra da vida.[42] Isso sugere um terceiro significado da morte, a saber, como a antítese do florescimento. Portanto, quando a literatura de sabedoria contrasta os dois caminhos, da Vida e da Morte, isso não se reduz ao contraste entre a mera existência e a extinção da existência; nem se refere à imortalidade *versus* mortalidade. Em vez disso, o foco está na diferença entre uma vida que se ajusta à sabedoria, arraigada na reverência a Deus, que resulta em bênção e *shalom*, e uma vida de tolices,

---

[40] R. W. L. Moberly aborda essa questão de maneira perspicaz, seguindo uma direção semelhante à minha, em "Did the Serpent Get It Right?" *Journal of Theological Studies*, v. 39, 1988, pp. 1-27.

[41] O Salmo 103:14 descreve a mortalidade humana usando exatamente as palavras "formado" e "pó" de Gênesis 2:7.

[42] Visto que sabedoria e vida estão associadas em outras partes da Bíblia, surge a pergunta sobre por que elas são separadas em duas árvores em Gênesis 2-3. Essa separação parece servir para distinguir (1) a sabedoria infantil inicial que equivale a simplesmente confiar em Deus (2) da sabedoria madura que envolve discernir entre o bem e o mal. O primeiro tipo de sabedoria (apropriado ao estágio inicial do desenvolvimento moral) leva à vida (é compatível com o comer da árvore da vida); mas a maneira pela qual alguém discerne o bem e o mal pode levar à vida ou à morte (assim, exílio do jardim). Voltarei a essa distinção mais adiante.

caracterizada por rejeitar os caminhos de Deus, que assim torna-se deformada e atormentada pela corrupção e pela calamidade.[43]

É esse sentido de *morte* que permite ao escritor do Salmo 88 afirmar que ele já está no túmulo (88:3-6). A morte começou a invadir a vida; a corrupção comprometeu o florescimento normativo. Da mesma forma, quando Jacó pensou que José estava morto, "ele se recusou a ser consolado, dizendo: Não! Chorando descerei ao Sheol para junto de meu filho" (Gênesis 37:35). Jacó não estava planejando suicídio. Antes, a qualidade de sua vida havia sido comprometida; a vida se tornara como morte para ele. Esse entendimento leva Paulo a considerar o pecado e a morte como poderes (que são antítese da vida) que são superados na cruz e na ressurreição de Cristo.[44]

Se tomarmos a advertência sobre a morte em Gênesis 2 sob essa luz, ela não só é coerente com a visão de mundo do restante das Escrituras, como também nos permite ver a mortalidade como um componente comum e até intrínseco ao mundo que Deus criou. O fato de que os organismos morrem, o que é essencial para a história evolutiva, não estaria em nenhum tipo de tensão com os relatos bíblicos da criação.[45]

Isso não significa que devemos excluir a imortalidade como o resultado final de comer da árvore da vida. Afinal, a razão pela qual os humanos pecadores são posteriormente exilados do jardim é porque eles podem, em seu estado pecaminoso, comer da árvore da vida e "viver para sempre" (Gênesis 3:22). Isso nos permite ver uma trajetória canônica da árvore da vida em Gênesis 2 até seu culminar na Nova Jerusalém (Apocalipse 22:2, 14). Em outras palavras, parece que Deus teria, em algum momento, depois que os humanos fossem *confirmados* em sua obediência, tornado permanente o seu florescimento (e o florescimento do mundo). Essa interpretação baseia-se na noção de Paulo do corpo ressurreto como imortal ou incorruptível (1Coríntios 15:50-54). Como se viu, no entanto, o florescimento permanente do mundo foi interrompido pela intervenção do

---

[43] Sobre os dois caminhos, e a relação da sabedoria com a vida, veja Middleton, *A New Heaven and a New Earth,* cap. 5: "Earthly Flourishing in Law, Wisdom, and Prophecy" [Florescimento da terra na lei, na sabedoria e na profecia].

[44] Veja Beverly R. Gaventa, "The Cosmic Power of Sin in Paul's Letter to the Romans: Toward a Widescreen Edition", *Interpretation,* v. 58, n. 3, 2004, pp. 229-40.

[45] Paulo escreve que o aguilhão da morte é o pecado (1Coríntios 15:56), o que sugere que sem pecado a morte pode não ser considerada como um mal.

pecado, o que exigiria um ato restaurador (a redenção) para levar o mundo ao seu *telos* pretendido.

A ÁRVORE DO CONHECIMENTO DO BEM E DO MAL

Há uma série de opiniões divergentes na história da interpretação sobre o significado da "árvore do conhecimento do bem e do mal", da qual os humanos são ordenados a não comer (Gênesis 2:9, 17). Alguns intérpretes apelam para o contexto narrativo posterior, quando o homem "conheceu" sua esposa (Gênesis 4:1; cf. 4:17, 25) e ela concebeu e deu à luz um filho, sugerindo que era um "conhecimento" sexual que foi proibido.[46] Isso pode ser interpretado em um tom agostiniano, que denigra o sexo por causa da luxúria envolvida, ou em um sentido mais moderno, de que comer da árvore foi uma queda "para cima" ou "para a frente" em direção à maturidade (que inclui, mas não é limitada ao sexo); a abordagem moderna normalmente inclui um elemento trágico nesta queda para cima. Uma versão recente desta queda na maturidade sugere que o "conhecimento do bem e do mal" refere-se à humanidade vindo a conhecer a experiência da luta pela existência, que inclui o sofrimento como parte do processo de crescimento (a palavra hebraica *ra'* não se limita ao mal moral, mas pode significar desastre ou calamidade).[47]

Outros intérpretes apelam para o uso do merisma "bem e mal" (ou "bom e mau") para se referir a uma totalidade.[48] Assim, a exortação para "fazer o bem ou fazer o mal" (Isaías 41:23) significa *Faça alguma coisa, qualquer coisa!*[49] A implicação dessa linha de pensamento seria que comer da árvore representa a tentativa de apreender o conhecimento de todas as coisas. Isso pode ser interpretado em termos de noções antigas, como a de

---

[46] Assim, falamos hoje de "conhecimento carnal". Essa leitura às vezes apela a Deuteronômio 1:39, que fala de crianças que ainda não conhecem o bem e o mal; mas isso pode se referir não à sexualidade, mas ao discernimento moral (como é mais provável, dados outros usos dessa frase no Antigo Testamento).

[47] John F. A. Sawyer, "The Image of God, the Wisdom of Serpents and the Knowledge of Good and Evil" [A imagem de Deus, a sabedoria das serpentes e o conhecimento do bem e do mal]. In: Paul Morris e Deborah Sawyer (Orgs.), *A Walk in the Garden: Biblical, Iconographical and Literary Images of Eden*. JSOTSup v. 136, Sheffield: Sheffield Academic, 1992, pp. 64-73.

[48] Um merisma ou merismo (ou, ainda, *merismus*) é o uso de dois extremos para significar não apenas os extremos, mas também tudo que está entre eles.

[49] Neste texto em particular, não são os adjetivos (substantivados) "bom" e "mau/mal", mas os verbos "fazer o bem [o que é bom]" e "fazer o mal". Mas o ponto é o mesmo.

138

que a tecnologia estaria fora dos limites dos seres humanos, ou talvez de um conhecimento místico, ou em categorias mais contemporâneas da busca por autonomia ou totalização.

No entanto, a frase inteira "conhecimento do bem e do mal" (ou "conhecer o bem e o mal") é usada no Antigo Testamento para se referir à capacidade humana normal de discriminar entre o bem/bom e o mal/mau, incluindo a capacidade de tomar decisões éticas. Como o conhecimento do bem e do mal é precisamente o que Salomão pediu em vez de riquezas (1Reis 3:9), alguns pensaram que o rei desejava o que estava fora dos limites em Gênesis 2-3.[50] No entanto, em outras partes do Antigo Testamento, *conhecer o bem e o mal* é considerado como a capacidade legítima de distinguir o certo do errado, o que caracteriza os adultos maduros (Deuteronômio 1:39; Isaías 7:15) e, em um caso, refere-se à capacidade de discriminar com os sentidos, que diminui na velhice (2Samuel 19:35 [Texto Massorético 19:36]).[51] Esse uso sugere que a árvore do conhecimento do bem e do mal representa uma característica humana normativa e valiosa.

Como a árvore parece representar uma dimensão importante do amadurecimento humano, alguns intérpretes argumentam que Gênesis 3 narra a transgressão da proibição divina necessária ao desenvolvimento da tomada de decisões éticas. Essa é outra forma de "queda" para cima ou para a frente, na maturidade, tornando-se como Deus, indo além da simples obediência, para tomar decisões éticas independentes.[52] Mas essa interpretação não é uma inferência necessária.

Dado o sentido claro na narrativa de que comer da árvore levou a consequências trágicas, é melhor considerar a árvore como representando o que era temporariamente proibido (por boas razões), mas não era perpetuamente proibido para a humanidade. Não representava uma forma de conhecimento reservada apenas a Deus; antes, a proibição era dependente do tempo.[53]

---

[50] J. Daniel Hays, "Has the Narrator Come to Praise Solomon or to Bury Him? Narrative Subtlety in 1Kings 1–11", *Journal for the Study of the Old Testament*, v. 28, n. 2, 2003, pp. 149-74.

[51] A frase "que hoje ainda não sabe o certo do errado [lit. o bem e o mal]" está ausente de Deuteronômio 1:39 no Pentateuco Samaritano (mas está presente no Texto Massorético e no 4QDeut.)

[52] Jason P. Roberts acha que os humanos "emergiram como criaturas caídas que já eram originalmente pecadoras". Veja "Emerging in the Image of God to Know Good and Evil", *Zygon*, v. 46, n. 2, 2011, p. 478 (artigo inteiro pp. 471-81).

[53] Esta é talvez a mudança mais significativa em minha própria interpretação da história do jardim, já que eu costumava pensar que a árvore representava os limites da finitude, além dos quais não era apropriado que os humanos se aventurassem.

De acordo com o que sabemos sobre o desenvolvimento moral, os filhos (e, por analogia, os primeiros humanos) precisariam inicialmente confiar em seus pais (um pai divino, no caso), obedecendo às orientações do pai sobre o que contribui para o florescimento (e o que evitar), aprendendo assim um padrão de virtude e sendo educados de modo a serem o tipo de pessoas que podem (posteriormente) comer da árvore do conhecimento do bem e do mal (leia-se: decidir por si sós).[54] De fato, chega um momento no desenvolvimento moral dos adolescentes em que eles precisam começar a tomar suas próprias decisões (incluindo decisões éticas); isso é essencial para o processo de maturação. Contudo não faz sentido moral permitir ou promover essa tomada de decisão naqueles sem nenhuma experiência formativa do que é bom. Comer da árvore proibida cedo demais seria destrutivo para a pessoa, cauterizando a consciência dos humanos recém-formados (nós não permitimos que crianças pequenas "escolham" entre o bem e o mal da expressão ou abstinência sexual ou entre temperança e alcoolismo ou uso de drogas). Na verdade, isso corromperia a pessoa e levaria à violação de outras pessoas (o que acaba acontecendo no relato de Gênesis).

Existem implicações aqui para se pensar em como o pecado começou entre o *Homo sapiens*? Será que os primeiros humanos que começaram a desenvolver uma consciência moral e religiosa foram contra àquele cutucão inicial da consciência e contra um *sensus divinitatis* primitivo e, assim, começaram a "queda" no pecado? Essa interpretação não teria nenhum problema com a ideia de que o comportamento violento era intermitente (ou mesmo característico) do *Homo sapiens* antes do surgimento da consciência moral e religiosa. No entanto, esse comportamento é contado como pecado somente quando é proibido pela consciência, e a proibição é ignorada entre as criaturas capazes de entender o exortante *"Não!"*[55]

---

[54] A interpretação da árvore do conhecimento do bem e do mal como apenas temporariamente fora dos limites, é uma visão minoritária na história da interpretação, mas foi apoiada por C. S. Lewis, entre outros, e é central para a recontagem de Lewis da história do jardim em seu romance de ficção científica *Perelandra*, (Londres: The Bodley Head, 1943). [Ed. bras. Perelandra. Trad. Carlos Caldas, Rio de Janeiro, Thomas Nelson Brasil, 2019].

[55] Seria importante comentar o argumento de Paul Bloom em *Just Babies: The Origins of Good and Evil* [Apenas bebês: as origens do bem e do mal] (Nova York: Crown; Londres: The Bodley Head, 2013), de que mesmo os recém-nascidos parecem vir ao mundo "pré-programados" com um senso de moralidade, embora primitivo (que inclui empatia, compaixão e senso de justiça, juntamente com a percepção do mundo em termos de nós versus eles); essa "pré-programação" fornece a base para o crescimento moral e o desenvolvimento do caráter.

TEMPO NARRATIVO ENTRE A CRIAÇÃO E A QUEDA

Seria significativo que em Gênesis 2-3 não há narração dos seres humanos cumprindo sua vocação de cuidar do jardim? É verdade que o *'ādām* nomeia os animais (o que cumpre parcialmente o mandato de Gênesis 1:26-28), mas isso é anterior à criação da mulher; ela deveria ser uma "ajudadora" do homem, o que presumivelmente significava compartilhar a tarefa de cultivar e cuidar do jardim. Mas, em vez de retratar os primeiros humanos cumprindo sua explícita *raison d'être* [razão de ser], cuidando do jardim (Gênesis 2:15), a narrativa do Gênesis corre para contar sua desobediência.

Obviamente, o registro arqueológico sugere que o *Homo sapiens* estava envolvido em atividades culturais comuns, como caça e coleta, fabricação de ferramentas etc. por milhares de anos antes de qualquer evidência de emergência da consciência moral e religiosa (e, portanto, do pecado), o que não se encaixa bem na narrativa de Gênesis.[56] De fato, a tarefa inicial dada aos seres humanos na história do jardim é a agricultura, que ultrapassa todo o estágio de desenvolvimento em que os humanos eram apenas caçadores-coletores. Portanto, não devemos pensar em uma correlação estrita do texto bíblico e da história evolutiva; isso seria anacrônico. No entanto, poderia a transição quase imediata da criação dos seres humanos em Gênesis 2 para a transgressão em Gênesis 3 ser significativa para se pensar sobre a possivelmente limitada linha do tempo entre o aumento da consciência moral e religiosa no *Homo sapiens* e o início do pecado? Isso não significa que o autor de Gênesis 2-3 sabia alguma coisa sobre a evolução dos homínios, mas apenas que o texto não visualiza realmente um período paradisíaco. Esse período é mais uma função das suposições teológicas cristãs projetadas no texto do que qualquer coisa claramente narrada.

A COBRA

A função da cobra sempre intrigou intérpretes atenciosos. Embora a cobra seja identificada com o diabo ou Satanás na tradição posterior,

---

[56] Gênesis 4 narra a invenção de várias práticas culturais, incluindo ferramentas de metal, após a incursão do pecado.

diz-se que, no texto, a cobra é um dos animais selvagens que YHWH Deus havia criado (Gênesis 3:1); é, portanto, (por implicação) um dos animais que o humano nomeou (Gênesis 2:19).[57] Este ponto às vezes é encoberto, pois muitas traduções traduzem a frase idêntica *ḥayyat haśśādê* de maneira diferente em Gênesis 2:19 e 3:1 (a Nova Versão Padrão Revisada [NRSV] traz "animal do campo" e "animal selvagem", respectivamente).[58] [59] No entanto, o objetivo da história é retratar a cobra como um membro (indomado) do reino animal em relação ao qual o humano havia exercido algum tipo de discernimento e até domínio (o que parece implicado pelo ato de nomear).

O fato de a cobra não ser entendida como intrinsecamente má é sugerido pelo adjetivo usado para descrevê-la em Gênesis 3:1. Essa forma como a cobra é apresentada nos diz que ela era mais "astuta" [crafty] (NRSV) do que qualquer outro animal selvagem que YHWH Deus havia feito. Contudo devemos ter cuidado para entender o significado dessa palavra *'ārûm*, que é traduzida de várias maneiras como "astuta" [crafty] (NRSV, NASB, NIV, ESV), "sutil" [subtle] (Versão King James), "astuciosa/engenhosa" [cunning] (Good News Translation, Holman Christian Standard Bible), "perspicaz" [shrewd] (New English Translation, New Living Translation) e "inteligente" [intelligent] (Common English Bible).[60] Essa última e mais neutra versão é importante, pois indica que a palavra às vezes é usada como termo de aprovação para descrever uma pessoa sábia (Provérbios 12:16, 23; 13:16; 14:8; 22:3; 27:12), quando é normalmente traduzida como "prudente" (com "tolo" ou "simples" como seu antônimo).

---

[57] É por isso que usei intencionalmente a palavra comum "cobra" e não o termo mais mítico, "serpente", como é típico nas traduções de Gênesis 3.

[58] Isso acontece provavelmente porque diferentes tradutores foram responsáveis pelo cap. 2 e cap. 3. Da mesma forma, a NVI em inglês traz "all the beasts of the field" [todas as bestas do campo] e "any of the wild animals" [qualquer animal selvagem] e a New English Translation [Nova Tradução em Inglês] tem "every living animal of the field" [todo animal vivo do campo] e "any of the wild animals" [qualquer animal selvagem]. Algumas traduções são mais consistentes, como a English Standard Version [Versão Padrão em Inglês]: "every beast of the field" [todo animal do campo] e " any other beast of the field" [qualquer outro animal do campo]; e a New Living Translation [Nova Tradução Viva] "every wild animal" [todo animal selvagem] e "all the wild animals" [todos os animais selvagens].

[59] Nas traduções brasileiras: NVI e NAA — animais do campo (2:19) - animais selvagens (3:1); ARC: animal do campo (2:19) - alimária do campo (3:1); ARA: animais do campo (2:19) - animais selváticos (3:1); Bíblia de Jerusalém: feras selvagens (2:19) - animais dos campos (3:1); NVT: animais selvagens (em ambos os textos). [N. T.]

[60] Nas versões em português, temos: astuto ou astuta (NAA, NVI, NVT, ARC, Nova Bíblia Viva, Bíblia de Jerusalém); sagaz (ARA); esperto (NTLH). A versão "A Mensagem" traz "inteligente". [N. T.]

O termo não descreve o que chamaríamos de virtude moral, porém mais algo como a "esperteza", ou a "inteligência da rua". Saul descreve a astúcia de Davi com essa palavra, pois ele facilmente escapa de Saul (1Samuel 23:22). O termo designa, assim, o que poderíamos chamar de virtude *instrumental*, uma vez que nomeia uma forma de inteligência que pode ser usada para fins bons ou maus. A cobra é, portanto, (inicialmente) moralmente ambígua; não sabemos como ela usará sua inteligência.

Também é importante observar que existe um trocadilho ou jogo de palavras entre essa palavra usada para descrever a cobra (Gênesis 3:1) e a palavra "nu" *('ărûmîm)* usada para descrever o homem e a mulher apenas um versículo antes (2:25).[61] A divisão de capítulos entre esses dois versículos não deve nos confundir sobre esse importante aspecto literário da narrativa. O trocadilho aqui tem um caráter bastante diferente daquele entre as palavras humano *('ādām)* e solo *('ădāmâ)*. Esse jogo de palavras indicava uma ressonância ontológica primária entre as duas realidades, ecoando a ressonância auditiva das palavras. O mesmo vale para o jogo de palavras entre as palavras mulher *('iššâ)* e homem *('îš)*, confirmadas no poema do homem sobre a mulher ser osso de seu osso e carne de sua carne (Gênesis 2:23). Esses dois conjuntos de trocadilhos indicam uma unidade fundamental — apesar da diferença entre as realidades nomeadas — sugeridas por duas palavras distintas que, no entanto, soam parecidas.

Contudo o trocadilho entre *nu* e *prudente/esperto/inteligente* funciona exatamente da maneira oposta. Aqui temos a palavra idêntica *('ārûm)* usada com significados radicalmente diferentes; as palavras são formalmente homônimas, mas são semanticamente (quase) antônimos.[62] Esse trocadi-

---

[61] O plural *'ărûmîm* é o que seria esperado quando o adjetivo *'ărûm* é aplicado a mais de uma pessoa. O singular *'ărûm* é usado para nudez em Jó 24:7, 10; 26:6; Eclesiastes. 5:14; Isaías 20:2-4; Amós 2:16.

[62] Imagine um leitor que acabou de ler em Gênesis 2:25 que os humanos estavam nus (*'ărûm* no plural) e não tinham vergonha (já uma ideia estranha, já que a nudez na Bíblia Hebraica é tipicamente uma qualidade negativa, pois significa que estão expostos e vulneráveis). O leitor então encontra a mesma palavra para a cobra apenas um versículo depois (3:1). Isso significa que a cobra estava *nua*? Bem, cobras não têm pelo ou penas, então isso é possível. Mas espere aí, o leitor pode pensar: *'ărûm* também significa *inteligente/prudente /sábio*. A percepção desse significado, juntamente com o uso anterior de *'ărûm*, seria incompatível no nível semântico, uma vez que uma pessoa inteligente ou prudente nunca sairia nua e vulnerável. Podemos até ver isso na palavra inglesa *"prude"* [puritano(a)], que sugere alguém que se encobre e não fica exposto. E a cobra não aparece inicialmente ao público revelando seus verdadeiros motivos, mas exibe uma estratégia secreta de ocultação e engano. Assim, a cobra, em última análise, não se mostra "nua" de forma alguma.

lho conflitante sinaliza, no nível semântico, o engano que a cobra cometerá e sua instrumentalidade na mediação do primeiro pecado. Isso leva à identificação da cobra na teologia judaica e cristã posterior com o diabo ou Satanás, uma figura que está ausente do texto de Gênesis 2-3.[63]

No entanto, o enigma é que a cobra — que, de acordo com a lógica de Gênesis 1, teria sido criada como "boa" — serve como a antítese para introduzir tentação (e, portanto, o mal moral) na história do jardim.[64] Como a cobra pode fazer parte tanto da boa ordem criada e, ainda assim, ser um meio de tentação ou prova? Como a história do jardim poderia responsabilizar os *seres humanos* pela introdução do mal no mundo e ainda assim exigir um agente externo de tentação e pecado? Talvez um agente externo seja necessário para narrar uma singularidade como o pecado original; de que outra forma poderíamos imaginar ou conceptualizar o mal surgindo em um mundo anteriormente sem o mal?[65]

Dada a discussão acima sobre a cobra, estou inclinado a pensar que ela representa aquele aspecto da ordem criada que permite, ou medeia, a escolha ética humana. Pode até ser uma representação externa de algum aspecto da psique humana (ou a psique em relação à criação externa). Certamente, o processo psicológico da tentação e o pecado resultante são vividamente representados pelo diálogo entre a mulher e a cobra.[66]

O PROCESSO DE TENTAÇÃO E PECADO

A astúcia ou inteligência da cobra é exibida na pergunta inicial que ela faz à mulher: "Deus disse: 'Vós não podeis comer de todas as árvores do jardim'?" (Gênesis 3:1, Bíblia de Jerusalém). Essa pergunta não admite nenhuma resposta simples. A mulher deve responder *sim* ou *não*? Qualquer

---

[63] De fato, a ascensão da figura de Satanás como uma *persona* má independente é tecnicamente posterior ao Antigo Testamento, embora o substantivo comum *śātān* (adversário ou acusador) seja frequentemente usado para seres humanos. Em três lugares, é usado como título para um acusador angelical, mas não como nome próprio (Jó 1-2; 1Crônicas 21:1; Zacarias 3:1-2).

[64] E é claro, ainda existe o outro enigma de que a cobra fala, (o único outro animal que fala na Bíblia além da jumenta de Balaão). Aqui, sua fala parece ser um aspecto de sua astúcia ou inteligência.

[65] Paul Ricoeur afirma que teve dificuldades em explicar a função da cobra na narração da origem do mal, dada a ênfase do texto na escolha humana como origem do mal (que, segundo Ricoeur, é fato único entre os mitos de origem); veja Ricoeur, *The Symbolism of Evil*, Boston: Beacon, 1969 [Ed. port. "O mito adâmico", em *A Simbólica do Mal*. Trad. Hugo Barros e Gonçalo Marcelo. Lisboa: Edições 70, 2013.]

[66] Talvez possamos relacionar o processo de tentação retratado na história do jardim com a fenomenologia da tentação relatada em Tiago 1:13-15 (onde a tentação envolve ser seduzido pelos próprios desejos).

144   COLEÇÃO FÉ, CIÊNCIA & CULTURA

uma das respostas distorceria a verdade, já que Deus havia dado permissão para comer qualquer árvore no jardim — exceto uma.[67] A questão é tecnicamente irrespondível em seus próprios termos.[68]

Contudo, a astúcia da cobra é mostrada ainda em duas mudanças que encontramos quando comparamos o texto de sua pergunta com o que o narrador diz em Gênesis 2. Enquanto o narrador usa consistentemente o nome composto YHWH *'ĕlohîm* para designar o criador, a cobra fala apenas sobre *ĕlohîm*, e a mulher segue assim em sua resposta; o nome YHWH não é usado em nenhum lugar da conversa (Gênesis 3:1-5). Poderia ser uma tática de distanciamento, ao associar a proibição com o reino divino em geral, e não especificamente a YHWH, o Deus da aliança? E, além disso, a referência do narrador a YHWH Deus *ordenando* (Gênesis 2:16) foi suavizada para Deus *dizendo* na pergunta da serpente (Gênesis 3:1); e aqui novamente a mulher segue o palavreado da cobra (Gênesis 3:3).

No entanto, a resposta da mulher à cobra é bastante astuta: "Podemos comer do fruto das árvores do jardim, mas Deus disse: 'Não comam do fruto da árvore que está no meio do jardim, nem toquem nele; do contrário vocês morrerão'". (Gênesis 3: 2–3.) Ela distingue corretamente entre a permissão e a proibição de Gênesis 2:17. No entanto, ela acrescenta a frase "nem toquem nele", algo que YHWH Deus nunca disse. Seria esse o diálogo interno da consciência, primeiro questionando a palavra de Deus e depois exagerando a proibição (construindo uma cerca em torno da lei, para usar um termo rabínico)? Ou esse diálogo sugere uma conversa anterior que ela pode ter tido com o homem? Afinal, Deus havia dado a proibição ao homem antes que a mulher fosse criada, então (na lógica da história) ela provavelmente teria aprendido sobre a proibição com ele. Será que o homem adicionou a "cerca", apenas para deixar claro que esta árvore era "terreno proibido"?[69] Se sim, essa conversa com a cobra poderia representar

---

[67] A tradução em português da NVI e a maioria das demais em português não trazem a ambiguidade que há no original hebraico e que permanece no inglês. Por isso a opção pela Bíblia de Jerusalém, em que a ambiguidade é mantida. Veja nota abaixo. [N. T.]

[68] É semelhante ao clássico: "Você parou de bater em sua esposa?" O marido é culpado qualquer que seja a resposta, sim ou não.

[69] Podemos observar que, quando uma figura de autoridade transmite instruções por meio de um subordinado, este geralmente embeleza as instruções ou afirma mais autoridade do que o necessário (pense em irmãos mais velhos que estão cuidando dos filhos menores, retransmitindo as instruções de seus pais sobre como não devem se aproximar do pote de biscoitos).

uma deliberação ética *inter-humana*? E poderia ser isso aplicável à origem da consciência moral entre os *Homo sapiens*?

Há ainda mais derrapagens na resposta da mulher à cobra. Embora a mulher reconheça a proibição de comer de uma árvore em particular no jardim, ela a descreve vagamente como "a árvore no meio do jardim" (Gênesis 3:3), quando, na verdade, havia duas árvores no meio do jardim (uma era a árvore da vida, que não era proibida). Ela também suaviza a advertência que YHWH Deus havia dado sobre as consequências da desobediência. O alerta original era que, *no dia* em que você comer da árvore proibida, *certamente morrerá*. Mas a mulher omite referência a *no dia* (que sugere consequências imediatas) e descreve a consequência simplesmente como "você morrerá" (omitindo a construção hebraica que indicava a certeza ou seriedade da consequência).

Após a resposta da mulher, a cobra afirma de forma direta: "Vocês não vão certamente morrer" ou (melhor) "Certamente não morrerão" (Gênesis 3:4), usando a mesma construção que YHWH Deus havia usado anteriormente, mas simplesmente negando-a.[70] Essa explícita contradição das palavras do Criador leva o diálogo para um novo nível — do questionamento à afirmação. Essa afirmação pode muito bem se referir aos diferentes significados de *morte* observados anteriormente (extinção da existência *versus* a entrada da corrupção na vida), outro exemplo da inteligência da cobra.

Essa afirmação sem rodeios é imediatamente seguida por uma explicação que contesta os motivos do Criador: "Deus sabe que, no dia em que dele comerem, seus olhos se abrirão, e vocês, como Deus, serão conhecedores do bem e do mal" (Gênesis 3:5). Essa é uma meia-verdade, que funciona para sugerir que o Criador foi mesquinho ou autoprotetor ao tentar impedir que os humanos alcançassem o conhecimento que ele possuía. Toda essa conversa serve para semear dúvidas na mulher em relação à generosidade de Deus, resultando em falta de confiança nas intenções de Deus para a humanidade.

A meia-verdade na afirmação final da serpente é evidente na confirmação posterior de YHWH Deus, quando ele reconhece que os humanos

---

[70] Esta é a minha tradução; a NRSV não faz distinção entre a diferença na construção da frase quando dita por Deus, pela mulher e pela cobra. [A NVI traz o "certamente" nos três pronunciamentos da frase. (N. T.)]

realmente alcançaram a semelhança de Deus (em Gênesis 3:22). No entanto, de acordo com Gênesis 1, os humanos foram *criados* à imagem de Deus (Gênesis 1:26-27). Eles *já* eram como Deus; não era algo que eles precisavam alcançar. E essa semelhança a Deus não estava ligada ao conhecimento do bem e do mal, mas ao fato de a eles ter sido concedido domínio sobre a terra.[71] Então, quando Deus afirma a verdade da alegação da serpente, que a semelhança a Deus resultou de comer o fruto proibido (Gênesis 3:22), ela tem um componente irônico. Eles realmente se tornaram como Deus, mas de maneira inadequada — o que não será bom para eles. E seus olhos foram realmente abertos, com o resultado de que eles sabiam que estavam nus e, portanto, tentaram encobrir sua nudez (Gênesis 3:7). O tipo de conhecimento do bem e do mal que eles adquiriram foi: nu = *ruim*; coberto = *bom*.

Não apenas o exagero da proibição ("nem toquem nele"), e o retrato de Deus como mesquinho ("Deus sabe que ... você será como Deus"), mas também o distanciamento da proibição do nome YHWH — tudo isso parece se encaixar na deliberação interna (ou mesmo na deliberação interpessoal) própria à fenomenologia da tentação. E isso pode ser aplicável a uma queda "original" ou a cada pessoa ao longo da história que luta com as exigências da consciência.

O resultado da conversa é que a mulher "viu" que a árvore era "desejável" (*neḥmād*) para se adquirir discernimento (Gênesis 3:6, Bíblia de Jerusalém).[72] Essa percepção é afirmada junto com o fato de a mulher ver que a árvore era "boa ao apetite" e "formosa à vista", ambas correspondendo a descrições semelhantes das árvores no jardim dadas anteriormente pelo narrador (Gênesis 2:9); mas nada na descrição anterior corresponde à nova percepção da mulher sobre adquirir discernimento.

Quando Deus animou o ser humano a partir do pó da terra (Gênesis 2:7), o resultado foi um "ser [alma] vivente", onde *nepeš* (tradicionalmente "alma") significa algo como "organismo". No entanto, outra possibilidade de tradução para *nepeš* é "apetite".[73] Deus colocou o ser humano no

---

[71] Mesmo na narrativa do jardim, a infusão do sopro da vida na humanidade (Gênesis 2:7) evocou a vivificação de uma imagem de culto. Assim, em Gênesis 1 e 2, a semelhança divina *precedeu* a transgressão.

[72] No entanto, a Septuaginta (LXX) grafa a frase "desejável para se adquirir discernimento" como "bonita de se contemplar/observar", tornando-a sinônimo da frase que a precede.

[73] Esse é um ponto central na análise de J. Gerald Janzen da amargura da "alma" (*nepeš*) de Jó, em seu brilhante estudo *At the Scent of Water: The Ground of Hope in the Book of Job* [No aroma da água: o

jardim como um apetite vivo — um organismo com um apetite pela vida; daí a referência ao jardim como fonte de alimento e beleza em Gênesis 2:9. O mesmo particípio para "desejável" (*neḥmād*) em 3:6 foi usado anteriormente para descrever as árvores como "agradáveis" de se olhar (Gênesis 2:9). O desejo ou apetite humano é, portanto, apropriado e encorajado no mundo de Deus. Estou inclinado a pensar que a transferência do desejo da comida para a sabedoria não estava errada; afinal, a sabedoria é uma coisa boa.[74] Assim como a cobra não era intrinsecamente má, também o desejo por sabedoria não estava errado; simplesmente não era o momento apropriado para essa etapa importante.

No entanto, tanto a mulher como o homem dão esse passo, com consequências terríveis. Cedendo ao seu desejo, a mulher comeu e deu um pouco ao homem (que estava lá o tempo todo, mas não disse nada); e ele também comeu (Gênesis 3:6). *Comer* aqui é uma metáfora poderosa para "levar algo para dentro de si"; ingerir é um modo participativo de existência, que envolve tornar algo externo uma parte de si mesmo.

AS CONSEQUÊNCIAS EXISTENCIAIS IMEDIATAS DO PECADO

O resultado desse ato de comer é uma mudança existencial imediata no homem e na mulher.[75] Tornam-se conscientes de sua nudez e — em contraste com a anterior falta de vergonha (2:25) — fazem roupas para se cobrir (3:7). É vergonha de ter cometido pecado? Também representa a desconfiança um do outro? Uma vez que isso é uma violação compartilhada de um limite que Deus instituiu (ambos comeram da árvore), cada um pode estar se perguntando se o outro respeitaria seus próprios limites

---

fundamento da esperança no livro de Jó] (Grand Rapids: Eerdmans, 2009). Na leitura de Janzen, o sofrimento de Jó o levou à perda do apetite pela vida (e com ele a esperança para o futuro), que é restaurada apenas com a teofania de YHWH no vento siroco/leste (tradicionalmente, "turbilhão"), que precede (e anuncia) as chuvas de outono após um verão quente e seco no deserto da Arábia (durante o qual o diálogo com os amigos ocorre). O próprio fato de YHWH aparecer pessoalmente a Jó, a substância do que YHWH diz e o momento de sua aparição (o siroco de outono geralmente traz o cheiro da chuva) conspiram para despertar novamente a *nepeš* de Jó e, portanto, seu desejo de vida e esperança para o futuro — apesar do terrível sofrimento que ele experimentou.

[74] De fato, o verbo usado em Gênesis 3:6 para se tornar sábio (o Hiphil do verbo *śākal*) é usado para a vitória final do servo sofredor em Isaías 52:13 (com as traduções variando entre o servo *agindo com sabedoria* e *prosperando*); a sabedoria visa a conduzir a uma vida bem-sucedida.

[75] Isso cumpre a advertência de Deus sobre "no dia" em que eles comerem do fruto.

pessoais. Assim, a nudez (com sua vulnerabilidade implícita) não é mais segura; e daqui em diante na Bíblia a nudez não é retratada positivamente.

Além desse sentimento imediato de vergonha, o texto relata seu recentemente descoberto medo de Deus, evidente em seu ato de se esconder quando ouvem Deus andando no jardim (Gênesis 3:8). Observe a resposta que o homem dá à pergunta de Deus: "Ouvi teus passos no jardim e fiquei com medo, porque estava nu; por isso me escondi" (Gênesis 3:10). Assim, mesmo antes da declaração formal do julgamento, a transgressão gera (via nudez, com sua vulnerabilidade) vergonha e medo, o que distancia o transgressor não apenas dos outros, mas também de Deus.

Quando Deus questiona o homem sobre se ele comeu da árvore proibida (Gênesis 3:11), ele culpa a mulher "que me deste por companheira" (Gênesis 3:12), que, por sua vez, culpa a cobra por enganá-la (Gênesis 3:13). Essa recusa em admitir culpa por nossas ações ("passar a bola") é outro aspecto da fenomenologia do pecado que se confirma verdadeiro na vida no mundo caído que conhecemos. E esse apontar de dedos gera a declaração formal de julgamento de Deus sobre a cobra, a mulher e o homem — na ordem inversa dos culpados.

A DECLARAÇÃO FORMAL DE JULGAMENTO

A narrativa da declaração de julgamento de Deus toma a forma de uma série de proclamações em forma poética (Gênesis 3:14-19), que descrevem as consequências da transgressão, além das mudanças existenciais imediatas que foram geradas.

Primeiro, a cobra é redescrita usando uma linguagem que ironicamente se assemelha à declaração anterior de sua astúcia ou inteligência (Gênesis 3:14). Fomos informados anteriormente que a cobra era astuciosa (*'ārûm*) para além de todos os animais selvagens, agora é amaldiçoada (*ārûr*) para além dos animais do campo e dos animais selvagens. Esse novo trocadilho ou jogo de palavras significa a transformação do que era apenas uma criatura em algo negativo; ou talvez seja a *relação* entre a cobra e os seres humanos que é transformada. Poderia isso ser um sinal do início do processo de idolatria, pelo qual algum aspecto bom do mundo de Deus que se tornou um foco do pecado humano (ou a mediação dele), e agora é

LENDO GÊNESIS 3 ATENTOS À EVOLUÇÃO HUMANA

vivenciado como alienante? Afinal, um ídolo é algo na criação que se tornou absolutizado e, assim, começa a assumir uma força negativa e quase independente nos assuntos humanos.[76]

A maldição é então explicada em termos da inimizade perpétua entre a prole da serpente e a prole da mulher (Gênesis 3:15). Embora desde Irineu (auxiliado e incentivado pela tradução da Vulgata) tenha-se construído um argumento para entender isso como um protoevangelho, o texto sugere claramente uma luta contínua de algum tipo — talvez entre humanos e cobras. Talvez, mais provavelmente, entre humanos e quaisquer aspectos da criação que se tornem ídolos? Talvez até entre humanos e o demoníaco. De fato, é possível que essa "maldição" narre a transformação de algum aspecto da criação precisamente no demoníaco.[77]

Após o julgamento da cobra, vem a proclamação do julgamento da mulher e depois do homem. Essas proclamações não são tecnicamente *punições*, mas as *consequências* do mal humano. Nem são normativas; elas não prescrevem o que ou como as coisas devem ser. Em vez disso, os julgamentos descrevem consequências generalizadas que homens e mulheres tipicamente experimentam. Essas consequências não apenas admitem exceções, mas são culturalmente condicionadas, descrevendo o que é típico na antiga ordem social da qual Israel fazia parte. Embora os julgamentos proclamados por Deus muitas vezes tenham sido pensados como uma série de "maldições", nem o homem nem a mulher são tecnicamente "amaldiçoados" — essa palavra é usada apenas sobre serpente e sobre o solo em Gênesis 3.

As consequências típicas para a mulher são duplas (Gênesis 3:16). Primeiro, haverá um aumento da dor no parto; que esse é um *aumento* da dor e não a origem da dor sugere que a dor é uma resposta normal dos organismos vivos (não se origina com o pecado). E segundo, o homem governará a mulher apesar de seu desejo por ele; em outras palavras, seu anseio por intimidade não será correspondido. A mutualidade original entre a mulher

---

[76] Observe o paradoxo de Paulo negar a existência de ídolos (1Coríntios 8:4) e questionar se um ídolo é alguma coisa (1Coríntios 10:19), mas continuar sugerindo que ídolos representam demônios (1Coríntios 10:20).

[77] Para a possibilidade de se ler o demoníaco como uma consequência da cobra em Gênesis 3, veja Nicholas John Ansell, "The Call of Wisdom/The Voice of the Serpent: A Canonical Approach to the Tree of Knowledge", *Christian Scholars Review*, v. 31, n. 1, 2001, pp. 31-57.

e o homem (representada pelo jogo de palavras entre *iššâ* e *'îš*) será agora substituída por uma assimetria de poder entre eles; a ressonância primária se tornou dissonância.[78]

Quando a narrativa recomeça (após a proclamação do julgamento), a primeira coisa que o homem faz é nomear a mulher, exibindo assim seu domínio sobre ela; ele a chama de Eva "porque ela era a mãe de todos os viventes" (Gênesis 3:20, Bíblia de Jerusalém). Embora o jogo de palavras entre "Eva" (*ḥawwâ*) e "viventes" (*ḥay*) sugira algo bonito e até terno, esse ponto positivo inicial é contrariado pelo fato de nomear, o que concretiza uma assimetria de poder.

Nós nomeamos animais (os animais de estimação), alguns objetos inanimados (barcos) e crianças recém-nascidas. Porém, uma vez que nossos filhos crescem e se tornam iguais a nós em status, não temos mais autoridade para mudar seus nomes a nosso critério. Um exemplo de nomeação ilegítima (em que nomear claramente implica subjugação) é a prática comum de opressores renomeando povos escravizados e colonizados. Para entender melhor a ilegitimidade de o homem nomear a mulher em Gênesis 3:20, devemos observar o paralelo com a nomeação dos animais: "Assim o homem deu nomes a todos os rebanhos domésticos, às aves do céu e a todos os animais selvagens. Todavia não se encontrou para o homem alguém que o auxiliasse e lhe correspondesse" (Gênesis 2:20). Como o nome expressa uma assimetria de poder (e os humanos devem ter domínio sobre os animais), o fato de o homem ter nomeado os animais mostra que eles não se qualificaram como o "ajudante" [auxiliar, na NVI] apropriado [que lhe correspondesse, na NVI] que Deus havia pretendido.

Antes, Deus disse: "Não é bom que o homem esteja só; farei para ele alguém que o auxilie e lhe corresponda" (Gênesis 2:18). Como é bem conhecido dos estudantes de hebraico, o termo "ajuda" ou "ajudante" [auxílio, na NVI] (*'ēzer* neste caso; mas muitas vezes o particípio *'ōzēr*) é normalmente usado no Antigo Testamento para alguém com poder ou *status* superior que vem ao auxílio de um inferior (Salmos 22:11 [Texto Massorético 22:12]; 72:12; 107:12; Isaías 31:3; 63:5; Jeremias 47:7; Lamentações 1:7;

---

[78] Aqui é importante contrastar esse estado das coisas com a mutualidade do domínio concedida a homens e mulheres em Gênesis 1:26-28, e também observar que o único domínio divinamente autorizado era o domínio humano sobre os não-humanos.

LENDO GÊNESIS 3 ATENTOS À EVOLUÇÃO HUMANA

Daniel 11:34, 45); assim, Deus é considerado o ajudante (= salvador) de Israel (veja Salmo 30:10 [Texto Massorético 30:11]; 54:5). Mas em Gênesis 2:18 e 20 a palavra "ajudante" ["auxílio", na NVI] é imediatamente seguida por *kĕnegdô*, uma palavra composta que significa "como seu parceiro" (NRSV) ["que lhe correspondesse", na NVI]. Essa palavra qualifica "ajudante", para que não seja considerada como ajudante superior, mas, neste caso em particular, como igual. Deus pretende uma igualdade de poder entre o homem e a mulher. No entanto, o ato de nomear impede a igualdade.[79]

Pode-se objetar que o homem anteriormente (antes do pecado) já havia nomeado a mulher (Gênesis 2:23). Aqui, precisamos distinguir entre o reconhecimento do homem da pessoa recém-criada como "mulher" (*'iššâ*) tirada do "homem" (*'îš*) e o ato de nomear propriamente dito. O principal indicador de que o homem não nomeia a mulher em Gênesis 2:23 é o desvio deste texto do padrão comum de nomeação nas narrativas do Gênesis.[80]

Em Gênesis, a nomeação é normalmente indicada pelo uso do verbo *qārā'* (chamar) e o substantivo *šēm* (nome); assim Gênesis 3:20 diz literalmente: "o homem chamou o nome de sua mulher Eva". Mas Gênesis 2:23 usa *qārā'* (chamar) sem *šēm* (nome); esse afastamento do padrão típico de nomeação sugere que algo mais está acontecendo (além disso, o nome dela será Eva, não "mulher").[81]

Além da ausência da palavra para "nome" em Gênesis 2:23, o texto usa o passivo (Niphal) de *qārā'* ("esta será chamada mulher"), o que sugere ainda mais o reconhecimento de seu caráter em vez de nomear por si só. O homem a reconhece como uma pessoa similar-porém-diferente de si mesmo, indicado tanto pelo trocadilho ressonante que ele faz (*'iššâ* tirado

---

[79] Phyllis Trible está correta ao afirmar que o fato de o homem nomear a mulher era um ato de dominação (Trible, *God and the Rhetoric of Sexuality*, pp. 72-143). No entanto, Trible complica as coisas tratando a nomeação como sempre equivalente à dominação. Na verdade, nomear significa uma assimetria de poder entre quem faz a nomeação e quem está sendo nomeado. Mas algumas assimetrias de poder são legítimas (e até saudáveis), como no relacionamento entre pais e filhos.

[80] George Ramsey se opôs à alegação de Trible de que a mulher não é nomeada em Gênesis 2:23 e também à sua identificação do ato de nomear com dominação; veja Ramsey: "Is Name-Giving an Act of Domination in Genesis 2:23 and Elsewhere?" *Catholic Biblical Quarterly* v. 50, n. 1, 1988, pp. 24-35. Enquanto Ramsey está enganado em sua primeira objeção, sua segunda objeção é acertada.

[81] Trible explica que, embora fórmulas de nomeação diferentes sejam usadas em todo o Antigo Testamento, o Javista sempre usa o substantivo ou verbo como *nome*. Ver Phyllis Trible, "Eve and Adam: Genesis 2-3 Reread", *Andover Newton Quarterly* v. 13, n. 4, 1973, pp. 251-55.

de *'îš*) quanto por sua descrição dela como "osso do meu osso e carne da minha carne" (essa é a terminologia de parentesco, como em 2Samuel 5:1). Todas as mulheres experimentam grandes dores no parto? Todos os homens dominam as mulheres? A resposta a essas perguntas é claramente *não*. Essas são experiências humanas típicas em um mundo caído, mas elas admitem exceções. E, como todas as consequências da Queda (maneiras pelas quais a morte invadiu o florescimento), elas devem ser resistidas, com medidas corretivas, sempre que possível.

Após o julgamento da mulher, Deus pronuncia consequências para o homem. Aqui, o texto não usa a palavra para homem como masculino (*'îš*), mas sim a palavra para humano (*'ādām*); todavia, *'ādām* é tratado como masculino (ele ouviu a mulher; Gênesis 3:17). É curioso que, mesmo após a criação da mulher, o texto continue usando a palavra *'ādām* para o homem (Gênesis 2:22, 23, 25; 3:8-9, 12, 17, 20-21) e para a humanidade em geral (Gênesis 3: 22-24). Seria o texto uma representação retórica do início do patriarcado? No entanto, tudo o que é dito sobre o *'ādām* é relevante para homens e mulheres. Como o *'ādām* desobedeceu à palavra de Deus, o *'ādāmâ* é amaldiçoado. A relação normativa entre humano e terra foi interrompida; a ressonância primária se tornou dissonância. Isso é explicado em termos da transformação do que foi descrito anteriormente como "trabalho" [cultivo] (*'ābad*) em "labuta" (*'iṣābôn*) ["em fadiga", "com dor", "em sofrimento", nas versões brasileiras]. Essa última palavra hebraica já foi usada para a "dor" da mulher em engravidar. A versão King James é mais democrática ao traduzir ambos como "tristeza" [sorrow].[82]

VIDA E MORTE FORA DO JARDIM

A consequência final da transgressão é que Deus exila os humanos do jardim. Enquanto o *'ādām* foi criado originalmente para trabalhar [cultivar] (*'ābad*) e guardar (*šāmar*) o jardim (Gênesis 2:15), o papel humano

---

[82] E aqui podemos notar que não são apenas os seres humanos que sofrem após a transgressão. Porque o coração humano se tornou mau (Gênesis 6:5) Deus também é "entristecido" até seu coração (Gênesis 6:6 [na NVI "isso cortou-lhe o coração"]); o verbo aqui é *yāṣab*, do qual o substantivo *'iṣābôn* (dor/labuta/sofrimento) é derivado.

agora se limita a trabalhar (*'ābad*) o solo fora do jardim (Gênesis 3:23). Essa é uma diminuição significativa da tarefa humana original — uma tarefa que nunca foi realmente cumprida na narrativa de Gênesis 2-3. Além disso, é trágico que Deus tenha de colocar querubins com uma espada flamejante para proteger (*šāmar*) o jardim — especificamente a árvore da vida — *dos* humanos (Gênesis 3:24), que eram seus guardiões originais.

A razão pela qual Deus exila os humanos do jardim é impedi-los de comer da árvore da vida e, assim, viver para sempre (Gênesis 3:22). Assim como Deus espalhará mais tarde os construtores de Babel (Gênesis 11:1-9), o que serve para acabar com uma civilização imperial e impedir a maior concentração de poder usada na opressão, também aqui Deus deseja impedir que o ser humano pecador torne-se permanente.[83] Esse não é um simples castigo, mas um ato corretivo de graça, o que é sugerido pelo fato de que pouco antes disso Deus vestiu os humanos que estavam nus com peles, algo que exigia a morte de animais (Gênesis 3:21). E Deus acompanha os humanos exilados para fora do jardim, conversando com Caim e até colocando uma marca de proteção nele (Gênesis 4: 9-15).

Embora a vida fora do jardim seja claramente difícil (a *relação* homem-terra foi de alguma forma prejudicada), o texto não diz que a "natureza" mudou por causa da Queda. É significativo que os discursos de YHWH no livro de Jó celebrem a natureza selvagem da ordem natural, incluindo a predação animal, como exemplos gloriosos do design do cosmos pelo Criador. Muitos pais da igreja também celebraram desastres naturais e predação animal como parte da glória do mundo de Deus.[84] Portanto, o realismo dos "espinhos e ervas daninhas" fora do jardim se ajusta bem ao que sabemos do mundo em seu estado natural.

A narrativa da vida fora do jardim em Gênesis 4 também pode ser congruente com o que sabemos sobre a evolução humana e dos hominínios.

---

[83] A própria ideia de pecadores imortais deve nos lembrar do personagem Q da série "Jornada nas Estrelas: A Nova Geração" [*Star Trek: The Next Generation*]. Membro do Q Continuum (um grupo de seres imortais), sem senso inato de moralidade, Q é um dos personagens mais irritantes (e até desprezíveis) de Star Trek. Em seu tédio imortal (e amoral), ele brinca com os outros (especialmente Picard) para sua própria diversão e estímulo intelectual.

[84] Jon Garvey documenta essa afirmação surpreendente com muitas citações dos pais da igreja e sugere que não foi até o renascimento, quando os cristãos começaram a utilizar ideias pagãs clássicas de uma era de ouro no passado distante (do qual nós decaímos), que a noção de uma "queda" geral da natureza começou a aparecer nos escritos teológicos cristãos. Ele discerne essa mudança de perspectiva, começando com os escritos dos reformadores (Garvey, "Creation Fell in 1500" [ensaio não publicado]).

Conexões óbvias são sugeridas pelas perguntas frequentes sobre com quem Caim se casou (Gênesis 4:17); havia outros humanos (ou hominínios) por aí? Talvez os humanos que foram chamados a carregar a imagem de Deus com a vocação de cultivar e proteger o jardim fossem um grupo representativo do *Homo sapiens*? E outras perguntas geram ideias semelhantes, como, por exemplo, por que Caim levou Abel a um campo para matá-lo (Gênesis 4:12) ou de quem Deus estava protegendo Caim quando lhe colocou sua marca (Gênesis 4:15) e quantas pessoas moravam na cidade que Caim construiu (Gênesis 4:17).[85]

Ao pensar na origem do mal, é útil contrabalançar a noção agostiniana de "pecado original" (que pressupõe que todos os seres humanos nascidos depois disso entrem no mundo escravos do pecado, por uma herança quase-genética) com a narração propriamente dita do desenvolvimento do pecado em Gênesis 4, e, mais tarde, em Gênesis 6. A transgressão inicial (o "pecado originário"[86]) dos pais se desenvolve na próxima geração em fratricídio (Caim mata Abel). Contudo, essa não é uma progressão necessária; a narrativa retrata a luta de Caim com a raiva e até com a depressão (Gênesis 4:5), que antecedeu o assassinato, incluindo a alegação de Deus de que ele pode "fazer o bem" e que, embora "o pecado esteja à porta", ele "deve dominá-lo" (Gênesis 4:7). As palavras de Deus para Caim sugerem que o pecado (o primeiro uso dessa palavra em Gênesis) não é uma inevitabilidade para os seres humanos; ele pode (inicialmente, pelo menos) ser resistido.[87]

A narrativa de Gênesis sugere um processo pelo qual os seres humanos ficam cada vez mais sob o domínio do pecado. Após o assassinato de Caim, o pecado cresce como bola de neve, fato evidente na vingança de Lameque ao assassinar um jovem que o machucou, um assassinato do qual ele se vangloria para suas esposas (Gênesis 4:23), até que em Gênesis 6 "toda a inclinação dos pensamentos do seu coração era sempre e somente para o

---

[85] Talvez isso esteja ficando muito especulativo (e responder a essas perguntas apelando para outros grupos de hominínios chega muito perto de um novo concordismo).

[86] Esse é o termo de Terence Fretheim para a narrativa de Gênesis 3; ver Fretheim *God and World in the Old Testament* [Deus e o mundo no Antigo Testamento], pp. 70-76.

[87] Isso é verdade mesmo se seguirmos Michael Morales (com os pais da igreja) e traduzirmos as palavras "o pecado está à espreita/agachado à porta" [o pecado o ameaça à porta, na NVI] em Gênesis 4:7 como "uma oferta do pecado está à porta" (bem do lado de fora do portão do jardim), e Deus está convidando Caim a trazer um sacrifício se ele falhar em "fazer o bem". Veja L. Michael Morales, "Crouching Demon, Hidden Lamb: Resurrecting an Exegetical Fossil in Genesis 4.7", *The Bible Translator*, v. 63, n. 4, 2012 pp. 185-91.

mal "(Gênesis 6: 5), e a terra foi corrompida ou arruinada (*šāḥat*) pela violência com que os humanos a encheram (Gênesis 6:11).

Aqui finalmente temos algo tão difundido quanto "pecado original" no sentido teológico posterior do termo — isto é, uma situação de mal comunitário e sistêmico na qual nascemos.[88] A retratação do pecado como algo em desenvolvimento nos capítulos iniciais de Gênesis sugere que Tiago está certo: "[...] quando o pecado se desenvolve plenamente, gera a morte" (Tiago 1:15, NVT). Tal visão desenvolvimentista (e comunitária/sistêmica) do pecado, narrada em Gênesis, pode muito bem ser sugestiva para pensar sobre o crescimento do mal moral entre os primeiros *Homo sapiens*.

Quo vadis?[89]

Estou perfeitamente ciente de que esta é apenas uma exploração introdutória de Gênesis 3 com respeito à evolução humana. Não tenho ilusões de que tenha respostas claras sobre como devemos pensar sobre o relato bíblico da Queda, juntamente com a origem do mal entre o *Homo sapiens*. Não é uma questão simples reunir nossa herança bíblica e as realidades da evolução biológica em um espírito calcedônio, sem confundir ou separar os discursos (as "naturezas") — "a distinção de naturezas não é de modo alguma retirada pela união, mas antes a propriedade de cada natureza sendo preservada" (como o Credo da Calcedônia coloca). Se o concordismo bruto mescla as naturezas, talvez os MNI as separe muito distintamente.

Às vezes eu me perguntei para onde minha exploração do texto bíblico estava me levando, mas julguei que precisávamos de uma leitura atenta dos motivos teológicos do texto para evitar que ficássemos imediatamente sobrecarregados pelas alegações da ciência contemporânea. Talvez, habitar e meditar em nossas narrativas formativas da Criação e Queda, com os olhos abertos para o que sabemos (ou pensamos que sabemos) sobre a evolução humana, seja um primeiro passo adequado.

---

[88] Sugerido por Fretheim, *God and World in the Old Testament* [Deus e o mundo no Antigo Testamento], pp. 70, 79.

[89] Frase em latim que significa "para onde vais?" [N. T.]

CAPÍTULO 5

Adão, o que você fez?

Vozes do Novo Testamento sobre as origens do pecado

Joel B. Green

R einhold Niebuhr reconheceu que "a doutrina do pecado original é a única doutrina empiricamente verificável da fé cristã".[1] Se estamos prontos ou não para assinar embaixo dessa afirmação, depende do que se entende por "pecado original". Claramente, é fácil combater o otimismo moderno em relação à dignidade, virtude e felicidade humanas, chamando a atenção para o excesso de atos pecaminosos, passados e presentes. Esse é o argumento que John Wesley sustentou em seu tratado *The Doctrine of Original Sin according to Scripture, Reason, and Experience* [A Doutrina do pecado original, de acordo com as Escrituras, a razão e a experiência] (1757) — sua tentativa de fundamentar a necessidade de todos se arrependerem. No entanto, a doutrina do pecado original tradicionalmente se preocupa mais do que com a noção de que as pessoas se comportam mal, e as observações sobre o comportamento pecaminoso não devem ser confundidas com diagnósticos da etiologia do pecado. Não é de surpreender que um julgamento como o de Niebuhr possa ser facilmente associado a uma visão moderada do pecado original, que tem menos a ver

---

[1] Reinhold Niebuhr, *Man's Nature and His Communities: Essays on the Dynamics and Enigmas of Man's Personal and Social Existence* [A natureza do homem e suas comunidades: ensaios sobre a dinâmica e os enigmas da existência pessoal e social do homem]. Nova York: Charles Scribner's Sons, 1965; reimp., Eugene, OR: Wipf & Stock, 2012, p. 24 (citando o jornal Londres Times e aprovando o comentário).

com as origens e mais com a cegueira da família humana em seu envolvimento no pecado.[2]

De fato, noções tradicionais de pecado original estão cada vez mais em crise. Para muitos, a noção de que todos nós podemos ser responsabilizados pelo delito de um único ancestral comum ou primeiro casal causa perplexidade, como uma ideia histórica e/ou moralmente fadada ao fracasso. Na esteira da biologia evolutiva, a ideia de um casal único e original, juntamente com a ideia de que a história humana pode ser dividida em duas épocas, pré e pós-Queda, parece absurda para muitos. Como resultado, alguns têm sugerido o desmantelamento total da doutrina, e outros a sua reformulação dogmática.[3] De modo geral, talvez a doutrina esteja sofrendo de uma negligência benigna. Não é exagero dizer que os detalhes da doutrina do pecado original foram e são objeto de negociações em andamento. O Pecado Original pode pertencer à nossa herança cristã, mas como está ausente dos credos ecumênicos da igreja, particularmente (embora não exclusivamente) entre os protestantes, falta uma definição magisterial para toda a igreja. Podemos perguntar naturalmente, então, se as Escrituras nos orientam a respeito das origens do pecado, ou como as Escrituras podem informar nossa(s) formulação(ões) da doutrina do pecado original.

Meu interesse particular é na contribuição do Novo Testamento a essa doutrina. Primeiro, abordarei a questão das origens do pecado, esboçando brevemente como os textos judaicos no período do Segundo Templo entendiam o significado do pecado de Adão. Isso nos ajudará a enquadrar nossa leitura de dois autores do Novo Testamento que refletem sobre o caráter do pecado: Paulo e Tiago. Nenhum desses teólogos do Novo Testamento se refere a um evento que podemos nomear de "a Queda", mas eles têm algo a dizer sobre a natureza do pecado, sua universalidade e sua inevitabilidade prática.

---

[2] Assim, Tatha Wiley, *Original Sin: Origins, Developments, Contemporary Meanings* [Pecado original: origens, desenvolvimentos, significados contemporâneos]. Mahwah, NJ: Paulist, 2002, p. 208.

[3] Desmantelamento — p. ex.: John E. Toews, *The Story of Original Sin* [A história do pecado original] (Eugene, OR: Pickwick, 2013); Patricia A. Williams, *Doing without Adam and Eve: Sociobiology and Original Sin,* [Seguindo adiante sem Adão e Eva: sociobiologia e o pecado original], Theology and the Sciences (Minneapolis: Fortress, 2001). Reformulação — p. ex.: Wiley, *Original Sin*; Daryl P. Domning e Monika K. Hellwig, *Original Selfishness: Original Sin and Evil in the Light of Evolution* [Egoísmo original: pecado e mal originais à luz da evolução] (Aldershot, UK: Ashgate, 2006); Ian A. McFarland, *In Adam's Fall: A Meditation on the Christian Doctrine of Original Sin* [Na queda de Adão: uma meditação sobre a doutrina cristã do pecado original], Challenges in Contemporary Theology (Malden, MA: Wiley-Blackwell, 2010).

"PECADO ORIGINAL" NO PERÍODO DO SEGUNDO TEMPLO

Como a desobediência de Adão e Eva foi descrita pelas mãos dos escritores judeus? Curiosamente, além dos capítulos iniciais do próprio Gênesis, o Antigo Testamento reflete pouco sobre Adão e Eva ou sobre o que aconteceu no Jardim. Adão é mencionado apenas duas vezes em conexão com o pecado, ambas na forma de um símile [comparação metafórica]. Jó se pergunta se, como Adão, ele escondeu sua ofensa (Jó 31:33).[4] E, falando do povo de Deus, Oséias escreve: "Como Adão, eles quebraram a aliança" (Oséias 6:7). As ramificações da desobediência de Adão ou Adão e Eva no Jardim não são discutidas, embora os capítulos subsequentes em Gênesis representem o pecado como uma epidemia humana: o ato assassino de Caim o leva ao exílio (Gênesis 4:1-16); surge uma sociedade inquieta e sem Deus (Gênesis 4:17-24; 5:28-29); a violência global leva à destruição global (Gênesis 6:1-9: 18); o pecado entre a família de Noé leva um povo a escravizar outro (Gênesis 9:17-27); e, finalmente, a humanidade está implicada em uma conspiração imperialista, dando origem a uma torre feita para tocar os céus (Gênesis 11:1-10). Como um contágio, um pecado leva ao próximo, até que, como um vírus, se espalha por toda a existência humana. Muito pode ser dito sobre o pecado, mesmo quando o problema da etiologia do pecado não está em foco.

Para compreendermos a reflexão judaica inicial sobre o significado de Adão, passamos a escritos de um período de aproximadamente trezentos anos, do início do segundo século a.C. até o final do primeiro ou início do segundo século d.C.[5] Aqui encontramos alguns pontos de vista alternativos sobre as ramificações do pecado de Adão para as gerações posteriores.

---

[4] Assim faz, por exemplo, a *Authorized Version* e a *Common English Bible*; outras traduções colocam *kĕādām* com referência a "outras pessoas" (p. ex.: *New Revised Standard Version, New Living Translation*). A menos quando indicado em contrário, as citações bíblicas neste capítulo seguem a *Common English Bible (CEB)*. [Em português, a NVI e a NVT falam em "como outros fazem" e não mencionam Adão. A ARA, ARC e a NAA mencionam Adão explicitamente. Indicaremos a tradução bíblica que usamos nos versículos, e por vezes traduziremos a CEB por fidelidade ao argumento do autor. (N. T.)]

[5] Para pesquisas, veja John J. Collins, "Before the Fall: The Earliest Interpretations of Adam and Eve" [Antes da Queda: as primeiras interpretações de Adão e Eva]. In: Hindy Najman e Judith H. Newman (Orgs.), *The Idea of Biblical Interpretation: Essays in Honor of James L. Kugel*. Supplements to the Journal for the Study of Judaism v. 83, Leiden: Brill, 2004, pp. 293-308; John R. Levison, "Adam and Eve" [Adão e Eva]. In: John J. Collins e Daniel C. Harlow (Orgs.), *Eerdmans Dictionary of Early Judaism*. Grand Rapids: Eerdmans, 2010, pp. 300-302.

Esses são importantes para nossa investigação, porque definiram algo dos termos da discussão que estaria no ar que Paulo e Tiago respiravam. Entre esses textos, quatro são imediatamente relevantes para nossa pergunta sobre as consequências da história contada em Gênesis 3 para a família humana: a *Vida de Adão e Eva* (também conhecido como o *Apocalipse de Moisés*; talvez do final do primeiro século d.C.?), 4Esdras (final do primeiro século d.C.), 2Baruque (final do primeiro ou início do segundo século d.C.) e *Antiguidades Bíblicas* (também conhecido como Pseudo-Filo; primeiro século d.C.).

Vida de Adão e Eva

A *Vida de Adão e Eva* conta a história do que aconteceu depois que Adão e Eva foram expulsos do Jardim do Éden, com Adão e Eva servindo como humanos representativos em busca de comida, enfrentando tentações, sofrendo dores no parto, e assim por diante. No final da história, Adão, diante da morte, tenta explicar a doença e a dor aos filhos. Em um relato que lembra o de Gênesis 3, Adão lembra que Deus trouxe pragas porque ele havia rejeitado a aliança com Deus (*Vida de Adão e Eva* 8:1). Eva tem uma responsabilidade particular nessa história, porém, pois é "por causa dela" que Adão morre (*Vida de Adão e Eva* 7:1).[6] Ela confessa a Adão que "isso aconteceu com você por meio de mim; por minha causa você sofre problemas e dores" (*Vida de Adão e Eva* 9:2), e depois lamenta: "Ai de mim! Pois quando eu chegar ao dia da ressurreição, todos os que pecaram me amaldiçoarão, dizendo que Eva não guardou o mandamento de Deus" (*Vida de Adão e Eva* 10:2; cf. 14:2). Após a morte de Adão, ela exclama:

> Pequei, ó Deus; Pequei, ó Pai de todos; Pequei contra você. Pequei contra os seus anjos escolhidos, pequei contra os querubins, pequei contra o seu trono firme; Pequei, Senhor, pequei muito; pequei diante de ti, e todo pecado na criação aconteceu por causa de mim. (*Vida de Adão e Eva* 32:2-3)

---

[6]   Traduções em inglês para o "Vida de Adão e Eva" são retiradas de M. D. Johnson, "Life of Adam and Eve: A New Translation and Introduction". In: James H. Charlesworth (Org.), *The Old Testament Pseudepigrapha*, 2 vols. Garden City, NY: Doubleday, 1983, v. 2, pp. 249-93; minhas referências são da versão em grego.

Aprendemos que o pecado resultou do encontro de Eva com a serpente que "aspergiu seu veneno do mal"; esse é o veneno do "desejo" ou da "ânsia" (*epithymia*),[7] "a origem de todo pecado" (*Vida de Adão e Eva* 19:3).

Claramente, de acordo com *Vida de Adão e Eva*, a morte se origina com o pecado de Adão e Eva. Eles são (ou ela é) a fonte do pecado, mesmo que isso não elimine a responsabilidade por inclinações e comportamentos pecaminosos das gerações futuras. O pecado resulta do desejo, cuja fonte é a serpente. A história de Eva e de como ela e Adão foram enganados (*Vida de Adão e Eva* 15-30) tem um propósito pedagógico, destinado a servir como profilático contra a desobediência futura: "Agora, então, meus filhos, mostrei a vocês como nós fomos enganados. Mas vocês vigiem para não abandonar o bem" (*Vida de Adão e Eva* 30:1).

4Esdras

Em *4Esdras*, encontramos uma série de interações entre Esdras e Deus, ou entre Esdras e o anjo de Deus, Uriel, sobre a situação exílica de Israel.[8] Aqui está o problema: dado o poder avassalador da inclinação humana em direção ao mal, por que Deus abandonou seu povo? Esdras quer conectar o sofrimento e a morte com a desobediência de Adão:

> O primeiro Adão, sobrecarregado com essa inclinação [de fazer o mal], desobedeceu a você e foi vencido, mas todos os que descenderam dele também foram. A doença tornou-se permanente; a Lei estava no coração do povo, juntamente com a raiz perversa, e o que era bom partiu e a iniquidade permaneceu. (*4Esdras* 3:21-22)[9]

Primeiro, então, Esdras reconhece a culpabilidade de uma longa lista de seres humanos: "cada nação vivia por sua própria vontade, e as pessoas agiam sem pensar em ti. Eles agiam com desprezo, e [o Senhor] não os impediu" (*4Esdras* 3:8). Segundo, o próprio Adão levava o fardo de uma

---

[7] M.D. Johnson traduz como *covetousness* [a cobiça.] "*Life of Adam and Eve*," p. 279.
[8] *4Esdras* compreende os capítulos 3-14 do livro apócrifo *2Esdras*, que é em si uma compilação de três livros: (1) caps. 1-2, às vezes designado como *2* ou *5Esdras*; (2) caps. 3-14, geralmente chamado *4Esdras*; e (3) caps. 15-16, às vezes designado como *5* ou *6Esdras*.
[9] As traduções em inglês de *4Esdras* seguem a *Common English Bible*. [As traduções em português seguem a referência da nota 11 logo a seguir. (N. T.)]

inclinação maligna: "Um grão de uma semente maligna foi semeado no coração de Adão desde o começo, e quanta impiedade ela produziu até agora e produzirá até que chegue a hora da debulha!" (*4Esdras* 4:30). Por que o coração se inclina para o mal (cf. *4Esdras* 4:4)? Nunca nos é dito, embora descubramos que a inclinação humana em fazer o mal pode e deve ser combatida pelo exercício do livre arbítrio a serviço da Lei (por exemplo, *4Esdras* 7:19-24, 118–126; 8:46-62; 14:34). Esdras atribui a mortalidade a Adão e culpa o Senhor por não remover a inclinação do mal, mas *4Esdras* não identifica nem Deus nem Adão como a fonte última dessa disposição para pecar.[10]

Um segundo problema, na relação entre Esdras e Uriel, é a preocupação de Esdras quanto ao destino de uma família humana que é pecaminosa. Esdras fica consternado ao saber que, no julgamento do fim dos tempos, a porta será fechada para novas ofertas de misericórdia. Consciente da onipresença do pecado, ele responde:

> O que fizeste, Adão! Se de fato pecaste, a ruína não foi apenas tua, mas também de (todos) nós que descendemos de ti! Que nos interessa, de fato, que tenha sido prometida uma época imortal se nós realizamos obras de morte? Que nos tenha sido proposta uma esperança eterna enquanto nós, pelo contrário, [falhamos completamente]? Que nos sejam reservados depósitos sãos e seguros enquanto nós nos comportamos mal? Que a glória do Altíssimo deva proteger aqueles que se comportaram com pureza enquanto nós [conduzimos a nós mesmos de modo indecente]? Para que será mostrado o paraíso, onde persistem frutos incorruptos que deliciam e curam, enquanto nós não entraremos aí, porque [visitamos lugares impróprios]? Por que é que os rostos daqueles que praticaram a abstinência brilharão mais que as estrelas, enquanto os nossos serão mais escuros que as trevas? É que nós não pensámos naquilo que deveremos sofrer depois da morte, quando em vida cometemos iniquidade.[11] (*4Esdras* 7:118–26)

---

[10] Em 7:116, Esdras aparentemente assume a culpabilidade da terra: "Teria sido melhor se a terra não tivesse produzido Adão, ou que, uma vez produzido, tivesse lhe ensinado a não pecar". [A CEB traz: "lhe tivesse forçado a não pecar". (N. T.)]

[11] Tradução adaptada de *4Esdras*, Apócrifos do Antigo Testamento. Trad. J. Franclim Pacheco. Aveiro, Portugal: Comissão Diocesana da Cultura, 2019, disp. em <https://www.calameo.com/books/005505615d-f09a62f9f0e>. As expressões entre colchetes nesta seção sobre *4Esdras* foram modificadas para torná-las similares à tradução usada em inglês. [N. T.]

Aqui está o dilema básico: Deus propôs coisas boas para a humanidade, mas a humanidade não experimentará essas coisas boas por causa da difusão do pecado.

O pecado de Adão marca a queda de todos os seus descendentes, mas Adão não é o único ofensor. Nos é dito que os seres humanos depois de Adão "realizaram obras que trazem a morte", "falharam completamente", "se comportaram mal", "conduzimos a nós mesmos de modo indecente" e "visitaram lugares impróprios". Inclinando-se para o mal, todas as pessoas são responsáveis por suas próprias ações. Se ao menos os humanos seguissem as instruções de Deus!

> Por isso, se comandardes a vossa razão e [instruirdes o vosso coração], sereis conservados vivos e obtereis misericórdia depois da morte, porque depois da morte virá o juízo, quando voltarmos vivos uma segunda vez, e então será revelado o nome dos justos e mostradas as ações dos ímpios. (*4Esdras* 14: 34-35)

2Baruque

2Baruque é uma revelação sobre a recente destruição de Jerusalém em 70 d.C. e suas ramificações para a vida judaica. Procurando entender esse trauma nacional, o livro menciona Adão durante três diálogos entre Baruque e Deus (*2Baruque* 13:1-20:6; 22:1-30:5; 48:26-52:7). Os dois primeiros identificam o pecado de Adão como o começo da morte, mas não dizem nada sobre as origens ou a herança do pecado. No terceiro diálogo, Baruque exclama: "Ó Adão, o que você fez com todos os que nasceram depois de você? E o que será dito da primeira Eva que obedeceu à serpente, para que toda essa multidão estivesse se corrompendo?" (*2Baruque* 48:42-43). Com essas palavras, Baruque não lança a responsabilidade pelo pecado humano e pelo julgamento divino aos pés de Adão e Eva. Em vez disso, ele segue falando de todos que não reconhecem Deus como seu criador e que desobedecem à lei (*2Baruque* 48:46-47), e enfatiza a culpabilidade humana:

> E aqueles que não amam a sua lei estão perecendo de maneira justa. E o tormento do julgamento cairá sobre aqueles que não se submeteram ao seu poder. Pois, embora Adão tenha pecado primeiro e tenha causado a morte a todos os

que não estavam em seu tempo, ainda assim, cada um que nasceu dele preparou para si o tormento vindouro. Além disso, cada um deles escolheu para si a glória que virá. Pois, verdadeiramente, aquele que crê receberá recompensa. (*2Baruque* 54:14-16)

Dessa forma, embora Adão tenha trazido a mortalidade para essa era, as pessoas têm a capacidade de determinar seus destinos futuros. As pessoas são pecadoras porque pecam; ou, como o próprio Baruque conclui: "Adão, portanto, não é a causa, exceto apenas para si mesmo, mas cada um de nós se tornou nosso próprio Adão" (*2Baruque* 54:19).

Antiguidades Bíblicas

Como exemplo do gênero de "escrituras reescritas", *Antiguidades Bíblicas* narra a história bíblica desde Adão até a morte de Saul. Uma referência fundamental a Adão aparece na recontagem das instruções de Deus a Noé após o dilúvio. Falando em "paraíso", Deus disse:

> Este é o lugar sobre o qual eu ensinei o primeiro homem, dizendo: "Se você não transgredir o que eu lhe ordenei, todas as coisas estarão sujeitas a você". Mas aquele homem transgrediu meus caminhos e foi persuadido por sua esposa; e ela foi enganada pela serpente. E então a morte foi ordenada para as gerações de homens [sic]. (*Ant. Bíb.* 13:8)[12]

Falando agora de Moisés, a quem o escritor de *Antiguidades Bíblicas* considera o autor de Gênesis, o texto continua: "E o SENHOR continuou a mostrar-lhe os caminhos do paraíso e disse-lhe: 'Estes são os caminhos que os homens [sic] perderam por não andar neles, porque pecaram contra mim'" (*Ant. Bíb.* 13:9). Duas observações se seguem claramente: o pecado de Adão resulta na mortalidade humana, e o povo de Deus é responsável por sua própria obediência (ou falta dela). O texto de *Antiguidades Bíblicas* não demonstra interesse no problema particular das origens do pecado

---

[12] Traduções em inglês do "*Antiguidades Bíblicas*" foram retiradas de D. J. Harrington, "Pseudo-Philo: A New Translation and Introduction". In: James H. Charlesworth, *The Old Testament Pseudepigrapha*, 2 vols. Garden City, NY: Doubleday, 1983, v. 2, pp. 297-377.

— um ponto que ganha importância devido ao consenso acadêmico de que este livro representa a interpretação judaica predominante das Escrituras na Palestina do primeiro século.[13]

Considerações

Embora as Escrituras de Israel sejam desprovidas de reflexão teológica sobre o significado contínuo da desobediência de Adão e Eva no Jardim, alguns textos judaicos do período do Segundo Templo trabalham com Gênesis 3 ao contar algo da história do pecado. Esses textos concordam em dois aspectos importantes: (1) a desobediência de Adão (ou Eva) resulta em sua própria mortalidade e na mortalidade de todos os que viriam depois deles e (2) os seres humanos permanecem responsáveis por suas próprias ações.[14]

Em dois desses textos, a causa do pecado é uma questão de interesse. Em *Vida de Adão e Eva*, a serpente dá a Eva — e aparentemente com ela, a toda a família humana — a toxina do "desejo" ou "ânsia", isto é, um coração inclinado para o mal. Em *4Esdras*, uma característica da humanidade é a "inclinação ao mal", embora suas origens não sejam claras. A ideia de uma inclinação ao mal também é encontrada em outros textos judaicos,[15] embora nunca se diga que os seres humanos estejam inerentemente sob seu controle. Em vez disso, os humanos permanecem livres para escolher o bem, sendo o bem tipicamente identificado com as instruções de Deus. Em resumo, quando as origens do pecado são discutidas, os escritores judeus do período do Segundo Templo se referem à escolha humana, mesmo quando falam da influência de Adão (ou de Adão e Eva). O pecado não é obrigatório, mesmo que sua onipresença possa sugerir sua inevitabilidade.

---

[13] Sobre este ponto, cf. Frederick J. Murphy, "Biblical Antiquities (Pseudo-Philo)". In: Collins e Harlow (Orgs.), *Eerdmans Dictionary of Early Judaism*, pp. 440-42, aqui à p. 442).

[14] Veja a conclusão similar em Thomas H. Tobin, *Paul's Rhetoric in Its Contexts: The Argument of Romans* [A retórica de Paulo em seus contextos: o argumento de Romanos] (Peabody, MA: Hendrickson, 2004), pp. 171-174 (especialmente p. 172); Peter C. Bouteneff, *Beginnings: Ancient Christian Readings of the Biblical Creation Narratives* [Início: leituras cristãs antigas das narrativas bíblicas da criação] (Grand Rapids: Baker Academic, 2008), pp. 9-26 (especialmente p. 26); Toews, *Original Sin*, p. 37.

[15] Cf. por exemplo Siraque 5:2; 15:14-15; 19:30; 23:4-5; Philo, *Special Laws* 2:163; 4Macabeus 1:1; CD 2:15 [Documento Cairo Damasco].

VOZES DO NOVO TESTAMENTO

Paulo e Tiago teriam nadado no mesmo lago teológico que os autores judeus que discutimos até agora, e suas contribuições podem ser lidas em diálogo com as perspectivas de *4Esdras* e *Antiguidades Bíblicas*.

Paulo e o poder do pecado

Os leitores contemporâneos do Novo Testamento podem ser tentados a pensar no pecado principalmente de maneiras autobiográficas e individualistas, encontrando apoio para tais visões em frases como "o perdão dos pecados". Embora, no uso do primeiro século, essa frase seja notavelmente corporativa em seu alcance, referindo-se especialmente à restauração de Deus de seu povo, vale a pena notar que a frase "perdão dos pecados" é surpreendentemente rara nas cartas atribuídas a Paulo, aparecendo apenas em Efésios 1:7 e Colossenses 1:14. Isso é devido à maneira como Paulo entende "pecado". Para antecipar o que se segue, para Paulo "pecado" é mais um poder do qual os humanos precisam ser libertados do que atos errôneos individuais para os quais os seres humanos precisam de perdão.

Entre as cartas escritas ou atribuídas a Paulo no Novo Testamento, *hamartia* ("pecado") aparece 64 vezes, reunindo-se acima de tudo em sua carta aos Romanos.[16] Das 39 aparições de *hamartia* em Romanos, trinta são encontradas em Romanos 5 a 7. As formas do verbo *harmartanō* ("eu peco") aparecem no corpus paulino quatorze vezes — seis em Romanos (quatro em Romanos 5–7). A forma adjetiva relacionada, *hamartōlos* ("pecaminoso(a)", "pecador(a)"), aparece oito vezes nas cartas paulinas, quatro vezes em Romanos (três em Romanos 5-7). Embora o vocabulário sobre pecado de Paulo não se limite à aparição desse único grupo de palavras, o acúmulo da linguagem sobre "pecado" nesses três capítulos de Romanos chama a atenção para a importância desta seção da carta para entender a perspectiva de Paulo sobre pecado.

Especialmente notável é a agência atribuida ao pecado. O pecado "entrou no mundo" (Romanos 5:12), onde exercia um poder que lembra um

---

[16] Parte deste material sobre Paulo foi extraído e adaptado de Joel B. Green, *Body, Soul, and Human Life: The Nature of Humanity in the Bible* [Corpo, alma e vida humana: a natureza da humanidade na bíblia]. Studies in Theological Interpretation, Grand Rapids: Baker Academic, 2008, pp. 98-100.

relacionamento entre mestre-escravo ou entre rei-servo. Os seres humanos são "controlados pelo pecado" (Romanos 6:6), o objetivo do pecado é "governar seus corpos, para fazer com que vocês obedeçam a seus desejos [*epithymia*]" (Romanos 6:12, minha tradução), as pessoas apresentam "partes de seu corpo ao pecado como armas para fazer o mal" (Romanos 6:13), e as pessoas se comportam como escravas do pecado (Romanos 6:16). Enquanto em *Vida de Adão e Eva*, os desejos dão origem ao pecado; para Paulo é o contrário: o pecado produz todos os tipos de desejos. E, enquanto na literatura judaica do Segundo Templo observamos que a obediência à lei era o meio para combater os desejos e o pecado, para Paulo a lei é um instrumento que o pecado usa para cultivar esses desejos (*epithymia*; Romanos 6:12; 7:7-8). Os batizados, que foram anteriormente escravizados pelo pecado, são agora libertados de seu domínio (Romanos 6:17-18, 20, 22).

Podemos resumir Romanos 6, então, com referência à inevitabilidade da servidão humana, com a única questão sendo a identidade do mestre a quem a vida é apresentada: "ao pecado, a ser usado como arma para fazer mal" ou "a Deus como armas para fazer o que é certo" (v. 13). Paulo argumenta: "No passado, vocês se deixaram escravizar pela impureza e pela maldade, o que os fez afundar ainda mais no pecado. Agora, devem se entregar como escravos à vida de justiça, para que se tornem santos" (v. 19, NVT). Novamente: "Vocês não sabem que se tornam escravos daquilo a que escolhem obedecer? Podem ser escravos do pecado, que conduz à morte, ou podem escolher obedecer a Deus, que conduz à vida de justiça" (v. 16, NVT). Assim, para Paulo, o batismo é a união com a morte de Cristo e o ressurgir para uma nova vida, com o resultado de que aqueles que foram submetidos ao batismo não se curvam mais à hegemonia do pecado.

Entre os textos aos quais podemos recorrer para ver como Paulo se apoia na história de Adão ao descrever a situação humana, dois em sua carta aos Romanos são de especial interesse. O primeiro é Romanos 1:18-32, a abertura de um argumento que leva à conclusão de que "tanto judeus quanto gentios estão debaixo do pecado" (Romanos 3:9, NVI); dito de outra forma: "todos pecaram e carecem da glória de Deus" (Romanos 3:23, ARA). No diagnóstico de Paulo, "pecados", identificados como impiedade e maldade humanas, surgem do "pecado", uma disposição geral de recusar honrar a Deus como Deus e render gratidão a ele. Em Romanos 1:18-32, Paulo não se preocupa em fornecer a biografia de indivíduos, como se estivesse demarcando os passos pelos quais uma pessoa cai no pecado ou passa a ser implicada no pecado. Pelo contrário, é uma apresentação universalista, uma análise da situação humana entendida corporativamente, enquanto Deus entrega a família humana para experimentar as consequências do pecado que ela escolhe (Romanos 1:18, 24, 26, 28). James Dunn reconheceu que Adão está no pano de fundo do argumento de Paulo. As dicas linguísticas que conectam Romanos 1 e Gênesis 2–3 são mínimas, mas quaisquer ecos possíveis (por exemplo, a ênfase acentuada no "conhecimento"[17]) são fortalecidos pelas palavras iniciais de Romanos 1:20: "Desde a criação do mundo..." De fato, a história de toda a família humana que escolheu a criação em vez do criador apenas para ser entregue a seus próprios desejos e distorções — essa história cósmica reflete a história de um humano, Adão. Nas palavras de Dunn, Romanos 1:18-32 reflete a vida de Adão, "que perverteu seu conhecimento de Deus e procurou escapar do status de criatura", estabelecendo, assim, o padrão para a idolatria que caracterizaria Israel e, de fato, toda a humanidade.[18]

O segundo texto é Romanos 5:12-21, onde Adão não está mais à espreita nas sombras da retórica de Paulo, mas é explicitamente nomeado, para que Paulo possa contrastar os feitos de Adão e de Jesus Cristo. Anteriormente, em Romanos 5, Paulo usa repetidamente a primeira pessoa do plural "nós", referindo-se inconfundivelmente aos seguidores de Cristo: "fomos feitos justos", "temos paz com Deus" e assim por diante (Romanos 5:1-11). Com a notável mudança para a terceira pessoa em Romanos 5:12, Paulo agora se volta para mapear o mundo da humanidade de forma clara e óbvia. Intercalando-se nesta seção da carta, então, estão frases que documentam a situação alterada da humanidade: "Assim como por meio de um ser humano o pecado veio ao mundo, e a morte veio por meio do pecado [...] assim também a graça governará por meio da justiça, para trazer a vida eterna por Jesus Cristo, nosso Senhor" (Romanos 5:12, 21; minha tradução).[19]

---

[17] Cf. a repetição de *gnôstos* ("conhecido") em Gênesis 2:9 e Romanos 1:19, e o uso da forma verbal *ginōskō* ("eu sei") em Gênesis 2:17; 3:5, 7, 22 e Romanos 1:21.

[18] James D. G. Dunn, Romans 1-8, *Word Biblical Commentary*, v. 38A, Dallas: Word, 1988, p. 53.

[19] Sigo aqui Martinus C. de Boer, "Paul's Mythologizing Program in Romans 5-8" [O programa de mitologização de Paulo em Romanos 5-8]. In: Beverly Roberts Gaventa (Org.), *Apocalyptic Paul: Cosmos and Anthropos in Romans 5–8*. Waco, TX: Baylor University Press, 2013, pp. 1-20, aqui, à p. 8.

Romanos 5:12 é o texto central, pois aqui temos o que pode ser considerado como a reflexão de Paulo sobre os efeitos de Gênesis 3: "Assim como por meio de um ser humano o pecado veio ao mundo, e a morte veio por meio do pecado, assim a morte também veio a todos, já que todos pecaram" (minha tradução). De particular interesse é a última frase do verso, *eph' hō pantes hēmarton*, que traduzi "já que [uma vez que] todos pecaram". O comentarista do século 4 Ambrosiastro (seguido por Agostinho) tomou essa frase como uma referência à humanidade ter pecado "em Adão", mas as traduções contemporâneas a consideram um marcador de causa: "porque todos pecaram".[20] Na realidade, o debate sobre o sentido dessa frase já há muito se acalmou em favor desta última leitura.[21] Paulo, portanto, baseia a mortalidade humana universal em sua afirmação da universalidade do pecado, uma afirmação que ele pode fazer com base em uma observação fenomenológica — "porque todos pecaram" — que ele interpreta teologicamente em relação ao pecado de Adão.

De que forma isso acontece é algo que merece um estudo cuidadoso. Por um lado, *por meio* de Adão e *a partir de* Adão, o pecado entrou no mundo, a morte reinou, muitas pessoas morreram, o julgamento veio, muitas pessoas se tornaram pecadoras, e o pecado reinou na morte (Romanos 5:12-21). Por outro lado, a morte chegou a todos porque todos pecaram. De fato, Paulo havia afirmado anteriormente na carta que "todos pecaram e carecem da glória de Deus" (Romanos 3:23, NVI), e "Deus retribuirá a cada um conforme o seu procedimento" (Romanos 2:6, NVI): "ira e indignação para os que obedecem à iniquidade", mas "glória, honra e paz a todo o que pratica o bem" (Romanos 2:8-10, NVI). Poderíamos dizer, então, que Pecado (com "p" maiúsculo, um poder malévolo) entrou no mundo por conta de Adão, e

---

[20] Por exemplo, *New English Translation, New International Version* (2011), *New Revised Standard Version; New Jerusalem Bible*: "because everyone has sinned" [porque todos pecaram]. [O mesmo acontece com quase todas as traduções em português, que versam "porque todos pecaram". (N. T.)]

[21] Entre os gramáticos, cf. J. H. Moulton, W. F. Howard, e N. Turner, *A Grammar of New Testament Greek*, v. 1 (Edimburgo: T. & T. Clark, 1908), p. 107: "em vista do fato de que" ; F. Blass, A. Debrunner e R. W. Funk, *A Greek Grammar of the New Testament and Other Early Christian Literature* (Chicago: University of Chicago Press, 1961), §235(2): "pela razão de que, porque"; C. F. D. Moule, *An Idiom Book of New Testament Greek*, 2. ed., (Cambridge: Cambridge University Press, 1959), p. 50: "na medida em que, porque"; Daniel B. Wallace, *Greek Grammar beyond the Basics: An Exegetical Syntax of the New Testament* (Grand Rapids: Zondervan, 1996), pp. 342-43: "porque". Entre os comentaristas, veja especialmente C. E. B. Cranfield, *A Critical and Exegetical Commentary on the Epistle to the Romans*, International Critical Commentary, v. 1, (Edimburgo: T. & T. Clark, 1975), pp. 274-81.

que a desobediência de Adão colocou em movimento uma cadeia de efeitos, um pecado levando ao próximo, não porque o pecado era um constituinte essencial da condição humana, mas porque Adão foi o padrão que toda a humanidade seguiu em sua pecaminosidade.

Na verdade, a tese maior que Paulo está defendendo tem menos a ver com Adão e mais a ver com Cristo. Ele quer mostrar que Cristo é o salvador de toda a humanidade, tanto de judeus quanto de gentios. O que ele precisa demonstrar, então, é que judeus e gentios permanecem em pé de igualdade com relação à necessidade de salvação. O que Paulo exige, então, é essa afirmação da solidariedade humana, judeus e gentios, no pecado — e, portanto, na morte. A primeira parte desta afirmação já está posta, tendo sido explicada em Romanos 1-3. Consequentemente, o recurso de Paulo ao pecado de Adão em Romanos 5 desempenha um papel de apoio ou adjuvante ao material anterior. Paulo pode assumir em Romanos 5 a universalidade do pecado como garantia para sua afirmação posterior, qual seja: toda a humanidade está implicada na morte, de modo que todos precisam da "vida eterna, mediante Jesus Cristo, nosso Senhor". (Romanos 5:21, NVI).

Embora tenhamos examinado apenas uma parte do trabalho de Paulo, o que estudamos é importante por sua preocupação com os efeitos contínuos da desobediência de Adão, conforme a história contada por Gênesis 3. Com relação ao pecado, Paulo enfatiza a solidariedade de toda a família humana no pecado, não porque o pecado de Adão tenha sido, ou seja, de alguma forma, imputado à raça humana, mas porque todos seguem Adão em pecar. Além disso, a desobediência de Adão introduz o pecado como uma força hegemônica no mundo. Paradoxalmente, portanto, a pecaminosidade humana é para o apóstolo um sinal tanto da impotência quanto da culpabilidade humana. Como ele continuará afirmando em Romanos 7, o pecado é um agente ativo que atua na transgressão humana, atuando como um intruso estrangeiro que trabalha no pecador (vv. 17, 20). Como resultado, para Paulo, a potência do pecado como autor do comportamento humano não é uma manifestação da perversidade humana, mas da fragilidade humana.[22]

---

[22] Cf. Udo Schnelle, *The Human Condition: Anthropology in the Teachings of Jesus, Paul, and John* [A condição humana: antropologia nos ensinamentos de Jesus, Paulo e João]. Minneapolis: Fortress, 1996, pp. 63-66; Klaus Berger, *Identity and Experience in the New Testament* [Identidade e experiência no Novo Testamento]. Minneapolis: Fortress, 2003, pp. 207-209.

O diagnóstico de Paulo é, portanto, significativamente mais radical do que o que encontramos na literatura judaica do Segundo Templo que observamos anteriormente. O pecado de Adão define o padrão do pecado humano de maneira mais ampla, com certeza. No entanto, para Paulo, o próprio pecado é um poder que não pode ser superado por meio da obediência às instruções de Deus, não porque as instruções de Deus são defeituosas, mas porque os esforços humanos são inadequados diante da força do pecado. Consequentemente, toda a humanidade precisa da vida disponível em Cristo.

Tiago sobre as origens do pecado

A carta de Tiago fornece um diagnóstico aguçado do problema do pecado.[23] Uma janela para o pensamento de Tiago é apresentada em 4:4: "Adúlteros! Vocês não sabem que a amizade com o mundo significa hostilidade para com Deus? Portanto, quem quer ser amigo do mundo se torna inimigo de Deus" (minha tradução). Para Luke Timothy Johnson, esse versículo é o centro teológico da exortação moral da carta.[24] A metáfora de Tiago é baseada nas ideias clássicas de amizade, entendidas em termos de unidade de coração e mente. Cícero (primeiro século a.C.), por exemplo, descreveu a amizade como "nada além de um acordo sobre todas as coisas divinas e humanas, juntamente com boa vontade e afeto" (*Sobre Amizade* 6.20).[25] Dado seu retrato implacavelmente negativo do "mundo" (Tiago 1:27; 2:5; 3:6; 4:4), a retórica polarizada de Tiago, colocando a amizade com o mundo contra a amizade com Deus, dificilmente surpreende. E, com a franqueza das escolhas que os seguidores de Cristo enfrentam, não podemos nos surpreender ao encontrar as reprimendas de Tiago lançadas contra aqueles "de mente dividida" (*dipsychos*), outra palavra que nos ajuda a entender o caráter do pecado para Tiago (Tiago 1:7-8; 4:8; cf. Salmos 119:113). Sem um coração puro, pessoas de mente dividida enganam-se a si mesmas — pensando que são verdadeiramente devotadas a Deus,

---

[23] Parte deste material sobre Tiago foi adaptado de Green, *Body, Soul, and Human Life*, pp. 94-8.

[24] Luke Timothy Johnson, *The Letter of James: A New Translation with Introduction and Commentary* [A carta de Tiago: uma nova tradução com introdução e comentários], Anchor Bible 37A, Nova York: Doubleday, 1995, pp. 80-8; "Friendship with the World and Friendship with God: A Study of Discipleship in James" [Amizade com o mundo e amizade com Deus: um estudo do discipulado em Tiago]. In: *Brother of Jesus, Friend of God: Studies in the Letter of James*, Grand Rapids: Eerdmans, 2004, pp. 202-20.

[25] Veja, p. ex. David Konstan, *Friendship in the Classical World* [Amizade no mundo clássico]. Cambridge: Cambridge University Press, 1997.

quando seus afetos e comportamento transmitem o oposto. Finalmente, quando Tiago qualifica sua audiência como "adúlteros" (Tiago 4:4), ele ecoa a tradição bíblica de Israel como esposa infiel de Deus, ou seja, como aqueles que têm (ou dizem ter) um relacionamento de aliança com Yahweh enquanto se envolvem em idolatria.

Ideias sobre o que abrange a expressão "amizade com o mundo" podem ser encontradas em vários trechos dessa carta, mas talvez nenhum seja mais transparente do que a representação da sabedoria "terrena" em termos de "inveja e egoísmo", que dá origem a "confusão e toda espécie de males" (Tiago 3:14-16). Isso é o inverso da sabedoria que Deus dá, que é "antes de tudo pura; depois, pacífica, amável, compreensiva, cheia de misericórdia e de bons frutos, imparcial e sincera" (Tiago 3:17; ver 1:5). Vemos facilmente, então, que, para Tiago, o epítome da vida pecaminosa não é um ato, mas uma lealdade, delimitada em termos relacionais: "amizade com o mundo".

Outro caminho aberto sobre a perspectiva de Tiago acerca do pecado, e um mais promissor para nossos propósitos, aparece no primeiro capítulo da carta, em que ele fala da experiência de *peirasmos* de seu público ("provação" ou "tentação"). Primeiro, Tiago esboça uma progressão que vai das *provações* (*peirasmos*) em direção a maturidade:

> Meus irmãos, considerem motivo de grande alegria o fato de passarem por diversas provações, pois vocês sabem que a prova da sua fé produz perseverança. E a perseverança deve ter ação completa, a fim de que vocês sejam maduros e íntegros, sem que falte a vocês coisa alguma. (Tiago 1:2-4, NVI)

Então, ele esboça uma progressão paralela que vai das provações, agora entendidas como tentações (*peirasmos*), até a morte:

> Cada um, porém, é tentado pelo próprio mau desejo [ânsia], sendo por este arrastado e seduzido. Então esse desejo, tendo concebido, dá à luz o pecado, e o pecado, após ser consumado, gera a morte. (Tiago 1: 14-15, NVI)

Entre essas duas cadeias de efeitos, está um pronunciamento de bênção para todos que suportam *peirasmos*, bem como a resposta de Tiago à pergunta importante que ele antecipa: qual é a fonte dos *peirasmos*?

174

COLEÇÃO FÉ, CIÊNCIA & CULTURA

O argumento de Tiago neste momento convida atenção especial, porque Tiago 1:13-18 pode ser lido como sua reflexão teológica sobre Gênesis 1-3, a fim de reforçar sua afirmação sobre o caráter e os dons de Deus. De forma incisiva, ele afirma que Deus não é a fonte da tentação:

> Não se deixe enganar, meus queridos irmãos e irmãs. Todo bom presente [dom], todo presente [dom] perfeito vem de cima. Esses dons vêm do Pai, criador das luzes celestiais, em cujo caráter não há mudança alguma. Ele escolheu nos dar à luz por sua verdadeira palavra, e aqui está o resultado: somos como a primeira ceifa da colheita de tudo o que ele criou. (Tiago 1:16-18, *Common English Bible*)

A *Common English Bible* (CEB), citada acima, esclarece que Tiago usa a frase "Pai das luzes" para se referir a Deus como criador e, portanto, à criação (ver Gênesis 1:3, 14-17).[26] Esse Deus não envia tentação (Tiago 1:13-15), mas coisas boas. Esse Deus não vacila entre dar coisas boas e ruins, pois seu caráter é consistentemente orientado para fornecer coisas boas. E esse Deus é conhecido por sua generosidade. Ele dá "sem pensar duas vezes, sem marcar pontos" (Tiago 1:5, CEB), e ele dá "todo bom dom [presente], todo dom perfeito" (Tiago 1:17, CEB).

Tiago nega enfaticamente que *peirasmos* se origina de Deus (Tiago 1:13). Em vez disso, conecta *peirasmos* com o desejo ou ânsia (*epithymia*). Aqui encontramos a destreza de Tiago com o termo *peirasmos* em toda a sua ambiguidade semântica. Na tradição bíblica, a palavra pode se referir tanto à *tentação diabólica* (que impede e corrompe a vida humana) quanto à *provação divina* (que refina e aprofunda a vida humana). Lembre-se de que Tiago dirige sua carta a peregrinos exilados (Tiago 1:1) que, como os exilados mais geralmente, enfrentam aflições e conflitos; esses devem ser caracterizados como provação ou como tentação? O que determina para Tiago se o *peirasmos* deles toma a forma de "provação" ou de "tentação" não é a experiência em si, mas *o desejo humano ou a ânsia humana*, ou seja, se as pessoas dominam suas disposições pecaminosas ou se são dominadas por elas. Isso não significa que Tiago considere a pessoa humana

---

[26] Traduzimos o texto da *Common English Bible* acima, para evidenciar o argumento do autor. Dentre as versões em português, a versão da NVI usa a expressão Pai das Luzes, mas sem a expressão "celestiais". A NVT e a NTLH são as únicas que fazem referência explícita à criação neste versículo. [N. T.]

inerentemente má; podemos observar que, para Tiago, os humanos são caracterizados por uma inclinação para o mal, mesmo que continuem a ter a imagem de Deus em que foram feitos (Tiago 3:9).[27]

Tiago associa "desejo" a dois campos semânticos, ambos vistos como uma força quase irrefreável: um pescador com sua isca de pesca favorita, e uma sedutora irresistível (Tiago 1:14).[28] Com sua referência ao "desejo", Tiago identifica a fonte das dificuldades reais de sua audiência não em termos de pressões externas, e certamente não como manifestações da vontade divina, mas como inclinações internas. *Epithymia*, usado em Tiago 1:14-15,[29] pode ser entendido no sentido neutro de "desejo", mas em um discurso moral geralmente o termo tem o sentido negativo de "desejo maligno" ou "ânsia". Aqui, seu papel generativo com relação ao pecado e à morte qualifica-o inconfundivelmente como negativo e o associa à tradição judaica mais ampla da inclinação do mal (veja acima), e é essa má inclinação que dá origem à mente dupla pela qual Tiago caracteriza o pecado.[30] A responsabilidade pessoal é ainda mais reforçada pela adição de *idios* ("próprios") em Tiago 1:14: "seu próprio desejo" (minha tradução).

Nos versículos a seguir, os papéis geradores de dois tipos de desejo, humano e divino, contrastam bastante (Tiago 1:15, 18, 21):

Desejos divinos[31]	**Desejos humanos**
Por meio de "sua verdadeira palavra", a "palavra plantada profundamente em você", "nos dá à luz... e aqui está o resultado: somos como a primeira ceifa da colheita de tudo o que ele criou". [CEB]	"Dá à luz o pecado; e quando o pecado cresce, dá à luz a morte." [CEB]

---

[27] Veja Andrew Chester, "The Theology of James" [A teologia de Tiago]. In: Andrew Chester e Ralph P. Martin (Orgs.), *The Theology of the Letters of James, Peter, and Jude*. New Testament Theology, Cambridge: Cambridge University Press, 1994, pp. 39-41; Walter T. Wilson, "Sin as Sex and Sex with Sin: The Anthropology of James 1:12-15", *Harvard Theological Review*, v. 95, 2002, pp. 147-168, aqui, às pp. 160-161.

[28] Veja Timothy B. Cargal, *Restoring the Diaspora: Discursive Structure and Purpose in the Epistle of James* [Restaurando a diáspora: estrutura discursiva e propósito na epístola de Tiago]. Society of Biblical Literature Dissertation Series, v. 144, Atlanta: Scholars, 1993, pp. 81-82.

[29] Compare *hēdonē* ("prazer") em Tiago 4:1, 3; *epithymeō* ("eu desejo") em Tiago 4:2; e *epipotheō* ("Eu anseio por") em Tiago 4:5.

[30] Cf. Luke L. Cheung, *The Genre, Composition and Hermeneutics of James* [O gênero, composição e hermenêutica de Tiago]. Carlisle, UK: Paternoster, 2003, pp. 206-213.

[31] Em Tiago 1:18, o autor usa uma forma passiva do aoristo do verbo *boulomai* ("eu desejo" ou "eu pretendo"), traduzida de várias maneiras, como "em cumprimento de seu propósito" (*New Revised Standard Version*), "por sua própria escolha" (*New Jerusalem Bible*), "ele escolheu" (*Common English Bible, New International Version* [2011]), "de sua própria vontade" (*Authorized Version*), "ele quis" (*New American Bible* [2011]. [Em português: "segundo o seu querer" (ARA, NAA), "segundo sua vontade" (ARC), "por sua decisão" (NVI), "por sua própria vontade" (NVT), "por vontade própria" (Bíblia de Jerusalém). (N. T.)]

Permanecer firme [perseverar] leva à vida que Deus prometeu (Tiago 1:12), mas permitir que os desejos controlem a vida leva ao pecado e à morte (Tiago 1:14-15). Como essa tabela deixa claro, contra o poder do desejo humano está o antídoto, o evangelho, que quando internalizado é poderoso para salvar.

Embora complexo em sua apresentação, o argumento de Tiago é bastante claro. Os desafios da vida exílica fornecem uma arena para o exercício desenfreado do desejo humano, cujo resultado é o pecado e a morte. Embora alguém possa ser tentado a culpar a própria vida exílica, ou a colocar a culpa das tentações aparentemente esmagadoras aos pés de Deus, ou do diabo, essa é uma análise equivocada. O problema é interno à pessoa humana, e não externo: o desejo/ânsia humana, uma disposição para a mente dupla [mente dividida]. A solução, embora externa (isto é, a "verdadeira palavra" de Deus), deve ser igualmente internalizada. Por meio de uma transformação que vem por meio da sabedoria divina, a palavra divina deve ser recebida e plenamente incorporada, de modo a imbuir o que se é e o que se faz.

Deixados à própria sorte, os humanos, para Tiago, estão sujeitos a seus próprios desejos; seus corações se inclinam para a desobediência. Ele não nos diz como isso veio a ser assim, além de sugerir que esse é o caminho da sabedoria terrena. Se ele porventura dá alguma dica, ela vem de Tiago 3:6, 15, onde lemos que "a língua é incendiada pelas chamas do inferno" [CEB] e que a sabedoria terrena é terrena, natural e "demoníaca". Essas referências não fornecem base para culpar o diabo pela infidelidade humana ou pelo pecado, no entanto, uma vez que Tiago aparentemente pensa que os humanos podem conter suas línguas e pedir sinceramente por sabedoria celestial. Refletindo sobre Tiago, Wesley concluiu com razão: "Portanto, devemos procurar a causa de todo pecado *dentro*, não *fora*, de nós mesmos".[32] Ou, como Tiago diz, "Cada um, porém, é tentado pelo próprio mau desejo, sendo por este arrastado e seduzido" (Tiago 1:14, NVI).

---

[32] John Wesley, *Explanatory Notes upon the New Testament* [Notas explicativas sobre o Novo Testamento]. 1754, Londres: Epworth, 1976, p. 857.

Reflexões

Antes de encerrar este capítulo, deixe-me resumir o que vimos até agora. Primeiro, nem Gênesis 3 nem as Escrituras como um todo desenvolvem muito os interesses específicos que mais tarde se fundiriam na doutrina tradicional do pecado original; isto é, as Escrituras não se referem à Queda, tradicionalmente entendida, e em nenhum lugar ela fala do pecado de Adão como uma herança física. Segundo, a literatura judaica no período do Segundo Templo levanta a questão das origens do pecado, mas não identifica o pecado como uma condição humana inerente. Essa literatura geralmente fala de obediência às instruções de Deus como o antídoto para o pecado. Terceiro, a visão mais radical de Paulo quanto ao pecado o leva a falar de servidão humana ao pecado, entendido como um poder em ação no mundo, diante do qual os seres humanos precisam de libertação. Simplificando, os humanos precisam mais do que das instruções de Deus; eles precisam da intervenção salvadora de Deus em Jesus Cristo para serem libertados do pecado e habilitados a servir a Deus. Quarto, Tiago reflete o pensamento judaico do primeiro século em suas referências ao "desejo" e à inclinação ao mal, mas, como Paulo, não oferece nenhuma sugestão de que eles possam ser superados apenas seguindo as instruções de Deus. Em vez disso, Tiago defende que os seres humanos precisam das boas novas, da própria palavra de Deus, plantada profundamente dentro deles. Quinto, quando refletem sobre a etiologia do pecado, Paulo e Tiago se baseiam nos capítulos iniciais de Gênesis. Tiago reflete sobre a criação, a fim de garantir à sua audiência que a inclinação ao mal é autora do pecado, e não Deus. Paulo reflete sobre Adão, tanto para marcar o início da história da progressão da humanidade até o pecado quanto para insistir que Adão serviu como uma espécie de pioneiro a quem as pessoas seguiram até na pecaminosidade. Assim, Paulo e Tiago enfatizam a dimensão corporativa do pecado e assumem a herdabilidade do pecado — não no sentido de transmitir o pecado por meio da procriação, mas no sentido de padrão e influência.

CONCLUSÃO

O contexto atual levanta questões difíceis contra a doutrina tradicional do pecado original. A igreja como um todo nunca alcançou um entendimento comum de "pecado original"; o otimismo moderno em relação ao progresso humano tornou difícil para muitos levar a sério o pecado original; os teólogos levantaram objeções éticas contra a noção de que Deus pode responsabilizar as pessoas pela pecaminosidade das gerações passadas, e a biologia evolutiva minou a ideia de pecado imputada a toda a humanidade com base na rebelião de nossos primeiros pais humanos. Além disso, vimos que nem Paulo nem Tiago afirmam que toda a família humana está implicada no pecado de Adão, e os textos judaicos bíblicos e extrabíblicos geralmente afirmam o livre arbítrio e a responsabilidade pessoal. O que, então, podemos dizer sobre o pecado original?

Embora não se possa dizer que a doutrina do Pecado Original tenha se *originado* nas Escrituras cristãs, podemos e devemos afirmar que a doutrina *foi desenvolvida a partir de garantias das Escrituras*, o que é verdade pelo menos no que diz respeito ao entendimento de que o coração humano se inclina em direção ao pecado, que o pecado pode ser intencional ou não intencional, que ele é um poder que precede o comportamento humano e que permeia toda a família humana. Além disso, mesmo que Paulo e Tiago não sejam tão comunicativos quanto poderíamos desejar sobre a etiologia do pecado, ambos refletem em Gênesis 1-3 — Tiago para assegurar à audiência que Deus não é o autor do pecado e Paulo para enfatizar o padrão estabelecido por Adão para toda a humanidade. Por um lado, isso significa que há muitos pontos importantes a serem observados sobre a defesa de Wesley da doutrina do Pecado Original por conta do trabalho soteriológico que ela faz. Por outro lado, a narrativa que traçamos até agora seria hospitaleira a uma história alternativa da "Queda" — por exemplo, que as vidas de nossos ancestrais ainda não estavam nubladas pela névoa da escuridão espiritual ou pela confusão de decisões que eventualmente envolveriam a família humana quando ela se afastasse de Deus, ainda que estivesse sujeita a tentações e ao desejo de se afastar da voz de Deus, e estivesse vulnerável a todos os tipos de perversões, violência, abuso e egocentrismo que seus ancestrais lhes legaram.[33] E essa narrativa seria acolhedora para

---

[33] Cf. Veli-Matti Kärkkäinen, *Creation and Humanity* [Criação e humanidade], volume 3 de seu *A Constructive Christian Theology for the Pluralistic World* [Teologia cristã construtiva para o mundo pluralista] (Grand Rapids: Eerdmans, 2015), pp. 387-411.

uma série de elementos da doutrina do pecado original — o surgimento do pecado como uma qualidade difundida da experiência humana, a natureza pessoal e estrutural do pecado e o seu caráter como uma doença que permeia a família humana de maneira relacional (ou "ambientalmente"[34]). Consequentemente, na questão do pecado original, as Escrituras oferecem muito espaço para levar a sério as principais questões levantadas pela biologia evolutiva. A visão qualificada do pecado original da qual as Escrituras testemunham não requer crença em um primeiro casal humano, Adão e Eva, nas noções tradicionais de uma "queda" histórica ou na visão tradicional da transmissão genética do pecado. A doutrina do pecado original: ela não é uma daquelas áreas em que se pode pedir uma escolha forçada: Escritura *ou* ciência.

---

[34] Anthony C. Thiselton, *Systematic Theology* [Teologia sistemática]. Grand Rapids: Eerdmans, 2015, pp. 155-156.

CAPÍTULO 6

O mistério de Adão

Uma defesa poética em favor da doutrina tradicional

Aaron Riches

Quase todos os papas desde Pio XII afirmaram, com crescente confiança, que não há conflito entre a ciência da evolução e a fé cristã.[1] E, no entanto, sobre a questão específica de Adão, a Igreja Católica manteve a visão tradicional: o Adão de que a Bíblia fala é o homem que está na origem da história humana, cuja ação contra Deus está por trás da "calamidade original" que colocou o mundo "em desacordo com os propósitos de seu Criador".[2] Como Pio XII colocou em *Humani generis*: o *peccatum originale* "procede de um pecado verdadeiramente cometido por um Adão (*ab uno Adamo*)".[3] E como o Catecismo promulgado em 1992 por João Paulo II coloca, citando *Humani generis*:

> Gênesis 3 utiliza uma linguagem figurativa, mas afirma um acontecimento primordial, um fato que teve lugar *no princípio da história do homem*. A Revelação dá-nos uma certeza de fé de que toda a história humana está marcada pela falta original, livremente cometida pelos nossos primeiros pais.[4]

---

[1] Para pronunciamentos papais cruciais sobre o tema, veja Papa Pio XII, *Humani generis,* §36; Papa João Paulo II, Mensagem para a Pontifícia Academia de Ciências (22 de outubro de 1996), §4; e Papa Francisco, Mensagem do Papa Francisco na sessão plenária da Pontifícia Academia das Ciências (27 de outubro de 2014).

[2] John Henry Newman, *Apologia Pro Vita Sua.* Org. por David J. DeLaura, Norton Critical Editions, Nova York: W. W. Norton, 1968, p. 248.

[3] Papa Pio XII, *Humani generis*, §36.

[4] *Catequismo da Igreja Católica*, n. 390. Disponível em: <http://www.vatican.va/archive/cathechism_po/index_new/p1s2c1_198-421_po.html>.

O MISTÉRIO DE ADÃO

A tensão agonizante do duplo compromisso da igreja — com a origem da história da humanidade *ab uno Adamo* e com a liberdade de investigação científica que geralmente é tomada por cientistas e teólogos como apontando contra essa afirmação básica — só é possível se o centro da unidade é Jesus Cristo, o "Paradoxo dos paradoxos".[5]

Este capítulo faz uma defesa poética em favor do relato tradicional de Adão, entendido como a origem carnal e espiritual da história humana. Chamo meu apelo de "poético" por três razões. Primeiro, porque meu argumento é estético: trata-se de uma discussão sobre "forma" e "narrativa" e, portanto, em primeiro lugar, não é um argumento estritamente dogmático ou metafísico (embora implique e sirva a eles). Segundo, porque o capítulo leva a um comentário extenso (nas duas últimas partes) sobre a vindicação em poesia do Adão carnal de Charles Péguy. Terceiro, e finalmente, porque este capítulo pretende nem ser um relato sistemático nem abrangente do debate ou de sua solução, mas sim ser apenas uma provocação em favor de um mistério. A apologia visa, então, defender a doutrina tradicional de Adão, não contra ou em concorrência com as evidências científicas, nem ainda através de uma proposta de "concordância", mas à luz da tensão que brilha do Mistério Encarnado: *in signum cui contradicetur* [um sinal que provocará contradições] (cf. Lucas 2:34).

Conduzo esta exploração em seis partes principais: (1) A exceção da teologia e duas reduções fronteiriças; (2) o Jesus histórico e a *figura*[6] de Adão; (3) Cristocentrismo e Adão; (4) a infraestrutura para o encontro; (5) o "Sonho de Boaz" e a história carnal de Jesus; (6) as gerações de Jesus para Adão.

A EXCEÇÃO DA TEOLOGIA E DUAS REDUÇÕES FRONTEIRIÇAS

O desafio das evidências científicas sobre a visão tradicional de Adão é, em última análise, um desafio cristológico sobre como o todo é inerente e

---

[5] Henri de Lubac, "Paradoxes" [Paradoxos]. In: *Oeuvres complètes*, v. 31, Paris: Éditions du Cerf, 2010, p. 8.

[6] Neste capítulo, o autor usa o termo *figura* (no original em latim) no seu sentido em teoria literária: uma pessoa ou coisa que representa ou simboliza um fato ou ideal. Grafaremos esse uso sempre em itálico. [N. T.]

184 COLEÇÃO FÉ, CIÊNCIA & CULTURA

iluminado pela pessoa de Jesus Cristo. O modo concreto pelo qual a teologia pode responder a essa questão é elaborado por meio do que o apóstolo Paulo chama de "analogia da fé" (cf. Romanos 12:6), isto é, "a coesão das verdades da fé entre si e no projeto total da Revelação".[7] Aqui, a unidade de Cristo e a unidade das Escrituras são mutuamente constitutivas. E ainda: como "todas as coisas foram feitas por ele" (João 1:3), as Escrituras devem ser entendidas como intrinsecamente inter-relacionadas à realidade em todos os seus fatores; e uma vez que ele que "se tornou carne e habitou entre nós" (João 1:14), também a história e a biologia devem ser entendidas como inter-relacionadas de maneira real com a fé cristã. Este último ponto é crucial: "é essencial para a fé bíblica que ela se refira a um acontecimento realmente histórico".[8] E isso significa que a declaração credal — *Et incarnatus est* — não apenas declara que Deus realmente entrou na história e na carne biológica, mas que a fé da Bíblia, esse enredo, é verdadeiramente história, uma narrativa dramática de eventos reais representados por protagonistas reais.[9] Assim, como Joseph Ratzinger adverte: "Se pusermos fora esta história, a fé cristã será como tal abolida e transformada em outra forma de religião".[10]

A teologia pré-moderna presumiu sem pensar duas vezes que o Adão de que a Bíblia falava era de fato real: uma pessoa concreta, responsável por uma ação concreta que se tornou uma assinatura da história, ligada e iluminada por uma assinatura muito maior da história, que é o Mistério Pascal de Cristo. E é assim que Adão é invocado e celebrado na vida litúrgica da igreja, que não celebra abstrações.[11] Enquanto a pessoa de Adão

---

[7] *Catequismo da Igreja Católica*, n. 114.

[8] Joseph Ratzinger (Papa Bento XVI), *Jesus of Nazareth*, v. 1. From the Baptism in the Jordan to the Transfiguration. Trad. Adrian J. Walker, Londres: Doubleday, 2007, p. xv. [Ed. bras. *Jesus de Nazaré*, v. 1. Do batismo no Jordão à transfiguração. Trad. José Jacinto Ferreira de Farias. São Paulo: Planeta, 2007, p. 12. Citações conforme essa tradução. (N. T.)]

[9] Mas é claro que isso *não* quer dizer que o gênero da Bíblia seja o de um "livro de história". A Bíblia é um complexo de gêneros que precisa ser lido adequadamente. Sobre a questão da história e gênero no Antigo Testamento, veja V. Philips Long, *The Art of Biblical History* [A arte da história bíblica]. Leicester: Apollos, 1994.

[10] Ratzinger-Bento XVI, *Jesus de Nazaré*, v. 1, p. 12.

[11] Existem muitos hinos litúrgicos, tanto da tradição grega quanto latina, que cantam Adão em termos irredutíveis a uma mera ideia. O mais famoso e consequente na tradição latina é o *Exultet*, cantado na Vigília da Páscoa, que invoca o *"certe necessarium Adæ peccatum, quod Christi morte deletum est! O felix culpa, como talem ac tantum meruit habere Redemptorem!"* [Ó necessário pecado de Adão, que foi destruído pela morte de Cristo! Ó ditosa culpa, que nos mereceu tão grande Redentor!] A concretude da tradição litúrgica é substanciada, em um nível mais profundo, quando consideramos o precedente no Oriente e no Ocidente para celebrar as festas em homenagem a Adão. Os cristãos latinos medievais

O MISTÉRIO DE ADÃO

é obviamente encoberta em mistério, em uma renarração mítica da proto-história apresentada nos primeiros capítulos de Gênesis, nenhum dos Pais da Igreja, Escolásticos ou Reformadores, no entanto, a considerava simplesmente uma metáfora ou parábola.

Não obstante essa verdade, sobre a questão de Adão diante das evidências científicas modernas, os cristãos tendem a cair cada vez mais para um lado ou outro de duas posições fronteiriças, ambas as quais tiraram suas conclusões fora dessa visão cristã unificada do todo iluminado pelo "Paradoxo dos paradoxos".

A primeira posição pega as descobertas e hipóteses da teoria da evolução e da genética contemporânea e começa com certeza prometeica.[12] Pelo menos desde a publicação de "The Myth of Eve: Molecular Biology and Human Origins" [O mito de Eva: biologia molecular e origens humanas], de Francisco Ayala, em 1995,[13] e de forma avassaladora desde a publicação do Genoma Humano em 2003,[14] as melhores evidências científicas parecem contradizer totalmente o ensino tradicional da Igreja. A raça humana, ao que parece, derivou de uma população ancestral não inferior a 10 mil, e certamente não de um único casal ancestral.[15] Não pode, então, ter havido um único original *ādām*, um primeiro humano solitário. Além disso, nenhum pecado de origem, um ato, pode ser responsável pela experiência

---

celebraram popularmente a festa de Adão e Eva em 24 de dezembro, e até hoje os cristãos ortodoxos celebram Adão e Eva no domingo antes do Natal, quando celebram os antepassados de Cristo voltando até a Adão. Uma "ideia" não pode ter um dia de festa.

[12] O mais óbvio exemplo católico disso é evidenciado no trabalho de Pierre Teilhard de Chardin; veja p. ex.: *Christianity and Evolution* [Cristianismo e evolução]. Trad. R. Hague (Londres: Collins, 1971). Para um exemplo católico mais recente, veja Jack Mahoney, *Christianity in Evolution: An Exploration* [Cristianismo em evolução: uma exploração] (Washington, DC: Georgetown University Press, 2011). Para exemplos protestantes, veja Peter Enns, *The Evolution of Adam: What the Bible Does and Doesn't Say about Human Origins* [A evolução de Adão: o que a bíblia diz e não diz sobre as origens humanas] (Grand Rapids: Brazos, 2012); e Denis O. Lamoureux, *Evolutionary Creation: A Christian Approach to Evolution* [Criação evolutiva: uma abordagem cristã à evolução] (Eugene, OR: Wipf & Stock, 2008).

[13] Francisco J. Ayala, "The Myth of Eve: Molecular Biology and Human Origins", *Science*, New Series, v. 270, n. 5244, 22 dez. 1995, pp. 1930-6.

[14] International Human Genome Sequencing Consortium, "Finishing the Euchromatic Sequence of the Human Genome", *Nature*, v. 431, 2004, pp. 931-45.

[15] Cf. Dennis R. Venema, "Genesis and the Genome: Genomics Evidence for Human-Ape Common Ancestry and Ancestral Hominid Population Sizes", *Perspectives on Science and Christian Faith*, v. 62, n. 3, 2010, pp. 166-78; Dennis Venema e Darrel Falk, "Does Genetics Point to a Single Primal Couple?", *BioLogos Forum*, 5 abr. 2010, disponível em: <http://biologos.org/blog/does-genetics-point-to-a-single-primal-couple>; e Stephan Schiffels e Richard Durbin, "Inferring Human Population Size and Separation History from Multiple Genome Sequences", *Nature Genetics* v. 46, 2014, pp. 919-925. Mas, para um relato definitivo que mostra que as evidências científicas não precisam ser interpretadas assim, consulte o capítulo de Darrell Falk no presente volume.

"desconjuntada" da história humana.[16] Qualquer que seja o elo entre Cristo e Adão no Evangelho de Lucas, seja qual for a doutrina do apóstolo Paulo, seja qual for a profissão da igreja há dois milênios: Adão não pode mais ser considerado um agente pessoal ou protagonista na origem da história humana. O relato narrativo de Adão em Gênesis pode ser "uma poética e poderosa alegoria",[17] mas não pode ser que o próprio Adão seja uma figura real, de densidade pessoal e histórica.

A segunda posição fronteiriça é uma expressão inversa da primeira.[18] Em vez de considerar os dados das evidências científicas como uma nova certeza prometeica, os fragmentos do texto bíblico são considerados dados autônomos, "verdades literais" equiparados com as mais seguras descobertas científicas, inteligíveis totalmente à parte da *figura* do todo. Aqueles que mantêm essa segunda posição tomam a Bíblia como um livro de dados essenciais que existem e são "verdadeiros" no mesmo plano da razão que as "verdades" da ciência moderna. Existindo neste plano unívoco de significado, os dados das Escrituras devem perfeitamente "corresponder" ou "concordar" com as "verdades" da ciência moderna; caso contrário, só pode ser que a ciência esteja em erro, uma vez que a Bíblia é inerrante nesse sentido redutivo. Em todos os casos, a ideia é relegitimar a fé cristã, insistindo que só ela tem crédito para arbitrar as descobertas da ciência de acordo com uma redução predeterminada de toda a realidade aos limites da fé concebidos como um cientificismo quase-moderno. Todo caso de não-concordância, nessa visão, é um exemplo de que a ciência e a Bíblia estão presas em um jogo de um só vencedor sobre a questão de uma verdade particular.

Em vez de declarar que "Cristo, o novo Adão [...] revela completamente o homem a si próprio",[19] como declarou o Concílio Vaticano II, os de-

---

[16] Cf. Denis Alexander, *Creation or Evolution: Do We Have to Choose?*, New Ed., Grand Rapids: Monarch Books, 2014, pp. 316-65 [Ed. bras. Criação ou evolução: precisamos escolher? Trad. de Elildo Carvalho Jr., Viçosa, MG: Ultimato, 2017.]

[17] Francis S. Collins, *The Language of God*, Nova York: Free Press, 2006, p. 207. [Ed. bras. *A Linguagem de Deus*. Trad. Giorgio Cappelli. São Paulo: Ed. Gente, 2007.]

[18] Por exemplo, veja Victor P. Warkulwiz, *The Doctrines of Genesis 1-11: A Compendium and Defense of Traditional Catholic Theology on Origins* [As doutrinas de Gênesis 1-11: um compêndio e defesa da teologia católica tradicional sobre as origens]. Mount Jackson, VA: Kolbe Center for the Study of Creation, 2007; e William D. Barrick, "A Historical Adam: Young-Earth Creation View" [Um Adão histórico: visão do criacionismo da Terra jovem]. In: Matthew Barrett e Ardel B. Caneday (Orgs.), *Four Views on the Historical Adam*. Grand Rapids: Zondervan, 2013, pp. 197-227.

[19] Constituição Pastoral *Gaudium et spes* sobre a igreja no mundo atual, §22. Disponível em: <http://www.vatican.va/archive/hist_councils/ii_vatican_council/documents/vat-ii_const_19651207_gaudium-et-spes_po.html>.

O MISTÉRIO DE ADÃO

fensores dessas duas posições fronteiriças marginalizam a centralidade do encontro com Cristo como a luz que deve iluminar o todo. Na dialética dos "dados" dogmáticos *versus* científicos, a exceção da teologia é eliminada. O que é essa exceção? Que o homem Jesus é ele próprio o Logos, que sustenta a totalidade da existência em toda a sua perplexidade. Somente nele a razão é mantida aberta além de toda redução, porque ele é a Forma das formas do real,[20] o "Paradoxo dos paradoxos", em quem todos os fatores estão guardados.

O JESUS HISTÓRICO E A *FIGURA* DE ADÃO

O reducionismo da fé e da razão implícita em ambas as nossas posições limítrofes sobre a questão de Adão tem uma estranha semelhança com os reducionismos inerentes àquela mais famosa busca da pesquisa bíblica: a busca pelo Jesus histórico. Embora essa última tenha produzido *insights* inimagináveis sobre o contexto cultural e histórico de Jesus, no qual o drama dos Evangelhos se torna mais claro e mais iluminado, a própria busca, finalmente, não chegou a nenhuma resposta definitiva ou convincente para a pergunta final: quem é esse Jesus? A semelhança entre as duas buscas ilustra algumas características do nosso debate atual.

No prefácio do primeiro volume de seu "Jesus de Nazaré", Ratzinger lembra como a busca pelo Jesus histórico chegou a um beco sem saída:

> Os progressos da pesquisa histórico-crítica conduziram a distinções sempre mais refinadas entre camadas de tradição, por trás das quais a figura [*Gestalt*] de Jesus, à qual precisamente a fé se refere, tornou-se sempre menos clara, perdeu sempre mais contornos. Mas, ao mesmo tempo, as reconstruções de Jesus, que deviam ser procuradas por trás das tradições dos evangelistas e das suas fontes, tornaram-se cada vez mais contrastantes.[21]

É como se, quanto mais focados e exigentes fossem os frutos da investigação histórico-crítica, tanto mais ela deixa definitivamente de lado a

---

[20] Orig. "He is the Forma of the formae of the real". [N. T.]
[21] Ratzinger-Bento XVI, *Jesus de Nazaré*, p. 9-10.

experiência da fé e o *sentire cum ecclesia* [sentir com a igreja], e mais fica cega para a *forma* que poderia unir o todo. A incompatibilidade das várias reconstruções de Jesus formuladas pelo método histórico-crítico atesta isso: Jesus, o revolucionário antirromano, tinha pouca semelhança com Jesus, o sublime professor moral, nenhum dos quais tinha muita semelhança com Jesus, o profeta apocalíptico, ou Jesus, o carismático curandeiro. E, assim, a busca pelo Jesus histórico finalmente conseguiu sua própria autodesconstrução, pois o que ela pretendia fazer era precisamente descobrir uma suposta *figura* perdida. O fim da busca nos deixou, assim, com uma decisão a ser feita: aceitar que há um espírito inerente à tradição cristã, que a *figura* da fé transmitida por 2 mil anos de fato ilumina o *homem* Jesus, ou deixar que esse Jesus se perca para sempre na lata de lixo da história. Aqui reside a analogia com o Adão do Gênesis.

Enquanto a pesquisa científica avança em um ritmo impressionante, lançando novas e surpreendentes luzes sobre as origens humanas, a analogia da fé e a tradição da igreja nunca celebraram Adão como meramente uma alegoria poética. Reformulando o famoso argumento do "louco ou Filho de Deus" de C. S. Lewis,[22] não vamos apresentar nenhuma bobagem condescendente sobre Adão como uma poderosa metáfora. Quando verdadeiramente consideradas como um todo, as Escrituras, a analogia da fé e a tradição da igreja não nos dão essa abertura. Isso não implica uma correspondência simples entre o Jesus histórico e o Adão histórico, como se as duas "buscas" fossem equivalentes. Claramente, no primeiro caso, estamos lidando com um fato da história registrada: havia um homem chamado Jesus de Nazaré, assim como havia um homem chamado Alexandre, o Grande. A alegação cristã diz respeito ao significado desse fato; a vida histórica deste Jesus pertence inteiramente ao Logos divino, a ponto de ser pessoalmente constituída por ele, de modo a ser "um" com ele. Assim, na história desse judeu palestino do primeiro século, o Logos se submeteu à história e, portanto, ao escrutínio histórico. No caso do último, o Adão histórico, estamos lidando com algo radicalmente diferente. Adão não é Deus, ele é o primeiro ser da história humana. A afirmação cristã aqui é que, com

---

[22] C. S. Lewis, *Mere Christianity*, Londres: Collins, 1952, pp. 54-56. [Ed. bras. *Cristianismo Puro e Simples*, trad. Gabriele Greggersen, Rio de Janeiro: Thomas Nelson Brasil, 2017.]

Adão, nasceu a própria história humana, o que significa, paradoxalmente, que "Adão" é anterior à "história", no sentido de que ele é uma figura do passado "protológico" e, como tal, não pode ser investigado por métodos históricos. No entanto, em ambos os casos, de Jesus e Adão, a aposta da fé envolve mais do que a história ou a ciência podem estabelecer: envolve uma confiança radical no espírito da tradição, no que foi "transmitido" (cf. 1Coríntios 11:23; 15:3-8). No caso de Jesus, envolve a aposta de que ele é o Filho do Pai e Salvador do mundo. No caso de Adão, envolve a aposta de que, como Hans Urs von Balthasar coloca, o "Adão" de Gênesis "não era *qualquer* indivíduo, mas aquele que fundou a família da humanidade" e que, por sua "decisão contra Deus", ele "mergulhou toda a família não no pecado pessoal, mas na falta da graça".[23] Adão é esse protagonista original da história e da calamidade do pecado — por mais encoberto em mistério que isso seja — ou devemos permitir que ele seja jogado, nesse caso, na lata do lixo proto-histórico.

CRISTOCENTRISMO E ADÃO

Como devemos proceder então? Como estabelecer uma *figura* significativa de Adão diante das evidências científicas? Paradoxalmente, não devemos começar com ele, mas com a *figura* da fé, Jesus Cristo. Isso é para insistir em pensar teologicamente sobre Adão, ou seja, contemplá-lo dentro da analogia da fé, a "coerência das verdades da fé" que estão no núcleo encarnado da reivindicação cristã. E é aqui que o apóstolo Paulo começa em Romanos 5: Adão *est forma futuri* (5:14). Adão é o *typos*, o "tipo", a *figura* do "que estava por vir" (5:14).

A formulação de Paulo sugere uma analogia: Adão é como uma impressão de cera em relação ao carimbo de ferro, que é Jesus Cristo. Adão é o tipo; Cristo é o arquétipo. E isso significa que o contexto mais amplo de Romanos 5:12-21, que fornece a base bíblica da doutrina clássica do *peccatum originale*, refere-se, antes de mais nada — em um sentido metafisicamente anterior —, à questão da pessoa de Jesus e de sua ação redentora,

---

[23] Hans Urs von Balthasar, *Theo-Drama*, v. 4, The Action. Trad. G. Harrison, São Francisco: Ignatius, 1994, p. 183.

e somente então, em um sentido metafisicamente secundário, à pessoa de Adão e sua decisão contra Deus. Esta é a conclusão do Papa Bento XVI, que em sua catequese em Romanos 5: 12–21 diz que "o centro da cena [...] não é tanto Adão, com as consequências de seu pecado para a humanidade [...] mas sim Jesus Cristo e a graça abundante que foi derramada sobre a humanidade por meio dele".[24] Somente na graça que emana do Crucificado a Queda do primeiro homem se torna concreta para nós. E assim: somente na *figura* maior de Cristo é que a *figura* de Adão vem à luz; somente no ato redentor da cruz o significado do ato no início da história humana se torna claro; somente na graça do crucificado a Queda do primeiro homem se torna real para nós como um fato concreto que podemos (e devemos) reconhecer. É contemplando a pessoa historicamente particular de Jesus Cristo e o evento de seu Mistério Pascal que a densidade anterior de Adão e sua ação são iluminadas.

No entanto, assim que situamos essa prioridade em Cristo, devemos enfatizar que isso requer, por motivos cristológicos, um Adão concreto, que não se pode reduzir a uma mera "ideia". Adão é um tipo tão real e concreto quanto seu arquétipo, que, portanto, não pode ser reduzido a um mero conceito ou metáfora. Como N. T. Wright afirma, "Paulo acreditava claramente que havia um único primeiro par, cujo homem, Adão, recebeu um mandamento e o quebrou".[25]

A doutrina paulina oferecida em Romanos 5 pressupõe plenamente uma correspondência encarnada entre o fato histórico de Cristo e o mistério concreto de Adão. Essa correspondência é essencial para o funcionamento da obra salvadora de Cristo, como a humanidade é transferida da morte "em Adão" para a salvação "em Cristo". Adão é uma "pessoa específica [...] que está na origem da humanidade e com quem começa a história do pecado".[26] É precisamente como tal — como a pessoa na origem da história humana e o protagonista do pecado de origem —, e não de outro

---

[24] Papa Bento XVI, *Saint Paul: General Audiences* (2 jul. de 2008 – 4 fev. 2009), São Francisco: Ignatius, 2009, p. 90.

[25] N. T. Wright, "Romans" [Romanos]. In: *The New Interpreter's Bible*, v. 10. (Nashville: Abingdon, 2002), p. 526. Para mais sobre o Adão "histórico" de Paulo (com bibliografia nas notas), veja a apologética não conformista de C. John Collins, *Did Adam and Eve Really Exist?* [Adão e Eva realmente existiram?] (Wheaton, IL: Crossway, 2011), pp. 78-90.

[26] Joseph Ratzinger, *"In the Beginning..."* [No princípio ...], Grand Rapids: Eerdmans, 1995, p. 71

modo, que Adão é "um tipo daquele que estava por vir" (Romanos 5:14). A densidade carnal e histórica de Adão é conhecida como uma realidade concreta, porque ele é um tipo de Cristo, o mais carnal e histórico de todos os seres humanos.

O cristocentrismo que o papa Bento XVI destaca em Romanos 5 é articulado mais radicalmente por Conor Cunningham no último capítulo de seu livro *Darwin's Pious Idea* [A ideia piedosa de Darwin], no qual ele se propõe a desfazer uma série de perguntas metafisicamente redutivas em torno do "Adão histórico". A estratégia de Paulo, como Cunningham a implementa, desestabiliza a concepção moderna de tempo/história como estritamente linear e o ser/existência como puramente pontual. A história não é uma série linear, nem os seres são um agregado de "substâncias" discretamente existentes. Por que é assim? Porque, em termos trinitários, as pessoas da Trindade são "relações subsistentes", doravante, "*relatio* [relação] [...] está ao lado [...] da substância como uma forma igualmente primordial de ser".[27]

Por um lado, então, à luz da teologia trinitária, a relação entre diferentes seres deve agora ser entendida não apenas como "acidental", mas como um fator constitutivo de sua realidade substancial. Toda criança, por exemplo, tem uma mãe e um pai, que dão à relação uma substância na forma da criança que emerge deles. Se isso é verdade para uma relação entre uma criança humana e os pais, é mais ainda na relação da criatura com Deus, que não é apenas a origem atemporal do ser criado, mas sua suficiente realidade presente. A criatura existe apenas como um ser-em-relação a Deus. Além disso, a recuperação da relação como um aspecto primordial do ser nos ajuda a entender melhor a verdade do ser histórico: nenhum evento do ser histórico pode ser entendido isoladamente, mas, pelo contrário, está sempre implícito e deve ser entendido dentro da maior teia de inter-relações que é o todo da história. E se isso é assim de forma geral, é ainda muito mais no caso de Adão, que é encarregado por Deus de ser o pai da raça humana (a fonte carnal de todo ser humano), e de representar a totalidade do ser humano em sua relação com Deus na origem da história humana.

---

[27] Joseph Ratzinger *Introduction to Christianity*, trad. J. R. Foster, San Francisco: Ignatius, 2004, p. 183. [Ed. bras. *Introdução ao cristianismo: preleções sobre o símbolo apostólico*, São Paulo: Loyola, 2005.]

Adão é o homem universal, o *principium* da história humana e do ser humano. Como tal, ele é a figura, o tipo do verdadeiro *principium* — Jesus Cristo —, que é o arquétipo do ser humano e cuja vida é o ponto imóvel em torno do qual toda a história gira. Assim, Cunningham nos insta a seguir Paulo: "devemos pensar no 'tipo' como tendo realidade apenas naquilo do que ele é um tipo".[28] A realidade mais profunda de Adão, portanto, reside inteiramente em Cristo, assim como a verdade mais profunda de seu pecado original já aponta para a glória da cruz. E assim:

> Nós apenas entendemos Adão por causa do único e verdadeiro Adão [...] o *único* Adão [...] [O que significa que] é tolice interpretar o [evento histórico da] Queda ou a existência de Adão em termos positivistas ou em termos estritamente históricos [conforme o "historicismo"], no sentido de que não há Queda antes de Cristo.[29]

No entanto, será que esse cristocentrismo radical implica uma redução cristológica? Conceber Adão dessa maneira faz desmoronar em Cristo toda a sua realidade pessoal e como um "evento"? Em recente defesa da doutrina tradicional de Adão, Hans Madueme lê o argumento de Cunningham como terminando precisamente neste tipo de Cristo-monismo: "Adão é engolido pela cristologia e pela soteriologia."[30]

Madueme tem razão em alertar contra o Cristo-monismo. Uma redução cristológica, por mais tentadora que seja, deve ser rejeitada por razões cristológicas, uma vez que Cristo ilumina o valor último do ser como estando em sua coextensão com o amor. Portanto, a cristologia implica, desde sua origem, uma relacionalidade encarnada entre agentes concretos. "Relação" é, portanto, tão primordial para sua encarnação quanto "substância", de modo que a relação substancial do Senhor encarnado pressupõe

---

[28] Conor Cunningham, *Darwin's Pious Idea: Why the Ultra-Darwinists and Creationists Both Get It Wrong* [A ideia piedosa de Darwin: por que tanto os ultra-darwinistas como os criacionistas entendem errado], Grand Rapids: Eerdmans, 2010, p. 378.

[29] Ibid., p. 378.

[30] Hans Madueme, "'The Most Vulnerable Part of the Whole Christian Account': Original Sin and Modern Science" ['A parte mais vulnerável de toda a narrative cristã': o pecado original e a ciência moderna]. In: Hans Madueme e Michael Reeves (Orgs.), *Adam, the Fall, and Original Sin: Theological, Biblical, and Scientific Perspectives*. Grand Rapids: Baker Academic, 2014, pp. 225-50, à p. 231.

e implica a liberdade do genuíno "outro".[31] É isso o que se quer dizer com a afirmação de que Jesus "revela completamente o homem ao próprio homem", não por si mesmo, isto é, não como um ser separado, mas sim Jesus "revela o homem ao próprio homem" na maior "revelação do mistério do Pai e Seu amor". A revelação do Pai e seu amor — que ocorre na carnalidade concreta da corporeidade humana recebida pelo Filho — traz à luz a valoração última do ser humano no plano do amor divino. Deus cria o ser humano para ser um parceiro de comunhão, um verdadeiro coagente na obra do amor que é a verdade mais profunda do próprio ser de Deus. Essa é a Cristo-lógica do mundo que não permite toda redução cristológica do mundo (e de todo ser humano e do ser humano como tal) ao Cristo-monismo. Cristo revela o humano para si mesmo somente quando ele revela o Pai e seu amor. Tudo aponta, portanto, para o diálogo do amor: a comunhão de agentes pessoais reais que são agentes genuínos da comunicação do amor. A insistência de Madueme de que Adão não seja reduzido a Cristo é cristologicamente vantojoso, mas seu argumento contra Cunningham erra o alvo na medida em que subvaloriza o papel do paradoxo que Cunningham assume na relação entre "tipo" e "arquétipo". Vamos explorar isso um pouco mais.

Em uma discussão criticamente importante sobre a relação entre o sacrifício do Antigo Testamento e o sacrifício de Jesus Cristo, o autor da Epístola aos Hebreus declara: "A Lei traz apenas uma sombra dos benefícios que hão de vir, e não a realidade dos mesmos" (Hebreus 10:1, NVI). Comentando essa passagem, Henri de Lubac destaca apenas "quão ousada" é a expressão: implica uma "reversão completa" do "senso comum", uma vez que normalmente pensamos no arquétipo ou modelo como precedendo o tipo, assim como uma causa precede seu efeito.[32] Contudo, aqui, o "esboço aproximado é a preparação para o arquétipo" e, portanto, a imitação impossivelmente vem antes do modelo real. De Lubac continua:

---

[31] Veja Adrian J. Walker, "The Original Best: The 'Coextensiveness' of Being and Love in Light of GS, 22", *Communio*, v. 39, 2012, pp. 49-65.
[32] Henri de Lubac, *Catholicism: Christ and the Common Destiny of Man* [Catolicismo: Cristo e o destino comum do homem]. Trad. Lancelot C. Sheppard e Sister Elizabeth Englund. OCD, São Francisco: Ignatius, 1988, p. 172.

Esta é a verdade que está por vir e surgirá um dia na terra: *futura Veritas, secutura Veritas — Veritas de terra orta*. Inédito paradoxo! [...] [Esta] é a realidade desconcertante do fato cristão; é ao mesmo tempo a substância e o modelo, a verdade que é prenunciada e refletida [...] no que foi antes. [...] O fato cristão inteiro é resumido em Cristo [...] que [no entanto] teve que ser preparado na história, assim como uma obra-prima é precedida por uma série de esboços.[33]

Tudo isso está implicado no fato metafísico de que em Deus não há "antes" e "depois". A encarnação de Deus reconfigura todo o curso futuro da história, enquanto recapitula a totalidade do passado. Somente porque esse é o caso, a igreja pode declarar: "*O certe necessarium Adae peccatum* [...] *O felix culpa, quae talem actantum meruit habere Redemptorem!*" [Ó necessário pecado de Adão ... Ó ditosa culpa, que nos mereceu tão grande Redentor!] João Paulo II diz isso quando declara que Jesus Cristo é "o centro do universo *e da história*".[34] Metafisicamente falando, o evento de Cristo é o primeiro evento, o evento do qual, para o qual e pelo qual toda a história humana se desenrola. Contudo, afirmar que Cristo é o arquétipo, a *Forma* na qual a *forma* de Adão vem à luz, não reduz a história à encarnação, ou Adão a Jesus. Toda redução de Adão — seja à cristologia, a uma metáfora ou a uma abstração — é dúbia em termos cristológicos. A reivindicação cristã é, em sua essência, encarnada, pessoal e historicamente concreta, uma irrupção de Deus em meio ao tempo. Ela presume que Deus em Cristo recebeu seu ser encarnado e histórico de uma história pré-existente e carnal. A história de Jesus Cristo tem uma raiz carnal. Essa raiz carnal é o primeiro homem, que é a *figura* da *Figura* que estava por vir.

A INFRAESTRUTURA PARA O ENCONTRO

O que N. T. Wright diz não é apenas que Paulo claramente presumia que Adão era o primeiro homem e que havia recebido um mandamento divino que ele transgrediu; ele acreditava que "havia um único primeiro

---

[33] Ibid., 173-4.
[34] João Paulo II, *Redemptoris hominis*, 1. Itálicos meus. Disponível em: <https://w2.vatican.va/content/john-paul-ii/pt/encyclicals/documents/hf_jp-ii_enc_04031979_redemptor-hominis.html>

O MISTÉRIO DE ADÃO

casal".[35] Essa parece ser a visão do próprio Jesus, quando ele responde aos fariseus que o testaram perguntando se é lícito divorciar-se da esposa (Mateus 19:3-9; Marcos 10:2-9). Jesus responde à pergunta deles assim:

> Ele respondeu: "Vocês não leram que, no princípio, o Criador 'os fez homem e mulher' [cf. Gênesis 1:27] e disse: 'Por essa razão, o homem deixará pai e mãe e se unirá à sua mulher, e os dois se tornarão uma só carne'? [cf. Gênesis 2:24] Assim, eles já não são dois, mas sim uma só carne. Portanto, o que Deus uniu, ninguém separe". (Mateus 19:4-6, NVI)

A resposta de Jesus une os dois relatos do homem e da mulher (Gênesis 1:27; 2:24) de uma maneira que implica claramente que ele os entendia como se referindo a um e o mesmo casal humano.[36] E mais, essa unidade da criação do primeiro homem e mulher é a base de sua resposta mais radical ao desejo dos fariseus de justificar o divórcio com base no mandamento de Moisés. Jesus responde: "Moisés permitiu que vocês se divorciassem de suas mulheres por causa da dureza de coração de vocês. Mas não foi assim desde o princípio". (Mateus 19:8, NVI). Como o papa João Paulo II expôs com beleza e rigor em sua catequese sobre o amor humano, a densidade ontológica do argumento de Jesus, "desde o início", não pode ser subestimada.[37] A constituição metafísica do primeiro par, em sua complementaridade, leva-nos ao significado infraestrutural mais profundo da existência humana como ordenada para amar, como ordenada para o despertar pessoal do ser humano, para a profundidade do mistério de sua humanidade através da alegre surpresa de encontrar o outro.

Porque era assim "desde o princípio", porque era assim desde Adão e Eva, todo o encontro de um "eu" se apaixonando por um "você" é uma revelação do mistério de ser humano conforme ordenado para o encontro último do "eu" com o Cristo encarnado, que "revela completamente o

---

[35] N. T. Wright, "Romans", p. 526

[36] John Collins coloca grande importância nesse discurso como fundacional da visão do Novo Testamento sobre Adão e Eva; veja seus comentários em *Did Adam and Eve Really Exist*, pp. 76-78.

[37] Papa João Paulo II, *Man and Woman He Created Them: A Theology of the Body*. Trad. Michael Waldstein. Boston: Pauline Books & Media, 2006. [Ed. bras. *Homem e mulher os criou: catequeses sobre o amor humano*. Guarulhos, SP: EDUSC, 2014.]

homem a si mesmo e traz à luz o seu mais alto chamado".[38] Cristo é a unidade do começo com o fim; ele é o Alfa e o Ômega. Isso implica que a *forma* do arquétipo, Jesus, contém em si, como *forma* de seu próprio ser, a infraestrutura do encontro pessoal, de modo que ele condescende a exigir uma história pessoal real que realmente o precede e que não pode ser reduzida a ele, para que sua vinda seja um encontro de amor — e é dessa maneira que ele envolve toda a realidade em si mesmo, não como uma redução, mas na forma do reconhecimento de um outro genuíno.

Esse ponto de partida teológico encontra um correlato antecedente na história carnal de Adão, no que João Paulo chamou de "a medula óssea da realidade antropológica".[39] Esta medula óssea da realidade antropológica é o primeiro grito de alegria da história humana, o grito de Adão, quando da criação de Eva: "Esta, finalmente, é osso dos meus ossos e carne da minha carne!" (Gênesis 2:23). Segundo João Paulo, o primeiro homem "fala essas palavras como se fosse apenas à vista da mulher que ele pudesse identificar e chamar pelo nome [...] *aquilo em que a humanidade se manifesta*".[40] A epifania deste encontro é crucial. Somente ao despertar para a presença de Eva é que Adão se torna consciente do significado de sua própria humanidade.[41] Ela o revela para si mesmo. É como se a infraestrutura do ser humano tivesse sido criada precisamente para esse encontro. Esse encontro original, certamente tão significativo quanto a Queda na narrativa bíblica, aponta sem hesitação para o encontro com um Deus como o Amado, que se tornará finalmente osso de nosso osso e carne de nossa carne e nos revelará a nós mesmos. É a partir desse grito de alegria original que se irradia toda a genealogia da história e da biologia humanas, agora como um chamado para buscar algo além das aparências, algo dentro e além dos dados da ciência. Essa é, de fato, a experiência humana elementar — a do maravilhamento do ser humano diante da realidade, que estimula novos avanços na investigação científica e provoca a disposição da adoração diante do Mistério do ser. Isso é resumido em algumas falas do poeta italiano Leopardi, que escreve:

---

[38] *Gaudium et spes*, §22.
[39] João Paulo II, Homem e mulher os criou, 9.4, p. 164 [paginação do original em inglês. (N.T.)]
[40] Ibid., p. 164.
[41] Em *Denial: Self-Deception, False Beliefs* [Negação: Autoengano, falsas crenças] (Nova York: Hachette, 2013), Ajit Varki e Danny Brower oferecem um relato correlacionado — ainda que totalmente negativo — da singularidade do cérebro humano em comparação com todos os outros animais.

E quando miro in cielo arder le stelle;

Dico fra me pensando:

A che tante facelle?

Che fa l'aria infinita, e quel profondo

Infinito Seren? che vuol dir questa

Solitudine immensa? ed io che sono?[42]

Este é o *élan vital* do espírito humano que anima todas as aventuras humanas. Esse ponderar humano, esse esforço em direção ao encontro luminoso com Cristo, que é ele mesmo, como João Paulo II o chamava, a "resposta à pergunta que é toda vida humana".[43]

O SONHO DE BOAZ E A HISTÓRIA CARNAL DE JESUS

Na busca dessa realidade além das aparências imediatas, quero explorar uma proposta do poeta católico francês Charles Péguy.

Na introdução de uma recente edição espanhola da obra de Péguy, Javier Martínez e Sebastián Montiel caracterizam o poeta francês como um "profeta da Encarnação" do século 20.[44] Segundo eles, a poesia de Péguy, como substância de sua profecia, é "testemunha da [unidade] do ser e do evento", isto é, a irredutível coinerência da história e da metafísica, fato e existência, que marca a experiência concreta da realidade humana e é a base da ortodoxia cristã. Essa base da teologia, no entanto, não é algo que Péguy aprendeu com os professores de sua época, mas com o trabalho de seu herói poético Victor Hugo, um poeta conhecido por suas visões anti-católicas (em seu último testamento, Victor Hugo famosamente recusou "orações de todas as igrejas", enquanto pediu por uma "oração por todas as almas").

---

[42] "... E quando olho a amplidão, de estrelas cheia/ Penso e digo comigo:/ Por que tanta candeia?/ Por que estes ares infinitos, este/ Infinito profundo, sereno, esta/ Imensa solidão? E eu, que sou eu?/". Giacomo Leopardi, "Canto noturno de um pastor errante da Ásia". Tradução de José Paulo Paes. In: *Poesia e prosa de Giacomo Leopardi*. Organização e Notas de Marco Lucchesi. São Paulo: Nova Aguilar, 1996.

[43] João Paulo II, Homilia em Camden Yards, Baltimore, 8 de out. 1995, citado em George Weigel, "Diognetus Revisited, ou, What the Church Asks of the World" [Diognetus revisitado, ou, o que a igreja pede do mundo]. In: *Against the Grain: Christianity and Democracy, War and Peace,* Nova York: Crossroad, 2008, pp. 64-84, à p. 76.

[44] Javier Martínez e Sebastián Montiel, "Introducción", Charles Péguy, *El Frente está en todas partes,* (Selección de textos). Trad. e orgs. Javier Martínez e Sebastián Montiel, Granada: Nuevo Inicio, 2014, p. 55.

Em um ensaio de 1910 dedicado a Victor Hugo e ao que Péguy aprendeu dele, o autor destaca o poema de Hugo "Booz endormi" (Boaz adormecido),[45] uma interpretação poética de uma cena do livro de Rute.[46] Em "Booz endormi", Péguy discerne um "testemunho pagão" crucial da encarnação como o fato central da realidade humana. O verso-chave do poema de Hugo tem a seguinte redação:

Et ce songe était tel, que Booz vit un chêne

Qui, sorti de son ventre, allait jusqu'au ciel bleu;

Une race y montait comme une longue chaîne;

Un roi chantait en bas, en haut mourait un dieu.[47]

Esse versículo esclarece, para Péguy, uma visão da experiência humana que nos desperta para o mistério da encarnação que cresce da carne humana. O rei cantor, a visão da alegria e do poder, está na raiz, apoiando o deus moribundo que é o cume do florescimento da vida humana. Em um nível, o deus que morre é o Logos, o fundamento último de tudo o que tem ser, mas o deus recebe sua carne moribunda como o florescimento final do que ele criou, e esse é o aspecto particularmente pagão, essa atenção ao deus *recebendo* sua carne, o fundamento de seu ser carnal, quase como se a humanidade produzisse a encarnação.

Para Péguy, o que é central para esse "testemunho pagão", para esta verdadeira luz derramada sobre um cristianismo às vezes esquecido, é que a encarnação surge em um nível a partir do grito urgente da carne humana. A fé cristã ortodoxa toma seu ponto de partida do outro lado: tanto no Credo Niceno quanto no Evangelho de João, a encarnação é esmagadoramente estabelecida não pelo desejo ascendente do coração humano, mas

---

[45] A tradução consagrada deste poema ao português é a do poeta Eduardo Guimarães, que grafou o nome bíblico Boaz como no original francês "Booz". Veja nota 46 abaixo. [N. T.]

[46] Charles Péguy, "Victor-Marie, comte Hugo". In: *Œuvres en prose complètes*, v. 3, Paris: La Pléiade,1992, pp. 161-345. Eu também usei a tradução em espanhol de partes deste ensaio feita por Martínez e Montiel, intitulada "La encarnación" em Charles Péguy, *El Frente está en todas partes*, Editorial Nuevo Inicio, 2014, pp. 155-61.

[47] "E esse sonho foi tal, que um carvalho gigante/ viu Booz do seu ventre erguer-se – e o azul tocava./ Por ele ia uma raça, a escalá-lo, anelante:/ cantava embaixo um rei, no alto um deus expirava/". "Booz Adormecido", tradução de Eduardo Guimarães. In: Sergio Milliet (Org.), *Obras-Primas da Poesia Universal*, 2 ed. São Paulo: Martins, 1955. Estas quatro linhas foram citadas por Péguy "Victor-Marie, comte Hugo" à p. 236.

O MISTÉRIO DE ADÃO

pela descida do Filho de Deus, que "desceu do céu" (*descensus de caelis*). No poema de Hugo, no entanto, Péguy lê uma justificativa pela experiência original e elementar do ser humano, que é constituída em todos os seus aspectos por uma urgência carnal de dar à luz o mistério divino.

Assim, se o ponto de partida adequado da teologia e fé cristãs é o encontro com o Logos divino que desceu do alto (cf. João 6:38), o que o testemunho pagão ajuda a fé a lembrar é que existem dois movimentos que se encontram no único Filho: ele é externamente "do Pai" (*ex Patris*), mas, no entanto, também é carnalmente "de Maria" (*ex Maria*). Portanto, Jesus tem uma genealogia: uma carne e uma história que garantem que ele é verdadeiramente "feito homem" (*homo factus est*), e assim procede do humano.

Péguy traz o foco para a tensão que esse duplo movimento da encarnação implica a fim de mostrar que, embora a encarnação possa ser contemplada, como acontece normativamente na teologia, na *figura* de Jesus que desceu do alto, existe uma contemplação "pagã" correlacionada. Em vez de contemplar Cristo da perspectiva do eterno (*ab aeternitate*) como "uma história que aconteceu *com o eterno*",[48] a encarnação pode ser contemplada como uma correspondência misteriosa de um acontecimento dentro da própria carne, como "a plenitude carnal de uma série carnal".[49] E isso resulta em uma história de Jesus compreendida "como uma história *que aconteceu ao solo* que FEZ NASCER A DEUS".[50] Desse ângulo, o temporal é entendido como um evento de floração, e a encarnação um fruto temporal, na verdade "um fruto da terra [...] como uma história (um limite consumado, supremo) acontecendo à carne e à terra".[51] Péguy escreve: deste ângulo, consideramos e contemplamos Deus legitimamente "a partir do lado de sua criatura, como vindo do lado de sua criatura [de *dentro* de sua criatura] [...] Deus entrando sua criatura, a criatura dando as boas-vindas a (seu) Deus, por meio de uma série de criaturas: a linhagem de Davi, levando a Deus como fruto carnal".[52] A carne de Israel, nessa visão, produz a encarnação no sentido em que realmente deseja — de maneira carnal

---

[48] Péguy, "Victor-Marie, comte Hugo", p. 235.
[49] Ibid., p. 234.
[50] Ibid., p. 235. Todos os itálicos e maiúsculas no texto de Péguy são dele próprio.
[51] Ibid., p. 235.
[52] Ibid., p. 236.

— que Deus seja, finalmente, osso de seus ossos e carne de sua carne. Bem entendido, esse anseio humano ascendente não pode, de maneira alguma, determinar a descida de Deus em carne ou diminuir a surpresa da total iniciativa divina, muito menos exigi-la. A teologia insistirá, com razão, que a criatura é a criatura e Deus é Deus. Não obstante, o que esse outro modo de contemplar a encarnação nos ajuda a lembrar é o seguinte: a especificidade totalmente concreta e carnal necessária para qualquer teologia da encarnação adequada.

AS GERAÇÕES DE JESUS ATÉ ADÃO

A verificação final do "testemunho pagão" da encarnação, segundo Péguy, vem da complementaridade tensa das genealogias de Mateus e Lucas. A primeira é, segundo ele, normativamente cristã — preocupa-se com eleição e salvação e com a origem da fé — enquanto a genealogia de Lucas, o evangelista dos gentios, é "pagã" no sentido em que se preocupa com estar arraigada no solo, com a carne original e com a carnalidade de Jesus como um fato rastreável à fonte última, o humano original.

Na verdade, de acordo com Péguy, a genealogia de Mateus não é uma genealogia, mas um relato das gerações de Jesus a partir de Abraão, "que foi o segundo Adão".[53] O que significa chamar Abraão de segundo Adão? Para Péguy, isso significa que ele não é apenas carnal, criado, tentado e expulso — como foi o primeiro Adão —, mas também nasceu carnalmente, foi eleito carnalmente e foi escolhido carnalmente para ser o pai do povo escolhido: uma origem que é "carnal e espiritual ao mesmo tempo".[54]

Há uma segunda chave, segundo Péguy, para a origem carnal-espiritual da fé na eleição, indicada pela narração de gerações que passam por "crimes da carne" concretos.[55] Esses crimes são assinalados pela invocação de pelo menos três das quatro mulheres mencionadas na genealogia: Tamar, Raabe e Bate-Seba ("a esposa de Urias"). Os nomes evocam os pecados mais carnais e horríveis: estupro, prostituição, adultério, assassinato,

---

[53] Ibid., p. 237.
[54] Ibid., p. 237.
[55] Ibid., p. 238.

O MISTÉRIO DE ADÃO

incesto. O legado do primeiro Adão, assim, ecoa através da genealogia que começa com a eleição de Abraão, o pai da fé. Péguy escreve: "É preciso reconhecer que a linhagem carnal de Jesus é assustadora. Poucos homens, poucos *outros* homens, poderiam ter tido tantos ancestrais criminosos e criminosos neste nível", como teve Jesus.[56] Assolada pela vergonha e calamidade do pecado, a linhagem carnal e criminosa de Jesus é, segundo Péguy, intrínseca ao significado da descida divina e "confere ao mistério da Encarnação o seu total valor".[57] E Mateus não esconde nada.

Enquanto as "gerações de Jesus" de Mateus firmam a encarnação na fé e na eleição, a genealogia de Lucas oferece algo diferente: move-se na direção oposta, buscando a partir de Jesus a volta para a origem carnal.[58] Enquanto Mateus começa seu Evangelho com a genealogia, Lucas espera até o início do ministério de Jesus antes de pesquisar sua genealogia, "a raça temporal [...] [que vai] até o primeiro Adão, o Adão carnal".[59] Enquanto Mateus decresce no tempo, Lucas ascende através dele. É como se nos dois casos, Péguy nos lembra, estivéssemos lidando com o mesmo tempo, apenas um descendo e o outro subindo. Enquanto Mateus enraíza sua genealogia em Abraão, nosso pai na fé, Lucas enraíza a dele no próprio Jesus: "Ora, Jesus tinha cerca de trinta anos quando começou o seu ministério. Era, conforme se pensava, filho de José" (Lucas 3:23, ARA). A partir daqui, Lucas "sobe", passo a passo, filho para pai, filho para pai, até "filho de Enos, filho de Sete, filho de Adão, filho de Deus" (Lucas 3:38).

No seu cerne, de acordo com Péguy, a ideia da escalada ascendente de filho para pai —*qui fuit, qui fuit* — de geração carnal para geração carnal, é chegar ao primeiro Adão e à carnalidade do primeiro Adão, filho de Deus, recebido do próprio Deus. O mistério da filiação carnal de Adão é nada menos que o mistério do Filho encarnado, precisamente no fato de igualar a geração carnal de Adão a partir de Deus em apenas mais um *qui fuit*. E, assim, para Péguy, o mistério da filiação carnal do primeiro Adão sinaliza que "há algo carnal em *Pater noster*, em *Nosso* PAI".[60] Deus, o Pai, é um ver-

---

[56] Ibid., p. 239.
[57] Ibid., p. 239.
[58] Ibid., p. 240.
[59] Ibid., p. 240.
[60] Ibid., p. 242.

dadeiro e carnal pai para Adão, um pai que dá carne. Deus é pai de Adão, da mesma maneira que qualquer pai é pai de qualquer filho. A única coisa que distingue todos os outros pais humanos de Deus é que, atrás de Deus, não há outro. A doutrina da monogênese é verdadeira: toda a humanidade nasce de um único pai, o Pai de Adão.

CONCLUSÃO

Comecei este capítulo com a sugestão de que, independentemente da tensão insuportável entre a doutrina tradicional de Adão e o consenso atual da ciência, a teologia não deve partir impacientemente em direção a uma "síntese", mas deve arriscar sujeitar-se ao Paradoxo dos paradoxos, Jesus Cristo. O mistério inescrutável da origem da história humana é traído por uma imaginação teológica excessivamente determinada pela ciência contemporânea, seja na forma de uma contorcida síntese conceitual, na redução de Adão a uma metáfora, ou na rejeição criacionista da evidência científica. A origem da história humana é duplamente velada pelas sobre-determinações do mistério divino e pela "calamidade original". E, no entanto, o próprio Deus sanciona a busca por Adão.

Depois do pecado de origem, conforme narra o texto luminosamente sombrio de Gênesis, quando "o homem e sua esposa se esconderam da presença do Senhor Deus entre as árvores do jardim" (Gênesis 3: 9), Deus saiu em busca de sua criatura. "[Andando] no jardim no frescor do dia [...] o Senhor Deus chamou o homem e disse-lhe: 'Onde você está?'" (Gênesis 3:8-9). O clamor inquieto de Deus desencadeia o abandono divino do Amor descendente, que encontra seu eco final no clamor humano do Filho crucificado: "Meu Deus, meu Deus, por que me abandonaste?" (Marcos 15:34, NVI). O drama da história humana se desenrola entre o clamor de Deus procurando por Adão e o de Cristo chamando por Deus. Contudo, a descida divina não para por aqui: ela mergulha o próprio Deus no fundo do inferno em busca de sua criatura caída. Somente lá, no limite mais distante, o Filho abandonado por Deus encontra o primeiro ser humano, Adão, no país distante de seu próprio abandono a Deus. Como o antigo ícone grego da angústia do Hades retrata Jesus tirando Adão e Eva do vazio da morte, assim os cristãos latinos da Idade Média comemoravam, em 24 de dezembro, a festa da salvação de Adão e Eva. Cristo não é apenas a revelação do que significa ser humano; ele é o cruzamento intransponível do abismo que separa a humanidade pecaminosa da face de sua origem viva, o primeiro Adão. Somente Cristo salva o ser humano — em sua raiz carnal mais profunda — do abismo do esquecimento [original: *pit of oblivion*].

PARTE III
Para além das "Origens": implicações culturais

Capítulo 7

Sendo tudo o que deveríamos ter sido e ainda mais

A Queda e a busca pela perfeição

Brent Waters

A Queda, conforme registrada em Gênesis 3, é uma história que permeia as Escrituras. Deus coloca Adão e Eva no Jardim do Éden com a responsabilidade de cuidar dele. No cumprimento dessa responsabilidade, eles podem comer de qualquer árvore do jardim, particularmente da árvore da vida. Deus, no entanto, os proíbe de comer o fruto da árvore do conhecimento do bem e do mal, sendo a morte a penalidade se desobedecerem a esse mandamento proibitivo.

A serpente tenta Eva, sugerindo que ela não morrerá se comer o fruto proibido. Em vez disso, ela será como Deus, que está simplesmente tentando proteger um tipo de monopólio divino no conhecimento e na sabedoria. Eva e Adão sucumbem e comem o fruto proibido. As consequências são desastrosas. Eles são expulsos do Éden, e lhes é negado o acesso à árvore da vida que os sustenta. Uma vez que agora conhecem o bem e o mal, eles não devem viver para sempre e acabam morrendo. O relacionamento deles com Deus está quebrado; já não andam com Deus no jardim. O relacionamento deles um com o outro está arruinado; a igualdade é deslocada por Eva estar sujeita ao governo de Adão. Até a natureza se volta contra eles; jardinar não é mais um prazer sem esforço, mas uma maldição de labuta interminável. Além disso, as gerações subsequentes sofrem os resultados da desobediência de Adão e Eva.

Quer se interprete essa história literalmente, simbolicamente, metaforicamente, mitologicamente ou qualquer outro termo que possa ser adicionado à lista, o enredo básico é que a condição humana não é como deveria ser e precisa de correção. Ao comer o fruto da árvore do conhecimento do bem e do mal, Adão e Eva relegam a si mesmos e a seus descendentes uma vida discordante e pecaminosa de desejo desordenado, resultante da comunhão quebrada com Deus, com a criação e com seus semelhantes. Esse tema é repetido várias vezes em toda a Bíblia. Se os humanos não puderem reentrar no Jardim do Éden, eles construirão seu próprio substituto adequado. Conta-se, por exemplo, em Gênesis 11, que os humanos se reúnem em Shinar para construir uma cidade com uma torre para alcançar os céus, a fim de criar um nome para si mesmos e não serem mais andarilhos no mundo inóspito em que Deus os exilou. Eles buscam ser como deuses assim como seus ancestrais, Adão e Eva, tentaram. Mas Deus não permitirá nenhum esforço por um *status* divino e confunde sua língua, espalhando-os efetivamente mais uma vez pela terra. Grande parte da Bíblia pode ser caracterizada, em parte, como um relato de humanos perseguindo uma tentativa fracassada após outra, tentando superar a Queda em seus próprios termos, e a luta e o sofrimento resultantes de seus esforços fúteis.

Dizer que a Queda, particularmente quando associada à noção pagã de uma Era Dourada perdida, influenciou profundamente a imaginação religiosa, moral e intelectual do Ocidente é um eufemismo.[1] O cristianismo, por exemplo, é inconcebível sem alguma compreensão de pecado, do qual os seres humanos devem ser salvos. Moralidade ou ética não seriam necessárias se o desejo humano fosse adequadamente ordenado, e não desordenado. Indivíduos e sociedades não sofreriam os efeitos nocivos da inveja, avareza e vanglória se sua comunhão permanecesse intacta. A necessidade de coerção política para manter um mínimo de civilidade não teria nenhum papel a desempenhar se a harmonia original do Éden pudesse ser recuperada. Se Eva e Adão não tivessem comido o fruto proibido

---

[1] Veja, p. ex., Peter Harrison, *The Fall of Man and the Foundations of Science* [A Queda do homem e os fundamentos da ciência]. Cambridge e Nova York: Cambridge University Press, 2007; veja também Terry Otten, *Visions of the Fall in Modern Literature* [Visões da Queda na literatura moderna]. Pittsburgh: University of Pittsburgh Press, 1982.

e presumido um conhecimento divino, embora falso, do bem e do mal, a condição humana não seria uma bagunça completa.

Contudo, é uma bagunça, e alguma noção de Queda, tanto na forma religiosa quanto na secular, apresenta um desafio a ser superado, a saber: como a natureza humana pode ser restaurada, melhorada ou até aperfeiçoada? Uma variedade de respostas religiosas e seculares a esse desafio foram apresentadas, três das quais podem ser observadas para fins ilustrativos.

Primeiro, a perfeição da natureza humana é uma esperança escatológica. Deste lado da *parousia*, os humanos permanecerão criaturas caídas. Como eles têm apenas um entendimento vago ou distorcido do bem e do mal, qualquer tentativa de melhorar a condição humana será infrutífera ou até pior. Consequentemente, os humanos devem esperar pacientemente até que Deus complete a redenção da criação. Tal esperança, no entanto, pode inadvertidamente promover o fatalismo, inspirando indiferença moral em relação a vontades e necessidades materiais, ou pior, um desdém gnóstico do mundo e de seus habitantes menos esclarecidos com relação a isso.

Segundo, a perfeição da natureza humana pode ser alcançada através da força de vontade. Embora os seres humanos sejam criaturas caídas, eles ainda mantêm a capacidade de esclarecer sua compreensão do bem e do mal. Como deixa claro o brilho pelagiano na história do jovem rico (Mateus 19:21), há certas coisas que podemos fazer para nos tornarmos perfeitos.[2] Os seres humanos têm poder e responsabilidade em potencial para corrigir as más consequências de atos passados, se eles mesmos se propuserem a fazê-lo. Em suma, a condição humana pode ser melhorada, até aperfeiçoada, se a vontade estiver alinhada com o bem. Essa confiança em uma percepção clara do que é o bem e da força de vontade para fazê-lo, no entanto, pode resultar em um fanatismo orgulhoso e radical. Quando alguém está inebriado com uma compreensão clara do que é o bem, é difícil, talvez até irresponsável, ser paciente com aqueles que não têm tanta clareza ou que possuem uma vontade muito fraca de se tornarem perfeitos.

Terceiro, a perfeição da natureza humana pode ser engendrada. Semelhante ao que os pelagianos pensavam, os humanos mantêm a capacidade

---

[2] Veja "On Riches" [Sobre riquezas] em B. R. Rees, *Pelagius: Life and Letters*, Woodbridge, UK: Boydell, 1998.

da razão de esclarecer o conhecimento do bem e do mal. Contudo, diferentemente dos pelagianos, há pouca confiança na força de vontade, mas vontades fracas podem ser manipuladas para fazer o bem, criando contextos adequados nos quais suas vontades são afirmadas. Por meio de uma apropriada engenharia moral, social, política e biológica, a condição humana pode ser progressivamente melhorada, talvez até levada à perfeição ao longo do tempo. Essa confiança no domínio tecnológico, no entanto, pode criar uma intolerância míope, principalmente quando acompanhada de convicções religiosas, morais ou ideológicas. Aqueles que se colocam no caminho do progresso devem ser marginalizados ou eliminados para corrigir a condição humana.

Como indicado acima, esses são apenas três temas ilustrativos em uma história mais ampla da busca pela perfeição. John Passmore descreve essa sórdida história em suas manifestações religiosas e seculares.[3] Como a perfeição humana é definida e como deve ser alcançada são ideias que têm variado ao longo do tempo e entre locais sociais. Virtude pessoal, igualdade e harmonia coletiva e progresso evolutivo, por exemplo, foram defendidos como ideais a serem buscados. As formas de alcançá-los foram propostas, respectivamente, como contemplação filosófica, ordenação social e engenharia biológica e genética. Os resultados desses esforços, no entanto, estão longe de serem perfeitos. A vida contemplativa dos filósofos requer uma vasta infraestrutura de apoio de trabalhadores ou escravos explorados para fornecer necessidades triviais como roupas, abrigo, sustento e afins; a perfeição virtuosa exige que muitos sejam designados a servir as necessidades de uns poucos da elite. Alcançar a perfeição igualitária requer uma reordenação radical das relações sociais, nas quais os poderosos sejam derrubados e os fracos elevados; gulags e expurgos são necessidades infelizes e temporárias para alcançar a sociedade perfeita. A seleção natural é muito lenta e complicada; portanto, os humanos devem moldar sua evolução em direção ao objetivo da perfeição biológica; a eugenia é uma etapa higiênica na seleção e, assim, na melhoria do *pool* genético. Como Passmore demonstra, a busca pela perfeição, por

---

[3] John Passmore, *The Perfectibility of Man*, Nova York: Charles Scribner's Sons, 1970. [Ed. bras. *A Perfectibilidade do homem*. Trad. Jesualdo Correia. [S.l]: Topbooks, 2004.

212

mais definida que seja, termina invariavelmente com intolerância e tratamento desumano para aqueles incapazes ou não dispostos a alcançar a perfeição oferecida.

Faz mais de quarenta anos desde que "A perfectibilidade do homem" foi publicada pela primeira vez, portanto não inclui a mais recente busca pela perfeição. Essa busca é mais indecente do que seus antecessores, pois o objetivo não é apenas aperfeiçoar os humanos, mas redirecionar a evolução para torná-los melhores que os humanos e criar o pós-humano. O termo "pós-humano" refere-se a um discurso abrangente sobre a perspectiva de direcionar a evolução futura com o objetivo de criar seres novos e superiores.[4] Os proponentes mais famosos desse projeto ambicioso são os autodenominados transumanistas, representados por autores como Nick Bostrom, Max More, Aubrey de Gray, James Hughes, Hans Moravec e Ray Kurzweil, além do trabalho de organizações como Humanity+, Singularity University [Universidade da Singularidade] e o Future of Humanity Institute [Instituto do Futuro da Humanidade].

O que os transumanistas dos mais variados tipos têm em comum é a crença de que razão, ciência e tecnologia podem ser usadas para superar as limitações físicas e cognitivas endêmicas da condição humana. Consequentemente, eles se dedicam a "desenvolver e disponibilizar de forma ampla tecnologias para eliminar o envelhecimento e aprimorar muito as capacidades intelectuais, físicas e psicológicas humanas".[5] Para buscar tal aprimoramento, deve-se presumir que não há nada sacrossanto ou dado sobre a natureza humana. Uma vez que essa flexibilidade seja reconhecida, um objetivo que realmente vale a pena pode ser assumido para criar seres pós-humanos que "não sofreriam mais com doenças, envelhecimento e a morte inevitável".[6]

---

[4] Para exemplos de alguns ensaios e artigos-chave, veja Max More e Natasha Vita-More (Orgs.), *The Transhumanist Reader: Critical and Contemporary Essays on the Science, Technology, and Philosophy of the Human Future* [Antologia transumanista: ensaios críticos e contemporâneos sobre a ciência, tecnologia e filosofia do futuro humano] (Malden, MA, e Oxford: Wiley-Blackwell, 2013). Para avaliações críticas do projeto pós-humano, veja Francis Fukuyama, *Our Posthuman Future: Consequences of the Biotechnology Revolution.* (Nova York: Farrar, Straus & Giroux, 2002) [Ed. bras. Nosso futuro pós-humano, Rio de Janeiro: Rocco, 2003], e Brent Waters, *From Human to Posthuman: Christian Theology and Technology in a Postmodern World* [De humano a pós-humano: teologia cristã e tecnologia em um mundo pós-moderno] (Aldershot, UK: Ashgate, 2006).

[5] Max More, "The Philosophy of Transhumanism" [A filosofia do transumanismo]. In: More e Vita-More (Orgs.), *The Transhumanist Reader*, p. 3.

[6] Ibid., p. 4.

O Santo Graal do projeto pós-humano é a imortalidade pessoal. São previstas três estratégias inter-relacionadas.[7] A primeira é alcançar a *imortalidade biológica*. Com desenvolvimentos previstos em genética e biotecnologias, a expectativa de vida média pode ser aumentada drasticamente, talvez indefinidamente. Em princípio, não há razão por que o DNA malfeito legado à humanidade por meio da seleção natural não possa ser redesenhado para alcançar vidas mais longas, saudáveis e produtivas.[8]

Se a biologia humana se mostra menos maleável do que o esperado, então a segunda estratégia da *imortalidade biônica* também pode ser seguida. Os avanços nas próteses e na interface cérebro-máquina levaram a aplicações terapêuticas promissoras. Mobilidade, destreza e visão, por exemplo, foram restauradas, e tecidos artificiais e vasos sanguíneos foram fabricados. Novamente, em princípio, não há razão para que, com o avanço do desenvolvimento tecnológico, essas terapias não possam ser usadas para melhorar o bem-estar humano. A vantagem dessa estratégia é que não apenas a longevidade aumenta, mas o desempenho físico e cognitivo pode ser melhorado.

Essa estratégia, no entanto, não deixa de ter seus riscos. Membros protéticos, órgãos artificiais e implantes cerebrais, por exemplo, podem funcionar mal, e um corpo híbrido ou ciborgue permanece sujeito a acidentes fatais ou atos maliciosos. Embora um corpo em grande parte artificial seja uma atualização em relação ao seu homólogo natural, ainda não é a solução ideal para superar limites finitos e mortais. Essa limitação leva à terceira e mais especulativa estratégia: a *imortalidade virtual*. De acordo com líderes visionários nos campos da inteligência artificial e robótica, como Ray Kurzweil e Hans Moravec, as informações armazenadas no cérebro que constituem as memórias, a experiência e a personalidade de uma pessoa podem ser digitalizadas. Num futuro próximo,

---

[7] Para um relato mais detalhado destas estratégias, veja Brent Waters, "Whose Salvation? Which Eschatology? Transhumanism and Christianity as Contending Salvific Religions" [Salvação de quem? Que Escatologia? Transumanismo e cristianismo como disputa de religiões salvíficas]. In: Ronald Cole-Turner (Org.), *Transhumanism and Transcendence: Christian Hope in an Age of Technological Enhancement*, Washington, DC: Georgetown University Press, 2011.

[8] Vjea Aubrey de Grey (Org.), "Strategies for Engineered Negligible Senescence: Why Genuine Control of Aging May Be Foreseeable", *Annals of the New York Academy of Science v.* 1019, Jun. 2004; e "The War on Aging" [A Guerra contra o envelhecimento]. In: *Immortality Institute, The Scientific Conquest of Death*, Buenos Aires: Libros En Red, 2004, pp. 29-45.

sofisticados dispositivos de imagem digitalizarão o cérebro para coletar essas informações e enviá-las para um computador. Depois que essas informações forem organizadas e armazenadas, elas podem ser baixadas em um servidor robótico ou de realidade virtual. Com *backups* múltiplos e frequentemente atualizados, o processo de upload e download pode presumivelmente ser repetido indefinidamente. Consequentemente, o seu *self* virtual é praticamente imortal. Além disso, a identidade de uma pessoa não se limitaria mais a um corpo singular, confinado por restrições de tempo e localização física. As informações que constituem o *self* podem ser dispersas simultaneamente em vários locais físicos e virtuais, e a experiência subsequente adquirida é incorporada ao eu ou a múltiplos "eus". William Sims Bainbridge afirma que múltiplas personalidades podem em breve se tornar o modo de ser preferido. "Buckminster Fuller costumava dizer: 'parece que sou um verbo'. Talvez hoje devêssemos dizer: 'sou um verbo plural no tempo futuro'".[9]

Alguns podem protestar que uma pessoa não pode ser reduzida a uma série de 0s e 1s que podem ser alternados entre um computador e os servidores robóticos ou de realidade virtual. Mas Kurzweil e Moravec respondem que, como a mente não é um objeto material, e a mente é, em última análise, o que uma pessoa é, então uma pessoa não pode, no fim das contas, ser outra coisa senão informação. Uma personalidade é composta por um padrão de dados organizados, criados e armazenados ao longo do tempo. Um corpo biológico é apenas uma prótese natural que preserva esse padrão. Infelizmente, a natureza não produziu uma prótese muito confiável ou durável; portanto, a tecnologia deve ser usada para produzir uma melhor. Ao liberar a mente do corpo, as informações essenciais que constituem a identidade de alguém não são perdidas. Nas palavras de Moravec: "Eu estou preservado. O resto é só uma geleia".[10] Em resumo, podemos desenvolver tecnologia para salvar os indivíduos da pobre condição gelatinosa de sermos humanos.

---

[9] William Sims Bainbridge, "Transavatars". In: More and Vita-More, orgs., *The Transhumanist Reader*, p. 91.

[10] Hans Moravec, *Mind Children:* The Future of Human and Robot Intelligence [Filhos da mente: o futuro da inteligência humana e robô]. Cambridge, MA: Harvard University Press, 1988, e *Robot:* Mere Machines to Transcendent Mind [Robô: de meras máquinas para mentes transcendentes]. Oxford e Nova York: Oxford University Press, 1999, p. 117.

É tentador descartar o discurso pós e transumanista como especulação desenfreada de indivíduos que confundem ciência com ficção científica, ou pior, camuflam uma fantasia boba com um jargão *high-tech*. Grande parte do desenvolvimento tecnológico que eles imaginam é altamente especulativo e, em muitos casos, pode se mostrar inviável. Por que perder tempo, então, preocupando-se e discutindo sobre um pretenso futuro pós--humano que provavelmente nunca surgirá? Suspeito que isso possa ser verdade, mas a tentação de rejeitar sumariamente o discurso pós-humano ou transumano deve ser resistida. Os perigos do pós-humanismo ou do transumanismo não se limitam à viabilidade tecnológica. De fato, debates sobre viabilidade tecnológica costumam desviar a atenção de uma questão muito mais importante, a saber, que o discurso pós-humano ou transumano já está moldando a identidade, valores e aspirações da modernidade tardia. Em grande parte, pessoas na modernidade tardia já se concebem em termos pós-humanos. Nas palavras de Katherine Hayles: "As pessoas se tornam pós-humanas porque pensam que são pós-humanas".[11] Se os desenvolvimentos tecnológicos previstos são viáveis ou não, uma autopercepção pós-humana já está moldando os desejos e as expectativas dos indivíduos da modernidade tardia, bem como as ações tomadas para satisfazê-las.

A esse respeito, o discurso pós-humano ou transumano não é tanto um discurso preditivo e futurista, mas sim uma descrição hiperbólica e um comentário sobre a modernidade tardia.[12] O assim chamado futuro pós-humano amplifica a um nível intenso desejos, esperanças e sonhos que indivíduos da modernidade tardia já possuem e que acreditam que podem ser realizados a partir do progresso tecnológico. Em resumo, eles acreditam que a natureza como um todo e a natureza humana podem ser reduzidas às suas informações subjacentes, e com as tecnologias certas, podem ser reformuladas de maneiras mais desejáveis. Não existe uma ordem estabelecida além da que é imposta por aqueles com poder

---

[11] N. Katherine Hayles, *How We Became Posthuman: Virtual Bodies in Cybernetics, Literature, and Informatics* [Como nos tornamos pós-humanos: corpos virtuais em cibernética, literatura e informática]. Chicago e Londres: University of Chicago Press, 1999, p. 6.

[12] Para uma análise crítica mais detalhada dessa hipérbole, veja Brent Waters, *Christian Moral Theology in the Emerging Technoculture: From Posthuman Back to Human* [Teologia moral cristã na tecnocultura emergente: de pós-humano de volta a humano]. Farnham, UK, e Burlington, VT: Ashgate, 2014.

de manipular as informações pertinentes. Até o corpo humano é percebido como uma rede de informações biológicas que pode ser reestruturada para dar aos seres humanos algo melhor do que a mera "geleia" que lhes é legada pela evolução.

Como o discurso pós-humano e transumano é ao mesmo tempo descritivo e interpretativo das circunstâncias presentes, também pode ser caracterizado como uma tentativa inicial de criar um mito. Um mito narra origem e destino, e entre esses a luta do bem contra o mal, com o bem finalmente vencendo no final. Um mito, então, não é um conto de fadas ou fábula, mas uma atribuição narrativa da condição humana; um dispositivo literário que encapsula onde a esperança e a confiança devem ser colocadas, por sua vez alinhando os desejos de acordo. Seres humanos não podem viver sem seus mitos, pois, como argumenta Jonathan Gottschall, eles são criaturas irremediavelmente contadoras de histórias.[13] Alguns mitos são mais convincentes do que outros, porque oferecem o que se acredita ser um relato interpretativo mais verdadeiro da condição humana. A conversão de C. S. Lewis ao cristianismo, por exemplo, foi motivada em grande parte pela atração de sua mitologia.

Além disso, o mito pós-humano é um mito salvífico, pois os humanos devem ser salvos de sua finitude e mortalidade. Nessa narrativa emergente, a natureza substitui a Queda como o desafio a ser superado. Os seres humanos não estão sofrendo as consequências degenerativas de uma condição original imaculada que foi perdida. Pelo contrário, a natureza é a culpada, porque, pelo seu processo desajeitado de seleção, impede a humanidade de desenvolver plenamente seu potencial latente. Consequentemente, a própria natureza deve ser domesticada e redirecionada para que os humanos possam ser tudo o que podem ser — e mais. Como Max More, um dos principais filósofos transumanistas, afirma em sua "Carta à Mãe Natureza":

> Mãe Natureza, somos realmente gratos pelo que você nos fez. Sem dúvida, você fez o melhor que pôde. No entanto, com todo o respeito, devemos dizer que, de muitas maneiras, você fez um trabalho ruim com a constituição humana. Você

---

[13] Jonathan Gottschall, *The Storytelling Animal: How Stories Make Us Human* [O animal que conta histórias: como as histórias nos tornam humanos]. Nova York: Houghton Mifflin Harcourt, 2012.

nos tornou vulneráveis a doenças e lesões. Você nos obriga a envelhecer e morrer — bem quando estamos começando a alcançar a sabedoria. [...] O que você fez é glorioso, mas profundamente defeituoso [...]. Decidimos que é hora de consertar a constituição humana.[14]

A consecução deste conserto requer reorientar a evolução humana com o fim de se tornar pós-humano, o que implica aprimorar e por fim atingir a perfeição das capacidades físicas e cognitivas por meio de intervenção tecnológica.

É reconhecidamente estranho acusar os pós-humanistas e transumanistas de serem criadores de mitos, dada a forte conotação religiosa. Os especialistas mais proeminentes se orgulham de retratar o pós-humanismo e o transumanismo como um movimento guiado pela "razão, tecnologia" e pelo "método científico", em vez de qualquer crença ou esperança religiosa em "forças sobrenaturais".[15] More admite que algumas crenças religiosas podem supostamente ser reconciliadas com o transumanismo, e há alguns cristãos, mórmons, budistas e judeus que também se identificam como transumanistas. Mas isso é "muito raro", e essas crenças são idiossincráticas, exercendo pouca ou nenhuma influência sobre o movimento pós-humanista.[16] De maneira mais direta, Russell Blackford afirma: "Geralmente, os transumanistas adotam uma visão de mundo naturalista e puramente secular. Em suma, o transumanismo não é uma religião".[17] A esperança de um futuro pós-humano é, portanto, baseada na "criatividade humana, e não na fé".[18] Além disso, pós-humanistas e transumanistas contestariam dizendo que não estão em busca da perfeição — não são utópicos, mas extrópicos, dedicados a um processo perpétuo e interminável de mudança e aprimoramento.[19] Consequentemente, será mesmo que eles não es-

---

[14] Conforme citado em Christina Bieber Lake, *Prophets of the Posthuman: American Fiction, Biotechnology, and the Ethics of Personhood* [Profetas do pós-humano: ficção americana, biotecnologia e a ética da pessoalidade]. Notre Dame: University of Notre Dame Press, 2013, p. 95.
[15] More, "The Philosophy of Transhumanism" [A filosofia do transumanismo], p. 4
[16] Ibid., p. 8.
[17] Russell Blackford, "The Great Transition: Ideas and Anxieties" [A grande transição: ideias e ansiedades]. In: More e Vita-More, orgs., *The Transhumanist Reader*, p. 421.
[18] More, "The Philosophy of Transhumanism" [A filosofia do transumanismo], p. 4.
[19] Veja More, "The Philosophy of Transhumanism" [A filosofia do transumanismo], p. 14.

tão criando o mito de uma natureza imperfeita (ousaríamos dizer, caída?) sendo reestruturada (ousaríamos dizer, salva?) em direção a um futuro pós-humano imortal (talvez, escatológico?)?

Essa é uma defesa curiosa para se justificar como sendo inocente da acusação de criar mitos. O pós-humanismo e o transumanismo não são religiões centradas em práticas litúrgicas e espirituais formais, mas sua retórica está completamente amarrada a declarações de fé. Seguindo Martinho Lutero, o que se apega ao coração é efetivamente seu deus, e os pós-humanistas e transumanistas se apegam muito à criatividade humana, principalmente quando ela está armada com a capacidade tecnológica. Colocar a confiança e a esperança na criatividade humana é um salto de fé e não apenas o resultado da razão ou do método científico. A alegação de que nenhuma busca pela perfeição está sendo empreendida é estranha, tanto em termos epistemológicos quanto práticos. Como podemos saber se o progresso ou a melhoria é perpétua ou sem fim? Ademais, como podemos determinar se estamos realmente progredindo ou melhorando se não há um fim perfeito em relação ao qual certas ações podem ser medidas? E mesmo que o progresso seja perpétuo, o objetivo de abraçar completamente a melhoria sem fim não seria efetivamente o estado de perfeição que se busca? Afirmar que a condição humana pode ser melhorada substituindo a seleção natural pela criatividade humana é uma afirmação de fé que, por sua vez, impulsiona uma imaginação mitológica.

Relatos célebres de como um futuro pós-humano será alcançado e o que isso implica são quase sempre propostos em termos míticos. Dois exemplos devem ser suficientes para ilustrar. Segundo Ray Kurzweil, a Singularidade está próxima.[20] Com os desenvolvimentos previstos em tecnologia da informação (TI), inteligência artificial (IA) e nanotecnologia, o "ritmo da mudança tecnológica será tão rápido, seu impacto tão profundo que a vida humana será irreversivelmente transformada".[21] A previsão de Kurzweil é baseada em sua crença de que a evolução aumenta a ordem. O desenvolvimento tecnológico é um processo evolutivo

---

[20] Veja Ray Kurzweil, *The Singularity Is Near: When Humans Transcend Biology*, Nova York e Londres: Penguin, 2005. [Ed. bras. *A singularidade está próxima: quando os humanos transcendem a biologia*, São Paulo: Iluminuras (Itaú Cultural), 2019.]

[21] Kurzweil, *The Singularity Is Near*, p. 7. [Paginação conforme edição original. (N. T.)]

mais eficiente, e os humanos podem usar sua ordem superior para transcender as restrições menos eficientes da evolução biológica. Ao construir um substrato computacional superior, a mente humana se tornará maior e mais difusa. Como a computação está subjacente a tudo o que é importante, a inteligência humana aumentará drástica e rapidamente usando uma base computacional artificial.[22] Além disso, Kurzweil insiste que "dentro de várias décadas as tecnologias baseadas em informação abrangerão todo o conhecimento e proficiência humanos, incluindo os poderes de reconhecimento de padrões, as habilidades de resolução de problemas e a inteligência emocional e moral do próprio cérebro humano".[23] Como os pós-humanos serão essencialmente mentes hospedadas por uma variedade de corpos e substratos artificiais, eles exercerão maior controle sobre seu próprio destino, permitindo-lhes viver o tempo que desejarem. A Singularidade implica a fusão total da biologia e da tecnologia humanas. De maneira mais ampla, "não haverá distinção, na pós-Singularidade, entre humano e máquina ou entre realidade física e virtual".[24] Mais importante, o surgimento da Singularidade será rápido, compassadamente progressivo e inevitável. Invocando a lei de Moore sobre o crescimento exponencial da velocidade computacional, Kurzweil extrapola que a Singularidade surgirá por volta de 2045, impedindo qualquer catástrofe global imprevista, seja ela natural ou produzida humanamente.

Mesmo entre os pós e transumanistas, Kurzweil é considerado um pouco ambicioso e otimista. Embora um futuro pós-humano seja o destino próprio da humanidade, ele pode acontecer mais vacilante e mais tarde do que ele imagina. Ted Chu, por exemplo, acredita que um futuro pós-humano é o destino próprio da humanidade, mas o caminho a seguir será repleto de reviravoltas e passos retrógrados.[25] Em vez de recorrer a Gordon Moore, Chu, um economista, é mais influenciado pelo conceito de destruição criativa de Joseph Schumpeter como uma lente para entender

---

[22] Veja Kurzweil, *The Singularity Is Near* [*A singularidade está próxima*], p. 127-8.
[23] Ibid., p. 8.
[24] Ibid., p. 9.
[25] Ted Chu, *Human Purpose and Transhuman Potential: A Cosmic Vision for Our Future Evolution*, [Propósito humano e potencial transumano: uma visão cósmica para nossa evolução futura]. San Rafael, CA: Origin, 2014.

o processo evolutivo.[26] A evolução natural é um processo desajeitado, se não brutal, que envolve tantos, se não mais, fracassos e impasses quanto sucessos, que também costumam ter vida curta. É esse dinamismo destrutivo que apresenta o desafio e a esperança para a construção de um futuro pós-humano.

O desafio é que os humanos transcendam as restrições de sua evolução natural ou biológica. Os seres humanos devem estar dispostos a "lutar pela liberdade transcendental da tirania genética que a história natural nos impôs".[27] A esperança é que os seres humanos possam alcançar essa transcendência direcionando sua evolução cultural para um fim pós-humano.[28] Esse redirecionamento exige que os indivíduos renunciem a seus interesses próprios a curto prazo, a fim de contribuir para o propósito muito maior da evolução cósmica. O "esforço de participar conscientemente do desenrolar desse grande processo evolutivo é o maior propósito que podemos encontrar e com o qual podemos nos identificar, e constitui um novo tipo de heroísmo para o nosso tempo".[29] A humanidade atingiu um "limiar" no qual "a modernidade e a ciência parecem estar colocando em risco a espécie humana, mas, ao mesmo tempo, estão oferecendo a promessa sem precedentes e quase inacreditável de um salto quântico na condição humana".[30]

Chu afirma que navegar nesse limiar de maneira positiva requer uma renovação espiritual. Ele afirma que a recuperação da sabedoria antiga ajudará os humanos a escolher sabiamente o redirecionamento de sua evolução cultural para um futuro pós-humano. Ele também não tem vergonha de invocar ideias religiosas, apesar de se basear seletivamente em um grupo eclético de escritores, favorecendo particularmente sábios orientais e cristãos heterodoxos. Esses antigos suspeitavam que o universo não era sobre seres humanos, mas eles não tinham o conhecimento científico e a capacidade tecnológica para reorientar suas vidas adequadamente. Os modernos tardios de hoje não sofrem dessa deficiência e, se conseguirem ter a

---

[26] Veja Joseph A. Schumpeter, *Capitalism, Socialism and Democracy* (Nova York e Londres: Harper Perennial, 2008), especialmente o cap. 7. [Ed. bras. *Capitalismo, socialismo e democracia*, São Paulo: Unesp, 2017.]

[27] Chu, *Human Purpose and Transhuman Potential*, p. 10.

[28] Veja Chu, *Human Purpose and Transhuman Potential*, p. 21.

[29] Ibid., p. 9.

[30] Ibid. p. 8.

coragem de admitir que a "era humana como a conhecemos está chegando ao fim" e a "era pós-humana está prestes a começar",[31]então poderão redirecionar sua evolução cultural de acordo. O desafio, então, é que os humanos abracem esse "chamado" para servir ao propósito maior da evolução cósmica. Esse chamado, no entanto, não se baseia em um "salto de fé", mas segue a trajetória da evolução humana como espécie, apesar de suas muitas reviravoltas.[32] Ao abraçar esse chamado, os seres humanos descobrem que seu verdadeiro "propósito é transcender sua biologia limitadora", "possibilitando assim o surgimento de novos tipos de seres sencientes, livres de nossas limitações genéticas, na busca das mais altas aspirações transcendentais e promovendo a evolução cósmica".[33] Na tentativa de transcender suas limitações biológicas, os humanos reconhecem o desafio e abraçam a esperança inerente a essa transcendência, pois o "futuro pós-humano não é, em si, *sobre* nós, mas *cabe a* nós fazê-lo acontecer. A humanidade como um fim em si mesma é uma causa perdida, mas toda a esperança para o futuro reside na humanidade".[34] Os seres humanos, em particular os da modernidade tardia, carregam um fardo pesado, pois devem desejar sua eventual extinção, a fim de auxiliar o surgimento de um ser pós-humano superior. É um ato de destruição criativa por excelência.

Embora Chu ofereça uma visão mais contida do que a de Kurzweil, ambos compartilham um otimismo confiante de que o destino da humanidade é um futuro pós-humano e, nos dois casos, é um futuro amplamente desprovido de humanidade, sob qualquer forma reconhecível.[35] A esse respeito, ambos estão narrando um mito pós-humano emergente, embora de maneiras diferentes, de que uma natureza truculenta deve e será substituída por um artifício mais flexível, que uma evolução natural indiferente deve e será substituída por uma evolução cultural intencional. E, em ambos os casos, a tecnologia transformadora é o meio de salvação.

---

[31] Ibid., posição Kindle 206.
[32] Ibid., pos. 200.
[33] Ibid., pos. 194.
[34] Ibid., p. 20 (ênfase original).
[35] Note-se que Bill Joy, co-fundador da Sun Microsystems, agora é amplamente considerado como um infiel, renegado pela claque de pós-humanistas e transumanistas em resposta ao seu artigo "Por que o futuro não precisa de nós", publicado na revista Wired (abril de 2000). Ele argumenta que muitas das tecnologias defendidas por Kurzweil, Chu, More (e que Joy ajudou a inventar) não conduzirão a uma nova era pós-humana, mas sim, provavelmente, resultarão na extinção humana.

O que devemos fazer desse mito? Eu ofereço algumas observações breves, principalmente interrogativas e, às vezes, enigmáticas.

A primeira observação envolve linhagem intelectual. Quase sem exceção, os pós-humanistas e transumanistas orgulhosamente se proclamam filhos do Iluminismo. Muitos se caracterizam como hipermodernistas, em desacordo, ou até mesmo lutando, tanto com pós-modernistas quanto com os chamados bioconservadores; daí a ênfase na razão, liberdade, autonomia individual e progresso. Consequentemente, é razoável permitir que as pessoas se aprimorem da maneira que quiserem, desde que não prejudiquem outras pessoas no processo. Além disso, a busca de se tornar pós-humano dá continuidade à crença do Iluminismo no progresso e na capacidade de usar a razão de modo criativo para melhorar a condição humana.

Como a maioria das linhagens, também existem alguns ancestrais embaraçosos que são relegados ao sótão, mas que ainda exercem uma influência formativa sobre seus descendentes.[36] No caso de pós-humanistas e transumanistas, dois desses ancestrais incluem um herege teológico e um científico. O herege teológico é Pelágio. Para os pelagianos, os humanos se tornam o que eles desejam ser. Para se tornar perfeito, você deve querer ser perfeito. Se você não tem a capacidade de entender o que a perfeição envolve, ou se sua vontade se mostra fraca, você deve estar preparado para sofrer as más consequências. Os pelagianos, como argumentei anteriormente, alinham sua vontade com o bem, a fim de alcançar a perfeição. Os pelagianos pós-humanistas alinham sua vontade com a Singularidade ou a evolução cósmica para alcançar a perfeição neste sentido: os humanos devem optar por ou, por um lado, alinhar suas vontades com o bem da Singularidade de Kurzweil ou da evolução cósmica de Chu, ou, por outro, desejar o mal de uma mãe natureza incompetente. Nas mãos de pelagianos dos últimos dias, como pós-humanistas e transumanistas, há também a ressalva de que não se deve permitir que os pouco inteligentes e sem vontade impeçam que os esclarecidos e obstinados busquem o bem de sua perfeição (ou melhoria perpétua, se você preferir). O herege científico é Lamarck. Curiosamente,

---

[36] É interessante notar que, na próxima edição que está por sair (a segunda) da Enciclopédia de Ética, Ciência, Tecnologia e Engenharia, os autores da entrada "Transhumanism" afirmam que suas três principais vertentes intelectuais são Iluminismo, Pelagianismo e Arianismo. [Desde a escrita deste capítulo a segunda edição da enciclopédia já foi publicada. (N. T.)]

os pós-humanistas e transumanistas amam a evolução, mas desprezam a seleção natural. É por isso que a cultura deve substituir a natureza como a principal força que impulsiona a evolução humana em direção a um futuro pós-humano, pois, diferentemente da reprodução biológica, as características adquiridas pela cultura podem ser transmitidas de uma geração para a seguinte. O poder da cultura de direcionar a evolução se torna ainda mais pronunciado caso se prove viável a modificação extensiva de linhagens germinativas e/ou a modificação biônica. [37]

Os filhos não devem ser responsabilizados pelos pecados de seus ancestrais, mas os herdeiros não podem ser totalmente descartados. Há uma série de correntes preocupantes na linhagem intelectual pós-humana e transumana que, novamente, só podemos considerar brevemente. Está longe de ser óbvio que o projeto iluminista seja um bem inquestionável. Como a volumosa literatura de seus críticos e defensores demonstra, é na melhor das hipóteses uma mistura heterogênea e ambígua. Mas se os pós--humanistas e os transumanistas são hipermodernos, então o futuro pós--humano previsto não seria pouco mais do que o projeto do Iluminismo em maior escala (bem maior), completo com suas variações brutais entre uma preocupação humanitária sem precedentes na história mas também com atrocidades indizíveis, tendências essas que podem muito bem ser ampliadas com o aumento das capacidades tecnológicas?[38] Não poderíamos acaso classificar as crianças da modernidade tardia do Iluminismo, até certo ponto, como anjos assassinos? Como seres que aperfeiçoaram suas habilidades para alcançar realizações humanitárias e ao mesmo tempo cometer atrocidades indizíveis? De que outra forma podemos explicar os atos simultâneos de compaixão *e* de crueldade que assolam a modernidade tardia? E existe alguma razão convincente para acreditar que *essas duas* capacidades serão amplificadas por meio de uma maior capacidade tecnológica? É por isso que Katherine Hayles se preocupa com o fato de que "o

---

[37] O trabalho de Lamarck influenciou vários teólogos protestantes do século 19. Horace Bushnell, por exemplo, argumentou que se o pecado pode ser transmitido de pai para filho, o mesmo acontece com a piedade ou santidade. Consequentemente, a melhor maneira de evangelizar o mundo é que um "estoque santificado" de cristãos se reproduza mais do que concorrentes inferiores. Veja Horace Bushnell, *Christian Nurture* [Criação cristã] (New Haven: Yale University Press, 1947), especialmente o cap. 8.

[38] Veja Colin Gunton, *The One, the Three, and the Many: God, Creation, and the Culture of Modernity* [O um, os três e os muitos: Deus, criação e a cultura da modernidade]. Cambridge: Cambridge University Press, 1993.

que é letal não é o pós-humano em si, mas o enxerto do pós-humano em uma visão humanista liberal do *self*.[39]

O pelagianismo é um mágico de um truque só, cujo único conselho ético oferecido é, no final das contas, se esforçar mais. Talvez esse fardo possa ser suportado pelos esclarecidos e obstinados, mas esmaga todos os outros, um abate necessário para que um futuro pós-humano seja alcançado. Apesar da retórica liberal e humanista de muitos escritores pós e transumanistas, eles estão envolvidos em um empreendimento completamente elitista, e as elites, na maioria das vezes, se cansam das distrações causadas pelos medos e pelas ansiedades impostos pelos humildes e inaptos. Ainda não se sabe se a natureza ou a cultura seleciona melhor. Pode haver algumas boas razões para colocar fé e esperança na cultura, mas isso não garante nenhuma certeza de que um futuro pós-humano será uma era de ouro povoada por seres angelicais. Como Chu lembra seus colegas pós e transumanistas, mesmo a evolução cultural é mais darwiniana do que eles costumam admitir.

A segunda observação envolve a afirmação de Passmore de que todas as buscas pela perfeição inevitavelmente falham. O projeto pós-humano escapará desse padrão? Talvez, mas acho que as probabilidades jogam contra. O problema é que, uma vez que os humanos se convencem de que sabem, com bastante certeza, a diferença entre o bem e o mal, muitos resultados são perniciosos. Quando se toma uma ação com vistas a alcançar o bem, surge uma lógica peculiar sobre o que fazer com os que estão no caminho, muitas vezes justificando o recurso à coerção. Os pós-humanistas e transumanistas estão bastante certos de que é bom tornar-se pós-humano e que é mau permanecer meramente humano. Apesar de sua retórica de tolerância por aqueles que não compartilham sua visão do futuro — ninguém será forçado a se aperfeiçoar — por quanto tempo eles conseguirão tolerar o mal de impedir essa boa transformação? Não é difícil imaginar que, com o tempo, os indivíduos que se recusarem a prolongar sua longevidade e a melhorar seu desempenho físico e cognitivo, ou que retenham esses benefícios de seus filhos, sejam estigmatizados ou talvez até penalizados por serem irresponsáveis ou piores. Como Hannah Arendt observou, a Revolução Francesa foi motivada pela piedade pelos pobres e necessitados,

---

[39] Hayles, *How We Became Posthuman*, pp. 286-87.

SENDO TUDO O QUE DEVERÍAMOS TER SIDO E AINDA MAIS

e terminou em uma orgia de execuções e massacres daqueles que estavam no caminho da nova era da liberdade, igualdade e fraternidade.[40]

A última observação se refere a como os cristãos devem responder a esse mito pós-humano. Em muitos aspectos, o mito pós-humano é uma recontagem ruim e distorcida do mito cristão. Uma criação caída é trocada por uma natureza indiferente e ineficiente. A salvação pelo Deus trino por meio da pessoa de Jesus Cristo é substituída por um triunvirato da razão humana, criatividade e desenvolvimento tecnológico. Uma esperança escatológica de comunhão eterna com Deus é substituída por uma esperança no pós-humano imortal. A inadequação dessas substituições pode ser facilmente demonstrada, mas o que é mais perturbador nesse mito eviscerado é o que nele está faltando: não há encarnação e a narrativa é desprovida de graça e perdão.

Para pós-humanistas e transumanistas, qualquer transcendência que os humanos possam encontrar é o resultado de seus próprios esforços, pois não há ser divino que possa entrar na condição humana. Consequentemente, a tarefa é transformar carne em dados, em vez de encontrar o Verbo feito carne. Com essa reversão, é compreensível que o corpo seja considerado pouco mais do que uma simples geleia, pois é um fardo indesejado que restringe a vontade imaterial. A corporificação, em suma, é um mal a ser superado. Os pós-humanistas e transumanistas podem responder que não detestam seus corpos. Como More afirma, o corpo é uma "peça defeituosa de engenharia", que delimita a "liberdade morfológica" e, em vez de "negar o corpo, os transumanistas geralmente desejam escolher sua forma e poder habitar diferentes corpos, incluindo corpos virtuais".[41] Se isto é para ser uma defesa do corpo, eu tremo só de pensar o que seria, então, uma condenação.

O que a encarnação afirma, em parte, é o status de criatura do humano, um status que é inerente e necessariamente finito e mortal.[42] Visto que o Verbo se agradou de nascer e habitar entre os humanos, de assumir seu

---

[40] Veja Hannah Arendt, *On Revolution*, Nova York: Viking, 1965. [Ed. bras. *Sobre a revolução*. Trad. Denise Bottmann. São Paulo: Cia. das Letras, 2011.]

[41] More, "The Philosophy of Transhumanism" [A fliosofia do transumanismo], p. 15.

[42] Para uma descrição mais extensa da finitude e mortalidade como bens humanos, veja Brent Waters, *This Mortal Flesh: Incarnation and Bioethics* [Esta carne mortal: encarnação e bioética]. Grand Rapids: Brazos, 2009.

status, então os humanos podem, por sua vez, afirmar os bens da finitude e da mortalidade. Na encarnação, Deus abraça os seres humanos pelo que eles são, e não pelo que eles poderiam preferir ser. Esse abraço, no entanto, não implica que nada deva ser feito para aliviar o sofrimento ou melhorar a vida e as vidas humanas. Não há razão para que os cristãos não endossem ou participem do desenvolvimento de avanços médicos e tecnológicos que melhoram os cuidados de saúde ou proporcionam maior conforto. Melhorar as capacidades físicas, no entanto, não é sinônimo de tentar suplantar a finitude e a mortalidade de corpos supostamente imperfeitos. Uma coisa, por exemplo, é fortalecer o sistema imunológico para resistir a doenças, outra é transformar humanos em seres imortais que são impermeáveis a doenças. Em vez disso, a encarnação lembra os seres humanos de seu estado caído, que por sua vez deve levar a um modo de vida que não é orientado a eliminar aquilo que é erroneamente percebido como imperfeição, resultando em buscas malfadadas pela perfeição. Ao afirmar o que a encarnação afirma, os seres humanos também confirmam os laços de imperfeição que os unem como criaturas caídas.[43]

Em resposta a esses laços imperfeitos de comunhão, e por causa deles, é que há necessidade de perdão e graça. Como criaturas caídas — pecadoras, para usar um termo terrivelmente fora de moda — os seres humanos prejudicam uns aos outros através de atos de comissão e omissão. É necessário dar e receber perdão para restaurar a comunhão rompida; uma vida genuinamente humana é habitualmente perdoadora. É na igreja que os cristãos aprendem, em parte, como oferecer e receber perdão e, por sua vez, são formados como pessoas habitualmente perdoadoras e perdoadas. A Eucaristia, por exemplo, sintetiza essa prática formativa. A liturgia eucarística começa com julgamento, confissão e arrependimento e termina com uma promessa de mudança de vida antes que a absolvição seja pronunciada. A Mesa do Senhor lembra aos cristãos que, como criaturas caídas, pecam frequentemente contra Deus e o próximo, e o perdão oferecido não desculpa seus pecados, mas pela graça os revela e os julga. Seguindo C. S. Lewis em seu ensaio "Sobre o perdão", aceitar o perdão é reconhecer

---

[43] Veja Oliver O'Donovan e Joan Lockwood O'Donovan, *Bonds of Imperfection: Christian Politics, Past and Present* [Laços de imperfeição: política cristã, passado e presente,]. Grand Rapids: Eerdmans, 2004.

a responsabilidade pelo ato culposo, enquanto uma desculpa implica circunstâncias atenuantes pelas quais não se pode culpar.[44] Uma boa desculpa significa que não há nada a perdoar, ou, tomando emprestado de Hannah Arendt, apenas aquilo que por direito pode ser punido é passível de ser perdoado.[45] Portanto, a absolvição não pode ser dada até que a culpabilidade seja confessada e a promessa de consertar a vida seja feita, uma promessa que é frequentemente quebrada por criaturas caídas, iniciando ciclos subsequentes de confissão e arrependimento.

Presumivelmente, pós-humanistas e transumanistas não têm nada a dizer sobre perdão, porque ao transformar humanos em pós-humanos, eles não estão fazendo nada de errado que precise ser perdoado. Pois por que uma busca pela perfeição (ou melhoria sem fim, se você preferir) seria considerada um ato a ser punido e, portanto, perdoado? No entanto, essa é precisamente a armadilha que Passmore identifica, a saber, que aqueles que buscam a perfeição buscam o que acreditam ser bom, mas invariavelmente se contentam com o poder, seja sobre a natureza, sobre eles próprios ou sobre os outros. Na busca atual por um futuro pós-humano imortal, a mitologia grega antiga fornece um aviso que nos traz de volta a realidade: os deuses eram poderosos e imortais, mas raramente eram exaltados como modelos de virtude, bondade e muito menos perfeição. Ou, para mudar a mitologia, estariam os pós-humanistas se esforçando para construir um novo Éden, que possui uma floresta abundantes de árvores de conhecimento, principalmente da variedade baconiana que também traz poder? Mas existe alguma árvore da vida neste novo jardim?

Os cristãos agem no mundo da modernidade tardia como pessoas perdoadas e, como tal, são lembrados de seu estado caído. Esse lembrete ajuda a dar conta da cautela que eles devem ter na avaliação de todos os atos com vistas a melhorar a condição humana, pois, como eles, encontram outros seres humanos caídos que conhecem o bem e o mal, mas não têm a sabedoria necessária para discernir completamente a diferença.

---

[44] Veja C. S. Lewis, *The Weight of Glory and Other Addresses*, Harper Collins e-books, 2009, pp. 177-179. [Ed. bras. *O Peso da Glória*. Trad. Estevan Kirschner, 2. ed. Rio de Janeiro: Thomas Nelson Brasil, 2017. Paginação da edição original. (N. T.)]

[45] Veja Hannah Arendt, *The Promise of Politics*. Nova York: Schocken Books, 2005. [Ed. bras. *A promessa política*, Rio de Janeiro: Bertrand Brasil, 2008.]

Particularmente no que diz respeito à tentativa mais recente de aperfeiçoar os seres humanos, tornando-os pós-humanos, as palavras de Dietrich Bonhoeffer são instrutivas: "O conhecimento do bem e do mal parece ser o objetivo de toda reflexão ética. A primeira tarefa da ética cristã é invalidar esse conhecimento".[46]

---

[46] Dietrich Bonhoeffer, *Ethics*. Londres: SCM, 1955, p. 3. [Ed. bras. *Ética*. São Leopoldo, RS: Sinodal, 2011. Paginação conforme a edição original. (N. T.)]

Capítulo 8

Sobre aprender a ver uma criação caída e florescente

Maneiras alternativas de olhar o mundo

Norman Wirzba

O lhar e ver são coisas muito diferentes. Embora as pessoas possam olhar para a mesma cena, o que as pessoas veem pode variar consideravelmente. Isso ocorre porque todo espectador vem equipado com diferentes faculdades perceptivas ou hábitos de atenção e com desejos, medos, perguntas e agendas variadas. Olhar inevitavelmente pressupõe uma perspectiva ou ponto de vista que é, em si, um reflexo da *localização* física, do *tempo*, dos *compromissos* filosóficos e religiosos e da *posição* do indivíduo dentro de uma cultura.

Embora *olhar* possa pressupor pouco mais do que a capacidade sensorial da visão, *ver* pressupõe o que Hans-Georg Gadamer chamou de "consciência hermenêutica". Ver é interpretar, e interpretar é colocar em uso prático linguagens, conceitos e sistemas simbólicos de vários tipos que nos permitem ter um senso de significado do que olhamos. Ver, em outras palavras, é *entender* de maneiras particulares o que se está percebendo.[1] Isso

---

[1] Embora eu empregue o sentido da visão neste capítulo como a metáfora para entender o mundo, devo deixar claro que outros sentidos, como tato, olfato e paladar, não devem ser ignorados, principalmente porque em geral levam a um relacionamento mais corporificado, prático e íntimo com o mundo. Em *Food and Faith: A Theology of Eating* [Comida e fé: uma teologia do comer] (Nova York: Cambridge University Press, 2011) defendo que o paladar, juntamente com as práticas corpóreas de produção e consumo de alimentos, abre novas linhas de investigação e preferências à medida que avançamos para entender onde estamos. A isto pode-se acrescentar a importante nova coleção de ensaios *Carnal Hermeneutics* [Hermenêutica carnal], organizada por Richard Kearney e Brian Treanor (Nova York: Fordham University Press, 2015), sobre o corpo como um local de interpretação. A hegemonia da visão nas

SOBRE APRENDER A VER UMA CRIAÇÃO CAÍDA E FLORESCENTE

significa que ver o mundo *como* "caído" não é óbvio, nem é simplesmente científico. Para ver esse estado caído, as pessoas devem possuir em operação um arcabouço interpretativo ou uma consciência hermenêutica teologicamente inspirada, que lhes permita julgar o mundo e suas criaturas de uma maneira particular. Alexander Schmemann coloca desta forma:

> O mundo é um mundo caído porque se afastou da consciência de que Deus é tudo em todos. A acumulação dessa indiferença a Deus é o pecado original que aflige o mundo. E mesmo a religião deste mundo caído não pode curá-lo ou resgatá-lo, pois aceitou a redução de Deus para uma área chamada de "sagrado" ("espiritual", "sobrenatural") — em oposição ao mundo como "profano". Ela aceitou este secularismo abrangente que tenta roubar o mundo de Deus.[2]

A disciplina da hermenêutica ensina que não há encontro sem mediação com o mundo, porque estar em um mundo sempre é estar envolvido em atos de interpretação que "abrem" o mundo como um lugar que pode ser entendido e sobre o qual se possa agir. Com base no trabalho de seu professor Martin Heidegger, Gadamer argumentou que "entender não é apenas um dos vários comportamentos possíveis do sujeito, mas é o modo de ser do próprio *Dasein*".[3] A hermenêutica "denota o movimento básico do *Dasein* que constitui sua finitude e historicidade e, portanto, abrange toda a sua experiência do mundo".[4] Nenhum de nós existe em um espaço neutro. Nenhum de nós simplesmente "olha" para as coisas, não tendo nenhum interesse no que é observado (um olhar completamente

---

tradições filosóficas de investigação, e o distanciamento do eu e do mundo que muitas vezes pressupõe, é bem descrito por Martin Jay em *Downcast Eyes: The Denigration of Vision in Twentieth Century French Thought* [Olhos abatidos: O denegrir da visão no pensamento francês do século 20] (Berkeley: University of California Press, 1994) e a coleção *Modernity and the Hegemony of Vision* [Modernidade e hegemonia da visão] org. por David Michael Levin (Berkeley: University of California Press, 1993).

[2] Alexander Schmemann, *For the Life of the World* [Pela Vida do Mundo]. Crestwood, NY: St. Vladimir's Seminary Press, 1963, p. 16.

[3] *Dasein* é um termo em alemão que é fundamental na filosofia existencial de Martin Heidegger, sendo traduzido normalmente como "ser-aí". Se refere à experiência de ser que é própria do ser humano, de ser/estar no mundo não apenas como sujeito ou como objeto, mas como uma coerência entre os dois, envolvendo-se e sendo envolvido pelo mundo. [N. T.]

[4] Hans-Georg Gadamer, *Truth and Method*, 2. ed., Nova York: Crossroad, 1991, p. xxx. [Ed. bras. *Verdade e Método*. Trad. de Flávio Paulo Meurer. Petrópolis, RJ: Vozes, 1997. Paginação conforme a edição original. (N. T.)] Para uma ampla discussão das implicações da hermenêutica para nossa compreensão do mundo natural, consulte Forrest Clingerman, Brian Treanor, Martin Drenthen e David Utsler (Orgs.), *Interpreting Nature: The Emerging Field of Environmental Hermeneutics* [Interpretando a natureza: o campo emergente da hermenêutica ambiental]. Nova York: Fordham University Press, 2014.

desinteressado seria como uma lente de câmera sem foco que não produz imagem discernível). A partir do momento em que nascemos estamos sendo educados, formalmente ou não, a ver, a focar, a avaliar e, assim, também a nos engajarmos com nosso entorno das maneiras singulares com que o fazemos.

Este capítulo é minha exploração de uma estrutura teológica convincente na qual o estado *caído* da criação, mas também seu *florescimento*, se tornam inteligíveis. Em particular, é um exame de como uma compreensão cristológica da criação possibilita uma compreensão do mundo como caído. O estado caído não é uma característica geral do mundo que pode ser vista por qualquer pessoa. É um corolário da ação do pecado no mundo. Sua ressonância ou significado vem de estar com Cristo como aquele que nos ajuda a ver o mundo como o lugar do amor de Deus, mas também como o lugar que foi ferido pela deformação do amor. Dizer que o mundo é caído é dizer que o amor de Deus não é livre e plenamente ativo dentro dele. É dizer que o mundo ainda aguarda sua realização e perfeição quando o amor de Deus será tudo em todos. Como vou sugerir, Jesus está conosco e nos ajuda a colocar o mundo em foco de várias maneiras específicas. Ele nos diz como e onde procurar, nos informa quando estamos fora de foco e nos equipa a ver o significado do que está acontecendo ao nosso redor. Isso significa que o discipulado cristão não é apenas a entrada da humanidade na vida com Deus. É também a introdução da humanidade ao mundo agora entendido de uma nova maneira.

INTERPRETANDO O MUNDO

Como as pessoas entendem o mundo como um todo é algo que tem variado muito ao longo do tempo. Simplificando, para ficar no contexto da filosofia grega antiga, quando Demócrito olhou para o mundo ele "viu" *atomoi* invisíveis e indivisíveis em movimento perpétuo e aleatório. Não há força ou inteligência direcionando o seu "vir a ser" ou sua destruição. Coisas simplesmente acontecem! Essa imagem de um mundo atomista e pluralista contrastava com a de Anaxágoras, que acreditava que os vários elementos do mundo compartilham um do outro e do todo. Além disso, não há nada acidental ou aleatório neste mundo, porque a *Nous* ou

Mente permeiam o todo, dando-lhe a forma que ele tem. Para Anaxágoras, o mundo forma um todo ordenado e inteligível, um *kosmos*.

Por que essas maneiras dramaticamente diferentes de ver o mundo? Será que a imagem de Anaxágoras (potencialmente) produz um mundo mais racional, regular e confiável, no qual as pessoas podem dizer que o que acontece, acontece por uma razão, ou talvez como um testemunho do destino? Ou será que uma imagem do mundo é, em certo sentido, também uma imagem de nós mesmos, refletindo o que esperamos ver no mundo?

Seguindo Pierre Hadot, é importante ressaltar que a filosofia antiga e a "ciência" que ela tornou possível eram, primordialmente, a defesa de um modo de vida e das disciplinas que permitiam que seus praticantes vivessem bem (seja lá como isso fosse concebido). *Theōria*, a maneira de ver sendo recomendada por uma escola filosófica, estava inextricavelmente conectada a um *ethos* ou maneira de ser no mundo. Na medida em que a imagem do mundo não servia para ajudar as pessoas a terem uma vida melhor, ela deixava de ser genuinamente filosófica.[5] O ponto principal da contemplação séria do mundo era efetuar a autotransformação, o que significava que um *ethos* era acompanhado por uma *askēsis*, uma forma de ascetismo ou disciplina pessoal que alinhava a vida do que buscava a sabedoria com a verdade do mundo. *Theōria, ethos* e *askēsis* estavam inseparavelmente entrelaçadas. Como veremos, sua interconexão também estava claramente agindo no início do cristianismo: ver o mundo de uma maneira cristã e, assim, poder julgá-lo como caído ou florescente, estava interconectado com viver no mundo de maneiras específicas.

É claro que essa maneira antiga de caracterizar a reflexão filosófica não foi sustentada universalmente. Embora imagens filosóficas mais contemporâneas do mundo possam não estar imediata ou obviamente a serviço do que se acredita ser uma melhor *askēsis* ou modo de vida, é, entretanto, bastante claro que as pessoas são encorajadas a ver e entender o mundo de maneiras que sirvam a algum interesse ou objetivo, mesmo que esse objetivo não seja explicitamente declarado ou que se reflita sobre ele. *O que* as

---

[5]   Pierre Hadot, *What Is Ancient Philosophy?*, Cambridge, MA: Harvard University Press, 2002, pp. 172-233. [Ed. bras. O que é a filosofia antiga? 6. ed. São Paulo: Loyola, 2014. Paginação conforme edição original (N.T.)] Em resumo, "na antiguidade, era a escolha do filósofo de um modo de vida que condicionava e determinava as tendências fundamentais de seu discurso filosófico" (pp. 272-273).

pessoas são solicitadas a ver, os *modos* e as *ferramentas* que recebem para olhar, as *categorias* e os enquadramentos que são fornecidos para organizar o que veem e o *significado* que devem discernir como resultado do seu olhar — tudo isso é mais ou menos estabelecido antes e enquanto as pessoas incidem seus vários olhares. Hadot observa:

> A filosofia da universidade permanece, portanto, na mesma posição que ocupava na Idade Média: ainda é serva, às vezes da teologia, às vezes da ciência. De qualquer forma, sempre serve aos imperativos da organização geral da educação, ou, no período contemporâneo, da pesquisa científica. A escolha de professores, tópicos do curso e exames está sempre sujeita a critérios "objetivos" que são políticos ou financeiros e que, infelizmente com frequência, são estranhos à filosofia.[6]

Em outras palavras, o que nós vemos é uma característica das instituições, protocolos profissionais, personalidades, fluxos de financiamento financeiro e oraganização de dados que abrem qualquer ponto de vista que ocupemos.[7]

Meu argumento não é dizer que vemos o que queremos. É, antes, observar que a *theōria* que nos permite fazer sentido do que estamos vendo sempre se desenvolve dentro de um *ethos* e de uma *askēsis* que abre, direciona e disciplina nosso acesso ao mundo. Para apreciar o que quero dizer, é útil olhar para o processo de ver conforme aconteceu no trabalho de Charles Darwin.

Em sua autobiografia, Darwin nos conta que o ensaio do "pároco sombrio" Thomas Robert Malthus sobre a dinâmica das populações desempenhou um papel decisivo em seu próprio trabalho, porque deu a ele as categorias que permitiram que aquilo que ele olhava viesse a foco de forma mais persuasiva:

> [...] quinze meses depois de haver iniciado minha investigação sistemática, sucedeu-me ler, para me distrair, o texto de Malthus sobre a População. Estando bem

---

[6] Hadot, *What Is Ancient Philosophy?* [O que é a filosofia antiga?], p. 260.

[7] Para um exame rigoroso e abrangente dos vários modos pelos quais as condições de verdade são estabelecidas e legitimadas, consulte Bruno Latour, *An Inquiry into Modes of Existence: An Anthropology of the Moderns* (Cambridge, MA: Harvard University Press, 2013). [Ed. bras. *Investigação sobre os modos de existência: uma antropologia dos modernos*, Petrópolis, RJ: Editora Vozes, 2019]. Latour delineia os muitos valores e modalidades que as pessoas empregaram para experimentar e entender a "realidade" e mostra como as estruturas científicas, sociais e econômicas da "experiência" se sobrepõem e se separam para tornar possíveis as ontologias regionais que tornam nossos mundos significativos.

SOBRE APRENDER A VER UMA CRIAÇÃO CAÍDA E FLORESCENTE

preparado para apreciar a luta pela vida que se dá por toda parte, em decorrência da observação prolongada e contínua dos hábitos dos animais e das plantas, ocorreu-me prontamente que, naquelas circunstâncias, as variações favoráveis tenderiam a ser preservadas e as desfavoráveis, a ser destruídas. O resultado disso seria a formação de novas espécies. Desse modo, portanto, eu finalmente havia conseguido uma teoria com que trabalhar.[8]

Aqui podemos observar como Malthus deu a Darwin a ótica ou lente interpretativa pela qual ele viu o mundo como significando algumas coisas em particular. Darwin já olhava o mundo há muito tempo, mas ainda não havia encontrado a estrutura interpretativa que lhe permitia compreender satisfatoriamente o que estava vendo. Malthus deu a ele a estrutura hermenêutica que ele ansiava. Sua *theōria* permitiu a Darwin ver coisas de todos os tipos como estando empreendidas em lutas ou guerras competitivas, de modo que elas pudessem aumentar diante de recursos escassos e decrescentes. Como Darwin escreveria em "A origem do homem" (*The Descent of Man*), todos os seres orgânicos se esforçam para aumentar em número. Essas populações, bem como as populações humanas que Malthus descreveu, aumentam geometricamente, e em lugares que não conseguem acompanhar níveis tão rápidos de aumento.

> Deste modo, como nascem mais indivíduos que os que podem sobreviver, tem de existir, em cada caso, uma luta pela sobrevivência entre os indivíduos da mesma espécie, ou entre indivíduos de espécies diferentes, ou entre os indivíduos e as condições físicas de vida que os rodeiam. É a doutrina de Malthus aplicada com uma intensidade múltipla a todo o reino animal e vegetal.[9]

A visão de Darwin do mundo está saturada de um *ethos* de escassez que também reflete uma *askēsis* de luta e competição incessantes. Ela produz uma visão do mundo descrita de forma célebre pelo poeta Tennyson

---

[8] Charles Darwin. *Autobiografia, com notas de Francis Darwin*. Trad. Vera Ribeiro, apresentação Ricardo Ferreira, Rio de Janeiro: Contraponto, 2000, p. 103-104. [No original, o autor cita a autobiografia de Darwin conforme citada em Conor Cunningham, *Darwin's Pious Idea: Why the Ultra-Darwinists and Creationists Both Get It Wrong*, Grand Rapids: Eerdmans, 2010, pp. 9-10. (N. T.)]

[9] Charles Darwin, *A Origem das Espécies*. Tradução de Ana Afonso. Leça da Palmeira, Portugal: Planeta Vivo, 2009, p. 73.

como a natureza "vermelha em dentes e garras" [*red in tooth and claw*]. Olhar para qualquer ser orgânico é ver um impulso para crescer e se reproduzir. Se é pra esse ser sobreviver, ele deve se adaptar às mudanças nas circunstâncias ou morrer, porque são apenas os seres "aptos", aqueles que podem melhor utilizar o lugar em que estão para melhorar o potencial reprodutivo, que podem prosperar.[10]

Como uma maneira de ver o mundo, uma *theōria* malthusiana/darwiniana tem claramente um poder explicativo considerável. Uma lente focada na luta pela sobrevivência traz vários elementos do mundo em foco. Além disso, o insight de Darwin sobre criaturas incorporadas em e em continuidade com outras criaturas é, na minha opinião, essencial. Seria ingênuo, no entanto, pensar que seu relato do mundo é "objetivo" ou "abrangente" em qualquer significado direto dos termos, ou que traz tudo para o foco. O que a sua *theōria* deixa fora de vista e fora de consideração, e o que ela impede que os espectadores vejam? Por que deveríamos pensar que o autointeresse das espécies é o poder que atua na seleção natural, principalmente se começamos a analisar cuidadosamente a complexidade de termos como "auto", "interesse" e "seleção"? Por que assumir escassez em um mundo que também pode ser caracterizado por grande abundância? Por que acreditar que o ímpeto de viver é principalmente um ímpeto de "sobreviver" e não de "prosperar" ou "deleitar-se"? Essas são apenas algumas das perguntas que podemos fazer sobre o tipo de visão que se segue de uma estrutura darwiniana. Essa maneira de ver, por mais valiosa que seja, não é a única maneira de ver. É importante notar que entre os povos indígenas, povos cuja subsistência depende de observação detalhada e cuidadosa, é comum encontrá-los imaginando (e entendendo) um mundo governado por parentesco, comunhão e generosidade, em vez de competição e escassez.

Também é importante notar que essa hermenêutica darwiniana torna muito difícil falar significativamente sobre o estado caído, porque a ideia de que o mundo e suas criaturas estão se movendo em direção a um *telos*

---

[10] É importante enfatizar que Darwin abriu espaço para conceitos de cooperação e comunidade em seu trabalho, e que a teoria evolutiva mais recente desenvolveu esses temas de maneiras muito importantes; veja especialmente Martin A. Nowak e Sarah Coakley (Orgs.), *Evolution, Games, and God: The Principle of Cooperation* [Evolução, jogos e Deus: o princípio da cooperação] (Cambridge, MA: Harvard University Press, 2013), para uma excelente visão geral e desenvolvimento desses temas. Focalizo aqui os temas de luta e sobrevivência, porque esses são os que mais capturaram a imaginação dos leigos.

SOBRE APRENDER A VER UMA CRIAÇÃO CAÍDA E FLORESCENTE

ou objetivo em Deus é impossível de sustentar: não há objetivo para processos de ecossistemas ou para o comportamento das espécies além da própria sobrevivência, e nenhuma crítica real dos vários meios de sobrevivência possíveis. Como veremos em breve, um entendimento cristão do estado caído das criaturas pressupõe que o amor divino que anima o mundo se tornou distorcido ou negado, e que as criaturas são incapazes de encontrar sua plenitude em Deus.

No entanto, é importante considerar cuidadosamente a visão de mundo de Darwin, porque vários de seus principais conceitos — aptidão,[11] escassez, sobrevivência do mais apto — chegaram às diversas disciplinas da educação de hoje. Darwin é invocado não apenas para descrever o que poderíamos chamar de mundo natural. Ele também forneceu as ferramentas básicas pelas quais os mundos sociais são descritos e explicados e (às vezes) justificados, ou seja, encontramos agora no darwinismo uma imagem filosófica ou *theōria* do mundo que está a serviço de um *ethos* ou maneira particular de estar no mundo. Vários estudiosos, por exemplo, observaram que a imagem da ecologia de Darwin é surpreendentemente semelhante à imagem da economia de Adam Smith: ambos pressupõem uma visão das coisas nas quais os indivíduos operam de maneira a maximizar o autointeresse. Ambos assumem processos nos quais a fraqueza é eliminada para dar espaço aos fortes. Ambos assumem uma imagem de indivíduos com medo de não terem o suficiente.

Seria um erro descartar as observações científicas de Darwin. Mas também seria um erro não notar a estreiteza do que poderia ser chamado de sua visão moral. Marilynne Robinson, por exemplo, observa:

Que os seres humanos devam ser pensados como animais melhores ou piores, e o bem-estar humano como produto de abate seletivo, é uma exclusão voluntária de contexto, que me parece ter permanecido uma característica estável do pensamento darwinista. Existe uma visão de mundo implícita na teoria que é pequena e rígida demais para acomodar algo remotamente semelhante ao mundo.[12]

---

[11] Do inglês *fitness*, termo que às vezes é usado sem tradução nos estudos de biologia evolutiva e genética populacional, referindo-se ao valor adaptativo de um genótipo. [N. T.]

[12] Marilynne Robinson, "Darwinism" [Darwinismo]. In: *The Death of Adam: Essays on Modern Thought*, Nova York: Picador, 1998, pp. 46-47.

O que está faltando é um mundo que abra espaço para a alma.[13] O que está faltando é um mundo em que a caridade — a própria virtude que nos permitiria ver e enfrentar a miséria dos fracos — tenha muita força.

Esse breve olhar sobre Darwin nos ajuda a ver que uma *theōria*, na verdade toda a produção da razão, nunca é inocente. Uma *theōria* nunca está muito longe de um *ethos*, e isso significa que nosso olhar está invariavelmente a serviço de, ou colocado em resposta a preocupações, ansiedades, ambições ou desejos particulares, ou seja, toda teoria recomenda, cresce a partir e está a serviço de uma *askēsis* ou maneira de estar no mundo. Embora as pessoas possam pensar que seu raciocínio é claro, lógico, persuasivo, talvez até abrangente, a história das tentativas de racionalidade da humanidade mostra que os nossos esforços para esclarecer o mundo geralmente têm o efeito de distorcê-lo, dissimulá-lo e até brutalizá-lo. O "ver" idólatra é uma tentação sempre presente.[14] É importante lembrar que a longa marcha do desenvolvimento filosófico e científico ocidental levou à conquista imperialista dos continentes do mundo, ao genocídio de muitas de suas populações indígenas e à pilhagem sistemática, poluição e degradação dos habitats do mundo. Nunca antes na história da humanidade fomos capazes de olhar a terra com tanta precisão e amplitude. Nunca antes testemunhamos tanta degradação, que é o resultado de como vemos.

Em resumo, estamos no meio de uma crise de visão. A fé que uma vez foi dada aos filósofos foi transferida para técnicos e economistas que, acredita-se, apresentarão o mundo "verdadeiramente" e fornecerão os meios pelos quais viver convenientemente e confortavelmente dentro dele. Mas mesmo essa fé está vacilando, ao passo que as pessoas percebem várias formas de catástrofe ambiental ameaçando a viabilidade do próprio mundo que os cientistas e técnicos estão ajudando a criar. Certamente, cientistas

---

[13] Robinson desenvolve esse tema em *Absence of Mind: The Dispelling of Inwardness from the Modern Myth of the Self* [Ausência da mente: a dissipação da interioridade do mito moderno do self] (New Haven: Yale University Press, 2010). Aqui, Robinson defende a mente humana como mais do que um mecanismo material e como tendo a capacidade de, entre outras coisas, refletir moralmente sobre o mundo. Precisamos ser capazes de afirmar que "a estranheza da realidade excede consistentemente a expectativa da ciência, e que os pressupostos da ciência, por mais provados e racionais, são muito inclinados a incentivar falsas expectativas" (p. 124).

[14] Eu desenvolvo o caráter da visão idólatra em *From Nature to Creation: A Christian Vision* for *Understanding and Loving our World* [Da natureza à criação: uma visão cristã para entender e amar nosso mundo]. Grand Rapids: Baker Academic, 2015.

e filósofos nos deram muitos presentes na forma de engenharia, medicina e educação, mas seria ingênuo ignorar que as instituições e máquinas de pesquisa de hoje estão nos levando à extinção da vida humana.[15] Nossa desgraça pode não acontecer em um grande evento cataclísmico. Ela pode assumir a forma de uma "violência lenta" inexorável e, principalmente, despercebida, que prejudica sistematicamente a saúde de toda a vida.[16] Ou pode ser a violência por controle remoto da "telemorte", que é "sem ódio", e que governa as operações militares de hoje.[17] Seja de que forma entendamos, parece que precisamos de uma nova *theōria*, uma nova maneira de ver o mundo que permita às pessoas melhor valorizar o mundo e viver mais fielmente nele.

UM MODO CRISTÃO DE VER?

Existe algo como uma maneira singularmente cristã de ver o mundo? Quando os seguidores de Cristo olham para o mundo, o que eles veem e, portanto, também entendem estar lá? Em outras palavras, como é que a *askēsis* ou disciplina da vida cristã — uma vida pautada no modo de estar de Cristo no mundo — dá origem a uma *theōria* ou consciência hermenêutica que abre e foca o mundo de novas maneiras, permitindo que as pessoas determinem significância e significado, queda e florescimento, de maneiras novas?

Uma maneira de começar é dizer que os cristãos veem o mundo como *criação* de Deus. É o trabalho das mãos de Deus e a expressão do amor

---

[15] Tenho aqui em mente o trabalho de cientistas como Martin Rees, James Lovelock e Lynn Margulis, mas também a "*Union of Concerned Scientists*" ["União de Cientistas Preocupados", um grupo fundado em 1969 que tem como missão "usar ciência rigorosa e independente para resolver os problemas mais prementes do nosso planeta". (N. T.)] O filósofo da ciência Jean-Pierre Dupuy aborda a fé equivocada na ciência em *The Mark of the Sacred* [A Marca do Sagrado] (Stanford: Stanford University Press, 2013), e argumenta que há uma redescoberta do caráter sagrado do mundo e, juntamente com isso, um reconhecimento dos limites da razão humana e a necessidade de autolimitação são essenciais para um futuro viável.

[16] Veja o trabalho de Rob Nixon em *Slow Violence and the Environmentalism of the Poor* [Violência lenta e o ambientalismo dos pobres]. Cambridge, MA: Harvard University Press, 2011.

[17] Em *Hiroshima ist überall* (Hiroshima está em toda parte) Günther Anders diz: "O caráter fantástico da situação simplesmente tira o fôlego de qualquer um. No exato momento em que o mundo se torna apocalíptico, e isso por culpa nossa, ele apresenta a imagem [...] de um paraíso habitado por assassinos sem maldade e vítimas sem ódio. Em nenhum lugar há vestígio de perversidade, há apenas escombros. [...] Nenhuma guerra na história terá sido mais desprovida de ódio do que a guerra por telemorte que está por vir. [...] Essa ausência de ódio será a mais desumana ausência de ódio que já existiu; a falta de ódio e a falta de escrúpulos serão doravante a mesma coisa". (Citado em Dupuy, *The Mark of the Sacred*, p. 194).

e deleite de Deus (me pergunto se o reverendo Malthus suspeitou disso em algum momento). No entanto, isso só pode ser um começo, porque se faz necessário um desenvolvimento rigoroso do que significa dizer que vivemos em um mundo criado, e também uma descrição da maneira pela qual esse tipo de visão se torna possível. Lembrando que *theōria* é sempre acompanhada de um *ethos*, pergunta-se: que maneiras de estar no mundo são pré-requisitos para vê-lo como *criação*, em vez de, talvez, como uma das muitas expressões do mundo como *natureza*?

É importante fazer essa pergunta, porque muitos cristãos assumem que há pouca diferença entre um mundo interpretado como criação e um mundo interpretado como natureza. Para alguns, o mundo é o que é, com a principal diferença que, para os cristãos, a natureza tem sua origem em Deus. Em outras palavras, o mundo natural se torna um mundo criado no momento em que Deus está posicionado no início como Aquele que fez tudo acontecer. Deus estabeleceu as leis naturais que mantêm o mundo funcionando nos seus padrões regulares. De vez em quando, porém, acredita-se que Deus intervenha de uma maneira especial, interrompendo, suspendendo ou talvez revogando leis naturais para produzir um milagre.

Essa caracterização mais ou menos deísta da criação é um erro profundo. Por quê? Porque de nenhum modo reflete uma compreensão bíblica do mundo como o lugar material no qual o amor de Deus está continuamente trabalhando, nutrindo, curando, reconciliando e libertando criaturas para a plenitude de seu ser. Como o salmista coloca, Deus continuamente e intimamente se volta para o mundo, sopra sobre ele, porque sem o Espírito animador de Deus, toda a vida volta ao pó (Salmo 104: 27-30). O foco exclusivo nas origens ignora o fato de que, nas Escrituras, a criação se trata tanto do início das coisas quanto da sua salvação e consumação final: a "protologia", em outras palavras, é inseparável da escatologia. Que as coisas vêm de Deus é importante, mas também é a afirmação de que as criaturas devem se mover em direção a Deus porque é somente nele que elas encontram seu cumprimento e seu verdadeiro fim. Mais fundamental, porém, é o fato de que uma caracterização deísta do mundo não tem espaço para a criação entendida como a ação do Deus trino. A criação, em vez de ser um evento único que aconteceu há muito tempo, significa o envolvimento contínuo de Deus em uma economia e ecologia que une a vida das criaturas com a vida de Deus.[18] Como tal, a doutrina da criação é sobre o *caráter* do mundo, sobre como as coisas são agora e como elas poderiam ser se estivessem participando plenamente do governo de Deus. A criação nomeia uma topografia moral e espiritual de criaturas chamadas a responder umas às outras e ao seu Criador.[19]

Igualmente importante, essa imagem deísta ignora o fato de que os teólogos cristãos desde o início defendiam uma *theōria physike* ou maneira de ver cristã, que permitia às pessoas perceber o mundo como o lugar onde Deus está intimamente trabalhando (ao fazer isso, eles adaptaram e modificaram formas filosóficas antigas de *theōria physike* que não compartilhavam o entendimento bíblico do mundo como criação de Deus).[20] Mas, para se engajar nessa forma de *theōria*, era essencial que as pessoas praticassem o discipulado ou *askēsis*, que purifica a visão das paixões que distorcem o mundo e o reduzem à satisfação dos desejos humanos. Em outras palavras, ver o mundo de maneira cristã é ver tudo como Deus vê. Era considerado importante que os cristãos desenvolvessem esse modo de ver o mundo, para que se pudesse agir sobre ele fielmente e de uma maneira que trouxesse cura às criaturas e honra a Deus.

Como é possível que as pessoas vejam o mundo dessa maneira, especialmente presumindo-se que as pessoas são criaturas e não o Criador? A resposta: as pessoas podem aprender a ver como Deus vê na medida em que se tornam discípulas de Jesus Cristo e se submetem ao poder do Espírito Santo, que lhes permite participar do *ethos* de Jesus e de seus modos de estar no mundo.

---

[18] Paul M. Blowers defende esse ponto de maneira magistral em *Drama of the Divine Economy: Creator and Creation in Early Christian Theology and Piety* [Drama da economia divina: criador e criação na teologia cristã primitiva e na piedade primitiva]. (Oxford: Oxford University Press, 2012). Veja também o ensaio de Denis Edwards "Where on Earth Is God? Exploring an Ecological Theology of the Trinity in the Tradition of Athanasius" [Onde está Deus? Explorando uma teologia ecológica da trindade na tradição de Atanásio]. In: Ernst M. Conradie, Sigurd Bergmann, Celia Deane-Drummond, e Denis Edwards (Orgs.), *Christian Faith and the Earth: Current Paths and Emerging Horizons in Ecotheology*. (Londres: Bloomsbury T&T Clark, 2014).

[19] Eu desenvolvo este ponto em *The Paradise of God: Renewing Religion in an Ecological Age* [O paraíso de Deus: renovando a religião em uma era ecológica] (Nova York: Oxford University Press, 2003).

[20] Era um princípio geral entre os filósofos gregos antigos que a tarefa do pensamento era trazer o pensador para a união com o que é. Uma alma devidamente ordenada está no seu melhor quando está em alinhamento harmonioso com a ordem do mundo. Joshua Lollar descreve a *theōria physike* grega em detalhes na Parte I de *To See into the Life of Things: The Contemplation of Nature in Maximus the Confessor* [Um olhar pra dentro da vida das coisas: a contemplação da natureza em Máximo, o Confessor] (Turnhout, Bélgica: Brepols, 2013).

Entre os primeiros cristãos, tornou-se uma posição fundamental o fato de que Deus superou o abismo entre Criador e criação na encarnação de Jesus Cristo. A eterna vida e ordem divina passaram a residir na pessoa Jesus de Nazaré.[21] O prólogo do Evangelho de João deu essa expressão memorável, descrevendo Jesus como o divino Verbo criador, a Palavra ou o Logos: "Todas as coisas foram feitas por intermédio dele; sem ele, nada do que existe teria sido feito. Nele estava a vida, e esta era a luz dos homens" (João 1:3-4). O Evangelho de João, no entanto, não era único nesse sentido. O hino cristão primitivo em Colossenses fala da mesma maneira de Cristo:

> Ele é a imagem do Deus invisível, o primogênito sobre toda a criação, pois nele foram criadas todas as coisas nos céus e na terra, as visíveis e as invisíveis, sejam tronos sejam soberanias, poderes ou autoridades; todas as coisas foram criadas por ele e para ele. Ele é antes de todas as coisas, e nele tudo subsiste (Colossenses 1:15-17).

Na carta aos Hebreus, Jesus é descrito como o Filho de Deus, aquele que é "herdeiro de todas as coisas" e aquele "por meio de quem também fez o universo" (Hebreus 1:2). E, na primeira carta aos Coríntios, Paulo descreve Jesus Cristo como o único Senhor "por meio de quem vieram todas as coisas e por meio de quem vivemos [existimos]" (1 Coríntios 8:6).

Passagens como essas deixam bem claro que as primeiras comunidades cristãs entendiam a criação de uma maneira decididamente cristológica. O corpo e a vida de Jesus foram entendidos como a encarnação da própria vida que Deus é, uma vida que cria e ama, nutre, cura e reconcilia todas as coisas que toca. Jesus mostra definitivamente que, para Deus, criar é também redimir. O estudioso do Novo Testamento Sean McDonough resume assim:

> As poderosas obras de Jesus, sua proclamação do Reino de Deus e os eventos climáticos da crucificação e ressurreição claramente o marcaram como o agente definitivo dos propósitos redentores de Deus. Mas essas obras poderosas

---

[21] Richard Bauckham desenvolveu esse tema de maneira detalhada em *Jesus and the God of Israel: God Crucified and Other Studies on the New Testament's Christology of Divine Identity* [Jesus e o Deus de Israel: Deus crucificado e outros estudos sobre a cristologia da identidade divina do Novo Testamento] (Grand Rapids: Eerdmans, 2008).

dificilmente poderiam ser separadas dos atos criativos de Deus. As memórias de Jesus preservadas nos evangelhos retratam um homem que leva ordem às águas caóticas ameaçadoras, cria vida a partir da morte e restaura as pessoas ao seu devido lugar no mundo de Deus.[22]

Jesus não é simplesmente um professor de moral. Em sua vida encarnada e modo de ser, nos vários ministérios que ele realiza, ele cura e restaura criaturas para que elas possam viver a vida abundante que Deus queria que vivessem o tempo todo. Jesus é a chave interpretativa que nos permite desvendar o sentido e o significado de tudo o que há. Seus milagres, em vez de serem uma interrupção das leis da natureza, são atos de libertação que liberam as pessoas das amarras destrutivas da possessão demoníaca, da fome, da doença, da alienação e da morte. Jesus é a realização completa e corporificada da possibilidade da vida como um caminho de amor. Vê-lo é ver o amor divino que criou os céus e a terra. Participar de sua vida é assumir seu ponto de vista e, assim, ver tudo de uma maneira completamente nova. Como Paulo diz, estar em Cristo significa que não vemos mais os outros do ponto de vista humano: "se alguém está em Cristo, há uma nova criação: tudo o que é velho já passou; veja, tudo se tornou novo!" (2Coríntios 5:17).[23] De maneira sucinta, Jesus é a lente hermenêutica que coloca o mundo no tipo de foco que nos permite vê-lo tanto como caído quanto como um mundo florescendo.

THEŌRIA PHYSIKE EM MÁXIMO, O CONFESSOR

A originalidade e as amplas implicações da ideia bíblica de que em Jesus Cristo surgiu uma nova maneira de ver o mundo demorou muitos anos para se desenvolver. Um lugar particularmente importante para esse desenvolvimento, no entanto, estava nas tradições monásticas e místicas que enfatizavam e ensinavam disciplinas ascéticas como uma maneira de compartilhar a vida divina e a maneira de Deus de ver toda a realidade. Para os propósitos deste capítulo, olharei mais de perto para o monge bizantino do

---

[22] Sean M. McDonough, *Christ as Creator: Origins of a New Testament Doctrine* [Cristo como criador: origens de uma doutrina do novo testamento]. Oxford: Oxford University Press, 2009, p. 2.
[23] Versão da NRSV em inglês traduzida diretamente. [N. T.]

século 7 Máximo, o Confessor, porque é nele que encontramos a *theōria* cristã desenvolvida de maneira rigorosa e proveitosa.

No centro do pensamento de Máximo está a convicção de que, na encarnação de Deus em Jesus Cristo, o significado completo da humanidade e do mundo alcança sua realização, porque nele vemos a união da natureza divina e humana. Máximo diz que, com Jesus, "um novo modo de ser (*kainoterou tropou*) humano apareceu. Deus nos fez como ele próprio, e nos permitiu participar das próprias coisas que são as mais características de sua bondade".[24] Cristo é o centro do universo e o portão através do qual a vida verdadeira e completa se move, porque nele encontramos a expressão definitiva do amor eterno que é o começo, o sustento e o fim da vida. Se nós cristãos entendemos o mundo como caído, é por causa do que Jesus nos permite ver. Cristo nos capacita a saber quando a criação está alcançando seu fim ou propósito divino e quando as criaturas se afastaram ou ficaram aquém do que Deus deseja para elas.

Máximo acreditava que os cristãos são chamados a desempenhar um papel mediador no mundo criado, um papel que ajuda outras criaturas a irem em direção à plenitude de sua vida em Deus. Eles devem ser, como Paulo colocou, "ministros da reconciliação" no mundo (2Coríntios 5:18). Fazer isso, no entanto, requer que os cristãos aprendam a ver o mundo corretamente. Eles precisam da *theōria* adequada. Para Máximo, isso significa aprender a ver o *Logos* divino no *logoi* de todas as coisas criadas. Se Cristo, como atestam as Escrituras, é aquele por quem, em quem, e para quem todas as coisas existem, se é verdade que todas as coisas subsistem por ele, então ele é o *Logos* que está presente em cada coisa, informando seu próprio *logos* ou maneira de ser.

Logos é um termo grego notoriamente difícil de definir devido ao seu amplo uso em contextos filosóficos e espirituais antigos. Conforme empregado por Máximo, é bastante claro que se refere a algo como o princípio dinâmico de ordem e coerência que permite o "ser" de algo, e que esse algo se torne a coisa única que é. Cada coisa, viva ou não, é a realização de capacidades particulares. À medida que algo é impedido de atingir seu potencial,

---

[24] Máximo, o Confessor, "Ambiguum 7" [Ambígua 7]. In: *On the Cosmic Mystery of Jesus Christ*. Trad. Paul M. Blowers e Robert Louis Wilken, Crestwood, NY: St. Vladimir's Seminary Press, 2003, p. 70.

é também à proporção que se pode dizer que seu *logos* está sendo desviado, distorcido ou negado. As criaturas falham e caem porque seus *logos* não estão alinhados com o *logos* divino.

No cerne da teologia da criação de Máximo, encontramos um longo tratado de como Deus cria cada criatura com *logos* exclusivo, permitindo que cada uma seja a criatura única que é. Cristo é o *Logos* eterno, contínua e intimamente presente em cada *logos* criado em particular, como o poder que o leva a uma comunhão cada vez maior, até que finalmente se alcance uma comunhão completa quando Deus é tudo em todos. Nenhuma criatura, no entanto, é completa em si mesma. Todas as criaturas, podemos dizer, são criadas para se relacionarem porque são a expressão material de um amor trino em relacionamento pericorético.[25] As criaturas tornam-se plenamente elas mesmas estando em um relacionamento de cuidado e sustento com outras criaturas. Ao mesmo tempo, as teias da criação são fortalecidas à medida que cada criatura é forte e mais capaz de contribuir para a saúde do todo. Quando o *logos* de uma criatura deixa de estar alinhado com o *Logos* divino, isto é, quando uma criatura deixa de se mover harmoniosamente nos caminhos do amor de Deus que promove a comunhão, é precisamente o momento em que é possível falar de uma criatura em estado caído.

Máximo oferece uma visão espetacular, na qual não apenas a humanidade, mas todo o mundo criado é convidado a participar na vida divina do amor, porque é somente em Deus que as coisas criadas podem ser propriamente conhecidas e vistas pelo que realmente são: expressões materiais de amor.[26] A encarnação de Deus em Jesus Cristo significa: "O homem é feito Deus por deificação e Deus é feito homem por hominização. Pois a Palavra de Deus e Deus desejam sempre e em todas as coisas realizar o mistério de sua personificação".[27] Ser formado por Cristo significa que nossa visão das coisas não pode permanecer em um nível superficial. Ver profundamente

---

[25] Pericorese é um termo da teologia cristã patrística para descrever o relacionamento entre as três pessoas da trindade. [N. T.]

[26] Lollar dá uma bela expressão a essa visão quando diz: "Deus é movido por Seu amor pela criação e esse movimento é realizado no derramamento dionisíaco de Bondade para os seres e Seu retorno, que é o derramamento e retorno de Deus de si mesmo para si mesmo; daí a linguagem do 'movimento próprio (*autokinesis*)'. Tudo o que existe é apenas o 'movimento' de Deus procedendo de Si mesmo e retornando a Si Mesmo". (*To See into the Life of Things* [Um olhar pra dentro da vida das coisas], pp. 283-284).

[27] Máximo, "Ambiguum 7" [Ambígua 7], p. 60.

é também ver o amor de Deus que está operando em nós, levando-nos à plenitude da vida, que é nossa possibilidade única.

Existe em Máximo a profunda compreensão de que *cada criatura em sua própria fisicalidade* é a expressão íntima do amor de Deus. Todas as tentativas que denigrem a materialidade como uma dimensão a ser abandonada ou deixada para trás se equivalem a uma rejeição da encarnação de Deus em Jesus e a uma negação de que Jesus deve ser afirmado como totalmente humano e totalmente divino. Lars Thunberg diz: "[A] presença do Logos nos *logoi* é sempre vista como uma espécie de encarnação — um paralelo à encarnação no Jesus histórico — e, portanto, um ato de condescendência divina".[28]

É importante fazer uma pausa para perceber o caráter radical da visão de Máximo. Para um grande número de teólogos místicos (especialmente aqueles fortemente influenciados pelas tradições platônicas), bem como numerosos teólogos ao longo dos tempos, a maior conquista da vida cristã exigiu que a corporificação e a fisicalidade fossem finalmente deixadas para trás para alcançar a união com Deus. Podemos dizer que esses teólogos entraram em pânico diante da radicalidade da encarnação. Máximo rejeita essa abordagem porque, para simplificar, Jesus não precisou abandonar a corporificação humana para expressar a vida divina de forma completa. Ele não teve que rejeitar a "criaturidade" para ser o Criador, porque ele plenamente concretizou ambos em si mesmo em uma união misteriosa que afirmava habitação mútua e distinção inconfundida. O resultado lógico dessa posição é que a criação nunca pode ser denegrida ou desprezada. Sendo a manifestação material do *logos* divino do amor, a criação é o lar de Deus (cf. Apocalipse 21-22, onde nos é dito que o lar eterno de Deus é entre os mortais).

Deus está intimamente presente para cada criatura como a fonte de sua vida, mas não de maneira a impedir que as criaturas sejam elas mesmas. Como Cornelia Tsakiridou declara:

Um Deus que existe em si mesmo de maneira autocomunicativa, em trindade, conversa com suas criaturas, uma por uma e com todas juntas, e elas por sua vez

---

[28] Lars Thunberg, *Microcosm and Mediator: The Theological Anthropology of Maximus the Confessor* [Microcosmo e mediador: a antropologia teológica de Máximo, o Confessor]. 2. ed., Chicago: Open Court, 1995, p. 76.

existem para conversar com ele sua própria existência, para que venham a ser, eles mesmos e uns com os outros, em sua própria vida. Ele se move diretamente dentro de seus seres para dar-lhes sua própria mente, voz e vida, para trazer o finito para além de sua finitude e para a sua vida eterna.[29]

Seguindo essa formulação, existe um relacionamento dialógico entre Deus e as criaturas, de modo que, ao estar aberto para o outro e pelo outro, a plenitude da vida se aproxima. Há nesse relato uma compreensão do amor criativo de Deus (que deve encontrar expressão em todo o universo) como fundamentalmente uma expressão de hospitalidade: Deus cria o espaço e todas as fontes de sustento para que as criaturas entrem em sua vida e sejam fortalecidas para viver a vida que elas estão preparadas de modo único para colocar em prática.

A *ASKĒSIS* CRISTÃ NO CAMINHO PARA VER

Até agora, descrevemos a visão de mundo de Máximo, o confessor, em que cada criatura dá expressão a um *logos*, que também podemos chamar de princípio de inteligibilidade e ordem que torna uma criatura a realidade única que ela é.[30] Nenhum *logos*, no entanto, é autossubsistente ou auto-originário. Ele tem sua origem, sustento e fim no *Logos* divino, que é Jesus Cristo, ou seja, os *logoi* das criaturas existem apenas por causa da vontade de Deus que os deseja e os ama, trazendo-os a ser. As criaturas alcançam a plenitude de seu ser quando participam ao máximo do *Logos* divino, que é o significado de todo o universo. Em outras palavras, a verdade de cada criatura em particular é realizada quando seu *logos* está em alinhamento harmonioso com o *Logos* que mantém o universo unido.

No entanto, algumas criaturas, devido à sua liberdade, podem estar mais ou menos alinhadas com o *Logos*, o que significa que, ao recusarem a Cristo, também estão desalinhadas com seu próprio *logos*. É importante

---

[29] Cornelia A. Tsakiridou, *Icons in Time, Persons in Eternity: Orthodox Theology and the Aesthetics of the Christian Image* [Ícones no tempo, pessoas na eternidade: teologia ortodoxa e a estética da imagem cristã]. Burlington, VT: Ashgate, 2013, p. 176.

[30] Máximo escreve: "todas as coisas criadas são definidas, em sua essência e em sua maneira de se desenvolver, pelos seus próprios *logoi* e pelos *logoi* dos seres que fornecem seu conteúdo externo. Através desses *logoi*, eles encontram seus limites definidos". ("Ambiguum 7" [Ambígua 7], p. 57).

ressaltar esse ponto, porque quando os seres humanos pecam, eles contribuem para o que poderíamos chamar de desalinhamento de vários *logoi* no mundo (como quando a ganância humana degrada um ecossistema de tal forma que a vida das criaturas é frustrada quanto à capacidade de viver em plenitude). Usando a linguagem de Paulo conforme expressa em Romanos 8, podemos dizer que o pecado humano se torna a presença violadora no mundo que sujeita as criaturas a vários estados de gemidos e futilidade. O pecado se torna um poder (cósmico) no mundo que dificulta que criaturas humanas e não humanas concretizem sua realização em Deus, e é por isso que o pecado deve ser tratado e corrigido primeiro, para que as criaturas possam se mover livremente em direção a seu propósito divinamente apontado. Pecado e queda andam juntos.

Máximo é claro que só podemos entender a nós mesmos e as coisas do modo que Deus entende quando os movimentos de toda a nossa vida — o movimento de nossas mentes, a ordem de nossos afetos, as práticas de nossos corpos — são colocados em conformidade com Cristo: um *theōria* cristã precisa de uma *askēsis* cristã.[31] O discipulado cristão é a chave para o ordenamento correto de nós mesmos e o ordenamento correto da nossa visão, para que possamos ver a nós mesmos e a tudo como Deus vê. Na encarnação de Jesus Cristo, Deus entrou e "manteve o *logos* de origem criatural, ao mesmo tempo que restaurou sabiamente os meios de existência da humanidade para seu verdadeiro *logos*".[32]

Deus não altera a natureza humana, tornando-a outra coisa. Em vez disso, Deus em Cristo muda "o modo e o domínio de ação próprios de sua natureza". [33] Deus não deseja que as criaturas sejam algo diferente do que elas são. Deus só pede que as criaturas sejam totalmente elas mesmas, uma capacidade que se tornou nublada e distorcida por causa do pecado. Isso significa que, como Cristo leva as pessoas à verdade de suas humanidades, ele também as leva a uma posição de entender a verdade do mundo.

---

[31] Máximo acredita que, no paraíso do Jardim do Éden, algo como uma *theōria physike* adequada existia. Com a "Queda", os seres humanos perderam a capacidade de ver cada coisa em termos de referência e fundamentação em Deus. O grande erro de Adão foi tentar conhecer o mundo apenas pela sensação, e não em termos do amor divino que opera em seu interior. Poderíamos dizer que a Queda representa um distúrbio ou o tornar irracional (*alogos*) de um mundo que foi criado para subsistir e manter-se unido por causa do *Logos* de Cristo.

[32] Máximo, "Ambiguum 42". In: *On the Cosmic Mystery of Jesus Christ*, p. 82.

[33] Ibid., p. 90.

SOBRE APRENDER A VER UMA CRIAÇÃO CAÍDA E FLORESCENTE

O discipulado é o que permite que as pessoas vejam cada coisa como a criatura de Deus que ela é, e que as pessoas consigam discernir como e até que ponto as criaturas estão sendo impedidas de concretizar a plenitude do amor divino que está em ação dentro delas.

Com o pecado de Adão, a liberdade humana mudou de boa para má. O mal é um mau uso da liberdade, de modo que as pessoas falham em direcionar suas energias de maneiras alinhadas com a vontade de Deus para as coisas. Jesus, no entanto, é o Novo Adão que reverte o movimento do mal para o bem. O movimento do mal para o bem, que também é um movimento da corrupção para a incorrupção, recebe o nome de deificação porque é a participação proporcional e apropriada da criatura na vida de Deus. Nosso tornar-se Deus não é o resultado de nosso próprio esforço. É sempre apenas um presente da graça de Deus e o convite amoroso de Deus para levar as pessoas ao seu verdadeiro fim nele.

Máximo descreve a deificação ou *theosis* como um processo em que nosso espírito — o poder animador de nossa vida — é totalmente entregue ao Espírito de Deus.

> Deus se torna para a alma (e através da alma para o corpo) o que a alma é para o corpo, como só Deus sabe, para que a alma receba a imutabilidade e o corpo a imortalidade; portanto, todo o homem, como objeto da ação divina, é deificado por ser feito Deus pela graça do Deus que se tornou homem. Ele permanece totalmente homem em alma e corpo por natureza, e se torna totalmente Deus em corpo e alma pela graça.[34]

Sem esse processo de crescimento à semelhança de Deus, as virtudes que permitem às pessoas verem de maneira divina são impossíveis. Com essa realização, o elo entre *theōria* e o *ethos* apropriado é estabelecido. Para ver o mundo como criação de Deus, as pessoas devem se tornar criaturas que vivem em Cristo (lembrando a advertência de Paulo de viver e exibir o fruto do Espírito [Gálatas 5:22–25] e sua formulação sucinta de que na crucificação do batismo com Jesus "já não sou eu quem vive, mas [é] Cristo [que] vive em mim" [Gálatas 2:20]). Viver em Cristo é a ação que

---

[34] Máximo, "Ambiguum 7" [Ambígua 7], p. 63.

permite que as pessoas vejam o *Logos* divino em ação em cada *logos* criatural. Ver o *Logos* divino nas coisas, por sua vez, possibilita aos cristãos participar da cura da queda a partir dos vários ministérios de reconciliação que Cristo possibilita.

Para viver em Cristo, precisamos olhar para Cristo para ver o que ele faz e o que realiza, porque é em sua ação que discernimos como ele vê tudo o que encontra. Os Evangelhos nos revelam Jesus acima de tudo como aquele que é para os outros. Ao encontrar outra pessoa, Jesus vê antes de tudo um filho e um presente de Deus. O que ele mais deseja é que cada criatura seja liberada para viver a vida que Deus lhe deu. Seus ministérios de perdão, cura, exorcismo, alimentação, companheirismo e reconciliação demonstram que vivemos em um mundo onde as pessoas estão sujeitas a forças de violência e ódio, doenças e fome, alienação e isolamento. Jesus vem libertar a humanidade dessas forças para que todas as criaturas possam experimentar o amor de Deus.[35] Jesus revela que o objetivo da vida é a comunhão uns com os outros e com Deus. Nesta vida de comunhão, as relações entre criaturas e Deus são completamente curadas, de modo que cada criatura alcança o que João chamou de vida abundante. Colocado em sua formulação mais sucinta, poderíamos dizer que Jesus revela a verdade da vida como o movimento do amor.[36] Sua vida do começo ao fim, da crucificação à ressurreição, demonstra a natureza e os objetivos do amor divino. Isso significa que, para alcançar algo como uma *theōria physike* cristã, os cristãos devem praticar a *askēsis* cristã que Jesus revela em sua própria vida. Amar como Jesus é perceber e engajar-se no e com o mundo da maneira que ele fez.

Em uma passagem arrebatadora que liga o movimento da própria vida de Cristo à vida do mundo todo, Máximo diz:

> O mistério da Encarnação do Verbo carrega o poder [*dynamin*] de todos os significados ocultos e figuras das Escrituras, bem como o conhecimento de criaturas visíveis e inteligíveis [*ktismatōn*]. Quem conhece o mistério da cruz e da tumba

---

[35] Em Romanos 8, Paulo argumenta que a obra libertadora de Cristo se estende a toda a criação, para que toda criatura conheça o amor de Deus.

[36] Eu desenvolvo este tema em *Way of Love: Recovering the Heart of Christianity* [Caminho do amor: recuperando o cerne do cristianismo]. São Francisco: HarperOne, 2016.

conhece os princípios dessas criaturas. E aquele que foi iniciado no poder inefável da Ressurreição conhece o propósito [*skopon*] para o qual Deus originalmente fez todas as coisas [*ta panta*].[37]

Aqui Máximo mostra que uma adequada *theōria* exige do cristão uma imersão na história da economia de Deus conforme é comunicada por meio das Escrituras e do mundo, os dois livros de Deus. Não podemos saber o significado do que vemos à parte do drama sagrado que é revelado pelo Verbo de Deus, nem podemos conhecer o propósito das coisas à parte de Cristo. O *Logos* eterno age como a lente interpretativa que nos permite ver os *logoi* das coisas criadas como significando a bênção e o amor de Deus.

Máximo então acrescenta que, para que possamos ver dessa maneira, nossos corações e mentes devem passar por uma experiência de crucificação, porque é lá que ocorre a purificação do ego, para que possamos ver as coisas através da luz do amor de Deus, em vez de através das nuvens de distorção e dissimulação de nossas próprias paixões egoístas.

Todas as coisas visíveis [*phainomena*] precisam de uma cruz, isto é, uma capacidade que restrinja o afeto por elas por parte daqueles que são sensivelmente atraídos para elas. E todas as coisas inteligíveis exigem uma tumba, ou seja, a completa imobilidade daqueles que são intelectualmente inclinados a elas. Pois quando a atividade e o movimento naturais são removidos juntamente com a inclinação para todas essas coisas, o *Logos*, que é o único autoexistente, reaparece como se estivesse ressuscitando dentre os mortos, circunscrevendo tudo o que se origina dele.[38]

De uma maneira que lembra a descrição de Paulo do batismo como o antigo eu do cristão sendo crucificado com Cristo, para que ele também seja ressuscitado em novidade de vida (Romanos 6:3-14), Máximo está descrevendo um processo em que nossa visão e nosso entendimento são purificados e nossas prioridades são reorientadas para que a vida que

---

[37] Máximo, conforme citado em Tsakiridou, *Icons in Time, Persons in Eternity* [Ícones no tempo, pessoas na eternidade], p. 179.
[38] Sigo aqui a tradução de Máximo de Blowers em *Drama of the Divine Economy* [O drama da economia divina], p. 362.

vivemos esteja agora em conformidade com a vida que Deus pretendeu o tempo todo. Vivendo essa vida cruciforme, uma vida em que o amor nos direciona a buscar o bem dos outros em vez de prazeres para nós mesmos, conseguimos chegar ao ponto de ver tudo em Deus. Chegamos a ver que cada coisa é a expressão única do amor de Deus e que existe por nenhuma outra razão senão dar glória a Deus como doador e nutridor de sua vida. A tarefa essencial é aprender a amar propriamente, pois é no modo do amor divino que a presença humana na Terra se torna aquela que cura e reconcilia todas as coisas em seu ser individual e em sua vida comunitária.

Pode-se dizer que aprender a amar corretamente é o cerne da tarefa cristã, porque, como Máximo e vários escritores sobre espiritualidade insistiram, o amor próprio inadequado, o que os autores do ascetismo chamam de vida de acordo com as paixões, muito facilmente atrapalha. Um amor próprio inadequado se reflete em um relacionamento lascivo ou pornográfico com as coisas, um relacionamento no qual as coisas significam ou importam principalmente em termos do que elas podem fazer por nós. Quando se está em um relacionamento lascivo com o outro, a integridade desse outro — e, portanto, também o curso de vida que o levaria à realização — é negada, porque sua vida agora é feita para servir a minha.[39] É por isso que uma vida vivida de acordo com as paixões —tradicionalmente sete em número: gula, luxúria, avareza, ira, soberba, preguiça e inveja — leva à tirania das criaturas e à degradação de todo o mundo criado.[40] A vida vivida de acordo com as paixões impossibilita a *theōria* cristã. É apenas o amor pelos outros que permite que as pessoas vejam o mundo e suas criaturas como Deus vê.

Máximo descreve as paixões como um apego irracional ao corpo. É importante enfatizar que ele não rejeita ou despreza o corpo em si

---

[39] Tsakiridou apresenta um resumo útil aqui: "Quando as criaturas são percebidas espiritual ou piedosamente (*teophilos*), elas são vistas em sua verdadeira natureza e subsistência, como suas obras vivas (encarnadas). Quando, por outro lado, são percebidas do ponto de vista do desejo ou do amor próprio (*philautia*), essa realidade vital e animadora neles desaparece e a mente impõe suas próprias razões egoístas e distorcidas [...] nas coisas [...]. As paixões obscurecem a divindade e a santidade inerentes à criação e, portanto, é em suas atividades mais do que nas próprias coisas que o mal surge". (*Icons in Time, Persons in Eternity* [Ícones no tempo, pessoas na eternidade], p. 183).

[40] Dumitru Staniloae, um dos principais intérpretes de Máximo do século passado, fornece um relato útil das paixões em *Orthodox Spirituality: A Practical Guide for the Faithful and a Definitive Manual for the Scholar* [Espiritualidade ortodoxa: um guia prático para os fiéis e um manual definitivo para o estudioso] (South Canaan, PA: St. Tikhon's Seminary Press, 2003).

mesmo. Isso ele não poderia fazer, pois cada corpo é a manifestação material do amor de Deus. "Não é o corpo em si, nem os sentidos, nem as possíveis faculdades em si que são maus, mas apenas o seu uso errado. [...] O amor próprio é definido como o amor pelo corpo, não porque o corpo está ligado ao mal, mas porque o apego ao corpo impede o apego do homem todo ao seu fim divino".[41] Quando nosso foco e atenção repousam apenas no corpo material, esquecemos tanto o *logos* que é interior àquela coisa que o dirige à sua realização, como também o *Logos* divino, no qual o *logos* da própria coisa participa e que o está levando ao seu eterno bem-estar em Deus, porque o que se tornou mais importante é como aquela coisa pode ser feita a fim de servir ao nosso fim. Abraçar o mundo apaixonadamente, poderíamos dizer, é invariavelmente um olhar superficial e destrutivo para os outros, porque não vê o amor de Deus pelas criaturas trabalhando em todo lugar.[42] As coisas são degradadas e destruídas porque seu movimento, em vez de contribuir para o florescimento de toda a criação de Deus, foi canalizado para se adequar ao objetivo estreito da ambição humana.

Esse relato mostra que o ascetismo, a *askēsis* que informa o *ethos* que possibilita uma *theōria physike* cristã, não tem nada a ver com a negação ou o menosprezo do mundo material. O ascetismo genuíno leva à purificação e intensificação do amor como o de Cristo, que leva à cura e reconciliação do mundo. Sem esse amor, o mundo permanece ferido e caído.

As paixões são irracionais (*alogos*), o que significa que elas trabalham contrariamente ao *Logos* divino, que está constantemente presente em cada criatura, levando-a à plenitude de sua própria vida e de sua vida em relação a todo o resto. Como discípulos de Jesus Cristo e como membros de seu corpo, os cristãos têm esta soberana vocação de se tornarem agentes da obra de cura e celebração do Espírito Santo. Quando os corações humanos são inspirados por Jesus Cristo, seu *Logos* divino se apodera de nossos próprios *logos*, de modo que este compartilha o trabalho mediador que é o trabalho da encarnação:

---

[41] Thunberg, *Microcosm and Mediator* [Microcosmo e mediador], pp. 247-248.
[42] Máximo permite a "boa paixão", na medida em que for cativa em obediência a Cristo. ("Ad Thalassium 1" [Questões para Talássio 1]. In: *On the Cosmic Mystery of Jesus Christ* [Ícones no tempo, pessoas na eternidade], p. 98).

As coisas que por natureza são separadas umas das outras retornam à unidade como elas convergem juntas em um ser humano. Quando isso acontecer, Deus será *tudo em todos* (1Coríntios 15:28), permeando todas as coisas e ao mesmo tempo dando existência independente a todas as coisas em si mesmo. Então, nenhuma coisa que existe vagará sem rumo ou será privada da presença de Deus[43]

Cristo é a chave hermenêutica que permite aos cristãos entender que as criaturas estão caídas porque não participam plenamente do amor divino que cria, sustenta e celebra o mundo inteiro. Cristo também é a inspiração que guia os cristãos para os vários ministérios de reconciliação que levam as criaturas para fora de sua condição caída, para que possam viver no *telos* ou objetivo que Deus desejou para elas desde o início.

---

[43] Máximo, "Ambiguum 7" [Ambígua 7], p. 66. Assim como em Cristo, a unidade e a diferença de naturezas são mantidas, também na criação. Cada membro da criação é distinto, mas agora é trazido a uma mutualidade de relacionamento que fortalece cada um e o todo. Cristo revela que não é a diferença, mas a divisão que é o problema que assola o mundo. A obra da humanidade, inspirada e modelada como o é em Cristo, é honrar a diferença, mas reconciliar a divisão. Veja a discussão de Thunberg em *Microcosm and Mediator* [Microcosmo e mediador], p. 65 e o relato de Máximo sobre como Jesus medeia e cura a divisão em "Ambiguum 41" [Ambígua 41]. In: *Maximus the Confessor*, de Andrew Louth (Londres: Routledge, 1996), pp. 155-162.

PARTE IV
Reimaginando a conversa: seguindo adiante com fidelidade

CAPÍTULO 9

A queda da Queda na teoria política do Início da Modernidade

A política da ciência

William T. Cavanaugh

á uma suposição cultural geral no Ocidente de que qualquer antagonismo entre ciência e teologia é inerente ao método científico. O grande secularizador é a ciência, muitas vezes se pensa, porque a fantasia ou a absoluta improbabilidade das crenças teológicas em algum momento irá de encontro aos fatos científicos. Não podemos mais levar a sério a história da Queda, por exemplo, porque é apenas uma história. E assim a história é contada.

Para aqueles que investem em um diálogo mais frutífero entre ciência e teologia, no entanto, é útil saber que a secularização não é o resultado inevitável da ciência. E uma maneira de enfraquecer a história contada anteriormente é mostrar que a secularização — incluindo a secularização da ciência — tem causas não científicas. Max Weber, por exemplo, achava que o capitalismo, não a ciência, era o grande secularizador.[1] Charles Taylor, Brad Gregory e outros mostraram que a secularização tem raízes teológicas.[2]

---

[1] Max Weber, *The Protestant Ethic and the Spirit of Capitalism*. Trad. Talcott Parsons, Londres: Routledge, 2001. [Ed. bras. *A ética protestante e o espírito do capitalismo*. Trad. José Marcos Mariani de Macedo. São Paulo: Cia. das Letras, 2004.]

[2] Charles Taylor, *A Secular Age*. Cambridge, MA: Harvard University Press, 2007. [Ed. bras. *Uma era secular*. São Leopoldo, RS: Unisinos, 2010.] Taylor argumenta que a secularização é um subproduto contingente de certos movimentos de reforma no cristianismo medieval tardio e no início da modernidade, que transferiram o sagrado do mundo externo para a interioridade em um novo tipo de *self* humano. Brad S. Gregory, *The Unintended Reformation: How a Religious Revolution Secularized Society*

Neste capítulo, ofereço uma contribuição a esses esforços, traçando uma genealogia política da secularização por meio do destino da Queda na teoria política do início da idade moderna. O que espero mostrar é que o eclipse da Queda tem raízes políticas, e não científicas, e que a "naturalização" da Queda na teoria política do início do período moderno contribui para a ascensão do estado moderno e para o divórcio entre teologia e ciência política e entre teologia e ciências naturais. Começo com uma breve visão geral da importância da Queda no pensamento político cristão pré-moderno. Examino então o destino da Queda no pensamento moderno, discutindo brevemente Nicolau Maquiavel[3] e Francisco de Vitória, mas concentrando-me na tradição inglesa mais influente em nosso contexto, a saber: Thomas Hobbes, Robert Filmer e John Locke. Mostro como e por que a Queda é substituída pelo "estado de natureza" como justificativa pré-histórica do poder político. Concluo com alguns comentários sobre a genealogia das relações entre ciência, política e teologia. Neste capítulo considera o que se perde nas três áreas quando a sociedade ocidental não usa mais a Queda para marcar a diferença entre a maneira como as coisas são e como as coisas deveriam ser.

A QUEDA NA TEORIA POLÍTICA MEDIEVAL

A narrativa bíblica da Queda ocupou um lugar fundamental na teoria política cristã tradicional. A Queda era vista ou como a razão pela qual um governo coercitivo era necessário, ou como um fator significativo que afetava o que era possível no governo humano. Essa ênfase na Queda não deve ser mal interpretada, no entanto, como um exemplo de pessimismo cristão sobre a natureza humana que foi superado em sociedades mais seculares. Na teoria política cristã tradicional, o referente principal da natureza humana é um fenômeno pré-Queda; a natureza humana consiste nas capacidades instituídas por Deus nos seres humanos na criação. O

[A reforma não intencional: como uma revolução religiosa secularizou a sociedade]. Cambridge, MA: Harvard University Press, 2012. Gregory argumenta que a fragmentação da unidade cristã na Reforma acabou por provocar o afastamento no Ocidente de um cristianismo público.

[3] O autor usa o nome original em italiano Niccolò Machiavelli, mas optamos pela grafia consagrada em português. [N. T.]

consenso entre comentaristas patrísticos e medievais era que os seres humanos são, por natureza, criaturas sociáveis que tendem a amar seus semelhantes. Apesar da opinião comumente expressa há meio século atrás, de que o cristianismo devia sua visão da sociabilidade natural da humanidade à reintrodução de Aristóteles no Ocidente no século 8, o consenso acadêmico agora reconhece que os pensadores cristãos a partir de Lactâncio em diante reconheciam a sociabilidade natural da humanidade.[4] Agostinho, por exemplo, escreve que "como toda pessoa faz parte da raça humana e a natureza humana é social, cada pessoa também possui um grande e natural bem: o poder da amizade".[5]

Entretanto, como Agostinho também diz, "a raça humana é, mais do que qualquer outra espécie, ao mesmo tempo social por natureza e briguenta por perversão".[6] [7] A distinção entre natureza e perversão dessa natureza é crucial para Agostinho e para a tradição cristã como um todo. Agostinho fala sobre a intenção de Deus em Adão de gerar uma multidão deste indivíduo e, assim, "ensinar a humanidade a preservar uma unidade harmoniosa na pluralidade". Ao mesmo tempo, diz Agostinho, em Adão, Deus estabeleceu as bases das duas cidades, aqueles que se uniriam aos anjos maus em seu castigo e aqueles que compartilhariam a companhia dos anjos bons em sua recompensa.[8] Na história de Adão, Deus nos ensina tanto o que devemos ser quanto o que passamos a ser por causa da escolha

---

[4] Cary J. Nederman, "Nature, Sin and the Origins of Society: The Ciceronian Tradition in Medieval Political Thought", *Journal of the History of Ideas*, v. 49, n. 1, jan./mar. 1988, p. 3. Para um reconhecimento anterior do consenso patrístico e medieval sobre a sociabilidade humana, veja J. Carlyle, *A History of Mediaeval Political Theory in the West* [Uma história da teoria política medieval no ocidente] (Edimburgo, Londres: William Blackwood, 1950), v.1, p. 125ss. Veja também Gaines Post, *Studies in Medieval Legal Thought: Public Law and the State, 1100-1322* [Estudos em pensamento jurídico medieval: direito público e estado, 1100-1322] (Princeton: Princeton University Press, 1964), pp. 494-561.

[5] Isto é a minha tradução para "*Quoniam unusquisque homo humani generis pars est, et sociale quiddam est humana natura, magnumque habet et naturale bonum, vim quoque amicitiae*", Agostinho, *De Bono Conjugali* 1, citado em Carlyle, *A History of Mediaeval Political Theory in the West*, v. 1, p. 125, n. 3.

[6] Agostinho, *City of God*, 12.28, trad. Henry Bettenson. Harmondsworth, UK: Penguin, 1972, p. 508. [Ed. bras. *A Cidade de Deus*, Obra completa com os 22 Livros. Trad. Eurípedes Queirós, Livro XIX, cap. XV, Versão Kindle, [s.l.: s.n., s.d.] As frases citadas entre aspas de *A Cidade de Deus* estarão grafadas conforme constam nesta tradução, a menos que indiquemos o contrário. (N. T.)]

[7] Em várias versões, tanto em português como em inglês, este trecho está no Livro 12, cap. 27, e não 28. Cf., p. ex. Santo Agostinho, *A cidade de Deus contra os pagãos*, Parte II, Livros XI-XXII, trad. Oscar Paes Leme (Petrópolis, RJ: Vozes, 2017). Esta tradução, e também a de Eurípedes Queirós (ver nota acima), grafam a frase em questão assim: "Nenhum animal existe mais feroz por vício, nem mais social por natureza" (p. 102 versão Ebook). [N. T.]

[8] Agostinho, *City of God*, 12.28, p. 508. [paginação original, ver N. T. acima]. Agostinho diz que o fundamento está estabelecido na presciência de Deus; a origem das duas cidades na história da humanidade para Agostinho está na história de Caim e Abel; veja o livro 15 de "A Cidade de Deus".

humana. A história da Queda, portanto, não é simplesmente uma afirmação sobre o mal que está à espreita nas almas humanas e a necessidade de um governo coercitivo para tornar possível a vida social humana. A Queda também é uma lição sobre o modo como os seres humanos devem ser e se comportar, o *telos* da vida humana, com base no modo como os seres humanos *realmente* são, no modo como foram criados por Deus. A Queda não é simplesmente uma doutrina pessimista, mas, ao contrário, dá aos seres humanos a esperança de que o mal que as pessoas causam umas às outras não seja natural, isto é, não esteja inscrito na maneira como as coisas são desde a criação e, portanto, não é simplesmente inevitável.

Embora pensadores cristãos considerassem o governo coercitivo humano como instituído por Deus, o consenso desde a patrística até a alta Idade Média era que esse tipo de governança não é natural, mas sim uma resposta divina ao pecado humano.[9] Irineu aponta a Queda como ponto de partida da sujeição de humanos a outros humanos.[10] No Livro 19, cap. 15 da *Cidade de Deus*, Agostinho segue essa linha e descreve a "ordem da natureza" desta maneira: Deus "quis que o homem racional, feito à sua imagem, dominasse unicamente os irracionais, não o homem ao homem, mas o homem ao irracional".[11] Agostinho diz que a sujeição de uma pessoa a outra ocorreu por causa do pecado. "Contudo, por natureza, tal como Deus no princípio criou o homem, ninguém é escravo do homem nem do pecado."[12] Nesse caso, fica claro que "natureza" se refere à condição dos seres humanos antes da Queda, não depois; os seres humanos são criados em uma condição de liberdade natural. O pecado, e a necessidade de

---

[9] A visão normal dos Pais [da Igreja] é clara, a saber: embora o governo coercitivo não seja uma instituição "natural" e seja uma consequência da Queda, relacionado às ambições pecaminosas dos homens, é também um remédio divino para a confusão causada pelo pecado e, portanto, é uma instituição divina. Carlyle, *A History of Mediaeval Political Theory in the West* [Uma história da teoria política medieval no Ocidente], v. 2, p. 144. Alguns comentaristas defendem que a ênfase no pensamento político cristão sobre a diferença entre a inocência pré-queda e pecado pós-queda remonta à concepção estoica de uma "era de ouro" agora corrompida que serve como base ideal da lei; veja R. A. Markus, "The Latin Fathers" [Os pais latinos]. In: J. H. Burns (Org.), *The Cambridge History of Medieval Political Thought c. 350 - c. 1450* (Cambridge: Cambridge University Press, 1988), p. 98, e também George Klosko, *History of Political Theory: An Introduction* [História da teoria política: uma introdução] v. 1. (Fort Worth, TX: Harcourt Brace,1994), pp. 152-56, 211.

[10] Irineu de Lião, *Against Heresies* 5.24. In: Oliver O'Donovan e Joan Lockwood O'Donovan (Orgs.), *From Irenaeus to Grotius: A Sourcebook in Christian Political Thought*. Grand Rapids: Eerdmans, 1999, pp. 16-18. [Ed. bras. *Contra as Heresias*. São Paulo: Paulus, 1995.]

[11] Agostinho, *A Cidade de Deus* 19.15.

[12] Ibid.

um governo coercitivo para mitigar seus efeitos, não é simplesmente um aspecto dado da vida humana. De fato, é isso que distingue o Gênesis do mito de criação babilônico, o *Enuma Elish*.[13] Tanto os israelitas quanto os babilônios olhavam para o mesmo mundo marcado pela violência e pelo mal humano. No *Enuma Elish*, no entanto, não há Queda; as coisas estão bagunçadas desde o início. O mal é apenas parte do modo como as coisas são. Para os autores de Gênesis, por outro lado, a Queda deixa claro que não há nada de natural ou fundamental no mal humano. Além disso, a Queda estabelece a possibilidade de se ver a história escatologicamente; se a maneira como as coisas parecem ser não é como as coisas deveriam ser, então há esperança de que as coisas sejam radicalmente mudadas. Agostinho aplica essa visão escatológica não apenas ao pecado e ao mal, mas ao governo coercitivo, que só se torna necessário por causa do pecado. Agostinho fecha o livro 19.15 esperando o dia em que "passe a iniquidade e se aniquilem o principado e o poder humano e Deus seja todo em todas as coisas".[14] [15] Agostinho pode não ter esperado que esse dia fosse tão cedo, mas a visão escatológica tem o efeito *no presente* de desestabilizar e relativizar qualquer reivindicação humana de poder político.

A posição de Agostinho foi ecoada no período medieval anterior à recuperação de Aristóteles: Ambrósio, Gregório Magno, Isidoro de Sevilha e Gregório VII (para citar alguns), todos pensavam que o governo coercitivo era divinamente instituído, mas não natural.[16] O poder coercitivo humano, em outras palavras, era totalmente dependente da vontade de Deus e não embutido em afirmações sobre a natureza humana. Foi um remédio para o pecado que se tornou necessário porque a Queda havia prejudicado

---

[13] Alexander Heidel (Org.), *The Babylonian Genesis: The Story of Creation* [O Gênesis babilônico: a história da criação]. Chicago: University of Chicago Press, 1963.

[14] No original em inglês, a tradução se aproxima mais de "toda injustiça desapareça e todo senhorio e poder humano sejam aniquilados, e Deus seja tudo em todos". [N. T.]

[15] Agostinho, *A Cidade de Deus* 19.15. É verdade que essa passagem é ambígua, porque Agostinho justifica a instituição providencial da escravidão de Deus e, seguindo Paulo, aconselha os escravos a obedecerem a seus senhores até que Deus termine esta era.

[16] Ambrósio, "Carta a Simpliciano" (Carta 37). In: *St. Ambrose, Letters*, Fathers of the Church v. 26, trad. Sr. Mary Melchior Beyenka. Nova York: Fathers of the Church, 1954, pp. 286-303; São Gregório Magno, *Pastoral Care* [Cuidado pastoral] 2.6, trad. Henry Davis. Westminster. MD: Newman, 1955, pp. 59-60, e Papa Gregório I, *Morals on the Book of Job* 21.23-24 [Moral no livro de Jó 21.23-24] trad. James Bliss. Oxford: J. H. Parker, 1845, pp. 534-36; Isidoro de Sevilha, "Sentences" [Sentenças] 3.47. In: O'Donovan e O'Donovan, *From Irenaeus to Grotius*, p. 206; Papa Gregório VII, "Letter to Hermann of Metz" [Carta para Hermann de Metz] 8.21. In: *The Correspondence of Pope Gregory VII: Selected Letters from the Registrum*, trad. Ephraim Emerton. Nova York: W. W. Norton, 1969, pp.166-75.

a sociabilidade natural dos seres humanos. Tomás de Aquino, no entanto, colocou as origens do governo antes da Queda da humanidade. Citando a opinião de Agostinho da *Cidade de Deus* 19.15, Tomás de Aquino diz que o domínio dos seres humanos um sobre o outro pode ser entendido de duas maneiras: como escravidão e como a direção de alguém "para seu próprio bem-estar ou para o bem comum".[17] O primeiro não poderia ter existido no estado de inocência pré-Queda, de acordo com Aquino, porque implica a rendição da liberdade e o infligir da dor, mas o segundo é próprio do estado de inocência. A comunidade política é *natural* no sentido de que corresponde ao fim pretendido — isto é, criado — da vida humana, que é a vida junto com os outros e com Deus.

Embora Tomás localize a origem do governo no estado de inocência, a Queda continua a exercer uma influência importante em sua teoria política. No estado caído, o governo é necessário para "tornar os homens bons"[18], e isso exige um governo coercitivo.[19] Embora Tomás se afaste de Agostinho ao atribuir o governo ao estado de inocência, há uma continuidade importante entre os dois. Como Janet Coleman escreve, o governo pré-Queda em Aquino é diretivo, não coercitivo.[20] Embora Tomás de Aquino seja mais otimista quanto às capacidades da natureza humana após a Queda, o governo para Agostinho e Tomás só se torna coercitivo por causa da Queda.

A Queda no pensamento cristão marca a divisão entre dois tipos de natureza. Como diz Tomás, "a natureza do homem pode ser vista de duas maneiras: primeiro, em sua integridade, como era em nosso primeiro pai antes do pecado; segundo, como está corrompida em nós após o pecado de nosso primeiro pai".[21] Considerar nossa natureza original, antes da Que-

---

[17] Tomás de Aquino, *Summa Theologica*, I.96.4. [Em português há a coletânea completa em 5 volumes da Ed. Ecclesia/Permanência, com a tradução clássica de Alexandre Correia, a coletânea em 9 volumes da ed. Paulus com a mesma tradução e a nova tradução coordenada por Carlos-Josaphat Pinto de Oliveira, em edição bilíngue latim-português das Edições Loyola, 2001-2006. (N. T.)]

[18] Tomás de Aquino, *ST*, I–II.92.1.

[19] Ibid., I–II.90.3 ad 2.

[20] Janet Coleman, *A History of Political Thought: From the Middle Ages to the Renaissance* [Uma história do pensamento político: da idade média ao renascimento]. Oxford: Blackwell, 2000, p. 109. Note-se que alguns escritores medievais após Tomás de Aquino continuaram a ver o governo como resultado da Queda. Marsílio de Pádua, por exemplo, escreve: "Agora, se Adão tivesse permanecido nesse status [de inocência], o estabelecimento ou a diferenciação de cargos civis não seria necessário para ele ou para sua descendência"; Marsílio de Pádua, *Defensor Pacis* 1.6.1, trad. Alan Gewirth, Toronto: University of Toronto Press, 1980, p. 21.

[21] Tomás de Aquino, *ST*, I–II.109.2.

da, é claramente mais que um exercício histórico; mostra-nos quais são as intenções de Deus para a vida humana e, portanto, marca as atuais deficiências da natureza humana como não simplesmente inevitáveis ou incorrigíveis. Pensar sobre o estado pré-Queda distingue entre o modo como as coisas são e o modo como elas devem ser.

A ASCENSÃO DO LEVIATÃ E A QUEDA DA QUEDA

O declínio da ideia de uma Queda da humanidade não precisou aguardar a ascensão da evolução e o prestígio das ciências naturais; a ideia foi ofuscada nas primeiras tentativas modernas de se criar uma nova ciência naturalista da política. Nicolau Maquiavel é frequentemente considerado o primeiro pensador europeu moderno a tentar estabelecer uma base para a política que não fosse a teologia. Maquiavel não apenas desprezava a influência do cristianismo na política; de modo mais amplo, ele procurou estabelecer a política em uma base empírica, ou seja, sobre o que *é* e não sobre o que deveria ser. A Queda está simplesmente ausente da teoria política de Maquiavel.[22]

A naturalização da política no início do período moderno foi promovida não apenas por céticos como Maquiavel, mas também pelo padre dominicano Francisco de Vitória. Vitória estabeleceu a autoridade política não na graça providencial de Deus, mas na lei de Deus, expressa na lei da natureza estabelecida no ato da criação. Vitória seguiu a ideia aristotélico-tomista de que sociedades políticas foram estabelecidas com base na sociabilidade natural da humanidade. Como Vitória escreve em seu tratado *De potestate civili* [Sobre o poder civil], "a origem primitiva das cidades e comunidades humanas" é "um dispositivo implantado pela natureza no homem para sua própria segurança e sobrevivência".[23] O principal alvo de Vitória aqui são aqueles que afirmam que o poder dos monarcas deriva de origem humana — a comunidade ou o povo — mas ele também rejeita a ideia agostiniana de que o estado de inocência era uma liberdade do

---

[22] Ao pesquisar *O Príncipe*, não se encontrará nenhuma referência à Queda. Niccolò Machiavelli, *The Prince*. Trad. William J. Connell, Boston, Nova York: Bedford/St. Martin's, 2005. [Ed. bras. Nicolau Maquiavel, *O Príncipe*. Trad. Maurício Santana Dias. São Paulo: Cia. das Letras, 2010.]

[23] Francisco de Vitória, *On Civil Power* [Sobre o poder civil] 1.2. In: *Vitoria: Political Writings*. Orgs. Anthony Padgen e Jeremy Lawrance, Cambridge: Cambridge University Press, 1991, p. 9.

A QUEDA DA QUEDA NA TEORIA POLÍTICA DO INÍCIO DA MODERNIDADE

domínio de outros "homens", com a implicação de que o governo humano era apenas uma imposição posterior devido ao pecado.[24] Vitória argumenta que "mesmo se não houvesse legislação das Escrituras sobre esse assunto, só a razão já seria capaz de resolver a questão".[25] Vitória considera e rejeita a ideia de que o poder da realeza muda após o advento de Cristo; ele nem mesmo considera a possibilidade de que a Queda faça alguma diferença. A Queda está totalmente ausente dessa discussão e, de fato, de todo o seu tratado *Sobre o poder civil*. Quando Vitória menciona brevemente a Queda em seu tratado *Sobre os índios americanos*, é para refutar a ideia de Wyclif e Fitzralph de que o domínio civil foi dado a Adão e Eva e depois perdido por causa de seu pecado. Para Vitória, o domínio civil não depende da graça, mas está embutido na natureza, e a Queda não tem nenhum efeito sobre a legitimidade dos reis.[26]

Em vez de estudar as tradições céticas e tomistas no início do período moderno, em que a Queda está essencialmente ausente, vou concentrar minha análise na tradição inglesa — Hobbes, Filmer e Locke —, porque esta teve influência mais profunda sobre o liberalismo nos Estados Unidos e na Europa, e também porque Adão continuou a ser uma presença significativa, embora alterada, no trabalho desses três pensadores, e por isso eles apresentam os "casos mais difíceis" para minha tese.

Thomas Hobbes às vezes é estudado como o primeiro teórico político "moderno", alguém que tentou afastar o estudo da política baseado nas escrituras em direção a um estudo com uma base mais naturalista. Para Mark Lilla, por exemplo, a consideração de Hobbes sobre as origens antropológicas da "religião" é um afastamento decisivo da teologia, mudando o assunto de Deus para a religião como um fenômeno humano. Lilla credita a Hobbes o lançamento da ideia da separação moderna entre religião e política.[27] Da mesma forma, Ross Harrison sustenta que, embora Hobbes faça amplo uso das escrituras em sua obra, seu papel de sustentar o argumento

---

[24] Vitória, *On Civil Power* [Sobre o poder civil] 1.5 (p. 13). Vitória rejeita a posição agostiniana chamando-a de "loucura", mas sem nomear Agostinho.

[25] Vitória, *On Civil Power* [Sobre o poder civil] 1.5, (p. 14).

[26] Francisco de Vitória, *On the American Indians* [Sobre os índios americanos]1.2. In: *Vitoria: Political Writings*, pp. 241-3.

[27] Mark Lilla, *The Stillborn God: Religion, Politics, and the Modern West* [O Deus natimorto: religião, política e ocidente moderno]. Nova York: Knopf, 2007, pp. 84-8.

mudou; no pensamento de Hobbes "todas as premissas, argumentos e conclusões ainda permaneceriam, mesmo se removêssemos Deus do pensamento".[28] Hobbes tentou transformar a teoria política em uma ciência própria; ele trabalhou brevemente com Bacon e, como Harrison diz, "é melhor pensá-lo como um participante da revolução científica moderna".[29] Um corpo crescente de estudos, no entanto, argumenta que não é mais plausível ignorar a segunda metade do *Leviatã* de Hobbes e sua exegese bíblica detalhada, ou considerá-la como a maneira de Hobbes aplacar as sensibilidades religiosas da época. Howard Warrender, A. E. Taylor, A. P. Martinich e outros consideram Hobbes um cristão sincero, embora idiossincrático. Martinich argumentou que os principais objetivos de Hobbes eram mostrar que o cristianismo e a ciência são compatíveis e mostrar que o cristianismo não poderia legitimamente ser usado para desestabilizar o governo civil.[30] Matthew Rose argumentou que a política do Leviatã é a política da Bíblia, que tem a ver, na visão de Hobbes, sobre o estabelecimento do governo de Deus na Terra.[31]

Embora eu ache o segundo tipo de interpretação convincente, não tenho a intenção de tentar resolver o problema aqui. O que é crucial para meus propósitos atuais é simplesmente mostrar como Hobbes substituiu amplamente a história bíblica da Queda pela noção de um "estado de natureza"[32] como parte de uma narrativa que justificava a existência da autoridade política. A tentativa de Hobbes de estabelecer uma ciência política substituiu o esquema duplo da natureza humana antes/depois da Queda por um relato unitário da natureza. Embora o uso do conceito de "estado de natureza" tenha certas afinidades com as tentativas medievais de justificar o governo humano com base na natureza humana, existem diferenças significativas, mesmo em pontos em que alguns relatos da Queda continuam aparecendo.

A ciência política de Hobbes depende de uma descrição da natureza, mais famosa em sua construção de um estado de natureza que, sendo um

---

[28] Ross Harrison, *Hobbes, Locke, and Confusion's Masterpiece: An Examination of Seventeenth-Century Political Philosophy* [Hobbes, Locke e a obra-prima da confusão: um exame da filosofia política do século 17]. Cambridge: Cambridge University Press, 2003, p. 54.

[29] Ibid., p. 58.

[30] A. P. Martinich, *The Two Gods of Leviathan: Thomas Hobbes on Religion and Politics* [Os dois deuses do Leviatã: Thomas Hobbes sobre religião e política]. Cambridge: Cambridge University Press, 1992, p. 5.

[31] Matthew Rose, "Hobbes as Political Theologian", *Political Theology*, v. 14, n. 1, fev. 2013, p. 23.

[32] Às vezes traduzido como "estado natural". [N. T.]

estado de guerra, requer o artifício do estado para tornar a vida suportável. Se o estado de natureza realmente existiu ou não historicamente não parece interessar a Hobbes;[33] o estado de natureza é mais um experimento mental sobre como seria a vida sem um governo coercitivo. Depende, portanto, de uma concepção de como os seres humanos são naturalmente quando os construtos artificiais da civilização humana são removidos. E a imagem não é bonita. O estado de natureza não é apenas um estado de guerra, mas aquele em que a guerra preventiva é razoável, dada a necessidade de proteger a vida e a propriedade de uma pessoa das depredações de outras pessoas. A razão, então, aplica-se no estado de natureza, e a lei natural, sendo natural e não artificial, deve ser aplicada no estado de natureza. A lei natural é a lei de Deus; as leis da natureza são apenas leis genuínas porque Deus as ordena.[34] Contudo, como o medo de outras pessoas é mais imediato que o medo de Deus, a lei natural se aplica apenas em foro íntimo (*in foro interno*) até que o estado coercitivo possa fornecer sanções *in foro externo*.[35] Como Hobbes diz no Leviatã, "os pactos sem a espada não passam de palavras, sem força para dar qualquer segurança a ninguém".[36] No estado de natureza, então, a lei da natureza instila em cada ser humano o desejo de buscar a paz, como um meio de autopreservação, mas a lei, desprovida de sanções, aguarda a criação da autoridade política coercitiva para aplicá-la. Pela lei da natureza, sabemos que Deus ordena que as pessoas cumpram pactos, mas sabemos que é perigoso cumpri-los, a menos que outros o façam também. Portanto, é do nosso interesse criar um estado que ameace todos nós, *in foro externo*, a cumprir nossos pactos.[37]

---

[33] "Poderá porventura pensar-se que nunca existiu um tal tempo, nem uma condição de guerra como esta, e acredito que jamais tenha sido geralmente assim, no mundo inteiro". Thomas Hobbes, *Leviatã. Matéria, forma e poder de um Estado eclesiástico e civil*. Trad. João Paulo Monteiro, Maria Beatriz Nizza da Silva e Cláudia Berliner, São Paulo: Martins Fontes, 2003, p. 110. [Orig. *Leviathan: Or the Matter, Forme, and Power of a Commonwealth, Ecclesiasticall and Civil*. Nova York: Macmillan, 1962, p. 101]. O "estado de natureza" de Hobbes não é tanto uma alegação histórica quanto é uma condição hipotética, como a "posição original" de John Rawls.

[34] A frase de abertura do *Leviatã* de Hobbes declara que a natureza é "a arte mediante a qual Deus fez e governa o mundo" [p. 11 da ed. brasileira]. As Escrituras são outra forma da lei da natureza que, quando interpretada corretamente pelo uso da razão, ensina o que está contido na lei natural. Assim, Hobbes escreve sobre as Escrituras: "Na medida em que não diferem das leis de natureza, não há dúvida de que são a lei de Deus, e são portadoras de uma autoridade legível por todos os homens que têm o uso da razão natural. Mas esta autoridade não é outra senão a de toda outra doutrina moral conforme à razão" (p. 328).

[35] Thomas Hobbes, *Leviatã*, p. 131 [paginação e citações conforme a ed. brasileira (N. T.)]. Veja também Martinich, *The Two Gods of Leviathan*, pp. 136-137.

[36] Thomas Hobbes, *Leviatã*, p. 143.

[37] Sobre esse ponto, veja Martinich, *The Two Gods of Leviathan*, pp. 71-74.

Só porque deixamos o estado de natureza para formar um governo, no entanto, não nos tornamos imunes aos motivos de interesse próprio que tornam o governo necessário. A natureza humana não é transformada na mudança do estado de natureza para a criação de governo civil.[38]

Como o estado de inocência no pensamento político medieval, o estado de natureza serve para Hobbes como uma condição pré-histórica que justifica o governo civil, embora o estado de natureza de Hobbes seja o polo oposto do estado de inocência. O ponto, no entanto, não é necessariamente que Hobbes seja mais pessimista quanto à condição humana como se apresenta. A principal diferença é que, para Hobbes, a Queda não tem nenhum papel. O estado de natureza não descreve nem um estado pré-lapsariano de inocência (obviamente) nem um estado pós-lapsariano de queda de um estado anteriormente intocado. Como no *Enuma Elish*, não há como voltar atrás para uma bondade original que, a partir dali, desempenha uma função normativa. O ser humano que Hobbes descreve no Leviatã não se distancia de sua verdadeira natureza, daquilo que deveria ser. O estado da natureza que Hobbes descreve como um estado de guerra é o que o Gênesis descreve como as consequências do pecado humano; os seres humanos tomam consciência de que não são o que deveriam ser e, portanto, de sua necessidade de redenção. O *foro interno* cristão é a consciência que fala a lei escrita no coração humano, que aponta para a diferença entre o que somos e o que devemos ser (Romanos 7:23). A consciência cristã diz às pessoas que elas são injustas e precisam de redenção; a lei de natureza de Hobbes, que fala *in foro interno*, diz às pessoas que elas não estão seguras e precisam de um governo coercitivo para proteger seus interesses próprios. Os sujeitos humanos de Hobbes estão insatisfeitos com o estado de natureza, mas não com eles próprios.[39]

Hobbes expressa preocupação pela redenção das pessoas de seus pecados. Quando Hobbes discute brevemente o pecado de Adão no Leviatã, o efeito desse pecado na posteridade se limita à mortalidade, à perda

---

[38] Glen Newey, *Hobbes and Leviathan* [Hobbes e Leviatã]. Londres: Routledge, 2008, pp. 81-2.

[39] Sobre este ponto, veja Paul D. Cooke, *Hobbes and Christianity: Reassessing the Bible in Leviathan* [Hobbes e o cristianismo: reavaliando a bíblia no Leviatã]. Lanham, MD: Rowman & Littlefield, 1996, pp. 105-9.

da vida eterna, que Cristo reverte.[40] Mas a redenção do pecado de Adão, que Jesus opera, tem apenas um efeito indireto na política de Hobbes. O "homem artificial" Leviatã de Hobbes deve muito ao conceito teológico de Adão e Cristo como pessoas representativas; assim como todos pecaram por meio de Adão, a todos é oferecida salvação em Cristo. O soberano é a "alma artificial" do "deus mortal" Leviatã, uma pessoa representativa estabelecida por pacto.[41] Contudo, Hobbes escreve: "é impossível fazer pactos com Deus, a não ser por meio da mediação daqueles a quem Deus falou".[42] Como Christopher Hill comenta, "O objetivo de Hobbes aqui é substituir o Leviatã por Jesus Cristo. Ninguém representa a pessoa de Deus, 'a não ser o lugar-tenente de Deus, o detentor da soberania abaixo de Deus.'"[43]

Os efeitos de Adão e Cristo na história política parecem insignificantes. Hobbes divide a história em quatro épocas. Na primeira, começando com Adão, Deus governa toda a humanidade, e não uma nação em particular. Com Abraão e depois com Moisés, Deus entra em um pacto de soberania com o Povo Escolhido. De Saul em diante, o terceiro período, as monarquias humanas substituem a teocracia; não há Reino de Deus na terra, embora o soberano cristão tenha o mandato de governar de acordo com a lei de Deus implantada na natureza e nas escrituras. Somente com a segunda vinda de Jesus o quarto período da história começará e o Reino de Deus retornará. O Reino de Jesus, quando ele andou na terra, não era deste mundo; Jesus não era um rei, mas veio ensinar as almas a alcançar a vida eterna.[44] Enquanto aguardamos a segunda vinda, o cristão deve se preparar para a vida eterna e obedecer a seu soberano terrestre. Nem a Queda de Adão nem o desfazer da Queda por meio de Cristo começaram uma nova época na história do mundo; nem o primeiro Adão nem o segundo tiveram efeito significativo sobre o governo do mundo. Um dos principais objetivos de Hobbes é garantir que o cristianismo não possa ser usado para apoiar a revolta contra o

---

[40] "Ora, Jesus Cristo remiu os pecados de todos os que nele acreditam, portanto recuperou para todos os crentes aquela vida eterna que havia sido perdida pelo pecado de Adão." Hobbes, *Leviatã*, p. 376.

[41] Ibid., p. 11. Sobre a influência da teologia reformada da aliança (ou teologia do pacto) sobre Hobbes, veja Martinich, *The Two Gods of Leviathan*, pp. 143-50.

[42] Ibid., p. 119.

[43] Christopher Hill, "Covenant Theology and the Concept of a 'Public Person'" [Teologia do pacto e o conceito de uma 'pessoa pública']. In: *The Collected Essays of Christopher Hill*, v. 3 (Amherst: University of Massachusetts Press, 1986) p. 317. A citação interna é do cap. 18 de *Leviatã*.

[44] Hobbes, *Leviatã*, pp. 325-7, 342-58 [nesse caso, paginação da edição em inglês (N. T.)].

governo civil. Uma das maneiras pelas quais ele faz isso é garantir que não haja tensão no presente entre o governo de Deus e o governo humano, entre o modo como as coisas são e como deveriam ser.

A Queda não está totalmente ausente do trabalho de Hobbes, mas serve a um propósito muito diferente para Hobbes do que para os pensadores medievais. Em *De Cive* [*Do Cidadão*], Hobbes faz um breve relato da narrativa da Queda em Gênesis, resumida em três versículos: 2:15: "o mais antigo mandamento de Deus é 'não comer da árvore do conhecimento do bem e do mal'"; 3:5: "sereis como Deus, sabendo o bem e o mal"; e 3:11: "Quem te mostrou que estavas nu?" Para Hobbes, o significado de 3:11 é o seguinte: "Como se dissesse, 'como vieste a julgar vergonhosa aquela nudez, na qual me pareceu justo criar-te, se não foi arrogando-te a *ciência* do bem e do mal?'"[45] O ponto principal do episódio para Hobbes é que o pecado de Adão consiste em arrogar para si o poder de julgar o bem e o mal, que pertence exclusivamente ao rei. "Antes que houvesse governo, não havia *justo* nem *injusto*, cujas naturezas sempre se referem a alguma ordem. Toda ação em sua própria natureza era indiferente: dependendo do direito do magistrado ela se tornar *justa* ou *injusta*."[46] Aqui, Hobbes não inclui nenhuma discussão sobre o *foro interno*, que, de qualquer forma, para Hobbes, não é o mesmo que a capacidade de julgar o certo do errado; os "particulares" são culpados de assumir o papel de rei quando tentam julgar o certo do errado. De fato, eu não peco se fizer o que o rei me ordena, mesmo que eu pense que é uma ordem injusta. Quem faz seu próprio julgamento, obedecendo ou não ao rei, peca.[47] A ciência privada do bem e do mal "não pode ser reconhecida sem acarretar a ruína de todos os governos".[48]

Para Hobbes, o governo coercitivo não se torna necessário por causa da Queda; ele existe independentemente dela. O rei está no mesmo lugar que Deus esteve em Gênesis 2:15, proibindo o julgamento privado. Mais tarde, em *Do Cidadão*, Hobbes faz alusão a um estado pré-lapsariano em uma passagem:

---

[45] Thomas Hobbes, *Do Cidadão*. Trad. Renato Janine, 3. ed., São Paulo: Martins Fontes, 2002, 12.1, p. 183. [Orig. *De Cive: The English Version*. Oxford: Clarendon, 1983, p. 147.]
[46] Ibid., 12.1, p. 182. [Grifos do autor, paginação conforme a ed. bras. (N. T.)]
[47] Ibid., 12.2, p. 183.
[48] Ibid., 12.6, p. 188.

No começo do mundo, Deus reinou de fato, não apenas naturalmente, mas também *por meio de pacto*, sobre Adão e Eva. De modo que parece que, além da obediência ditada pela razão natural, ele não queria que os homens lhe prestassem nenhuma outra, a não ser a devida por Pacto, isto é, a que se originasse no consentimento dos próprios homens.

Hobbes imediatamente acrescenta, no entanto:

Mas como esse pacto logo perdeu a validade, para nunca mais ser renovado, a origem do reino de Deus (que é só dele que aqui tratamos) não se deve buscar neste local. Mas deve-se notar, pelo menos de passagem, que pelo preceito de não se comer da *árvore do conhecimento do bem e do mal* [...] Deus exigia uma obediência simplicíssima a seus mandamentos, não cabendo sequer disputar se era bom ou mau o que assim mandava.[49]

Aqui, Hobbes parece estar ecoando a teologia reformada da aliança de sua época, que postulava uma "aliança de obras" original com Adão, pela qual os humanos desfrutariam de felicidade eterna se obedecessem aos mandamentos de Deus. Por causa do pecado de Adão, a aliança original foi anulada, e uma "aliança da graça" subsequente foi feita com Abraão e seus descendentes.[50] O ponto importante para nossos propósitos é que "a origem do Reino de Deus" não deve vir da condição pré-lapsariana, que deixa de ter relevância. O estado pré-lapsariano não se configura como um modelo do que a vida humana deve ser; a história da Queda é um simples conto moral de desobediência e arrogação de julgamento privado que, por natureza, pertence ao rei.

FILMER E LOCKE

Sir Robert Filmer foi resgatado do esquecimento pela posteridade por ter tido a sorte de ser criticado por escrito pelo mais talentoso John Locke. Filmer é uma figura pouco conhecida hoje, mas foi mais influente

---

[49] Ibid., 16.2, p. 262.
[50] Martinich, *The Two Gods of Leviathan*, pp. 147-50.

no século 17, pelo menos entre os monarquistas para os quais forneceu cobertura ideológica. O volume um do livro *Dois Tratados sobre o Governo* de Locke é uma longa dissecação de *Patriarca* de Filmer, que se baseia em sua leitura da figura bíblica de Adão. Os leitores modernos de Locke tendem a pular o primeiro livro e ir direto para o segundo, que contém a afirmação mais influente da teoria política positiva de Locke, baseada principalmente na "lei da natureza" e não nas Escrituras, embora Locke pensasse que as Escrituras correspondessem ao código de conduta descoberto pela razão na lei natural. Às vezes não é reconhecido, no entanto, que Filmer também fez parte da tentativa maior do século 17 de se fazer teologia natural. Em vez de construir sua teoria da realeza em uma variedade de textos bíblicos sobre reis, como a tradição anterior costumava fazer, Filmer tentou incorporar sua teoria da realeza na natureza, com Adão como um código para a condição natural dada aos seres humanos na criação.[51] O *Patriarca* de Filmer tem como subtítulo *or the Natural Power of Kings* [ou o poder natural dos reis]. Filmer argumenta que a realeza humana é dada por Deus, o autor da natureza; a realeza é uma extensão do "domínio natural e particular de Adão".[52] Filmer identifica o reino com a família e o poder real com o poder do pai dentro da família. Segundo Filmer, Deus deu a Adão em sua criação o domínio sobre a mulher e sobre o resto da criação. Esse poder paterno, que Filmer simplesmente equipara ao poder real, foi então transmitido à descendência de Adão e aos reis que governavam no tempo de Filmer. "Este senhorio que Adão por comando possuía sobre todo o mundo, e que os *Patriarcas* desfrutavam por direito como descendentes dele, era tão grande e amplo quanto o domínio mais absoluto de qualquer *Monarca* que existiu desde a Criação".[53]

O esquema de Filmer só funciona por causa da suposição cristã comum de que Adão é um representante de toda a humanidade, e assim o pecado de Adão se torna o pecado de todos; a Queda não é apenas a

---

[51] W. S. Carpenter, "Introduction". In: John Locke, *Two Treatises of Government*, Nova York: Dutton, 1978, p. xi.

[52] Isto é a paráfrase feita por Locke de Robert Filmer, em John Locke, *Dois Tratados sobre o Governo*. Trad. Julio Fischer, São Paulo, Martins Fontes, 1998, p. 279. [A paginação que se segue desta obra é a desta edição brasileira. (N. T.)]

[53] Robert Filmer, *Patriarcha, or the Natural Power of Kings*. Londres: Ric. Chiswell, 1680, p. 13.

A QUEDA DA QUEDA NA TEORIA POLÍTICA DO INÍCIO DA MODERNIDADE

queda de duas pessoas, mas também a Queda dos descendentes de Adão, que agora devem viver com as consequências. A transmissão do poder real à descendência de Adão depende do seu papel representativo.[54] No entanto, Filmer se afasta da tradição porque a Queda parece ter pouco efeito prático em sua teoria política. Filmer refuta a ideia de que os seres humanos têm o que Locke chama de "liberdade natural", não por sustentar que eles perderam essa liberdade por causa do pecado humano, mas sim defendendo que todos estavam sujeitos a Adão desde o momento em que ele foi criado. A Queda, em Filmer, é uma rebelião contra essa sujeição — ele afirma que "o desejo da liberdade foi a primeira causa da queda de Adão"[55] —, mas a necessidade natural de sujeição a Adão e a seus herdeiros é a mesma antes ou depois da Queda. Não se trata simplesmente de, como Tomás de Aquino, Filmer colocar a origem do governo antes da Queda; antes, em descontinuidade com a tradição anterior do pensamento político cristão, a Queda não tem efeito algum. Locke aponta isso quando critica Filmer por se contradizer. Filmer diz, por um lado, que Adão era um monarca assim que foi criado, tendo poder absoluto sobre toda a terra em Gênesis 1:28, e por outro lado, Gênesis 3:16 — no qual a mulher está sujeita ao homem — é a "concessão original de governo".[56] Para Filmer, a discrepância não parece ser uma contradição precisamente porque a Queda, que intervém entre 1:28 e 3:16, não tem nenhum efeito que vale a pena ser menciononado.

Locke, no entanto, ressalta que Gênesis 1:28 não dá a Adão o domínio sobre outros humanos,[57] uma observação que parece alinhar Locke com Agostinho nesse ponto. Ele também aponta que Gênesis 3:16 é uma maldição tanto para o homem quanto para a mulher, não a concessão de uma dignidade monárquica especial a Adão. Como Locke incisivamente observa, "o que torna difícil imaginar que Deus fizesse dele [Adão], no mesmo instante, *monarca* universal sobre toda a humanidade e trabalhador braçal por toda a vida; que o expulsasse do *paraíso para lavrar a terra (v. 23)* e, a

---

[54] Ian Harris, *The Mind of John Locke: A Study of Political Theory in Its Intellectual Setting* [A mente de John Locke: um estudo da teoria política em seu cenário intelectual]. Cambridge: Cambridge University Press, 1994, p. 233.
[55] Filmer, *Patriarcha*, p. 3. Esta é a única referência à Queda na obra de Filmer.
[56] Locke, *Dois Tratados*, 1.3.16 (p. 218-9).
[57] Ibid., 1.4.26 (p. 228).

um só tempo, o elevasse a um trono e a todos os privilégios e benesses do poder absoluto".[58]

Locke parece aqui resgatar a importância da doutrina da Queda para a teoria política. Contudo, ele está apenas se aquecendo em sua crítica a Filmer. Para Locke, a vulnerabilidade mais significativa da teoria de Filmer está na ideia da representação de Adão de toda a humanidade. Como a teoria de Filmer depende do status representativo de Adão, Locke ataca precisamente essa noção e, ao fazê-lo, reduz severamente a importância da Queda para a humanidade após Adão. Locke critica Filmer por interpretar o que foi falado apenas a Adão em Gênesis 3:17ss. como uma maldição aplicada a toda a humanidade.[59] Da mesma forma, Locke questiona a ideia de que a maldição lançada sobre Eva se tornará uma lei natural que vincula todas as mulheres subsequentes. De acordo com Locke,

> Deus, nesse texto, não concede nenhuma autoridade a Adão sobre Eva ou aos homens sobre suas esposas, mas apenas prediz o quinhão que caberia à mulher, tendo Ele, em sua providência, deliberado que ela estivesse submetida ao esposo, tal como vemos que, geralmente, as leis da humanidade e os costumes das nações assim deliberam; e existe, admito-o, fundamento para tal na natureza.[60]

Locke restringe os efeitos da Queda; a sujeição das mulheres a seus maridos é convencional, baseada no costume humano, geralmente guiado pela providência de Deus, mas que pode mudar dependendo da "condição ou contrato de cada mulher com seu marido". De alguma forma, essa sujeição também tem "um fundamento na natureza"; se essa natureza é pré ou pós-lapsariana não parece importar para Locke. O que importa é refutar o uso de Filmer da noção cristã comum de que Adão (e Eva) podem representar toda a humanidade.

Em *The Reasonableness of Christianity* [A razoabilidade do cristianismo], Locke rejeita aqueles que creriam que "toda a descendência de Adão seria condenada ao castigo eterno infinito pela transgressão de Adão,

---

[58] Ibid., 1.5.44 (p. 247) [grifos da ed. brasileira].
[59] Ibid., 1.5.46 (p. 247).
[60] Ibid., 1.5.47 (p. 249).

A QUEDA DA QUEDA NA TEORIA POLÍTICA DO INÍCIO DA MODERNIDADE

de quem milhões nunca haviam ouvido falar, e ninguém havia autorizado a negociar por ele ou ser seu representante".[61] A ideia de que ninguém pode ser representado por outro sem sua autorização certamente não é apenas um conceito teológico, mas tem uma grande importância política para Locke. Sua teoria da autoridade política coloca grande ênfase na liberdade natural em que cada ser humano nasce, uma liberdade que inclui a liberdade de cada agente individual para, de algum modo, escolher o ou consentir com seu próprio representante. Locke desfavorece ainda mais a ideia do pecado original precisamente porque rejeitava a noção de que uma pessoa pode vincular sua descendência em qualquer questão política.

> É certo que alguém que por si mesmo firma compromissos ou faz promessas assume, dessa forma, uma obrigação, mas *não pode*, por nenhum *pacto* que seja, obrigar *seus filhos* ou descendentes. Quanto ao filho, ao se tornar homem, sendo em tudo tão livre quanto o pai, nenhum ato deste pode dispor da liberdade do filho mais do que da de qualquer outra pessoa. [62]

De maneira semelhante, Locke nega que os filhos de escravos também nasçam escravos.[63] Assim, enfraquecendo o mecanismo pelo qual a concessão de Deus a Adão foi repassada à sua descendência, Locke mina um dos fundamentos sobre os quais a teoria de Filmer se apoia.

Locke não nega a realidade da Queda. As referências a ela estão espalhadas por seus escritos, e ele escreveu duas peças muito curtas sobre o assunto, uma intitulada *Peccatum originale* [Pecado original], de 1692, e a outra *Homo ante et post lapsum* [O homem antes e depois da Queda], datada de um ano depois. Na primeira, Locke rejeita não a Queda como tal, mas a imputação do pecado de Adão à sua descendência. Locke argumenta que não é razoável dizer que qualquer pessoa realmente pode "participar com Adão daquele pecado com o qual não concordou por nenhum ato, e nem sequer existia quando foi cometido".[64] Locke, além disso, rejeita

---

[61] John Locke, *The Reasonableness of Christianity, as Delivered in the Scriptures* [A razoabilidade do cristianismo, conforme entregue nas Escrituras]. In: John Locke: *Writings on Religion*, Org. Victor Nuovo, Oxford: Clarendon, 2002, p. 91.

[62] Locke, *Dois Tratados*, 2.8.116 (p. 489).

[63] Ibid., 2.16.189 (p. 554).

[64] John Locke, *Peccatum originale*. In: John Locke, *Writings on Religion*, p. 229.

a ideia de que Deus — mesmo não nos considerando como tendo pecado em Adão — nos sujeita aos males que foram devidos a Adão como punição por cometer o pecado. Locke rejeita a primeira opção como uma impugnação da veracidade de Deus e a segunda como impugnação da justiça de Deus.[65] No *Homo ante et post lapsum*, Locke afirma que os humanos originais foram criados mortais, mas teriam recebido imortalidade se tivessem passado no teste fornecido pela "lei da liberdade condicional", ou seja, o mandamento de não comer do conhecimento do bem e do mal. Eles falharam no teste e agora todos conhecem a morte. Para Adão e Eva, a morte era uma punição, mas para a sua descendência ela é simplesmente uma consequência de ser um ser corporal.

> Este foi o castigo desse primeiro pecado para Adão e Eva, ou seja, a morte e a consequência, mas não a punição a toda a descendência, porque eles nunca tiveram nenhuma esperança ou expectativa de imortalidade; ser mortal como o homem foi feito no início não pode ser chamado de punição.[66]

A mortalidade é uma condição natural que não é alterada pelo pecado de Adão e Eva; o que foi removido foi apenas a oportunidade de se ter a imortalidade. Locke constrói o mesmo argumento mais detalhadamente alguns anos depois (1695) em *The Reasonableness of Christianity* [A razoabilidade do cristianismo], no qual não é a culpa, mas apenas a morte que "veio sobre todos os homens pelo pecado de Adão".[67] Locke, como Hobbes, esforça-se, assim, por limitar os efeitos da Queda à mortalidade, uma mortalidade que faz parte da condição natural dos seres humanos antes da Queda, condição essa que simplesmente não é removida por causa da Queda.

Quando olhamos para a arquitetura de seu relato positivo das origens da autoridade política no segundo Tratado, vemos que o "estado de natureza" de Locke depende de um eclipse da importância da Queda para a teoria política. Como em Hobbes, Locke constrói um estado hipotético de natureza para justificar a autoridade política. Ao contrário de Hobbes, no

---

[65] Ibid., pp. 229-30.
[66] John Locke, *Homo ante et post lapsum*. In: John Locke, *Writings on Religion*, p. 231.
[67] Locke, *Reasonableness* [Razoabilidade], p. 92.

A QUEDA DA QUEDA NA TEORIA POLÍTICA DO INÍCIO DA MODERNIDADE

entanto, o estado de natureza não é um estado de guerra nem é um estado de sujeição, como em Filmer. Locke escreve:

> Para entender o poder político corretamente, e derivá-lo de sua origem, devemos considerar o estado em que todos os homens naturalmente estão, o qual é um estado de *perfeita liberdade* para regular suas ações e dispor de suas posses e pessoas do modo como julgarem acertado, dentro dos limites da lei da natureza, sem pedir licença ou depender da vontade de qualquer outro homem.[68]

O estado de natureza também é um estado de igualdade, em que as pessoas "[nascem] promiscuamente para todas as mesmas vantagens da natureza [...] sem subordinação ou sujeição",[69] a menos que Deus as tenha explicitamente disposto de outra maneira. É difícil julgar se essa condição é pré ou pós-Queda; no segundo *Tratado*, todas as conversas sobre a Queda simplesmente desaparecem. O eixo pré-lapsariano/pós-lapsariano, tão crucial para a teoria política patrística e medieval, dá lugar ao pré/pós--estado de natureza como a linha divisória fundamental.

Quando Locke escreve que o estado de natureza e o estado de guerra "tão distantes estão um do outro quanto um estado de paz, boa vontade, assistência mútua e preservação está de um estado de inimizade, malignidade, violência e destruição mútua",[70] alguém poderia supor que o estado de natureza é uma condição pré-lapsariana. Mas Locke escreve que, no estado de natureza, a execução da lei da natureza que governa nessa condição é deixada para cada indivíduo; cada homem pune transgressões contra si mesmo, "mas apenas para retribuir, conforme dita a razão calma e a consciência, de modo proporcional à transgressão".[71] O estado da natureza, então, parece ser pós-lapsariano, uma vez que existem transgressões, mas, nesse caso, a "razão calma" não foi muito prejudicada pela Queda. A razão, que Locke iguala à lei da natureza,[72] foi dada por Deus para a segurança mútua das pessoas.[73]

---

[68] Locke, *Dois Tratados*, 2.2.4, p. 381-2.
[69] Ibid., 2.2.4, p. 382.
[70] Ibid., 2.3.19, p. 397.
[71] Ibid., 2.2.8, p. 386.
[72] "O *estado de natureza* tem para governá-lo um uma lei da natureza, que a todos obriga; e a razão, em que essa lei consiste, ensina a todos aqueles que a consultem quem, sendo todos iguais e independentes, ninguém deveria prejudicar a outrem em sua vida, saúde, liberdade ou posses". Locke, *Dois Tratados*, 2.2.6, p. 384.
[73] Ibid., 2.2.89, p. 386.

Locke é explícito quanto a que tanto a razão natural como as Escrituras afirmam que Deus deu a Terra a todos em comum.[74] Como, então, Locke explica o fato da propriedade privada e da desigualdade de posses? Não por meio de uma Queda. É a razão, diz Locke — e não o pecado — que faz o mundo ser dividido: "Deus, que deu o mundo aos homens em comum, deu-lhes também a razão, a fim de que dela fizessem uso para maior benefício e conveniência da vida".[75] Locke famosamente deriva a propriedade privada do trabalho; quando eu pego uma maçã, "misturo" meu trabalho a ela para separá-la dos recursos comuns. Cada pessoa tem uma "propriedade" em sua própria "pessoa", de modo que qualquer coisa que ela remove do estado da natureza por seu próprio trabalho se torna sua propriedade, à exclusão de outras pessoas.[76] Isso se aplica mesmo à "relva que meu servidor cortou" que "se tornam minha propriedade sem a cessão ou o consentimento de quem quer que seja,"[77] apesar do fato óbvio de que meu servo trabalhou, não eu. Locke também não explica por que o trabalho é inerentemente privado, ou seja, por que o trabalho comum é impensável.

O ponto crucial aqui é que a Queda simplesmente não se aplica. Locke deriva o direito de propriedade privada por meio do trabalho a partir do mandamento de Deus de subjugar a terra — que vem em Gênesis 1:28, antes da Queda —, mas combina-o com o mandamento de Deus de trabalhar e cultivar a terra, que é — como Locke já apontou em sua polêmica contra Filmer — uma maldição pós-Queda, dada ao homem como castigo de Deus em Gênesis 3:17ss.

> Quando deu o mundo em comum para toda a humanidade, Deus ordenou também que o homem trabalhasse, e a penúria de sua condição assim o exigia. Deus e sua razão ordenaram-lhe que dominasse a Terra, isto é, que a melhorasse para benefício da vida, e que, dessa forma, depusesse sobre ela algo que lhe pertencesse, o seu trabalho. Aquele que, em obediência a essa ordem de Deus, dominou, arou e semeou qualquer parte dela, acrescentou-lhe com isso algo que era de sua

---

[74] Ibid., 2.5.25, p. 405.
[75] Ibid., 2.5.26, pp. 406-7.
[76] Ibid., 2.5.27, pp. 407, 409.
[77] Ibid., 2.5.28, p. 410.

propriedade, ao que os demais não tinham qualquer título, nem poderiam tomar--lhe sem causar-lhe injúria.[78]

Assim, Locke combina duas passagens do Gênesis — uma pré-Queda e uma pós-Queda — em um argumento contínuo sobre qual é a condição "natural" da humanidade.[79] O trabalho incessante, a desigualdade e a separação dos bens comuns não são um sintoma da Queda, mas simplesmente o modo como Deus e a natureza se organizaram para fazer melhor uso da criação.[80] Locke continua, dizendo que porque Deus queria que os humanos recebessem os benefícios da criação, Deus nunca pretendeu que a propriedade permanecesse comum; "[Deus] deu-o para o uso dos diligentes e racionais (e o *trabalho* haveria de ser o seu *título* de propriedade); não para a fantasia ou cobiça dos rixentos e litigiosos".[81] Diferentes graus de diligência resultam em diferentes proporções de posses;[82] as nações nativas da América do Norte têm pouco, apesar da abundância da natureza, porque pouco fizeram para "melhorá-la pelo trabalho". [83] No estado de natureza, as pessoas só podem ter o quanto puderem usar; não há sentido em colher mais maçãs do que se poderia usar, porque elas estragam rapidamente; portanto, o excesso de maçãs pertence por direito a outras pessoas.[84] A invenção do dinheiro, no entanto, possibilita grandes acumulações de riqueza, além do que se pode usar, porque transforma o perecível no imperecível.[85] Embora Locke aqui tenha evitado qualquer papel da Queda ou do pecado original, seu relato de acumulação primitiva corresponde ao que Karl Marx chama de "história do pecado original econômico". Assim como a história de Adão explica o infortúnio humano por meio do pecado, diz Marx, assim também acontece na história preferida pelos economistas políticos para a explicação da desigualdade:

---

[78] Ibid., 2.5.32, p. 413. A natureza é indiferente para Locke e não hostil como para Hobbes.
[79] Para um comentário perspicaz sobre este ponto, veja Ronal Boer, "John Locke, the Fall, and the Origin Myth of Capitalism", *Political Theology* blog, 5 dez. 2013, <https://politicaltheology.com/john-locke-the--fall-and-the-origin-myth-of-capitalism/>.
[80] Para deixar claro, Gênesis não considera todo trabalho como tal um efeito da Queda; Gênesis 2:15 dá a terra ao homem para cultivá-la e cuidá-la em um contexto pré-Queda.
[81] Locke, *Dois Tratados*, 2.5.34, p. 414.
[82] Ibid., 2.5.48, p. 427.
[83] Ibid., 2.5.41, p. 421.
[84] Ibid., 2.5.31, p. 412.
[85] Ibid., 2.5.36, p. 415-6 e 2.5.45-50, pp. 424-8.

Numa época muito remota, havia, por um lado, uma elite laboriosa, inteligente e sobretudo parcimoniosa, e, por outro, uma súcia de vadios a dissipar tudo o que tinham e ainda mais. [...] E desse pecado original datam a pobreza da grande massa, que ainda hoje, apesar de todo seu trabalho, continua a não possuir nada para vender a não ser a si mesma, e a riqueza dos poucos, que cresce continuamente, embora há muito tenham deixado de trabalhar.[86]

Locke conta uma versão desse mesmo conto, mas para ele a noção teológica do pecado original não tem força. A desigualdade de riqueza não é um castigo resultante da Queda, mas um produto do mútuo consentimento humano: "Como, porém, o ouro e a prata, por terem pouca utilidade para a vida humana em comparação com o alimento, a vestimenta e o transporte, derivam o seu valor do consentimento dos homens [...] vê se claramente que os homens concordaram com a posse desigual e desproporcional da terra".[87] Embora Locke esteja ansioso para que as crianças estejam livres dos contratos, compromissos e pecados de seus pais, Locke não parece se opor às crianças que herdam a riqueza de seus pais, embora essas crianças possam não ter de maneira alguma trabalhado.

Dizer que a doutrina tradicional da Queda e do pecado original tem pouco efeito na teoria política de Locke não significa dizer que Locke não tem noção da corrupção da natureza humana.[88] Espalhadas pelos escritos de Locke há referências à depravação e corrupção da vida humana. Por exemplo, Locke termina seu *Homo ante et post lapsum* com um relato de como a corrupção veio ao mundo após o pecado de Adão e Eva:

Por causa de sua ofensa, eles tinham medo de deus, e isso lhes impugnava ideias e apreensões assustadoras que enfraquecia seu amor, o que inclinou suas mentes para aquela natureza. Essa raiz de todo mal neles causava impressões e, assim, infectou seus filhos; e quando a maldição na terra tornou necessários a propriedade

---

[86] Karl Marx, Capital, v. 1, trad. Ben Fowkes, Nova York: Vintage, 1976, p. 873. [Ed. bras. *O capital: crítica da economia política*. Livro I: o processo de produção do capital [1867]. Trad. Rubens Enderle, São Paulo: Boitempo, 2013, p. 1314 (Ebook). Citação conforme esta tradução. (N. T.)]

[87] Locke, *Dois Tratados*, 2.5.50, p. 428.

[88] Para uma descrição da corrupção humana em Locke, veja W. M. Spellman, *John Locke and the Problem of Depravity* [John Locke e o poroblema da depravação]. Oxford: Clarendon, 1988.

privada e o trabalho, que agora, gradualmente criou distinção de condições, cedeu espaço a cobiça, orgulho e ambição, que por modelo e exemplo espalharam a corrupção que, então, prevaleceu sobre a humanidade.[89]

Locke compartilha com seus contemporâneos um aguçado senso de corrupção no mundo, mas aqui ele dá uma descrição histórica e social, e não ontológica, de suas origens. A corrupção se espalhou por "modelo e exemplo", não por reprodução biológica ou qualquer outro mecanismo que alterasse o ser humano.

Em uma estrutura agostiniana, a concupiscência foi um efeito herdado da Queda. No segundo *Tratado* de Locke, ele se refere a uma "Era de Ouro" "antes que uma vã ambição e o *amor sceleratus habendi*, a perversa concupiscência maligna, houvessem corrompido os espíritos dos homens".[90] Mas desta vez parece ser pós-lapsariano, porque há governo. O que isso sugere é que a corrupção não é inerente ao ser humano, mas um efeito de causas sociais. Ian Harris conclui que "parece difícil negar que, se as capacidades humanas foram prejudicadas pela Queda, foi em um grau que dificilmente vale a pena mencionar para os propósitos de Locke".[91] Os trabalhos educacionais de Locke, observa Harris, atribuem preconceitos humanos à natureza, não à Queda. Peter Harrison conclui da mesma forma que, para Locke, os limites das capacidades humanas não são tanto o resultado da Queda, mas os limites naturais inerentes a sermos criaturas corpóreas criadas em uma posição intermediária entre anjos e animais. Nesta condição, somos pouco diferentes de Adão.[92]

Para Locke, assim como para Hobbes e Filmer, a teoria política baseada na Queda foi substituída pela teoria política baseada na natureza. Para Locke, as intenções de Deus para a criação aparecem nas Escrituras e na natureza. "A natureza ensina todas as coisas",[93] diz Locke; "Deus", "natureza" e "razão" são termos que Locke usa quase de forma intercambiável

---

[89] Locke, *Homo ante*, p. 231.
[90] Locke, *Dois Tratados*, 2.8.111, p. 484.
[91] Harris, *The mind of John Locke*, p. 299.
[92] Peter Harrison, *The Fall of Man and the Foundations of Science* [A Queda do homem e os fundamentos da ciência]. Cambridge: Cambridge University Press, 2007, pp. 223-34, 232.
[93] Locke, *Dois Tratados*, 1.6.56, p. 259 [na tradução em português essa frase dilui-se e não aparece assim. (N. T.)]

como fontes de conhecimento humano.[94] As Escrituras, devidamente interpretadas, confirmam a lei natural. A segunda tábua do decálogo, por exemplo, corresponde ao código de conduta detectável pela razão.[95] As Escrituras não são simplesmente supérfluas para Locke; ainda eram necessárias para cobrir as fraquezas da razão humana. Contudo, vemos em Locke, que as Escrituras perderam grande parte de seu papel de sustentar a carga, e a teoria política se apoia em um relato do estado de natureza e no contrato social pelo qual remediamos as deficiências da natureza, e não em nenhum relato da vida anterior e posterior à Queda.

CONCLUSÃO

Hobbes e Locke são com razão considerados pais fundadores da teoria política moderna, por causa de suas tentativas de construir uma nova "ciência" política em uma base mais naturalista. Hobbes e Locke usaram as Escrituras para emprestar sua autoridade contestada a leis da natureza mais fundamentais que poderiam ser descobertas pela razão humana. Eles são considerados os primeiros teóricos políticos modernos, e não os últimos teóricos medievais, porque ambos abriram o caminho para que a autoridade pública da Bíblia fosse suplementada e, por fim, substituída, pela Natureza, como base segura para o conhecimento.

O eclipse da Queda na teoria política no início da modernidade coincide com uma concepção nova, unitária da natureza. Como vimos, a Queda marca uma divisão entre dois tipos de natureza, a maneira como somos e como devemos ser. A Queda é, portanto, crucial para uma concepção escatológica da natureza; a natureza não está simplesmente ali, inerte, com suas propriedades constantes a serem investigadas e codificadas em leis constantes. A Queda marca o fato de que a natureza tem um objetivo, um *telos*; existe a natureza como ela é e a natureza como ela se tornará, a última revelada pela reflexão sobre a condição pré-lapsariana original em que Deus nos colocou, o que, por sua vez, revela a intenção de Deus para conosco. A ciência moderna rejeita a teleologia, acreditando que a natureza da matéria

---

[94] "Deus e Natureza" frequentemente aprecem juntos como dotando os seres humanos com certas capacidades; p. ex.: Locke, *Dois Tratados*, 1.9.90, p. 297-8.

[95] Harris, *The mind of John Locke*, p. 31-2.

A QUEDA DA QUEDA NA TEORIA POLÍTICA DO INÍCIO DA MODERNIDADE

inclui apenas o modo como as coisas são, e não o modo como as coisas deveriam ser. A nova "ciência" da política também colapsa as duas naturezas em uma; a maneira como as coisas são é revelada pelo estado de natureza, que a política pode melhorar, mas não essencialmente alterar. A Queda é "naturalizada", e muitas das características do estado caído agora simplesmente coincidem com o aspecto criatural das coisas.

Neste capítulo, no entanto, espero ter lançado dúvidas sobre a inevitabilidade desse processo de naturalização. O eclipse da história bíblica da Queda não foi simplesmente o abandono de histórias infantis em favor de dados concretos; o eclipse da Queda foi, pelo menos em parte, político, não científico. A queda da Queda faz parte da secularização da política, mas a secularização não é inevitável nem a simples subtração de uma visão de mundo sobrenatural a partir de algum resíduo natural mais básico. O "estado de natureza" sobre o qual Hobbes e Locke construíram suas teorias políticas não se baseia em nenhum teste empírico, mas em decisões políticas anteriores sobre que tipo de governo e economia política precisa de justificativa. Marx estava certo ao acusar Locke e outros de substituir uma história do pecado original por outra. O estado de natureza substituiu a Queda por uma história de origens humanas que não é mais empiricamente fundamentada e não menos suscetível de ser chamada de "mitológica" do que a história de Gênesis. A alegação de conhecer a "natureza" e saber o que é "natural" é, para Hobbes e Locke, um movimento político que, nada diferente do apelo medieval às Escrituras, tenta investir a política com uma autoridade que vem de uma fonte não política.

A história da teoria política do início da idade moderna é uma história de secularização, mas não no sentido em que o termo é geralmente usado hoje. Deus não estava entre parênteses — os primeiros estados modernos da Europa ferozmente reivindicavam uma autoridade divina direta — mas essa autoridade era cada vez mais não mediada pela igreja, que em muitos casos era praticamente reduzida a um ofício do estado. O significado original do termo "secularização" era a transferência de propriedade ou poder do controle eclesiástico para o controle civil.[96] Nesse sentido, tanto Hobbes

---

[96] Jan N. Bremmer, "Secularization: Notes toward a Genealogy" [Secularização: notas para uma genealogia]. In: Hentde Vries (Org.), *Religion: Beyond a Concept*. Nova York: Fordham University Press, 2008, pp. 432-3.

quanto Locke contribuíram para a secularização da política, que ainda não era (se é que já foi) uma dessacralização.

O eclipse da Queda bíblica, em particular, teve vantagens significativas para a justificativa da autoridade do estado moderno nascente, que estava empenhadamente se libertando da interferência eclesiástica e se apropriando de terras, poderes judiciais, direitos de nomeação para cargos e benefícios eclesiásticos e poderes tributários e receitas da igreja. O movimento da política de uma base bíblica para uma "natural" significava menos dependência da igreja por sua expertise em interpretação bíblica. Mais importante, o eclipse da Queda remove a ressalva escatológica que os comentaristas medievais leram na história de Gênesis. Para Agostinho e a tradição que o seguiu, a Queda significava que a autoridade política coercitiva não era natural ou permanente, mas um remédio temporário para o pecado até o retorno de Cristo, o verdadeiro governante. A autoridade política, embora instituída por Deus, vivia sempre sob o julgamento do modo como as coisas deveriam ser, o que era, é claro, também julgamento de Deus. Em contraste, o estado que emerge do "estado de natureza" é simplesmente uma resposta à maneira como as coisas são e, portanto, uma instituição natural e permanente.

A longo prazo, muito do que passa a ser chamado de "ciência" seguirá o caminho que a "ciência política" seguiu: divorciada da teologia e da igreja, e encarregada de investigar uma natureza reduzida que foi despojada de qualquer referência a escatologia ou teleologia, a Queda será descartada como um mito antiquado, e a evolução parecerá ser guiada por processos puramente imanentes. Sugeri, no entanto, que o divórcio entre ciência e teologia no Ocidente foi promovido, pelo menos em parte, por fatores não científicos. Ofereci esse exame da política da Queda como uma contribuição para a história política da ciência no Ocidente. Se essa história estiver correta, talvez o antagonismo entre ciência e teologia não seja inevitável, e talvez seja possível dar conta de um relato da evolução e da Queda que seja fiel à evidência científica e à revelação cristã.

CAPÍTULO 10

Conflito entre ciência e religião é sempre ruim?

Reflexões agostinianas sobre cristianismo e evolução

Peter Harrison

E m círculos de pessoas com educação superior, resistir à ciência por motivação religiosa não é algo bem visto. Sua manifestação contemporânea mais notável, o criacionismo da Terra jovem, é associado a um indesejável fundamentalismo religioso, à política de direita, à intolerância e ao atraso. Embora as respostas dos críticos da religião sejam previsíveis — "ignorância, estupidez ou loucura" é a caracterização desdenhosa que Richard Dawkins faz do anti-evolucionismo —, o mais significativo é o fato de que as principais denominações cristãs também não veem o criacionismo científico com bons olhos, mesmo que sua linguagem seja mais moderada.[1] Se o criacionismo científico representa a face atual do repúdio religioso da ciência, o exemplo de conflito passado mais conhecido é a notória condenação de Galileu em 1633 pelo Santo Ofício. Para a Igreja Católica, esse episódio agora é visto como um trágico erro de julgamento. Para outros que simpatizam com a religião (e com a precisão histórica, nesse caso), esse é um evento que exige uma análise

---

[1] Richard Dawkins, "Put Your Money on Evolution", *New York Times,* Review of Books, 9 abr. 1999, p. 3. Para respostas de tradicionais organizações religiosas, veja, p. ex.: notas públicas de mais de vinte organizações religiosas em apoio ao ensino da evolução biológica no site do National Center for Science Education (NCSE): <http://ncse.com/media/voices/religion> , acesso em 5 ago. 2020. Para uma resposta católica mais nuançada, veja Papa Pio XII, *Humani generis* (1950), < http://www.vatican.va/content/pius-xii/pt/encyclicals/documents/hf_p-xii_enc_12081950_humani-generis.html>, acesso em 5 ago. 2020.

histórica cuidadosa a fim de estabelecer que não se tratava apenas de ciência e religião, e que não foi de modo algum uma típica atitude católica com relação à ciência.

Esses dois exemplos proeminentes de conflito ciência-religião desempenham um papel central em praticamente todas as discussões sobre ciência e religião. Aqueles que desprezam a religião os consideram exemplos emblemáticos do irracionalismo da fé religiosa e os alistam como parte de uma crítica geral da religião. Por sua vez, os que participam das principais tradições religiosas acham esses dois exemplos igualmente instrutivos, levando-os a apoiar a generalização de que o conflito entre ciência e religião é quase sempre indesejável. Tal conflito é entendido como tendo potencial de minar a credibilidade da religião e ajudar os seus oponentes.

Neste capítulo, examinarei essa última posição e irei sugerir que a defesa de relações pacíficas entre ciência e religião que encontramos nos principais grupos religiosos decorre, em parte, da ausência de exemplos do que poderíamos chamar de "bons conflitos" ou "conflitos justificáveis". O criacionismo científico e o caso Galileu nos dão exemplos em que a ciência em questão, em perspectiva ou retrospectiva, parece estar inegavelmente correta. O caso Galileu, em particular, é utilizado repetidamente para exemplificar a tolice da oposição religiosa à ciência, e muitas vezes no contexto de ilustrar a tolice da resistência à evolução. E se, no entanto, houvesse outros exemplos menos claros e que pudessem oferecer modelos alternativos de tensão criativa ou franco conflito? Este capítulo considerará alguns possíveis candidatos a esse papel e oferecerá algumas conclusões provisórias sobre o que se seguirá para a questão das pressões exercidas sobre as doutrinas tradicionais das origens humanas e das origens do pecado pela teoria da evolução. Faremos bem em lembrar a sabedoria de Agostinho: "Os obscuros mistérios da ordem natural, que percebemos terem sido feitos por Deus, o todo-poderoso artesão, deveriam ser discutidos fazendo perguntas, em vez de afirmações".[2]

---

[2] Agostinho, *De Genesi ad litteram imperfectus liber* 1.1. [Comentário literal ao Gênesis Inacabado. Ed. bras. está contida em *Comentário ao Gênesis*, trad. Agustinho Belmonte. São Paulo: Paulus, 2014.]

DOIS MODELOS DE INTERAÇÃO PACÍFICA

Já de saída, vale a pena fazer algumas observações preliminares e esclarecedoras. O termo "grupos religiosos tradicionais", usado acima, pode parecer um pouco tendencioso, por isso vale a pena especificar brevemente o setor que estou procurando caracterizar aqui. Esse rótulo inclui o catolicismo contemporâneo, o anglicanismo, o luteranismo e a maioria das igrejas reformadas. Também adeptas da posição irênica que desejo explorar aqui são organizações importantes como a Fundação Templeton, a BioLogos e a Sociedade Internacional de Ciência e Religião (ISSR), que patrocinam pesquisas e atividades que promovem relações amistosas entre ciência e religião. Para dar um único exemplo, a BioLogos defende "harmonia entre ciência e fé", juntamente com "um entendimento evolutivo da criação de Deus".[3] Finalmente, existem várias revistas acadêmicas dedicadas à discussão das relações ciência-religião que se concentram principalmente no diálogo construtivo.[4] Esses grupos têm uma identidade reconhecível nas discussões sobre religião e ciência e são rotulados, geralmente em termos pejorativos, como "acomodacionistas" ou "neo-harmonizadores".[5]

Entre esses grupos, que considero os principais promotores de relações pacíficas entre ciência e religião, há duas abordagens à questão. Essas abordagens às vezes são implícitas e, embora representem duas posições bastante distintas, às vezes são fundidas em uma só. Uma posição, a posição irênica "dura", é que o conflito entre ciência e religião não é possível *em princípio*. Isso pode ser porque a ciência e a religião são consideradas como lidando com esferas independentes. Como seus interesses não se sobrepõem, o conflito não pode ocorrer. Mais frequentemente, porém, os defensores dessa posição irênica "dura" apelam ao princípio, articulado

---

[3] Cf. <http://biologos.org/about>, acesso em 5 ago. 2020.

[4] Os periódicos a que me refiro são *Zygon, Theology and Science, Science and Christian Belief, Perspectives on Science and Christian Faith,* e *Philosophy, Theology and the Sciences.*

[5] Para o primeiro, veja p. ex.: Jerry Coyne, "Accommodationism and the Nature of Our World" <http://whyevolutionistrue.wordpress.com/2009/04/30/accommodationism-and-the-nature-of-our-world/>, acesso em 20 ago. 2020; para o segundo, veja David A. Hollinger, *After Cloven Tongues of Fire: Protestant Liberalism in Modern American History* [Após as línguas fendidas de fogo: liberalism protestante na história americana moderna] (Princeton: Princeton University Press, 2013), pp. 82-102. Também veja Peter Harrison, "The Neo-Harmonists: Rodney Stark, Denis Alexander, and Francis Collins" [Os neo-harmonizadores...] In: *The Idea That Wouldn't Die: The Warfare between Science and Religion*, Baltimore: Johns Hopkins University Press, 2017.

pelo papa Leão XIII, de que "a verdade não pode contradizer a verdade": a ciência verídica e a verdadeira religião nunca deveriam, em princípio, entrar em conflito.[6] Isso pressupõe que tanto a ciência quanto a religião estejam, de algum modo, rastreando a verdade. Intimamente relacionado a esse princípio está o antigo e usual tema dos "dois livros" — o livro da natureza e o livro das Escrituras — ambos tendo Deus como autor. Novamente, a noção é que, uma vez que compartilham o mesmo autor divino, a Bíblia e o estudo da natureza não podem entrar em conflito.

A metáfora dos dois livros pode ser encontrada já em Agostinho de Hipona (354-430), era comum na Idade Média e foi elaborada por figuras-chave da revolução científica do século 17, como Francis Bacon e Galileu. Quando aplicada a casos específicos, a posição irênica dura sugere que, como não pode haver conflitos genuínos entre ciência e religião, supostas tensões podem ser resolvidas mostrando que a ciência ou a religião fizeram alegações que estão além de sua respectiva esfera ou que uma ou outra não foi fiel à sua missão de outras maneiras. Na prática, porém, dado o alto status atual da ciência, isso geralmente significa modificar as alegações religiosas em vez de procurar ajustar a ciência em questão.

A visão alternativa, a posição irênica "suave", sustenta que a concordância entre ciência e religião é muito mais uma questão de contingência histórica. A paz é uma coisa boa, mas ocorre porque naquele momento específico a ciência em questão simplesmente não está em conflito com a religião. Pode ser o caso, por exemplo, de que a teoria da evolução não entra em conflito com uma visão cristã da criação. No entanto, para os defensores da posição irênica suave, essa posição não deriva de nenhum princípio abrangente sobre as relações necessárias entre ciência e religião, e nenhuma generalização sobre as relações ciência-religião se seguirá. Se trata somente de que o exame das doutrinas científicas e religiosas relevantes não produz, nesse caso em particular, nenhuma evidência de conflito. Assim, embora os defensores da visão irênica suave possam argumentar que nada na ciência contemporânea precisa ser particularmente preocupante para

---

[6] Sobre o princípio de que a verdade não pode contradizer a verdade, veja Papa Leão XIII, Encíclica *Providentissimus Deus*. <http://w2.vatican.va/content/leo-xiii/en/encyclicals/documents/hf_l-xiii_enc_18111893_providentissimus-deus.html>, acesso em 5 ago. 2020.

os cristãos, isso não descartaria conflitos em potencial no futuro nem a possibilidade de conflitos genuínos no passado. Em suma, ambas as posições irênicas compartilham a visão de que um conflito genuíno entre ciência e religião *nunca é inevitável*, mas diferem se ele é possível ou não.

Essa postura irênica suave envolve um entendimento muito menos essencialista da ciência e da religião, as quais, na visão dura, são sempre entendidas como seguindo de acordo com certas linhas, de modo que seu relacionamento ideal é independente das manifestações históricas particulares das atividades em questão. (Os defensores da tese de conflito inevitável defendem uma visão igualmente essencialista, sustentando que a ciência sempre se baseia na razão e na experiência, e a religião na fé e na autoridade.) De modo alternativo, uma possibilidade para defensores da visão irênica suave é a afirmação de que a ciência nem sempre está "rastreando" a verdade — o que pode ser defendido ao considerarmos que, diacronicamente, as alegações científicas feitas em uma determinada época entraram em conflito com as feitas em outra. Em nenhum dos casos existe uma estrutura abrangente que determina o escopo legítimo de cada empreendimento de maneira a excluir definitivamente a possibilidade de conflito.[7]

Minha sugestão neste capítulo será de que a posição irênica suave tem méritos significativos e não apreciados. Uma de suas implicações é que possíveis conflitos entre religião e ciência precisam ser considerados caso a caso. Essa postura também nos leva a examinar de perto os detalhes de várias alegações científicas, com a possibilidade de que alguns aspectos da teoria geral sejam aceitáveis, mas outros não. Especificamente, no caso da teoria da evolução, o argumento *não* seria que exista um consenso científico sobre a verdade da evolução e que, portanto, o pensamento cristão deve se adaptar a essa realidade. Em vez disso, seria uma questão de examinar cada elemento da teoria, suas formas variantes e suas implicações, e considerar se todos ou alguns ou nenhum são compatíveis com as crenças cristãs fundamentais. Existe, é claro, a questão relacionada sobre o que conta como "crença cristã fundamental", mas, no momento, estamos simplesmente falando em abstrato.

---

[7] O irenismo suave também pode questionar se existem tais entidades duradouras como "ciência" e "religião". Para uma descrição das mudanças nos entendimentos históricos de ciência e religião, consulte Peter Harrison, *Os Territórios da Ciência e da Religião*. Trad. Djair Dias Filho. Viçosa, MG: Ultimato, 2017.

Para explorar mais esse assunto, quero recorrer à maneira de Agostinho de lidar com a tensão entre doutrinas científicas sobre o mundo natural e os ensinamentos cristãos. Agostinho costuma aparecer nas discussões de ciência e religião como um exemplo a ser imitado. Ele é, obviamente, um pensador de enorme estatura, possivelmente o autor cristão mais importante fora os escritores do Novo Testamento. Agostinho desenvolveu pontos de vista altamente influentes sobre as origens dos seres humanos e do pecado. Ele também articulou uma série de princípios sofisticados para lidar com as relações entre a ciência grega e o pensamento cristão — princípios que mais tarde foram utilizados por Galileu em defesa de suas próprias visões cosmológicas.[8] Agostinho também é apontado como um evolucionista precoce, por conta de seu apelo a princípios de desenvolvimento no reino orgânico. Nesse sentido, seu pensamento é relevante para os dois casos mais importantes de conflito entre ciência e religião: a evolução e o caso Galileu. Nos dois casos, ele é tipicamente considerado exemplo de um irenismo duro.[9] Minha sugestão será que Agostinho de fato oferece um modelo exemplar de lidar com aparentes conflitos entre ciência e religião, mas que ele não é, como frequentemente afirmado, um defensor do irenismo duro. Além disso, ele oferece exemplos de conflitos frutíferos que têm influência nas discussões contemporâneas da evolução em relação à antropologia teológica.

AGOSTINHO, CIÊNCIA NATURAL E CRIAÇÃO

A atitude geralmente positiva de Agostinho em relação ao pensamento pagão é tipicamente justaposta à de outro pai da igreja, Tertuliano.

---

[8] Ernan McMullin, "Galileo on Science and Scripture" [Galileu sobre ciência e Escritura]. In: Peter Machamer (Org.), *The Cambridge Companion to Galileo*. Cambridge: Cambridge University Press, 1999, pp. 271-347. Pietro Redondi liga Galileu e Agostinho de outra maneira, sugerindo que os compromissos teológicos agostinianos de Galileu foram centrais em sua mecânica. "From Galileo to Augustine" [De Galileu a Agostinho]. In: *The Cambridge Companion to Galileo*, pp. 175-210.

[9] Assim, diz McMullin: "Ele pressupõe, é claro, por princípio, que nenhum conflito *real* pode surgir"; "Galileo on Science and Scripture" [Galileu sobre ciência e Escritura], p. 291. Kenneth Howell fala de maneira semelhante da insistência de Agostinho de que não pode haver contradição entre "verdade bíblica e verdadeiro conhecimento de fora da Bíblia". Veja Howell, "Natural Knowledge and Textual Meaning in Augustine's Interpretation of Genesis" [Conhecimento natural e significado textual na interpretação de gênesis de Agostinho]. In: Jitse van der Meer e Scott Mandelbrote (Orgs.), *Nature and Scripture in the Abrahamic Religions: Up to 1700*. 2 vols., Leiden: Brill, 2008, v. 2, pp. 117-46 (à p. 141).

Este último notoriamente contrastou Atenas e Jerusalém, expressando desprezo pela "sabedoria do mundo", e seu caricaturado (e erroneamente atribuído e citado) *credo quia absurdum* — "creio por ser absurdo" é considerado emblemático do modelo de conflito.[10] A filosofia, escreveu Tertuliano, era evasiva, forçada, dura, produtora de contendas e até embaraçosa para si mesma. Além disso, era a fonte da heresia.[11] (Nos mundos antigo, medieval e no início dos tempos modernos, "filosofia natural" ou, muitas vezes, simplesmente "filosofia" era o empreendimento que mais se assemelhava à ciência moderna. "Ciência", em contextos anglófonos, realmente só assume seu significado atual no século 19.) Sem nenhuma surpresa, então, Tertuliano quase invariavelmente aparece em trabalhos que argumentam que o conflito representa a relação essencial e perene entre ciência e religião.[12]

Agostinho, a título de contraste, é pensado como tendo enunciado uma série de princípios perspicazes para lidar com os conflitos potenciais entre o cristianismo e a filosofia natural pagã. Grande parte da discussão relevante vem em seu tratado *De genesi ad litteram* [Sobre a interpretação literal de Gênesis], no qual ele considera vários problemas relacionados ao seu entendimento da criação. Esses foram motivados, em parte, por objeções dos maniqueus[13] aos relatos bíblicos da criação. É importante entender que Agostinho emprega o descritor "literal" aqui de uma maneira um tanto desconhecida para os leitores modernos, usando-o para distinguir sua abordagem neste trabalho das leituras altamente alegóricas ou morais do Gênesis que eram comuns nesse período.[14] Agostinho procurou, em seu significado literal, estabelecer o sentido pretendido pelo autor. Nos casos em que o significado pretendido do autor era obscuro, era

---

[10] A frase *credo quia absurdum* não aparece em Tertuliano. As frases relevantes são *"prorsus credibile est, quia ineptum est [...] certum est, quia impossibile"*; *De carne christi* 5.4, Patrologia Latina v. 2, p. 761. Veja See Robert D. Sider, "Credo quia Absurdum?", *The Classical World*, v. 73, 1980, pp. 417-419.

[11] Tertualiano, *Adversus haereticos* 7.

[12] Para os usos polêmicos de Tertuliano e a invenção da frase "Eu acredito por ser impossível", veja Peter Harrison, "I Believe Because it is Absurd": The Enlightenment Invention of Tertullian's Credo, *Church History*, v. 86, n. 2, 2017, pp. 339-364.

[13] Maniqueus se refere ao grupo que dá origem a filosofia do maniqueísmo (fundada por Manes ou Maniqueu, séc III), que vê a realidade como uma dualidade entre bem e mal, Deus e o diabo, carne (essencialmente má) e espírito (essencialmente bom). Agostinho, antes de sua conversão ao Cristianismo, foi um adepto da escola maniqueísta, da qual posteriormente se tornou um forte crítico. [N. E.]

[14] Agostinho, *Retractationes* 2.24.1. [Ed. bras. *Retratações*. Trad. Agustinho Belmonte, Coleção Patrística v. 43, São Paulo: Paulus, 2019.]

possível uma série de interpretações, desde que fossem consistentes com a "fé íntegra".[15]

Um dos problemas centrais de Agostinho foi uma aparente inconsistência entre várias fontes bíblicas. O primeiro capítulo de Gênesis sugere uma criação de seis dias, enquanto Gênesis 2:4 subentende que o mundo foi criado em um dia. Também em desacordo com a criação de seis dias estava o trabalho apócrifo *Eclesiástico* (*Sirach* ou *Sirácida*), que também parecia ensinar que Deus havia criado tudo de uma só vez (*creavit omnia simul*, Vulgata, Eclesiástico 18:1).[16] Além disso, era difícil conciliar esses dois ensinamentos com os processos criativos em andamento que viam coisas novas surgindo e morrendo no mundo natural. Agostinho adota duas estratégias em relação a esse problema. Primeiro, ele aponta que uma leitura estritamente literal dos dias de Gênesis não é justificada pelo texto. Para começar, o Sol não foi criado até o quarto "dia" (como os críticos maniqueístas também apontaram). Como o tempo é medido em termos dos movimentos dos corpos celestes, os dias anteriores não podem ser períodos de 24 horas. Agostinho argumenta que os "dias" de Gênesis 1 fazem parte de uma narrativa que foi cuidadosamente construída com as limitações da compreensão humana em mente, e conclui que Deus criou tudo de uma só vez.[17]

A segunda estratégia de Agostinho foi introduzir um princípio filosófico (ou "científico") derivado do pensamento estoico, a fim de resolver a tensão entre ideias de criação completa e instantânea e evidências empíricas de um mundo de constante mudança e desenvolvimento. Agostinho apela à noção estoica de "princípios seminais" — sementes embutidas, cuja presença trará algum evento futuro. Aqui, a ideia é que Deus, em um único ato criativo, implantou as sementes de tudo o que aconteceria no futuro. Nas palavras de Agostinho, quando Deus criou todas as coisas simultaneamente, ele implantou "como que sementes de coisas futuras que

---

[15] Agostinho, *De Genesi ad litteram* 1.21.41. [Ed. bras. *Comentário ao Gênesis*. Trad. Agustinho Belmonte, São Paulo: Paulus, 2014, p. 40.] [Orig. "On Genesis", trad. Edmund Hill. In: *The Works of Saint Augustine*, Nova York: New City, 2002, parte 1, v. 13, p. 188.] Para uma útil visão geral das ideias de Agostinho sobre a ciência e a Bíblia, às quais eu muito devo pelo que se segue aqui, veja Howell, "Natural Knowledge and Textual Meaning in Augustine", e McMullin, "Galileo on Science and Scripture".

[16] Agostinho, *De Gen. ad lit.* 4.33.51, p. 103. [Paginação conforme edição brasileira. (N. T.)]

[17] Ibid., 6.16.27, p. 141; 4.21.38, p. 95-6.

haveriam de brotar de seu estado latente para o visível em lugares adequados no decorrer dos tempos".[18] Assim, os seres vivos foram criados em potencial em um único evento, para serem "trazidos à luz" posteriormente. É com base nisso que alguns reivindicam Agostinho como um pensador evolutivo.[19]

Outra questão para Agostinho foi o aparente conflito entre declarações bíblicas e afirmações filosóficas ou científicas bem estabelecidas. O salmo 104:2, uma das passagens favoritas de Agostinho, fala dos céus estendidos como um pergaminho ou uma pele.[20] Outras passagens bíblicas falavam da "abóbada" celeste.[21] Essas passagens, para ele, não apenas pareciam se contradizer, como também entravam em conflito com o consenso científico de sua época de que os céus eram esféricos.[22] Aqui Agostinho sugere que a questão da forma dos céus não tem consequências imediatas para "aqueles que desejam aprender sobre a vida abençoada". Por esse motivo, os autores bíblicos não estavam preocupados com essas questões. Além disso, essas discussões dizem respeito a assuntos que são "obscuros" e "muito ocultos aos nossos olhos".[23] Contudo Agostinho continua, sugerindo que, no caso de verdades científicas apoiadas por provas "que não deixem dúvidas" ou "verdadeiro raciocínio", essas verdades devem sempre ter precedência sobre o sentido literal das Escrituras.[24] Especificamente nesse caso, os céus esféricos deveriam ser preferidos a outras concepções. Agostinho também considera o caso em que nem a ciência nem as Escrituras relevantes eram totalmente claras. Respondendo à questão de saber se os corpos celestes eram ou não movidos por inteligências (que era a visão filosófica padrão da época), Agostinho aconselha cautela, defendendo "aquela restrição adequada a uma pessoa devota e séria". Em questões obscuras, é melhor não se

---

[18] Ibid., 6.11.18, p. 136-7. Cf. 6.10.17, p. 137. Para um precedente patrístico, veja Gregório de Nissa, *In Hexameron* (Patrologia Graeca, v. 44, p. 72). Cf. Plotino *Enneads* 2.3.16. Para o uso de Agostinho dessa ideia, veja Étienne Gilson, *The Christian Philosophy of Saint Augustine* [A filosofia cristã de Santo Agostinho]. Londres: Victor Gollancz, 1961, pp. 197-209.

[19] Ernan McMullin, *Evolution as a Christian Theme* [Evolução como um tema cristão]. Waco, TX: Baylor University Press, 2004; John Zahm, *Evolution and Dogma* [Evolução e dogma]. Chicago: D. H. McBride, 1896, 283f.

[20] As traduções em português trazem: forro, cortina, véu, tela. [N. T.]

[21] Agostinho se refere a Isaías 40:22 LXX; o termo em questão é *camera*: "*coelum dicitur velut camera esse suspensum*". Patrologia Latina, v. 34, p. 272.

[22] Agostinho, *De Gen. ad lit.* 2.9.21, p. 51.

[23] Ibid., 1.19.37, p. 38.

[24] Agostinho usa as expressões: "*ut dubitari inde non debeat*" e "*veris illis rationibus*".

CONFLITO ENTRE CIÊNCIA E RELIGIÃO É SEMPRE RUIM?

comprometer demais com nenhuma doutrina predominante, uma vez que a verdade "pode ser revelada mais tarde".[25]

Da mesma forma, onde faltavam essas provas demonstrativas, o sentido claro das Escrituras deveria ter precedência sobre as especulações científicas. De fato, em alguns casos em que a ciência relevante parece relativamente inatacável, Agostinho ainda insistia na prioridade das Escrituras. Agostinho toma o exemplo das águas acima do firmamento (Gênesis 1:7), que na compreensão predominante do "lugar apropriado" dos elementos terra, ar, fogo e água, era impossível. Ele então oferece algumas propostas bastante hipotéticas que podem explicar essa possibilidade. Ele, então, apesar do conflito com o ensino científico padrão, insiste que a revelação divina deve ter precedência sobre a "ingenuidade humana". Esse é o princípio de que a verdade reside no que Deus revela, e não na "fragilidade da conjetura humana".[26] Esses exemplos, de maneira grosseira, equivalem a conflitos entre ciência e Escrituras, nos quais as Escrituras têm precedência.

Por fim, Agostinho observou que alguns de seus colegas cristãos defendiam doutrinas científicas errôneas e argumentavam incorretamente que essas derivavam das Escrituras. Agostinho observa que isso é deplorável, uma vez que põe em dúvida a credibilidade do cristianismo e a confiabilidade geral das Escrituras quando se fala de outros assuntos:

> Sempre que eles pegam membros da comunidade cristã cometendo erros em um assunto em que eles dominam, e defendem suas opiniões vazias usando a autoridade de nossos livros, por que motivo eles confiarão nesses livros quando o assunto for a ressurreição dos mortos e a esperança da vida eterna e o reino dos céus [...]?[27]

Diferentemente das outras questões "internas" mencionadas anteriormente, essa era uma preocupação apologética, relacionada a como os "de

---

[25] "*ne forte quod postea veritas patefecerit.*" *De Gen. ad lit.* 2.18.38 (Patrologia Latina, v. 34, p. 280). [A tradução em português traz "observada sempre a prudência da piedosa circunspeção, nada que seja obscuro devemos crer temerariamente, evitando que, depois, odiemos por amor a nosso erro o que for manifestado pela verdade", p. 59. (N. T.)]

[26] Agostinho, *De Gen. ad lit.* 2.5.9, p. 46, e 2.9.21, p. 51.

[27] Ibid., 1.19.39, trad. contida no *Works*, parte 1, vol. 13, p. 187. [Tradução em português baseada nesta versão. (N. T.)]

fora" poderiam perceber o cristianismo. Dito isto, não é difícil ver como essas ocasiões podem resultar de violações da proibição de Agostinho ao compromisso prematuro com doutrinas científicas efêmeras.

É possível destilar toda essa discussão em algumas regras gerais. O ilustre filósofo e historiador Ernan McMullin identificou de maneira útil vários princípios, que enumero aqui.[28]

1. O princípio da prudência: ao tentar interpretar uma passagem difícil das Escrituras, exercite o maior número possível de interpretações, principalmente em vista do fato de que novas verdades poderão surgir no futuro.

2a. A prioridade da demonstração: quando um conflito aparece entre uma verdade comprovada sobre a natureza e uma interpretação das Escrituras, as Escrituras devem ser reinterpretadas.

2b. A prioridade das Escrituras: quando há um aparente conflito entre as Escrituras e uma doutrina sobre o mundo natural baseada na razão ou nos sentidos, onde essa última doutrina não é demonstrada, a leitura literal das Escrituras deve prevalecer.

3. O princípio da acomodação: as palavras das Escrituras são adaptadas às capacidades de seus leitores.

4. O princípio da limitação: a principal preocupação das Escrituras é a salvação, não a ciência.

Esses princípios agostinianos, ou alguma versão deles, são frequentemente adotados pelos acomodacionistas para representar as "melhores práticas", e Agostinho é considerado em alta conta pelos defensores da coexistência pacífica entre ciência e religião. Esses princípios receberam um estímulo adicional a partir de seu uso por Galileu em sua defesa do copernicanismo.[29] No entanto, quero sugerir uma leitura um pouco divergente desses princípios — uma leitura que mostra Agostinho um pouco

---

[28] McMullin, "Galileo on Science and Scripture", pp. 292-329. McMullin listou cinco princípios. Eu os numerei 1-4, uma vez que 2b é um corolário de 2a.

[29] Para diferenças sutis entre as posições de Agostinho e de Galileu, veja Eileen Reeves, "Augustine and Galileo on Reading the Heavens", *Journal of the History of Ideas* v. 52, 1991, pp. 563-79.

VERDADES DEMONSTRADAS E VIDA ABENÇOADA
(BEM-AVENTURADA)

Quero focar em três dos princípios expostos acima, começando pelo princípio da limitação (4). Esse é o princípio que reconhece os objetivos divergentes da ciência e das Escrituras. Quando prestamos atenção ao que Agostinho realmente diz sobre esse assunto, vemos que ele não apenas distingue entre os objetivos do cristianismo e da filosofia natural: ele também insiste que o valor do primeiro é significativamente maior que o do segundo. Em suas discussões sobre a forma do céu, por exemplo, ele observa:

> Muitos discutem bastante sobre este assunto que nossos autores omitiram levados por grande prudência, visto não ser de proveito em ordem à vida bem-aventurada para os que o aprendem. E empregam, o que é pior, tempos preciosos nesta tarefa, que deveriam ser ocupados com coisas salutares.[30]

De fato, ao longo das obras de Agostinho, a busca por questões sobre a natureza é descrita rotineiramente em termos pouco lisonjeiros. No texto sobre Gênesis discutido anteriormente, ele fala "[d]aqueles que investigaram sobre isso com curiosidade e ociosidade". Em outros lugares, ele sugere que grande parte da investigação da natureza se baseia no que "a fragilidade humana conjetura".[31] Em seu clássico trabalho autobiográfico, *Confissões*, Agostinho vai mais longe, atribuindo muita investigação do mundo natural ao vício da curiosidade: "quando as pessoas estudam as operações da natureza que estão além do nosso alcance, quando não há vantagem em saber, e os pesquisadores simplesmente desejam o conhecimento por si mesmo". Nesse contexto, ele falaria de uma "forma de tentação", "um desejo de experimentar e conhecer", "uma ânsia doentia", uma "curiosidade vaidosa

---

[30] Agostinho, *De Gen. ad lit.*, 2.9.20, p. 50.
[31] Ibid., 2.10.23, p. 51-2, e 2.9.21, p. 51. Dito isso, Agostinho valoriza o conhecimento da natureza, mas na medida em que auxilia na interpretação das Escrituras, que às vezes usa analogias extraídas do mundo natural.

298   COLEÇÃO FÉ, CIÊNCIA & CULTURA

disfarçada com o nome de conhecimento e ciência".[32] Comparado à busca pela virtude, o conhecimento da natureza tinha pouco valor.[33]

O ponto geral aqui é que Agostinho não apenas observava uma distinção clara entre o propósito das Escrituras e o propósito da filosofia natural (como a maioria dos comentaristas enfatizaram); ele também fez um julgamento normativo significativo sobre os méritos relativos das duas atividades e da superioridade da primeira com relação à segunda (o que menos comentaristas enfatizaram). Os escritos de Agostinho, na verdade, contêm uma crítica dupla à filosofia natural. Em um nível, ele se preocupa com a tendência dos envolvidos no estudo da natureza de esquecer o mais importante: o status de suas próprias almas. Até certo ponto, isso reflete um tema recorrente na tradição filosófica até o início do período moderno. No século 5 a.C., Sócrates procurou desviar a discussão filosófica do mundo físico para questões morais. Muito mais tarde, no século 14, inspirado por sua leitura das *Confissões* de Agostinho, Petrarca, uma das principais figuras renascentistas, perguntou da mesma forma sobre a utilidade de saber tudo sobre as coisas naturais, mas "negligenciar a natureza do homem, o propósito para o qual nascemos e de onde e para onde viajamos".[34] Críticas à nova orientação das novas ciências do século 17 defendem o mesmo ponto: invenções práticas podem tornar a vida mais conveniente, mas não promovem a melhoria moral, o que é mais importante.[35] Devido, talvez, a um conjunto de compromissos platônicos latentes, Agostinho sempre se preocupou com que o interesse pelas coisas materiais não levasse a um amor preferencial pelas ordens inferiores da criação comparadas às ordens superiores.

---

[32] Agostinho, *Confessiones* 10.35. [Ed. bras. *Confissões*. Trad. Lorenzo Mammì. São Paulo: Cia. das Letras, Penguin, 2017]. Para o tratamento de Agostinho com relação à curiosidade, veja Hans Blumenberg, "Curiositas and veritas: Zur Ideengeschichte von Augustin, Confessiones X 35", *Studia Patristica* 6, Texte und Untersuchungen v. 81, 1962, pp. 294-302; "Augustin's Anteil an der Geschichte des Begriffs der theoretischen Neugierde", *Revue des Études Augustiniennes*, v.7, 1961, pp. 35-70.

[33] Santo Agostinho, *Civitate Dei (City of God)* 7.34-35. In: Philip Schaff (Org.), *Nicene and Post-Nicene Fathers*, Primeira Série, Grand Rapids: Eerdmans, 1956, 10 vols. (de agora em diante NPNF 1), v. 2, pp. 141b-2a; Homilies on the First Epistle of John 2.13 (NPNF 1, v. 7, p. 474a). [Ed. bras. Santo Agostinho, *A Cidade de Deus*. 8. ed., trad. Oscar Paes Lemes, Petrópolis, RJ: Vozes, 2010]

[34] Petrarco, *De sui ipsius et multorum ignorantia*, citado em Cassirer et al., *The Renaissance Philosophy of Man*, Chicago: University of Chicago Press, 1948, pp. 58-59. Cf. Agostinho, *Confissões*, 10.8; *De vera religione* [Da religião verdadeira], 39.72.

[35] Meric Casaubon, *A Letter of Meric Casaubon, D.D. &c. to Peter du Moulin D.D., concerning Natural Experimental Philosophie*, Cambridge, 1669, pp. 5-6. Henry Stubbe, *The Plus Ultra reduced to a Non-Plus*, Londres, 1670, p. 13. Sobre esse tema, veja Harrison, *Os Territórios da Ciência e da Religião*, pp. 140-142 [paginação da ed. bras].

O segundo aspecto da crítica de Agostinho à filosofia segue-se do primeiro. A filosofia orientada corretamente compartilha com o cristianismo a busca pela vida abençoada ou bem-aventurada: "o desejo pela vida bem-aventurada [*beata vita*] é comum a filósofos e cristãos".[36] Contudo apenas o cristianismo oferece os meios para alcançar esse objetivo. Para Agostinho, então, o conhecimento sólido da natureza não é, em nenhum sentido, paralelo, em termos de seu valor, ao conhecimento religioso. Sempre haverá uma parceria desigual entre o conhecimento humano e o conhecimento divino.

Se pensássemos em como isso se aplica às discussões atuais, uma maneira de tornar real esse princípio seria perguntar o que está em jogo se nos for demonstrado que estamos errados em nossos compromissos nas respectivas áreas. Se nossa ciência está errada, isso é uma coisa; se nossas convicções morais fundamentais estiverem erradas, isso já é outra coisa. É certo que pode ser mais complicado do que isso, uma vez que existem sobreposições significativas entre os domínios descritivo e normativo — científico e moral —, como no caso das mudanças climáticas.

O segundo princípio que quero examinar mais de perto é a prioridade da demonstração (2a) e seu corolário, a prioridade das Escrituras (2b). Aqui, Agostinho propõe que uma verdade comprovada sobre a natureza sempre deve ter precedência sobre uma aparente verdade literal das Escrituras e, inversamente, que em casos de conflito em que não há provas para a ciência em questão, o sentido literal das Escrituras deve ter prioridade. Foi esse princípio que Galileu procurou utilizar, com base em sua suposição confiante de que possuía uma prova demonstrativa do movimento da Terra (ele não tinha). Esses princípios requerem mais explicações. O vocabulário de "prova" e "demonstração" em que Agostinho se baseia aqui deriva do influente entendimento de Aristóteles da natureza da ciência (*epistēmē*), estabelecido em seu *Segundos Analíticos*. Embora haja muito que se possa dizer sobre o ideal de conhecimento científico de Aristóteles, basta dizer aqui que, para Aristóteles, o conhecimento é científico se

---

[36] Agostinho, Sermão 150.4. In: *Works*, parte 3, v. 5, p. 31. Veja também *A trindade* 8.7.10; *A Cidade de Deus* 8.3;18.41; 19.1; *A Verdadeira Religião* 2.2. [Coleção Patrística, São Paulo: Paulus]. Cf. Atenágoras, *A Plea for the Christians* 7 [Um apelo em favor dos cristãos 7].

houver conhecimento certo de causas. A certeza desse conhecimento decorre do fato de ser o produto final da dedução lógica.[37] Esse é um padrão notavelmente alto, que equivale a algo semelhante à prova matemática. Diante disso, não surpreende que Agostinho tenha enunciado o princípio da prioridade das verdades demonstradas, pois se opor a essas verdades equivaleria a desafiar a lógica.

Podemos perguntar, no entanto, se o conhecimento científico alguma vez satisfez esses critérios estritos. Essa questão se tornou um ponto de discórdia durante a revolução científica, que introduziu um novo padrão de conhecimento científico baseado na indução e no experimento. Enquanto algumas figuras-chave das novas ciências procuravam se apegar a noções dedutivas mais antigas de demonstração e prova, outras admitiam que nenhuma forma de conhecimento humano poderia realmente atender aos rígidos critérios originalmente estabelecidos por Aristóteles.[38] John Locke (1632–1704), o filósofo mais conectado com as novas ciências experimentais do período, declarou assim que "a experiência pode nos proporcionar conveniência, mas não ciência [no sentido aristotélico]". Experimentos racionais e regulares, observou ele, podem nos ajudar a ver a natureza das coisas; no entanto, "isso é apenas julgamento e opinião, não conhecimento e certeza".[39] Locke, curiosamente, continua endossando as prioridades de Agostinho: "Pois é racional concluir que nosso próprio emprego reside nestas investigações, e neste tipo de conhecimento que é mais adequado às nossas capacidades naturais, e compreende nossos maiores interesses, isto é, a condição de nossa situação eterna".[40] Para Locke, a ciência experimental (no nosso sentido) pode nos oferecer conveniências, mas não nos fornece nenhuma certeza. Além disso, os seres humanos são naturalmente orientados para outra tarefa para a qual estão muito mais bem equipados — o conhecimento de Deus, de nós mesmos e de nossos deveres morais.

---

[37] Para extensa literatura neste tópico, veja Richard McKirahan Jr., *Principles and Proofs: Aristotle's Theory of Demonstrative Science* [Princípios e provas: a teoria da ciência demonstrativa de Aristóteles]. Princeton: Princeton University Press, 1992.

[38] Galileu e Descartes, possivelmente, ainda se apegavam a algum ideal de certeza demonstrativa nas ciências. Esse também foi um dos pontos principais em discussão entre Galileu e Bellarmino. Este último aceitava o princípio da prioridade de demonstração, mas negou que Galileu a possuísse.

[39] John Locke, *Essay concerning Human Understanding*, ed. Peter H. Nidditch, Oxford: Clarendon, 1979, p. 645. [Ed. bras. *Ensaio sobre o entendimento humano* 4.12.10, trad. Anoar Alex, São Paulo: Nova Cultural, 1999, p. 282.]

[40] Ibid., p. 282 [Ed. bras.].

CONFLITO ENTRE CIÊNCIA E RELIGIÃO É SEMPRE RUIM? 301

Se a compreensão de Locke da ciência experimental estiver correta, a aplicação estrita do princípio agostiniano da prioridade de demonstração significaria que nenhuma ciência teria peso suficiente para substituir uma afirmação literal das Escrituras, uma vez que nenhuma ciência jamais atende ao critério estrito de certeza demonstrativa.

Neste ponto, enquanto consideramos o status das alegações científicas, vale a pena introduzir um terceiro princípio agostiniano — (3) o princípio da prudência. Esse princípio defende manter uma mente aberta sobre o alinhamento dos ensinamentos bíblicos com a ciência atual, uma vez que "novas verdades podem aparecer mais tarde". Aqui, Agostinho oferece outra observação relevante sobre alegações científicas: elas mudam com o tempo. Menos pejorativamente, poderíamos dizer que a ciência progride (mesmo que, como o físico teórico Max Planck observou ironicamente, ela avance um funeral de cada vez). Admitindo isso, é importante não estar muito comprometido com as especulações científicas prevalecentes, pois elas podem mudar mais tarde. De fato, o comprometimento excessivo da comunidade científica com o *status quo* constitui uma barreira significativa à adoção de novas teorias científicas. O princípio da natureza instável da ortodoxia científica foi invocado no século 17 no contexto da controvérsia copernicana. O provincial carmelita e defensor de Galileu, Paolo Foscarini, coloca da seguinte maneira:

> Como algo novo sempre está sendo adicionado às ciências humanas, e como muitas coisas que antes eram consideradas verdadeiras são vistas como falsas com o passar do tempo, pode acontecer que, quando a falsidade de uma opinião filosófica [à qual a autoridade das Escrituras foi anexada] for detectada, a autoridade das Escrituras será destruída.[41]

Foscarini questiona aqui a sabedoria de anexar a interpretação das Escrituras aos entendimentos ptolomaicos e aristotélicos do cosmos do passado. Sua posição sobre a mudança de afirmações científicas, no entanto, está bem próxima do que os filósofos da ciência contemporâneos chamam

---

[41] Paolo Foscarini, "Letter on the Motion of the Earth", citado em Richard Blackwell, *Galileo, Bellarmine and the Bible* [Galileu, Bellarmino e a bíblia]. Notre Dame: University of Notre Dame Press, 1991.

de "meta-indução pessimista". Essa é a ideia de que o que aprendemos da história da ciência é que nenhuma teoria científica prevalece a longo prazo. A partir de exemplos históricos, fazemos uma generalização indutiva que nos leva a ser pessimistas quanto às alegações de verdade da ciência atual. Conclui-se disso que seria razoável esperar que as atuais teorias científicas sejam substituídas com o tempo.

ESTAR DO LADO CERTO DA HISTÓRIA

Antes de passar para uma discussão de como esses princípios podem ser aplicados no caso do cristianismo e da teoria da evolução, vale a pena considerar brevemente alguns exemplos históricos de resistência religiosa à ortodoxia científica que possam, com o benefício de olhar retrospectivamente, contar como "conflitos justificáveis". Esses exemplos evidenciam o terreno mutável da ortodoxia científica (ou filosófica), e mostram que contestar um consenso científico contemporâneo pode vir a ser "correto" segundo padrões posteriores. Parte da complexidade das relações históricas entre ciência e religião reside no fato de que o que contava como "ciência" no passado distante não se relaciona diretamente com nossas concepções atuais de ciência. Portanto, é importante notar que antes da revolução científica do século 17, o que chamaríamos de "ortodoxia científica" geralmente consistia na adesão à filosofia natural de Aristóteles.

Uma notável e duradoura tensão entre "ciência" e cristianismo diz respeito à questão de saber se o universo sempre existiu, como o filósofo Aristóteles havia ensinado. Desde o início do cristianismo, os pais da igreja rejeitaram essa afirmação, que era uma posição filosófica comum, sublinhada pela autoridade de Aristóteles. De fato, a resistência a essa ideia remonta pelo menos ao filósofo judeu Filo de Alexandria (25 a.C. — 50 d.C.) e continuou recorrente, adentrando até a Idade Média. Essa rejeição era baseada no compromisso com a doutrina da criação e com a história bíblica das origens humanas.[42] Desde meados do século passado, o consenso científico mudou para a visão de que o universo começou com o *Big Bang*

---

[42] Tomás de Aquino aceitava que Deus pudesse ter criado um universo eterno, mas concluiu que ele não tinha feito isso. *De aeternitate mundi* 24. O seu ponto é que qualquer universo criado dependerá de Deus para sua existência, seja eterno ou criado no / com o tempo.

CONFLITO ENTRE CIÊNCIA E RELIGIÃO É SEMPRE RUIM? 303

e, portanto, teve um começo no tempo ou, talvez mais corretamente, "com o tempo". (Essa última maneira de pensar sobre a criação do tempo em si é análoga à sugestão de Agostinho de que o tempo fazia parte da criação de Deus, em vez de constituir um quadro temporal dentro do qual a criação ocorreu.) Portanto, verifica-se que a ideia de um universo temporal é mais consistente com a cosmologia contemporânea do *Big Bang* do que a visão de Aristóteles sobre a eternidade do mundo. O ponto aqui não é sugerir algum tipo de "antecipação" da posição moderna, e certamente não é o caso de que os pais da igreja tinham algum pressentimento da cosmologia do *Big Bang*. Antes, é sugerir que uma insistência rigorosa no mapeamento perfeito das doutrinas teológicas sobre as ortodoxias científicas às vezes resultará em resultados adversos.

Um exemplo relacionado diz respeito ao filósofo cristão João Filopono (490-570 d.C.), que se opôs a vários ensinamentos de comentaristas neoplatônicos sobre Aristóteles, incluindo a doutrina da eternidade do mundo. Mais importante, talvez, ele também contestou a ideia comum da divindade dos céus e a crença de que os corpos celestes poderiam ser movidos pelo desejo ou por agentes angelicais. Isso estava relacionado à sua rejeição das teorias aristotélicas do movimento terrestre, que exigiam que os objetos em movimento estivessem constantemente sob a ação de uma força motriz. Essa recusa em aceitar a autoridade científica proeminente da época permitiu a Filopono perguntar se Deus poderia ter transmitido uma força cinética aos corpos celestes, para que eles se movessem de maneira semelhante aos movimentos dos corpos pesados e leves. Em suma, ele propôs uma teoria unificada da dinâmica baseada no ímpeto. Essas ideias, preservadas durante a Idade Média nas obras árabes, influenciaram as novas concepções de movimento que se desenvolveram durante a revolução científica e por fim substituíram as de Aristóteles.[43] Parte da motivação de Filopono era teológica, e outra parte era baseada em evidências empíricas.

Um outro exemplo de conflito criativo veio com a condenação medieval de certos ensinamentos filosóficos e científicos, principalmente de

---

[43] Sobre Filopono, veja Richard Sorabji (Org.), *Philoponus and the Rejection of Aristotelian Science* [Filopono e a rejeição da ciência aristotélica]. Londres: Duckworth, 1987; David C. Lindberg, *The Beginnings of Western Science* [Os primórdios da ciência ocidental]. Chicago: University of Chicago Press, 2007, pp. 307-13.

Aristóteles. Em 7 de março de 1277, Stephen Tempier, bispo de Paris, condenou 219 artigos de teologia e filosofia natural.[44] Embora houvesse uma diversidade considerável entre essas 219 proposições, uma suposição que estava por trás de pelo menos algumas dessas condenações era o princípio de que Deus, por causa de sua onipotência, não podia ser limitado pelos limites prescritos pelas doutrinas aristotélicas. Seguiu-se que algumas situações tidas como "cientificamente" impossíveis eram de fato possíveis para Deus. Alguns historiadores da ciência argumentaram que essas condenações tiveram o efeito de libertar pensadores medievais das prescrições de Aristóteles, permitindo que pensassem de modo contrafactual e hipotético. Pierre Duhem chegou ao ponto de argumentar que esse evento marcou o início do caminho para a ciência moderna. Hoje, poucos historiadores argumentariam isso sem qualificações importantes, mas o evento pelo menos sugere que a resistência à ortodoxia científica (embora definida neste caso como conformidade com Aristóteles) às vezes pode ter resultados positivos não intencionais.[45]

Um último exemplo tem a ver com a própria revolução científica, que surgiu através de uma rejeição contínua e generalizada de uma série de ortodoxias científicas. Havia vários fatores causais para esse conjunto complexo de eventos, mas, novamente, a oposição motivada pela religião a algumas características do consenso predominante sobre o conhecimento científico foi importante. Escrevi longamente em outro volume sobre como a doutrina bíblica da Queda desempenhou um papel importante na fundação e promoção de uma nova abordagem experimental para o mundo natural, mas vale a pena recontar aqui brevemente.[46]

---

[44] Para o texto da condenação, veja David Piché (Org.), *La condemnation parisienne de 1277*. Texte latin, traduction, introduction et commentaire, Paris: Vrin, 1999. Veja também Jan A. Aertsen, Kent Emery Jr., e Andreas Speer (Orgs.), *Nach der Verurteilung von 1277. Philosophie und Theologie an der Universität von Parisim letzten Viertel des 13*. Jahrhunderts. Studien und Texte, Berlin: De Gruyter, 2001; John F. Wippel, "The Condemnations of 1270 and 1277 at Paris", *The Journal of Medieval and Renaissance Studies*, v.7, 1977, pp. 169-201.

[45] John E. Murdoch, "Pierre Duhem and the History of Late Medieval Science and Philosophy in the Latin West". In: Alfonso Maier e Ruedi Imbach (Orgs.), *Gli studi di filosofia medievale fra otto e novecento*. Roma: Edizioni di Storia e Letteratura, 1991, pp. 253-302; Edward Grant, "The Condemnation of 1277, God's Absolute Power, and Physical Thought in the Late Middle Ages", *Viator*, v. 10, 1979, pp. 211-44. Sobre a relevância científica da onipotência divina, veja também Amos Funkenstein, *Theology and the Scientific Imagination* [Teologia e a imaginação científica] (Princeton: Princeton University Press, 1986) pp. 10-12.

[46] Peter Harrison, *The Fall of Man and the Foundations of Science* [A Queda do homem e os fundamentos da ciência]. Cambridge: Cambridge University Press, 2007; "Original Sin and the Problem of Knowledge

A história básica é essa: a ciência aristotélica baseava-se em observações do senso comum da natureza em seu estado normal ou costumeiro. O pressuposto era que as mentes e os sentidos humanos eram naturalmente orientados para o conhecimento, e que as operações do mundo natural eram transparentes para investigadores humanos. Depois da Reforma Protestante, no entanto, vários pensadores se concentraram na questão de como a antropologia teológica (de forma geral, as concepções teológicas da pessoa) pode fazer a diferença na busca do conhecimento científico. Especificamente, eles perguntaram como a condição caída dos seres humanos poderia afetar a aquisição de conhecimento científico. Vários pioneiros das novas abordagens experimentais argumentaram que, enquanto na criação original as mentes e os sentidos humanos poderiam de fato ter intuído as operações da natureza em detalhes perfeitos (como Aristóteles pensara), após a Queda isso não era mais possível. Além disso, o próprio mundo também estava em estado caído, tornando-o opaco à investigação humana. A observação do senso comum da natureza em seu curso normal não era mais suficiente. Em vez disso, experimentos cuidadosamente projetados e minuciosamente realizados eram necessários para desvendar segredos da natureza. Isso envolveria ensaios repetidos e muitos observadores; muitas vezes os resultados seriam contraintuitivos, e não de senso comum. Além disso, o conhecimento deveria ser corporativo e cumulativo. Instrumentos como o microscópio e o telescópio também eram necessários para aumentar os sentidos que haviam sido enfraquecidos pela Queda. Não se pensava mais que essa nova abordagem experimental produzisse o conhecimento certo que, para Aristóteles, seria a medida da verdadeira ciência. Pelo contrário, como Locke apontou, o conhecimento experimental fornecia conveniência material, mas não certeza.

Em suma, no passado, a tensão religiosa com o consenso científico predominante às vezes produzia novas ideias e métodos científicos. Obviamente, não é possível especificar antecipadamente *quais* casos de conflito provavelmente serão frutíferos. Também não está claro que os resultados positivos resultantes desses exemplos foram pretendidos pelos agentes históricos em questão. Contudo há evidências suficientes para sugerir que a

---

in Early Modern Europe", *Journal of the History of Ideas*, v. 63, 2002, pp. 239-59.

defesa inflexível de uma harmonia inquestionável pode ser menos do que ideal para a ciência e para a religião. A dificuldade, é claro, é discernir quando a resistência à harmonia é justificada.

FÉ CRISTÃ E EVOLUÇÃO

O que se segue de tudo isso para o tópico em questão? Aqui estão duas prescrições provisórias. Primeiro, talvez o princípio mais importante que aprendemos de Agostinho seja o de que vale a pena pensar seriamente se a resolução de questões teóricas sobre o mundo natural é mais importante do que procurar entender o propósito moral e religioso de nossas próprias vidas. Agostinho declarou nos *Solilóquios* que desejava conhecer apenas Deus e a alma, e nada mais.[47] Para Agostinho, embora o conhecimento do mundo natural seja uma coisa boa, a preocupação com ele é um exemplo claro de um amor deslocado — o tipo de preferência por bens inferiores que caracteriza a condição caída dos seres humanos. Se Agostinho emitisse um julgamento das prioridades de nossa era, ele poderia sugerir que nossa veneração atual ao conhecimento científico é uma manifestação das prioridades equivocadas contra as quais ele constantemente alertava. Agostinho falou, em termos agora nada familiares para nós, sobre o vício da curiosidade. Contudo a advertência aqui é contra a fetichização de certas formas de atividades intelectuais que são tidas em alta conta. Talvez isso seja algo que possamos aprender com os oponentes da evolução por motivação religiosa, por mais equivocados que possamos acreditar que eles estejam em seus pontos de vista sobre a criação e como ela se relaciona com a ciência.

Essa prioridade básica também coloca em perspectiva a queixa muitas vezes repetida de Agostinho sobre outros cristãos fazendo alegações científicas falaciosas e reivindicando para elas uma autoridade religiosa. Parece uma crítica pronta para os criacionistas científicos contemporâneos. É isso, e é mais frequentemente citada nesse contexto. No entanto, colocando essa crítica dentro do esquema mais amplo das prioridades de Agostinho, essas atividades, por mais lamentáveis e prejudiciais à credibilidade do cristianismo, pelo menos priorizam as coisas que são, em última análise, as mais

---

[47] Santo Agostinho, *Soliloquia*, 1.2.7. [Ed. bras. *Solilóquios e Vida Feliz*, São Paulo: Paulus, 1998.]

importantes. Não digo isso para advogar uma agenda "anticientífica", mas para apontar para o significado do diagnóstico de Agostinho sobre a desordem dos "amores" humanos e para a necessidade de observar as prioridades corretas.[48]

A segunda lição a ser retirada do tratamento de Agostinho sobre essas questões diz respeito ao *status* do conhecimento científico e ao princípio da prudência. Agostinho subscrevia a uma compreensão predominante da *scientia*, segundo a qual o conhecimento científico deve ter a força da demonstração lógica. No entanto, a partir do século 18, ninguém realmente pensava que o conhecimento científico pudesse atingir esse nível de certeza. Ou, talvez eu deva dizer que ninguém com uma visão de como a ciência realmente opera pensasse assim. Como observado anteriormente, John Locke observou prescientemente que o que obtemos do conhecimento indutivo não é a verdade, mas a utilidade. Em todo caso, porém, Agostinho também reconheceu que muita especulação de seu tempo sobre o mundo natural ficava muito aquém das exigências estritas da *scientia*. Por esse motivo, ele desaconselhou um alinhamento muito próximo da ciência incerta com as Escrituras, pois os raciocínios ou descobertas subsequentes poderiam colocar ambos em dúvida. O ponto geral que não precisa ser mais elaborado é este: a ciência muda. E muda de maneiras que sugerem que ela não está sempre, invariavelmente, rastreando a verdade.

Será que isso se aplica à teoria da evolução, e seria racional esperar que em algum momento futuro ela pudesse ser desacreditada? Aqui é importante não se deixar enganar pelas generalizações sobre "ciência" e "conhecimento científico", particularmente por aquelas que usam a física como modelo básico. Assim como Aristóteles e Agostinho tinham entendimentos bastante diferentes do que conta como ciência comparado ao nosso entendimento, ainda hoje uma grande variedade de disciplinas bastante díspares se agrupa sob o guarda-chuva da ciência, e suas afirmações são justificadas de várias maneiras. A afirmação mais ampla e geral da teoria da evolução — a descendência com modificação — é na verdade uma afirmação histórica sobre eventos passados (embora possivelmente ela possa ser

---

[48] Agostinho, *De doctrina Christiana* 1.27.28 [Ed. bras. *A Doutrina Cristã*, São Paulo: Paulus, 2002]; *Confissões* 4.10.15.

observada no presente). Tais afirmações têm um status muito diferente das afirmações feitas, por exemplo, na esfera da teoria quântica (que são intrigantes, mas extremamente bem atestadas experimentalmente) ou da teoria M (que não são atestadas experimentalmente, mas são matematicamente consistentes).[49] As afirmações históricas ficam muito aquém da certeza lógica, mas, apesar de tudo, muitas delas são tão altamente prováveis que não é razoável duvidar delas — que houve uma Grande Guerra na Europa entre os anos de 1914 e 1918, ou que houve um imperador romano chamado Júlio César, que viveu no século 1 antes da era cristã. O cristianismo também se baseia em afirmações históricas. É possível que em algum momento futuro seja mostrado que não houve a Primeira Guerra Mundial, ou Júlio César? Isso parece extremamente improvável, mas depende da força da evidência para os eventos relevantes. Portanto, o princípio da meta-indução pessimista tem menos força no caso das ciências históricas do que no das ciências teóricas. Especificamente, afirmações históricas sobre uma Terra antiga e mudanças nas espécies são muito menos suscetíveis a falseamento futuro do que afirmações mais teóricas no campo da física.

No entanto, quando consideramos os *mecanismos* específicos da evolução, até um certo ponto estamos saindo do território das afirmações históricas. Aqui vemos os tipos de concepções teóricas concorrentes e mutáveis que caracterizam a história de outras ciências. Essas concepções se referem a discussões sobre a importância relativa da seleção natural, do fluxo gênico, da deriva genética, dos mecanismos de desenvolvimento, da plasticidade, da construção de nichos e da herança extragenética que parece lamarckiana.[50] Mesmo olhando para a história relativamente curta do pensamento evolutivo, temos motivos suficientes para pensar que haverá desenvolvimentos futuros nessas áreas. A lição aqui é que o princípio da prudência de Agostinho, que alerta contra um compromisso prematuro com doutrinas científicas específicas, deve ser aplicado na proporção do grau de probabilidade das várias doutrinas. É claro que isso frequentemente é o que está em questão. Contudo, a consideração dos últimos 150 anos

---

[49] O próprio Agostinho na verdade discutiu os problemas do testemunho histórico em relação a verdades demonstradas em *De fide rerum invisibilium* 2.4, Patrologia Latina, v. 40 pp. 173-4.

[50] Kevin Laland et al., "Does Evolutionary Theory Need a Rethink?" *Nature*, v. 514, 2014, pp. 161-4.

sugere que o princípio básico da descendência com modificação resistiu ao teste do tempo (até agora), enquanto as afirmações sobre os mecanismos subjacentes à descendência mudaram. De modo particular, os processos evolutivos podem não ser tão aleatórios em suas operações ou resultados como geralmente se supõe. Isso não significa conceder muito aos criacionistas da Terra jovem, mas é relevante para as preocupações com a aparente aleatoriedade e falta de direção dos processos evolutivos.

A propósito, também é importante distinguir os *mecanismos* da teoria da evolução de suas supostas implicações morais e filosóficas, que são muito mais contestáveis do que a ciência básica. Mesmo antes da publicação de *A Origem das Espécies*, de Darwin, em 1859, o pensamento evolutivo já havia sido carregado de significados filosóficos e morais que iam muito além de sua substância científica. No século 19, o gênero conhecido como "epopeia da evolução" procurou imbuir a história evolutiva com um status mítico que a colocou no caminho do conflito com os antigos mitos da criação judaico-cristã.[51] Mais recentemente, a área chamada "Big History" e a psicologia evolutiva buscaram elevar a evolução à posição de uma filosofia que abarca tudo, e que pode fornecer respostas para quaisquer perguntas da vida que valham a pena ser feitas.[52] Essas alegações são adições extracientíficas à teoria, mas muitas vezes são conflacionadas com a ciência subjacente e imbuídas de sua autoridade. Críticos fundamentalistas da evolução frequentemente estão na verdade se opondo mais ao pacote moral que eles (erroneamente) acreditam ser intrínseco à teoria da evolução do que à própria teoria. Em relação à questão do conflito, então, é importante conseguir dissociar as implicações altamente contestáveis de uma teoria da ciência mais segura que está por trás dessas implicações.

Voltando ao ponto geral, se considerarmos novamente o princípio de Agostinho (2a), a prioridade da demonstração, não haverá casos em que as Escrituras precisem ceder à ciência demonstrativa da maneira que Agostinho imaginava, porque nenhuma ciência é demonstrativa. Dito isto,

---

[51] Veja, p. ex. Ian Hesketh, "The Recurrence of the Evolutionary Epic", *Journal of the Philosophy of* History, v. 9, 2015, pp. 196-219.

[52] Denis Alexander e Ronald Numbers (Orgs.), *Biology and Ideology: From Descartes to Dawkins* [Biologia e ideologia: de Descartes a Dawkins]. Chicago: University of Chicago Press, 2010; Ian Hesketh, "The Story of Big History", *History of the Present, v.* 4, 2014, pp. 171-202.

algumas afirmações históricas atingem um grau de probabilidade que seria irracional negá-las. A questão é qual das afirmações feitas em favor da teoria da evolução atinge esse grau de certeza.

CONCLUSÃO

Para concluir, em tudo isso, tenho considerado principalmente uma variável — a ciência. Obviamente, as doutrinas religiosas também passam por mudanças e desenvolvimento. E qualquer discussão sobre as implicações da teoria da evolução para as doutrinas tradicionais relativas à origem do pecado e dos seres humanos também deve examinar minuciosamente a história e o status dessas doutrinas. Até certo ponto, elas serão suscetíveis ao tipo de relativização histórica que pode ser aplicada às teorias científicas. Mas isso é uma discussão para outro momento.

Deve ser óbvio que existem boas razões para pensar que o irenismo duro tem problemas significativos. Na análise anterior, isso ocorre em grande parte porque a ciência não pode ser diretamente equiparada a "verdades sobre o mundo natural". A partir da falibilidade (ou, menos pejorativamente, mutabilidade) das ciências naturais, conclui-se que há pelo menos a possibilidade, às vezes, de que algumas alegações científicas entrem em conflito com crenças cristãs fundamentais. Segue-se também que a suposição nem sempre deve ser que são as doutrinas cristãs que precisam ser reformuladas à luz de novas alegações científicas. Essa suposição tem o perigo associado de supor que qualquer estado das coisas seja consistente com os conteúdos do cristianismo, o que sugere (e aqui os positivistas lógicos estavam no caminho certo) que a veracidade ou não do cristianismo não faz diferença concebível na maneira como o mundo é. Minha outra preocupação é que o irenismo duro possa ser mais uma função do alto status epistêmico atual das afirmações científicas do que de um exame cuidadoso dessas afirmações e de suas implicações. O fato é que a ciência às vezes erra sobre as coisas — na visão histórica de longo prazo, erra sobre a maioria das coisas — e um princípio revisado de prudência sugeriria manter uma distância respeitável entre ciência e cristianismo. No caso específico da evolução, não se pode duvidar que a ideia básica de descendência com modificação seja bem fundamentada. Contudo não é uma verdade demonstrativa. Também não se segue daí que todos os aspectos da teoria sejam bem fundamentados. E é vital distinguir teorias bem fundamentadas de suas implicações mais amplas, que podem ser mais especulativas e carregadas ideologicamente.

Além dessas considerações sobre a prudência, porém, está a valorização de Agostinho das atividades que conduzem à cura das almas e ao amor de Deus. Isso representa uma consideração primordial que nos leva para além das discussões sobre os fatos relativos ao mundo físico, a uma defesa do habitar no que é excelente e louvável. Existe o risco de que tentativas bem-intencionadas de estabelecer relações pacíficas entre ciência e religião negligenciem a prioridade mais fundamental de que Agostinho nos lembra constantemente. Esse é um dos perigos incipientes de insistir que a ciência e a religião devem sempre ser compatíveis, sem dificuldades.

Índice de Nomes

Aquino, Tomás de, 78, 86-89, 103, 263-264, 273, 302n42

Arendt, Hannah, 224, 227

Aristóteles, 260, 262, 300, 302-306, 307

Atanásio, 28, 94

Agostinho, Santo, 28, 73-74, 85, 88-89, 95, 103, 110-113, 116n33, 170, 260-264, 273, 284, 289, 291-301, 303, 306-311

Brown, William, 126-127

Chu, Ted, 219-224

Clough, David, 90, 90n65, 96n77

Cunningham, Conor, 191-193

Darwin, Charles, 234-237, 309

Dawkins, Richard, 123, 286

Dunn, James D. G., 169

Farley, Edward, 79-80, 84-85

Filmer, Robert, 259, 265, 272-278, 281

Filopono, João, 303

Foscarini, Paulo, 301-302

Francisco I, 74-76

Gadamer, Hans Georg, 230-231

Galileu, 23, 28, 286-289, 291, 296, 301

Gee, Henry, 66

Gould, Stephen Jay, 61-62, 66-67, 124, 127n18

Hadot, Pierre, 233

Harrison, Ross, 265-266

Hayles, Katherine, 215, 223

Hobbes, Thomas, 259, 265-271, 277, 281-297

Hugo, Victor, 198-199

Irineu, 96, 101n4, 149

João Paulo II, 72, 75, 124n9, 194

Kurzweil, Ray, 212-214, 218-219, 221-222

Lewis, C. S., 139n54, 188, 216, 226

Locke, John, 259, 265, 272-284, 300-301, 307

Lubac, Henri de, 93, 193

Machiavelli, Niccolò (Maquiavel, Nicolau), 259, 264

MacIntyre, Alasdair, 30-33, 103

Madueme, Hans, 192

Mahoney, Jack, 70, 72-74, 76-80

Malthus, Robert, 234-235, 240

Marx, Karl, 279, 283

Máximo, o Confessor, 87, 93, 243-252

McMullin, Ernan, 77-78, 291n9, 296

Middleton, Richard, 86-87

Moravec, Hans, 212-214

More, Max, 212, 216

Niebuhr, Reinhold, 158

Noll, Mark, 24, 26

Paulo, São, 95-97, 135-137, 149n76, 159-161, 167-172, 178-179, 183, 186, 189-191, 194, 242-243, 248, 250-251

Péguy, Charles, 183, 197-201

Pio XII, 70, 70n4, 182

Rahner, Karl, 70, 71n5, 79-80, 85, 97

Ratzinger, Joseph, 184, 187

Ricoeur, Paul, 78, 87, 143n65

Schönborn, Christoph, 72, 72n10

Tattersall, Ian, 57
Taylor, Charles, 23, 33, 108n21, 258
Tertuliano, 291
Tiago, São, 155, 159-161, 167, 172-179
Tsakiridou, Cornelia, 246, 247n29

Vitória, Francisco de, 259, 264-265

Ware, Kallistos, 94-95
Wesley, John, 158, 176, 178
Wilson, E. O., 60, 62, 66, 67
Wright, N. T., 190, 194

ÍNDICE DE ASSUNTOS

Adão: bíblico, 86, 95-98, 106-108, 110-111, 128-129, 135, 160-166, 168-172, 177-185, 260, 268-275
   genealogia de, 200-201
   histórico, 25, 71, 74, 80, 85-89, 97, 188-196, 202
   do cromossomo Y, 55
Amor: divino, 193, 232, 237, 240, 243-252
   humano, 196
Árvore da vida, 134-135, 145, 153, 208, 227, 275. *Veja também* Jardim do Éden
Árvore do conhecimento do bem e do mal, 134, 137, 138, 208, 270. *Veja também* Jardim do Éden
Autoridade: política, 264-267, 277, 282-284
   da Escritura, 125
   da tradição, 32

Bondade: da criação, 23, 104-105, 109-113
   de Deus, 104-105

Carbono (datação). *Veja* Registro fóssil.
Catecismo da Igreja Católica, 72, 104, 106n19, 107n20, 182
Catolicismo, 70-73, 84, 182, 286
Conflito entre religião e ciência, modelo do, 123-124, 125
Construção de nichos (NCT), teoria da, 81-83, 85-87
Cristologia, 27-29, 73, 183, 190-193, 243
Criação: narrativa bíblica da, 123, 127
   evolutiva, 103, 125, 286
   ex nihilo, 102, 105
   mordomia da, 75
Culpa, herança da, 85, 89, 95. *Veja também* Pecado original

Design inteligente, 72, 72n10, 75
Dinossauros, extinção dos, 61

Eleição, doutrina da, 114, 132, 200
Encarnação, de Cristo. *Veja também* Cristologia.
Eva: bíblica, 85, 88, 108, 110-111, 160-162, 164, 166, 179, 196, 202, 208-210, 265, 275, 280
   mitocondrial, 55
Evolução: biológica, 64, 67, 74, 90, 124, 159, 178-179
   teoria neodarwiniana da, 81, 234-237

Filosofia antiga, 232, 292, 297-299, 302
Fora-da-África, teoria, 50, 54, 54n38, 55, 65

Genealogia, de Cristo, 199-201
Graça, de Deus, 97, 106-107, 111-113, 117, 190, 249

Hermenêutica, 231

Iluminismo, 222-223
Imagem de Deus (*imago Dei*), 92, 105, 131-132, 175
Interpretação, bíblica, 73, 77-78, 86, 92, 102, 114, 127, 291-293, 297, 302
Irenismo, 288-291, 297, 310

Jardim do Éden, 130, 132-137, 140
   exílio do, 152-153, 161, 208-210
   tentação no, 143, 146
Julgamento, de Deus, 147-150, 152, 163-165, 170, 284. *Veja também* Queda

Lei da natureza, 264, 267-268, 272, 274, 277-278, 281

Logos, 188, 199, 242, 243-251, 252

Magistérios não-interferentes (MNI),
124-126, 155
Mal: relato bíblico do, 86, 124, 137-146,
154, 162, 166, 174-178, 249, 261
humano, 79, 155
natural, 94
Medieval, cristianimo, 259, 262, 302-304
Morte: redenção da, 73, 243
como resultado da Queda, 95, 106,
109n22, 128, 134-137, 162-165,
168-170, 175, 208, 275

Natureza humana, 59-60, 66, 81-82, 212,
213, 218, 223, 235
Neanderthais. *Veja* Registro fóssil
NOMA. *Veja* Magistérios não-interferentes
(MNI)

Origens humanas. *Veja também* Evolução
Out-of-Africa, teoria. *Veja* Fora-da-África

Pecado original, 71-80, 84-89, 92-93,
95, 102-105, 110, 113-114, 117, 124,
143, 154, 158-159, 178-179, 192, 274,
279-280, 283
doutrina agostiniana do, 73, 111-113, 154
relato bíblico do, 160-179
Perdão, de pecados, 167, 225-228
Perfeição, da humanidade, 110, 210-212,
217-218, 223-224, 226-228

Política cristã, teoria, 259, 264, 266,
272-273, 277, 280-283
Pós-humanismo, 215, 217-218
Protestantismo, 100n2, 101, 117, 159, 305

Queda: doutrina agostiniana da,
narrativa bíblica da, 196, 208
consequências da, 152-153, 304-306
como "evento", 102, 110
implicações históricas da, 92-93, 101,
210, 258-260, 262-266, 270-284
doutrina tradicional da, 110-113, 260-262.
Veja também Pecado Original

Redenção, da humanidade, 87-88, 95, 97,
102-103, 106-107, 113, 116n33, 117,
137, 210, 268
Reformadas, confissões, 105-110, 113
Registro fóssil, 45-52, 52n37
Revelação, divina, 107-109, 113, 182, 193,
284, 295
Revolução científica, 289, 302-304

Salvação, 97, 107, 111, 171, 225, 240, 268
Satanás, 86, 140, 143n63
queda de, 79, 94n73
Seleção natural, 60, 66, 81-83, 212, 213,
218, 223, 235
Singularidade, a, 218-219, 222

Tentação. *Veja também* Jardim do Éden
Transumanismo, 212-219, 222-225, 227

Este livro foi impresso pela Ipsis, em 2021, para
a Thomas Nelson Brasil. A fonte do miolo é Lora.
O papel do miolo é pólen soft 70g/m2, e o da
capa é cartão 250g/m2.